深圳市特级教师教育文库
SHENZHENSHI TEJI JIAOSHI JIAOYU WENKU

深圳市特级教师
教育教学思想研究

[第一辑]

SHENZHENSHI TEJI JIAOSHI JIAOYU
JIAOXUE SIXIANG YANJIU

尚 强◎主编

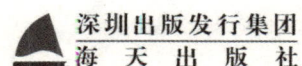

深圳出版发行集团
海天出版社

图书在版编目（CIP）数据

深圳市特级教师教育教学思想研究. 第一辑 / 尚强编

著. -- 深圳：海天出版社，2012.6

（深圳市特级教师教育文库）

ISBN 978-7-5507-0241-7

Ⅰ. ①深… Ⅱ. ①尚… Ⅲ. ①中小学—教学研究—深

圳市 Ⅳ. ①G632.0

中国版本图书馆CIP数据核字(2012)第052802号

深圳市特级教师教育教学思想研究
Shenzhenshi Teji Jiaoshi Jiaoyu Jiaoxue Sixiang Yanjiu

出 品 人　尹昌龙
出版策划　毛世屏
责任编辑　胡志田
责任技编　梁立新
封面设计　线艺设计

出版发行　海天出版社
地　　址　深圳市彩田南路海天综合大厦7-8层（518033）
网　　址　http://www.htph.com.cn
订购电话　0755-83460293（批发）　83460397（邮购）
设计制作　深圳市线艺形象设计有限公司　Tel：0755-83460339
印　　刷　深圳市森广源印刷有限公司
开　　本　787mm×1092mm　1/16
印　　张　25.25
字　　数　360千
版　　次　2012年6月第一版
印　　次　2012年6月第一版
定　　价　58.00元

深圳市特级教师教育文库
编 委 会

"特级教师"是国家专门为中小学，幼儿园优秀教师设立的既具有先进性又具有专业性的光荣称号。它是教师职业生涯的最高荣誉，是教师队伍的精华，是"师德的表率，育人的模范，教学的专家"。

深圳这块改革开放的热土吸引了一大批有理想，有才华的教师，荟萃了深圳本土培养的和来自23个省、市、自治区的特级教师共255人。在深圳教育从农村教育向城市教育，由城市教育向现代化、国际化教育转变进程中，在深圳课程改革的大潮中，深圳市的特级教师发挥了重要的作用。同时，他们在教育实践中又不断地丰富与提升自己。

深圳的特级教师能够在自己的教育教学岗位上游刃有余的工作，应该感谢市委市政府和市、区教育局的领导。正是因为各级领导的关心与指导，才使我们有良好的工作氛围，施展才华的平台和专业提升的机会。郭雨蓉局长对我市特级教师工作多次提出要求，并要求我们尽快成立特级教师协会，以便更好地发挥特级教师的作用。

今天，我们在筹备深圳市特级教师协会的同时，出版了《深圳市特级教师教育教学思想研究》第一辑。编写此书的目的就是为了总结、交流我市特级教师的经验，让大家，特别是青年教师分享特级教师的教育智慧与教育思想。同时推动我市特级教师完善与发展自己的教育教学思想，从而形成深圳特色的教育教学流派，活跃学术气氛。

我特别高兴的是，我市不少特级教师的教育教学思想已在国内有了一定的影响，得到了国内专家的肯定。在本书中，裴娣娜、龚亚夫、崔岚、尹少淳等一批全国一流的教育大家对我市的特级教师的教育教学思想进行评点、研究，实在是深圳教育的一大幸事。他们点评的角度、高度和深度，让我们感到是在接受一次高质量的培训。

我们也要清醒地认识到，我市特级教师来自四面八方，还有一个继续磨合的过程。我们的教育教学思想并不成熟，还需要继续探索。因此，本书中也不可避免地会出现不妥之处，欢迎大家提出讨论意见。我相信，通过对我市特级教师教育教学思想的研究，可以让更多的教师，特别是年轻教师感受到榜样的力量，得到专业引领。特级教师也会在自我反思中不断进步。这一切，都是为了深圳教育的美好明天。

深圳市教育科学研究院院长
深圳市特级教师协会会长　尚　强

2012.4.18

目录

中小学英语教学的新视野

——禹明和他的"新型英语教学"

龚亚夫

【特级教师小档案】

禹明，中学英语特级教师，深圳市教科院院
长顾问。曾任南山区教育科学研究中心主任，南
山第二外国语学校创校校长。深圳市政府特殊津
贴专家，教育部教师教育课程资源专家委员会专
家，教育部"国培计划"首批培训专家，教育部
九年义务教育课程标准综合审议专家，教育部外
国人子女学校认证专家，国家基础教育研究中心
外语研究中心学术委员，广东省中学英语教学指
导委员会委员，深圳市中学英语教学专业委员会副理事长，深圳市校园
长培训专家指导组成员，深港幼儿英语教学协作研讨会理事长（深），
深圳大学师范学院兼职教授，教育硕士导师。全国优秀外语教师园丁奖
获得者，市、区优秀教师、优秀校长。"深圳教育三十年有影响的三十
人"提名人选。出版《探索新型的英语教学》、《英语教研的艺术》等
专著及教学辅导用书130种，主编《新课程课堂教学案例》等丛书6套，
在省级以上报刊发表论文及教学辅导文章800多篇。获教育部奖2项，全
国论文一等奖2项，省教育科研成果奖4项。

"新型英语教学"的概念是由禹明率先提出的。上世纪90年代初以来，以禹明提出的"新型英语教学"思想为指导，以深圳市南山区为主要实践范围，南山英语教育工作者实施了一系列教学改革。这十几年的大规模教学实践，以区域性中小学英语教学研究、改革、实验为主要研究方式，以"初中英语整体改革实验"、"中学英语教学综合法研究"、"小学英语'兴趣·情景·活动'教学法研究"和"英语教学评价改革"等课题研究与实验为载体，从观念、目标、内容、策略、手段、评价等方面对中小学英语教学进行全面改革，创造了适应21世纪人才培养需要的中小学英语模式。

"新型英语教学"从提出、发展到完善，经历了近18年时间，目前已形成比较完整的理论和操作体系，受到国内英语教育专家的关注，并多次在全国英语学术会议上介绍。本文重点分析和研究"新型英语教学"的基本特质。

一、"新型英语教学"的核心理念

（一）强调以学生为本，着眼于"全人发展"

在30多年的教学和研究生涯中，"人本"意识始终在禹明老师头脑中处于首要地位。他明确提出"新型英语教学"要以学生的发展为出发点和归宿，要求老师时时处处践行"以人为本"的教学理念。"新型英语教学"要求教师在英语课堂中，始终关注学生的发展，想方设法让学生成为学习的主人，而教师成为课堂的组织者和合作者、学习引导者和帮助者，师生共建和谐的学习氛围，构建以人为本的英语课堂。禹明认为，在全球一体化时代，培养学生的综合素质，选择最适合的学习方式，获得必要的知识和技能，灵活运用所掌握的知识，创造性地解决各种问题，并不断完善自己，以利于更好地在这个不断变化的社会中生存、发展，是教育者的责任。英语教育的首要定位是人的教育，英语教学应该定位于"全人发展"。

在"新型英语教学"理念中，学生积极的情感、严谨的治学态度、崇高的社会责任感等，直接影响英语学习水平。在教学中，教师要充分尊重学生，努力创造和谐的教学环境。尊重学生，就是要相信每位学生都具有丰富的内心世界，都蕴藏巨大的学习潜能，教师要因势利导深入他们的内心世界，充分发挥其潜能，英语教学才会更有成效；尊重学生，就是要承认学生间是有差异、有个性的，每个学生都是独特而不可复制的。教师应该给每个孩子提供平等的发展机会，针对他们的差异提供切合他们实际的学习指导。尊重学生，就是要认识到教学的对象——学生是有思维、有智慧的生命体，教师应该充分发挥学生学习英语的主体作用，要想方设法让全体学生参与到教学活动中来，激发他们的积极性、能动性和创造性。英语课堂教学的实质是学生之间、师生之间的交际过程，而有效的交际取决于和谐的环境。禹明老师说："和谐的课堂交际气氛，在某种意义上要比好的教学方法更重要"。他认为，创造和谐的教学环境有三个基本要义：真诚地爱每一个学生；始终重视情感交流；提倡宽容，允许犯错。受上述思想的启发，南山区有的英语教师把学生分为"认知学习型"、"情态学习型"和"生理环境适应型"三大类，对学生进行分类指导。

（二）以培养综合语言运用能力为核心

"新型英语教学"认为，中小学英语教学的目标是要培养学生的综合语言运用能力。但是，在不同学段，这个目标是具有层次性的。按照课程理念，学生综合语言运用能力的形成建立在语言技能、语言知识、情感素质、学习策略以及文化意识等素质整合发展的基础上。语言技能涵盖听、说、读、写；语言知识包括语音、词汇、语法、功能、话题等；情感素质包括兴趣动机、自信意志、合作精神、祖国意识、国际视野等；学习策略包括认知策略、调控策略、交际策略、资源策略等；文化意识包括文化知识、文化理解、跨文化交际等。"新型英语教学"提出了综合语言运用能力各要素之间的辩证关系：掌握语言技能是英语学习的主要目的；学习必要的语言基础知识是形成能力的基础；学生的学习策略、情感态度和跨文化意识对形成综合语言运用能力密切相关。禹明老师强调，在英语教学中处理好上述关系至关重要。

（三）确立教育国际化的培养目标

根据深圳地域的特点，"新型英语教学"认为中小学英语教学应具有国际视野，是基于英语语言的国际化特点、中国社会经济发展的趋势、新世纪国际交流的新发展以及深圳特殊地理位置与语言学习环境，而对新时代人才培养规格的新要求等提出的。禹明老师具有很强的信息收集和研究意识，十分关注作为国际通用语言的英语的教学改革与发展，关注近年来国内外学术界对当今世界英语的地位和作用的新诠释、新研究。他深深认识到，对于日益开放的中国，伴随社会多元化、经济国际化、全球一体化的新形势，对精通外语、具有世界眼光、国际意识和跨文化沟通能力的高层次、高素质的复合型人才的迫切需要，提出了新时代中小学英语教学培养目标的新要求。他早在上世纪九十年代就明确提出，加快教育国际化进程，促进基础教育的国际融合，是教育的大势所趋。中小学英语教育应顺应时代和世界教育发展潮流，加快教育的对外开放，促进教育的国际融合，走"国际化"之路。

禹明提出，要通过学校和全体英语教育工作者的共同努力，培养学生具有国际观念、国际意识，克服狭隘的民族主义，树立向全球服务，向全球开放的观点；培养学生具有初步的国际交往能力，能与外国人和谐相处，尊重外国的风俗和宗教信仰。同时，也要熟知中国文化的传统，维护中国的民族尊严和法律权威。要培养学生熟练地掌握英语或其他语言，并能自如地与国际人士交流；培养学生具有一定的国际知识，概要了解外国的经济、社会、文化等。

（四）区域性英语教学的整体形象设计

"新型英语教学"认为，在中小尺度区域内（如中等城市、县区等），英语教学实践要取得突破，实现区域英语教学增值功能，创出区域英语教学特色，必须对所在区域的英语教学进行整体形象设计。

禹明的"区域性英语教学形象理论"（Local English Teaching Image）受"地区形象理论（DIS）"和"企业形象策划理论（CIS）"的启发而提出，指某一特定区域的全部英语教学活动所构成的一幅图景在社会公众心目中的印象。区域性英语教学形象是由该地区英语教学的多种形象要素构成，故具有整体性。区域性英语教学形象是人们主观意识对英语教学这一客观事物的反映，故具有客观性。区域性英语教学形象一旦形成，就会在公众心目中形成一定的心理定势，故具有相对稳定性。区域性英语教学形象随着时间的推移和内外力的推动有可能发生变化，故具有发展性。科学地设计、构建区域性英语教学整体形象，将使区域英语教学从隐藏的教育观念到显层的教学标志等都发生积极变化。

区域性英语教学整体形象的构成要素包括自在形象要素和自为形象要素两大类。前者如历史条件、地理环境、社会文化与经济发展等；后者如教学理论、教学方法、教学环境、教学效果、教学特色与发展趋势等。区域性英语教学整体形象设计遵循四个基本原则：整体推进原则、体现个性原则、适度超前原则、学生为本原则。对于英语教育工作者而言，区域性英语教学整体形象设计主要在自为形象要素方面下功夫，抓住几个关键环节：一要用一种先进的英语教育理念来武装全体教师；二要探索一条特色鲜明的区域教学、教研思路；三要建立一套有效的课程实施与评价方案；四要建设一支优秀的教师团队；五要创出高质量的教学效果；六要形成一批高质量的教学研究成果。

二、"新型英语教学"的实践

"新型英语教学"力图跳出以"应试"为主要价值取向的中小学英语教学误区，改变"书斋英语"、"聋哑英语"、"纸笔英语"、"低效英语"等不利全人发展的局面，克服中小学英语教学中的功利主义和"短视行为"，提倡开放中小学英语教学，开放中小学英语课堂，立足中国，放眼全球，从教育思想、教学方法、教学技术、教学评价等方面全方位向国际靠拢。

禹明倡导的"新型英语教学"，十分重视"跨文化教育"，强调以学生为中心，以生活、社会为情景，关注中、西方文化差异，重视国际交流与合作，注重培养综合语言运用能力，以符合素质教育要求的游戏、交际、活动、任务等为主要方法，选择满足国际化英语教学实际需要的教材和学习素材，大力引入现代技术手段，充分发挥国际互联网的作用，努力实践英语教学为培养适应21世纪国际化生存方式的新一代而努力的教育理想。

"新型英语教学"的国际化思想在南山英语教学实践中的具体体现是：

（一）建立英语教育国际合作机制

南山区每两年举办一届"国际儿童文化艺术周"，让南山学子在与国际同龄孩子的共同生活和交往中受到文化浸染，这项活动引起了文化部的领导和各方专家的关注。全区每年举办一届"英语节"，每届"英语节"都有明确主题，如2008年的主题是："了解异国文化，增进国际理解，加强绿色环保，促进快乐学习"。南山区60%以上的学校建立"国际姊妹学校"，100%的学校引进外籍教师。学校与国外教育机构互派"留学班"、"交换生"，开展一系列的国际学术研讨活动，如"国际小学英语比较教学研讨会"、"国际小学英语教师培训比较教育研讨会"、"香港小学幼儿英语教育研讨会"等，使中小学英语教学的"跨文化"交流制度化、常态化。

（二）开发国际化教材和教学资源

与香港特区、英国等有关机构合作，改编、自编、合编符合英语教学国际化需要的教材，如《儿童英语》、《幼儿口语》、《New Way English》、《New Way Primary English》、《New Way Middle English》等，并注意教材、教学资源在各学段的衔接。禹明老师编著的"小学英语教学评价"、"新课程观念与小学英语课程改革"、"新课程教学活动设计丛书"等已被教育部、上海市教委、深圳市教育局评为优秀课程资源。禹明还指导各校根据自身实际，开发系列校本教学资源。

（三）采用符合国际潮流的英语教学方法和教学手段

以国际英语教育理论为指导，探索符合本区域实际和国际化人才培养的教学方法和手段，是"新型英语教学"的追求。在教学方法上，幼儿园推行"游戏教学法"，小学推行"兴趣·情景·活动教学法"，中学提倡"英语教学综合法"；在中小学全学段提倡全英语教学；鼓励教师在教学方法上的创新，以学定教，百花齐放。在教学评价上，改良笔试、听力测试等传统评价方式，各学段普遍推行英语口试，开展英语课堂教学形成性评价，开发非测试型形成性评价工具。在教学手段上，重视IT技术和网络手段与英语教学的有机结合。在学科意识上，明确提出"学科融合"的思想，倡导英语教学与社会、科学、艺术等学科教学的融合；在部分学校、部分学科推行"双语化教学"。在英语教学的物理环境上，提出"教室的革命"，在部分学校建立"国际教室（International Classroom）"和"彩虹教室（Rainbow House）"，为学生学习英语提供全新环境。在课时安排上，长短课相结合，教材内容与专题内容相结合。在学习方法上，让自主学习、主动学习、合作学习、游戏学习、活动学习等成为课堂活动的常态。

（四）建立有利于英语教师持续成长的教师培训机制

南山区长期与香港和国外机构合作，每年选派英语教师骨干去境外和国外进修、研修、挂职工作，定期邀请国际英语教育专家来本地讲学、示范等，对教师进行权威的、专业的、系统的培训。坚持举办每周一期的"英语沙龙"，依靠校本教研、课题研究和教学实验等，结合特区实际，引进、使用、改进国际先进的英语教学方法，不断提高区域英语教学的国际品味，提升全体英语教师的教学水平。

（五）以科研推进策略塑造区域性英语教学整体形象

通过十几年的努力，禹明提出的"区域性英语教学的整体形象设计"思想逐步在南山变为现实。南山区中小学英语教学，树立"幼儿起步，小学龙头，抓好初中，促进高中"的英语整体推进思路，"一条龙"式推动中小学英语教学。从1992年起，小学一年级开设英语课，同时在部分有条件的幼儿园开设英语教学实验。从1994年起，全区幼儿园普遍开设英语课。在培养目标、课程设置、教材开发、教学方法、教学手段、教学评价、教师培训等方面进行全面改革、自主创新、创造特色，树立了中小学英语教学的"南山品牌"。

"新型英语教学"特别重视科研引领。禹明老师的思路十分清晰而坚定——以科研为龙头，以课题为载体，以科研促教研，以科研促教学，以科研凝聚教师，以科研促进教师发展，以科研提高教学质量。在他的策划、组织、指导下，全区英语教育工作者沿着科研促教的道路进行了"镶嵌式"、"递进式"的课题研究，硕果累累。1993～1996年开展"初中英语整体改革试验"，获广东省教育科研成果一等奖；1997～1999年，开展深圳市"九五"重点课题——"中学英语教学综合法研究"，获广东省教育科研成果二等奖；1999～2001年开展国家基础教育研究中心资助课题"英语测试与素质教育——小学英语兴趣·情景·活动教学法"研究，让小学英语教学的面貌焕然一新；2000年以来，结合课程改革的推进，参与教育部课程教材发展中心研究课题"英语教学评价项目"，取得了良好效果。这些研究项目体现了禹明英语教育思想的主干脉络和实践足迹，成功塑造了南山的英语教学整体形象。

三、整体改革实验

（一）初中英语改革试验

针对沿海开放地区经济文化发展实际情况和21世纪英语教学的新要求，1993年开始，禹明老师以"教学实验"为研究方式，进行为期3年的"初中英语整体改革实验"。他遵循交际性原则、实践性原则、情感原则、实事求是原则，从四大方面对传统的初中英语教学进行改革。一是课程开设。围绕语言运用能力这一核心，在初一、初二年级开设基础课、听力课和口语课，在初三年级开设基础课、听说课和阅读课。二是教学方法。实行课堂英语化，教学情景化，练习多样化。三是课文教学模式，以新授课为例，依照"课文理解—语言讲解—课文讨论"三环节为基本流程。第一环节包括课文引入、听音答问、模仿跟说、课文自读；第二环节包括语言分析、语言训练；第三环节包括复述表演、人物和主题讨论。每个小环节都有基本的操作要领和基本要求，如"课文引入"就有简笔画、教师表演、幻灯、录音、录像、口述等操作要领。第四环节是考试方法，充分考虑语言测试的全面性，从听、说、读、写四方面进行全面测试，特别重视听力和口试题的设计，如口试题考虑"输入（Input）"、"输出（Output）"、"评分（Rating）"三要素，且具备必要的效度（Validity）、信度（Reliability）和可行性（Feasibility）。通过实验，迅速改变了南山初中英语教学的面貌，探索了一条适合特区初中学生实际的英语教学路子，全区实验班学生学科和竞赛成绩超出预期目标，产生了较大的社会影响。

（二）中学英语教学综合法研究

从1996年开始，在进行"初中英语整体改革实验"过程中，禹明带领全区老师开展"中学英语教学综合法研究"。禹明认为，"英语教学没有万能的方法，对某一时间、地点、师生有效的方法，对另一时间、地点、师生可能无效。教学方法没有最好，只有最适合"。他要求老师树立"教适应学"的观念，以辨证综合、经济和情感等为原则，在英语教学过程中体现语言的各个层次，灵活地运用各种教学方法，多变地处理教学中的各种问题。他特别强调要善于利用他人的构想启迪自己的构想，综合考虑教学目标、教学内容、教学对象以及学校和教师自身的特点来设计教学方法。受布卢姆（B.S.Bloom）的教育目标分类学和加涅（R.M.Gagne）的智慧技能及层次关系论的启发，禹明提出了"过程教学策略理论"，认为英语课堂的本质是为学生提供由操练（Practice）到产出（Produce）的语言内化过程。教师要设计符合语言发展规律和学生认知规律的训练过程。与通常说的"教学过程"不同，"过程教学"直接顺从于学生的认知规律，更侧重学生在英语课堂上的活动频率、活动量和范围，更看中设计感知的、操作的、表达的、思维的课堂活动。"过程教学策略"采用认知发展目标（识记、理解、运用、创新）、不同梯度的层次（简单操练、组合联系、模拟交际、真实交际）两维控制的过程教学策略，决定具体的最优化教学策略和方法。在用"过程教学策略"理论确定教学策略时，要考虑语言学习的交际性、以学生为中心和阶段侧重等原则。"中学英语教学综合法研究"取得了一定的理论突破和显著的实际效果。

（三）小学英语"兴趣·情景·活动"教学法研究

中学阶段的英语教学研究取得突破后，禹明把关注点扩大到小学。1999年，他以哲学、语言学、心理学、教育学理论为依据，在全面总结南山区八年的小学英语教学经验的基础上，正式提出了小学英语"兴趣·情景·活动"教学法。该教学法认为兴趣、情景、活动三者相互联系，相互影响。激发学生兴趣是学好英语的前提；创设情景是为了培养学生的兴趣和提高英语教学活动的质量；开展活动是创设情景，激发兴趣，提高学生英语运用能力的有效途径。通过两年多的实践，总结出小学英语"兴趣·情景·活动"教学法的基本课堂教学模式：Warm-up（引发兴趣，启动感情）→Presentation Activities（巧妙导入，激励兴趣）→Practice Activities（情景活动，升华兴趣）→Production Activities（模拟交际，发展兴趣）。"兴趣·情景·活动"教学法遵循趣味性、情感性、宽容性、学科融合等原则，英语课堂围绕兴趣、情景、活动而展开。虽然基本程序相对稳定，但具体的教学环节的操作有赖于教师的创造。"兴趣·情景·活动"教学法的推广使南山区小学英语教学改革出现了生动活泼、百花齐放的局面。

（四）英语教学评价改革

"新型英语教学"在教学内容、教学策略和教学方法等方面取得突破后，禹明老师又在英语教学评价这个难点和焦点上做文章。几年来，他着重围绕学生学习，对英语教学评价进行了全面深入的改革实践。对于传统的英语书面测试，他强调命题要体现素质教育的精神，重视书面测试对教学的诊断、反馈和改进功能，注意考查学生的语言素质、交际能力和学习潜能。他提倡教师要重视试题的导向作用，检查教学的不足，反映学生的不足，还要批判性地分析试题和考试，实现考试与教和学的同步增效。对于听力测试，他重视测试对学生英语能力培养的促进和教师教学方法的改进功能。听力测试命题遵循口语化、真实性和循序渐进原则。小学阶段听力测试一般采用非语言反应和语言反应两种方式；中学阶段听力测试一般采用语言、短语、句子辨别选择题、短语听力理解题、对话理解题、短文听力理解题、听写题等题型。口语测试遵循同步性、交际性、趣味性和激励性原则，主要设计三类题型：机械性学习型、练习性输出型（Practice Output）和交际性输出型（Communicative Output），采用了看图说话、小组活动、讲故事、话题交谈、表演以及某些高考口试题型等。在英语课堂教学评价方面，开发了一套激励性、发展性、操作性强的"非测试型形成性评价"工具，如学生英语学习和教师教学情况调查问卷、自我评价（评估）表（checklists）、教与学过程记录（Anecdotal Records）、读书笔记（Notes）、网上评价系统等。形成性评价有利于及时获取教师的教学与学生的学习状态的信息，发现问题，改进教与学，提高教学质量，实现课程、教师与学生同步发展。"英语教学评价改革"项目获得了教育部专家的肯定，这个项目目前还在进行拓展研究。

（五）探索课堂教学艺术

"新型英语教学"要求英语教师除系统掌握教育学、心理学和英语学科的专业知识以及教学设计、板书板画、说课讲课、练习设计与批改、考试与讲评等基本的教学实施技能外，还要努力锤炼教学语言艺术、情景设置艺术、问题解决艺术、课堂应变艺术、师生交往艺术等，以高尚的人格、渊博的学识和精湛的技艺，培养学生兴趣，焕发学习热情，激发学习智慧。

"新型英语教学"要求教师深入研究《英语课程标准》和教材，开发教学资源，设计和实施科学可行的教学行动方案。注意将学习任务与现实的学生相结合，注重全体学生英语语言技能、语言知识、文化意识、情感态度、学习策略的全面发展。了解不同学生不同时期的需要，为不同思维方式、不同性格、不同背景的学生的不同需求制定适合的方案，以激发各类学生的兴趣，参与课堂活动，实现最佳发展。

"新型英语教学"强调活动在英语学习中的重要性，倡导教学走紧密联系社会生活之路。教师可创造性地设计各类英语活动，活动不在于"多"，而在于"精"，在于体现"人本"理念。如模拟生活场景、做社会调查、课外搜索、公益活动等。在禹明老师主编的《新课程教学活动设计》丛书中，积累了大批生动的课堂活动案例。

"新型英语教学"要求老师创造性地设计作业，提高作业的有效性。注意作业的灵活性、趣味性、实效性、分层性；注意作业形式的多样化，设计情景性、活动性、参与性、创造性的作业；改革作业的评价方式，如学生自评、互评、师生共评、教师抽评、全评等等；拓宽作业的功能，强化作业对学习的发展功能。在南山第二外国语学校，考试方式的改革使英语考试成为受孩子们欢迎的"节日"。"新型英语教学"努力建立以学生为本的教学评价体系，使教学评价真正成为改进教学、提高质量、促进发展的有效手段。

（六）注重教师发展，优化校本教研

作为英语教学研究人员，禹明老师特别重视团结教师、依靠教师、培养教师，打造一支作风过硬、业务精湛的英语教师团队。

南山区教研室采用分段管理、分片组织、骨干带动、点面结合的策略，把1000多名英语教师凝聚起来，成立了从小学到高中四个学段英语学科中心教研组、四个片区英语学科中心教研组和各个学校英语备课小组，以英语特级教师、学科带头人和"课程改革挂牌教师"为龙头，以英语"课改积极分子"为纽带，把英语教师群体建设为"学习、研究、

合作、发展的共同本"。

作为教育部"全国中小学英语教师专业水平等级标准及培训、考核、认证体系"项目组专家，禹明老师对南山的英语教师培训工作采用"五结合"模式：集中培训与分散培训相结合；全员培训与分批轮训相结合；理论培训与实操培训相结合；专题培训与案例研究相结合；现场培训与网络培训相结合。培训具有"五特点"：时间的连续性、内容的针对性、方法的实用性、方式的灵活性、目标的指向性。培训实现"五转变"：变"要我培训"为"我要培训"，变"外控式"为"内需式"，变"单一性、封闭性"为"多样性、开放性"，变"教研员权威型"为"教研员与教师交互型"，现代教育技术的运用变"辅助性"为"支持性"。新的教师培训模式激发了英语老师主体需求的"兴奋点"，他们参与培训非常主动。

"新型英语教学"认为，教学理论与实践之间的张力促使教研人员与一线实践者共同聚焦于学校教育实践产生的具体问题。新课程的复杂性和生成性使教师发展的"校本"需求日益凸显，学校在新课程实施的终极位置使得"校本"为教育理论与实践者共同接受。早在新课程实验开始之前，以学校为研究现场、以教育教学实践中发现和产生的问题为研究内容，以学校教师为研究主体的校本教研就纳入了禹明的视野。

"新型英语教学"的校本教研强调教师个体与群体行为的自我设计、自我反思和自我矫正；倡导教师需要提高四种能力，即课程设计能力、教学执行能力、资源开发能力、教学评价能力；养成两方面的意识，即跨文化意识和师生共同发展意识。

南山区英语校本教研的主要做法是：以英语学科备课组为基本单元，以教师间伙伴关系为基点，以新课程转化为教学行动为导向，以教学中实际问题的发现、解决为主要内容，以促进教师个体、群体发展为主要价值取向，不拘一格开展活动。不断完善传统的教研方式，如集体备课、教学竞赛、公开课、科组活动、说课评课、读书交流、课题研究、教学实验、专题研讨、论文写作、经验总结、教学示范、专家讲座、活动观摩等；创造新的教研方式，如案例分析、教学反思、行动研究、教育沙龙、课堂观察、教育叙事、教学会诊、联合教研、参与式教研等，努力实现各种教研方式的有机融合。

禹明老师历来倡导英语教育工作者要有前瞻性、预见性和超前性。在每一个阶段，他都能审时度势，准确把握英语教学的阶段性重点和主题，不断实现新突破，使南山的英语始终处于领先地位。

禹明和他的"新型英语教学"的许多观点经受了时间的检验，许多提法、做法被事实证明是十分正确和有效的。上世纪90年代初，南山和全国大多数地区一样，英语教学比较传统。他明确提出建设"幼儿园-小学-中学"一体化教学体系、"以常规教学为基础，以教学改革为龙头，以教学评价为杠杆，大面积提高英语教学质量"等英语教学工作新思路。在抓好教学常规和规范的基础上，在南头中学、荔香中学等校开展"初中英语整体改革实验"，重点从提高学生听说能力方面对传统英语教学进行改革，取得了突破。随后，他将"初中英语整体改革实验"的成功做法推广到其他学校，培养了一批教师，改变了南山英语教学的基本生态，解决了英语教学"走什么路"的问题。90年代中后期，禹明老师的关注点深入到了方法论层面，先后开展"中学英语教学综合法研究"和"小学英语兴趣·情景·活动教学法研究"，这两项研究主要涉及教学方法问题，即解决"怎么走"的问题，研究做得很深入，取得了预期效果，让南山的英语教学改革为同行所瞩目。进入21世纪，南山英语教学改革迎来又一个重大机遇和挑战，作为国家级课程改革实验区，禹明领衔进行课程改革最具挑战性的课题——"英语教学评价改革"。重点从两方面进行突破：一是口语评价，二是非测试型形成性评价，解决了"怎么评"的问题。在信息技术应用和学科整合方面，禹明老师也先人一步，快人一着，南山的学生很早就能在课堂上写E-mail、搜索资料、网上讨论和交流，南山的教师很早就把英语与艺术等学科进行整合，并在"南山虚拟教研室"进行网上教研活动。

随着新课程的深入，禹明从战略高度进一步审视英语教学的新趋势。他提出，新课程背景下的中小学英语有三个基本走向：从英语教育的价值取向上，要更关注学生做人的教育；从方法论的角度上，要跳出英语教学看英语教学；从英语教学改革的重点上，英语教学应该走向运用，着力培养学生运用语言的能力。目前，禹明还在进行新的探索，如率先引进NIE(Newspaper in education)，尝试TBEST评价改革，加强对学习主体——学生的研究，对英语应用能力的构成研究，英语教学跨文化交际研究等。

由于禹明的敏锐嗅觉和超前意识，南山英语教学的每一轮改革，每一项研究，都领先国内同行好几年。我本人多次到南山听课，认识那里许多英语教师。可以说，当全国各地大多数老师还在学习新的教学理念时，南山区教师却探索如何进行学习目的、途径、环境、策略的根本性变化，而这正是课程改革的方向。

禹明的"新型英语教学"的探索之路还在延伸。2007年11月，中国教育学会外语教学专业委员会在广州召开了"探索新型的英语教学——禹明老师从事英语教研三十年周座谈会"。教育部基教司，省教研室的领导和全国各地100多名英语教师代表出席了座谈会。探索新型的英语教学，追求英语教学的最高境界，是禹明老师，也是我们共同的愿望。

【参考书目】

1.教育部. 英语课程标准（实验稿）[M]. 北京：北京师范大学出版社，2001

2.禹明. 探索新型的英语教学 [M]. 成都：四川文艺出版社，2001

3.禹明. 英语教研的艺术 [M]. 深圳：海天出版社，2010

4.禹明. 英语教学探讨 [M]. 海口：海南出版社，2004

5.禹明. 小学英语教学理念和教学示例 [M]. 广州：华南理工大学出版社，2003

6.禹明. 新课程理念与小学英语教学改革 [M]. 长春：东北师大出版社，2004

7.禹明等. 小学英语教学评价 [M]. 长春：东北师大出版社，2004

8.禹明等.中学英语教学评价 [M].成都：四川教育出版社，2008

9.禹明等.新课程的中考 [M].广州：广东高教出版社，2004

10.禹明等.网络虚拟教研新机制 [J].北京：中小学信息技术研究，2007.15

11.禹明.校本教研与区域教研的理论与实践 [J].北京：中小学英语教育，2006.12

【作者简介】

龚亚夫，中央教育科学研究所研究员，人民教育出版社编审。中国教育学会外语教学专业委员会理事长，全国政协第九、十、十一届委员会委员。曾任人民教育出版社外语出版分社社长。国家《英语课程标准》编写组和《对外汉语教学大纲》编写组核心成员。教育部《中国中小学英语教师专业等级标准》编写组组长。多套人民教育出版社中小学英语教材主编，大型英语电视教学片《走遍美国》《澳洲之旅》等主编。

丹心热血沃新花

——房尚昆老师的职业观与美术教学智慧

尹少淳

【特级教师小档案】

　　房尚昆，中学美术特级教师，深圳中学教师。教育部"国培计划"专家库成员和教育部高中美术新课程远程培训主讲专家，人民美术出版社、人民教育出版社、湖南出版控股集团特聘高中美术新课程教材培训主讲专家，《中国中小学美术》杂志社编委、广东省基础教育指导委员会专家组成员，广东省教学水平评估专家组成员，广东省首批中小学教师工作室主持人，深圳市美术学科带头人，中国美术家协会会员、中国版画家协会会员、国际艺术教育学会会员、中国美术教育研究会会员。曾获得全国优秀美术教师，广东南粤优秀美术教师，广东省教育系统模范共产党员，深圳市十佳师德标兵等称号。

　　房尚昆，一位富含激情与智慧的美术教育工作者，为人真诚、朴实，性情幽默。一直怀揣着教育的梦想，1997年放弃了在那个城市里算响当当的"美术家协会主席"和市教育局美术教研员的身份，从素有"鱼米之乡"的安徽马鞍山市来到了"敢为天下先"的深圳，在深圳中学做起了美术教师。他矻矻不息、辛勤耕耘，成为一名优秀的美术教师。

一、房尚昆老师教学造像

如果要给房老师一个简单造像描绘的话，"课改急先锋"、"美术教育探索的有心人"这些词或许最为贴切。众所周知，由2001年开始的课程改革是我国教育发展的一项盛世伟业。改革对在基础教育领域全面实施素质教育具有重要的推动和促进作用，它是我国实现新时代民族复兴与现代化发展的重要保障，而其中的美术教育课程改革则处于国家教育课程改革宏伟征程中的关键一环，它为促进国民美育发展、提升普通公民的审美与创造能力作用巨大。房尚昆老师及其依托的深圳中学便在这里"挺身而出"，为全国美术教育第八次课程改革的启动和全国推广起到了一个重要的先锋模范作用。

2002年，房尚昆老师向学校提出了艺术教育改革设想，在获得学校领导给予的充分肯定与支持的基础上，在全国率先提出美术课程改革设想，确定了学校艺术教学的"导师指导下的艺术工作室制"模式。其开展的教学模式以及所取得的成果在全国产生巨大的影响，引领了全国高中美术课程改革，被誉为中国高中美术课改的一面旗帜。为了及时推广深圳中学美术教学模式，肯定深圳中学普通高中在美术领域中的有效探索，国家美术课程标准研制组2005年5月曾在深圳中学召开了"全国普通高中美术新课程现场研讨会"。来自全国各地300多位专家和美术教师一起观摩深圳中学的课堂教学和参观了深圳中学艺术工作室，对深圳中学美术教学改革所取得的成就和全国课程改革的"样板"作用给予了充分肯定，其教学探索也作为全国的课程改革的"样板"作用得到了全国美术教育专家和美术教师一致认可。

具体而言，房尚昆老师在"全面提升学生基本的美术素养，让他们在正确学习方式的指导下学会学习，进而形成有益于社会和个人的情感态度和价值观"课程改革旨趣基础上展开其教育教学实践，多年来形成了一套独特的教学模式与方法。在其所承担的美术模块教学中，他大力进行课堂教学改革，把学生放在学习的主导地位，开展以学生自主、合作、探究为中心的教学探索，并尝试进行着"教师请学生当老师，教师给学生当助教"的合作探究式课堂教学模式，通过以"转换课堂教学角色，开展美术鉴赏互动"的这种开放式教学模式进行美术鉴赏课程教学。在他的课堂上，学生俨然成为了课堂的主人，一个个都成了有板有眼的"小先生"。可以说，课改的主体精神之一在于提升学生的学习兴趣，并使其享受学习过程的快乐，在此基础上达到趣学、乐学、志学。实践证明，房尚昆老师的"小先生"美术教学法，是对上述精神的充分践行，其方法行之有效，极大地提升了学生参与美术学习活动的欲望与兴趣。

除了其所擅长的美术鉴赏教学之外，这些年来房尚昆老师还承担着深圳中学高中绘画模块的教学工作。在他所开设的版画及剪纸课堂教学中，以新课程理念引导自身教学实践，在长期教学探索中形成独具一格的教学特色，这让所有选课的学生课堂版画作业都具有一定的专业水平。在参加历年各级各类美术作品展览中，深圳中学的学生屡屡斩获大奖，连续两届获得全国中小学艺术展演美术作品一等奖，作为优秀辅导员，他多次获得国家教育部表彰。

美术教育教学是一个需要教师为之持续付出的事业，在大量教学实践的基础上，一个优秀的美术教师还必须及时"充电"，注重学识积累，其途径主要是参与教育科学研究。一位美术教师愈是以积极创新的姿态介入教科研的过程中，他愈是能够获得自身专业化的成长。在这方面，房尚昆老师则为我们树立了一个积极的榜样，他不甘于满足既有的成绩，依旧在常规的课堂教学之外，不断探求美术教育的创新之道且成效斐然，譬如：在美术教学实验中参加了多项国家级"九五"、"十五"、"十一五"课题研究；参与编写了广东省高中《美术鉴赏》和《绘画》新课标实验教材；在《中国美术教育》、《中国教育报》等权威刊物上发表论文多篇；编写了27万字的《美术鉴赏》教案和20讲的PPT，全部放在"人民美术出版社教学资源"网站里供给全国高中美术教师使用；主持广东省中小学教学研究"十一五"规划课题《高中美术课程设计及其对于学生发展的影响》。房尚昆老师还和学校其他美术教师一起编辑出版了我国第一套《普通高中美术新课程——深圳中学学生模块教学美术作品选》九种，并作为国家教育部远程教育专家团队核心成员，主持了《美术鉴赏》模块远程视频的文字撰稿、拍摄和编辑，还作为嘉宾参加了其他模块的拍摄工作和教学示范，并连续4年在北京参加教育部对全国课改试验区的高中美术教师进行远程高中美术培训工作和现场视频答疑。这一系列的教育研究活动与成果既彰显了一位普通美术教师参与科研的愿望与不懈努力，更是诠释了一线美术教师所具有的智慧与专业化的科研素养。

多年来，房尚昆在认真做好教学和辅导工作之余，认真学习，勤奋创作，美术专业也取得了一定成绩。他的版画作品多次参加了全国版画展或美展，并参加了在日本、美国举办的"中国当代版画新作展"。油画《期待》、《水乡》参加了中国台湾和香港举办的"中国油画名家作品展"。中国画《花卉系列》参加了中国美术家协会举办的"第九回新人新作展"。有多幅作品参加全国第一届至第四届藏书票展和在保加利亚举办的第26届国际藏书票展及数十次省、市级各级各类美展。曾先后在安徽马鞍山市、江苏南京市、北京国际艺苑美术馆举办过个人画展。多幅作品还被国内、国际多家美术馆和国际友人收藏。数百幅美术作品发表在全国各级各类报刊、画册中，出版连环画《采石大战》、《古代贪官阿合玛》。中央电视台、《人民日报.海外版》、《中国教育报》、《中国美术教育》等多家报刊曾报导他的事迹。天津人民美术出版社出版了《房尚昆版画集》和《房尚昆彩墨画集》。

二、房尚昆老师的职业观

教师是一个高尚和体面的职业，它即肩负着一定的社会责任，为未来社会培养合格的建设者，同时它也为千万个人的幸福人生奠基。房尚昆老师又是秉承了一种怎样的教育理解和职业观呢？这里，我们先来看一段他自述的话：

我知道我既然这辈子命中注定要做个教师，一个美术教师，那我必须做好自己的那些事情。既然是教师就必须做教师应该做的事情。我一直有着自己的教育理想与追求，教学中力求以平实的心态，把职业当作事业，把责任当作己任。要做一个好的美术教师，为了能成为一个好的美术教师，我首先必须努力的读书，希望自己通过努力学习能成为一个具备教育思想、有教育理想、有点学术水平的人；然后，我还得不断的提高自己的专业知识和技能，钻研自己学科知识，让自己能成为有较高的专业水平的教师；最后，我还得让自己以平静的心态，用创新教育的理念，有责任感的去工作，尽力让自己的教学鲜活而充满个性，并能让自己的学科和自己的教学能去承载更多的东西。

房尚昆老师短短的几行字，为我们朴实地表达出了其自身的教育诉求——以平实的心态和强烈的责任心将美术教育作为一项事业来予以完成。这体现了他成熟、投入的专业精神，其字里行间所透露的教师的责任感也保证了一个有着持续发展空间、不断寻求卓越美术教学质量的学习环境。比如，在房尚昆老师和学校艺术组的共同努力下，深圳中学开设了多模块的艺术教学内容并成立了各自的工作室，在全国同类院校还在实行"走班制"上课的方式时，房尚昆老师的美术鉴赏、绘画、工艺的"第二工作室"美术教学就开始在全校推广大面积的选修实验，如设计开设课程方案、制定选修指导手册、分配学习人数比例、召开班长或美术课代表会议，等等。这只能是一个负责、认真并有强烈的教育追求与专业理想的老师，才能尽力为之并全情践行基础教育美术新课程理念。由于没有既定的经验或章法可循，这种教学方式实实在在是需要

"摸着石头过河"。作为深圳中学艺术科组长，房尚昆老师在领导全校进行艺术课程改革之外，还一直主动承担着相当繁重的课堂教学任务，是学校艺术科组代课最多教师。房尚昆老师凭着一种教育理想和教育责任，对学生倾注了无限的爱，对工作倾注了所有的热情。他也深深懂得爱岗敬业，热爱自己的学生是一个教师应具有的重要品格也是自身应尽的职责。自然，超常规的付出也定会赢得学生的敬重与支持。深圳中学的学生都会尊称房尚昆老师为"房子老师"，每年在学校评选的"最受欢迎的十位教师"也都名列其中。这可爱的"昵称"背后透露的是师生间水乳交融的情意。这里，"房子"老师既是一名传道授业解惑的教师，也是和学生们心灵无隙的大伙伴、好朋友！

三、房尚昆老师的课堂教学智慧

教育具有"人治"因素，这一点想必有亲身教学体验的人都不会否认。一个教师往往是一个学科的形象大使，学生会因为一个教师喜欢一个学科，也会因为一个教师厌恶一个学科。因此在一个学科中，教师所具有的独特的人格魅力和课堂教学智慧是非常值得强调的。以下，笔者将尝试分析与呈现房尚昆老师所特有的教学思想，也希望能够在一些鲜活、生动的教学案例中为其教学智慧做一个简单的描摹。

（一）"蹲下来"教学，用爱与真情与学生成为朋友

建立民主、平等的师生关系，是课堂教学活动中最为至关重要的一个环节。这是因为发生在课堂中的教与学活动归根结底来说是一种师生间的交往过程，而交往过程的顺利与否其前提在于教师是否具备足够的亲和力，是否能够以平等的姿态去和学生进行对话与沟通。在此基础上，和谐、愉快的课堂氛围才能够进一步地激发学生学习的兴趣，以一种愉快的心情参与到学习的过程中去。在房尚昆老师的美术教学中，对这种教育观的实践运用俯拾即是。"蹲下来"教学，用爱和真情与学生

成为亲密无间的好朋友——这是他最大的教学智慧，也是其对"教师"这个平凡职业之爱的本能显现。

房尚昆老师曾经在他的一篇教育叙事中谈到了自己的一次经历，这篇文章中所投射出的师生之间的尊重与真情给我留下了深刻的印象：

一个学生在上课之前匆匆来到教室向老师请假，理由是"情绪不好，没有画画的激情，想到外面走走"。这样简单的理由也许在很多老师来说很是幼稚，学生换来的也许只有拒绝的呵斥和简单的放任自流。这里，让我们来看看可爱的"房子"老师是如何巧妙应对学生这种负面情绪的宣泄的。

"我非常感谢你对我的尊重！你准备到哪里？"我问。"想到学校科学馆六楼的平台上坐坐。"学生坦率地告诉我。我说："好吧！你可以休息休息，有时间我们一起聊聊吧？"为了学生的安全，我补充说："能否给你一个建议，你到我办公室去坐坐可以吗？那里有茶水，还有电脑可以上网，我一个人一个办公室，那里绝对安静，如果身体不舒服还可以去我的沙发上安静地躺躺，接受我的建议吗？"学生说："好吧！"我就把我办公室的钥匙交给了学生。她疑惑的向我办公室走去……"房子"老师的话虽然朴实简单，但却体现了他与学生沟通交流的智慧。在他那里，没有训斥、苛求与责骂，没有对学生学习知识和技能的唯一要求，他更多是和学生以"伙伴式"的聊天与幽默的谈吐来化解"师道尊严"这道天然的屏障，他关注学生的要求，尊重每一位学生的个性。这体现了一种充满关爱的新型师生关系。这里的"爱"不是一种"偏爱"，它更多是一种责任，是一种超脱了学科小范围的单一诉求而上升到关爱学生身心、前途和成长的爱。

（二）角色互换，给学生当"助教"

一个讲求心理沟通与对学生个体充分尊重的老师在教学时想必也自有一套教育的智慧与方法，前面我们曾提及房尚昆老师的"小先生"美术教学便是这一推论的有力诠释。

其实，房尚昆老师这一教学智慧来自于一次有些"啼笑皆非"的教学经历。

在一节美术鉴赏课上，教师提问学生对世界名画《蒙娜丽莎》的认识和理解。全班出现瞬间的寂静，在很久的寂静中班上一个女同学终于站起来，很认真地告诉我，她去过法国罗浮宫，在罗浮宫里她亲自见到这幅画。在大家迫切想了解她对这幅画的感受时，她想了一下说出了第一句："蒙娜丽莎是个女的。"

想想看，这样一个令人尴尬的回答不独是一个个案，它更多是传统教育思想及教育环境的不良影响发展到极致的自然反映。回顾我国传统的师生关系，由于受师道尊严观念的影响，教师往往是课堂教学的主要角色，是教学过程的主导者。老师们普遍采用"灌输式"教学手段或方式传授知识与技能，教育者更多强调把某种具体的信念、教条当成"真理"来教授而根本不考虑学生的需要和接受能力，这种教学以控制和管理作为主要的手段，忽视了学生潜在的主动性和内在的生命活力。

然而何又为一种正确的教师教学理解？房尚昆老师又是如何应对"蒙娜丽莎是个女的"这样的教学问题呢？

蔡元培在《普通教育和职业教育》中曾经这样说道："教学，并不是像注水入瓶一样，注满了就算完事。最重要的是引起学生读书的兴味，做教员的，不可一句一句，或一字一字的，都讲给学生听。最好使学生自己去研究，教员竟不讲也可以，等到学生实在不能用自己的力量了解功课时，才去帮助他。"这句话来描述房尚昆老师的"角色互换"美术教学也许是最为合适的。在他的美术鉴赏课堂中，学生成为了课堂的主角，自发进行备课、搜集材料、讲课。而老师只为学生的课程准备提供辅助作用，担当了助教的角色。这一系列的过程是学生实施自主教学的过程，更是着眼于学生潜能的唤醒、开掘与提升的过程。它将以往单一"灌输式"的教学转变为让学生自主、探究、合作的新型教学模式。学生在习得具体美术鉴赏知识的同时，也获得了综合的问题解决与学习能力。这有助于学生终生学习愿望与学习能力的形成。

《学记》中说："善歌者，使人继其声；善教者，使人继其志。"叶圣陶先生也曾说："教是为了不教。"在房尚昆老师的美术教学实践中，令人欣慰地看到了此种教育追求与品质的实现。对于学校中处于"非主流"地位的美术学科而言，这更是一次难能可贵的尝试。

（三）对"非智力因素"的重视

注重学生"非智力因素"的提高，这是房尚昆老师一直以来在孜孜不倦追求的事情。当然，"非智力"这里仅是一个泛指的说法，总体包括学生如审美素养、品格、毅力、习惯等多方面的素质与能力。教学中对非智力因素的重视，意味着在学校教学中，教师不仅要教会学生特定的知识与技能，发展其专业素养，同时还要注重教学教育功能的实现与发挥，使得该学科对人的心智和身心产生良性的影响。

美术教育由美术和教育合成而来，除了要传播持定的美术文化知识之外，促进学生全面健康的发展也是其题中之意。美术学科教学中美的内容与形态，可以使人的情操受到陶冶，也可以潜移默化地促进人的各项优良品质的形成。

以房尚昆老师的传统工艺美术教学而言，充分本现了对学生美术学习中非智力因素的重视与提升。在开设的高中版画、剪纸教学时，他在知识和技法（如剪纸艺术的起源、风格、流派、寓意以及造型手法等）传授的过程中非常注意对学生的鼓励和交流，注意课程隐性价值和意义的体现，师生齐心合力地为创作一幅属于自己的"世界名画"而努力着。其间，学生在制作出精美作品的同时，获得的更多的是过程的快乐和综合能力的磨练与提升。譬如，学生在沉潜于追求工艺的精致品质中，也逐渐形成了勤于观察、严于计划、善于借鉴、精于制作的行为习惯和耐心细致、团结合作的工作态度。这里，请允许我转述房老师一位学生在上完剪纸课后的感受：

"与小时候的信手创意不同，这次的任务讲究的是制作的精巧与手法的细致，要完成这张剪纸作品需要你非常专注、认真和细心，而当我费劲地去刻那凤凰一毫米的眼睛时，我第一次体会到艺术也并不仅是想象中那种挥洒自如，它有时是需要专注的态度和艰苦奋斗的！”

"经过几节课的艰辛奋斗，我终于在一个普通的下午完成了那幅精致的剪纸作品。当我将它展开后，我并没有表现的那么欣喜若狂。我那时觉得我收获的不是一张剪纸，而是更多地收获了做事的精神与认真的习惯。在这以后让我深深敬佩民间艺人们的剪纸魅力与高超技艺。完成了这幅剪纸作品以后，我再看见那些精美的剪纸，我不会再惊叹与尖叫了。因为我感觉到再伟大的作品都是一个平凡的人用他的智慧与艺术才能，经过刻苦与毅力创造出来的。感谢剪纸课让我收获了很多，也理解到很多东西。"

"让学生掌握剪纸的技能，通过学习剪纸艺术来传承中国民间文化，并能改变自己做事习惯与思维模式。"这是房老师对自身教学经验的凝练和总结，他是这么说的，也这么做到了。经历了如许的美术教学，相信学生获得的更多的不仅是技术性活动的基本方法，而是勇于实践、善于实践的心理品质。

（四）机趣天成，寻求"战机"

善于利用教学时机是所有优秀教师所应该具备的一项基本素质，这是由课堂教学的复杂性所决定的。师生之间的交流和讨论、教师教学过程和辅导方式的选择以及课堂之中偶发事件的处理等，都需要教师具备一定的教学处理能力，把握"战机"，进而实现以开放性和生成性，同时兼具系统性和目标性为主要特征的现代教育理想。课堂里对"战机"的把握首要前提在于教师教学经验的积累和课堂教学里的敏锐观察。在师生间交流的情境之内，往往会有一瞬间的灵感和念头突然显现，这可以引发教师深层意识当中的自我认识，以实现新型课堂形式的创造。

美术教育是一种充满机趣的活动，好的美术教师只要能够把握并创造美术课堂里的"战机"，这样的课堂便充满智慧和灵性。房老师在此方面就一直有着自己的思考和追求。在房老师眼里，课堂会经常发现很多意外的生成，这些意外生成，如果是有经验的教师会因势利导，发展延伸，让自己教学变得更加精彩。课堂教学生成是稍纵即逝的东西，也是非常重要的东西，还是取得课堂教学效果的重要保证，更是教师教学经验提升与专业成长的有效促进剂。本着此想法，房老师格外重视课堂生成，以收获意外。譬如，他曾给学生讲授过一节"人物剪纸"的课程，教师首先介绍了人物剪纸的发展与变化，从民间剪纸到现代人物剪纸，从现代剪纸中侧面剪影到根据照片剪纸，以及现代艺术家的剪纸艺术创作（从马蒂斯到中国艺术家们的剪纸艺术），最后，教师教学生如何进行人物剪影式的剪纸方法，并演示人像剪影式剪纸的过程。这样的课堂一切都在按照教师原先设想的教学过程展开，课堂里没有波澜壮阔，也没有意外惊险，只是作为一节常规的美术课，表现得非常平静而简单。

在教师准备最后小结而结束今天的课程的时候，突然一个女同学站起来增加了一句，她告诉同学们说："我觉得人物剪纸还应该有爱！"课堂上，房老师敏锐地发现了这个生成的意义，在肯定了这个学生的总结后，教师展开了这个"爱"在剪纸中重要意义的诠释，它体现在表现对象的精、神、气方面。这种内在人物情感的传达，使得课堂剪纸教学不只是一门细致的手工技术的传递，更成为一项富含浓郁生活气息的文化感受与陶冶！

房老师对教学"战机"的寻求也体现在其美术鉴赏课的实验教学中。譬如，在某次美术欣赏课时，突然有个同学站起来说道："老师，你说我们都不懂《蒙娜丽莎》今天能给我一点时间，让我给同学介绍《蒙娜丽莎》好吗？"面对这样的要求，房老师没有简单的否定或呵斥，而是报之以积极的肯定和认同，并给学生当助教。这样一个课堂里出现的偶发现象，彻底改变了他传统以往的课堂教学方式，让学生成为真正的课堂主人，课堂出现了前所未有的改变和生机，这种自主合作探究学习美术鉴赏课程的教学方式的选择也极大地调动学生的学习热情，让教师获得教学质量质的飞跃，它彻底颠覆了教师惯常的课堂教学模式，让教育者实现了一个崭新的教学思维和教学模式的改变。在其中，正是房老师在课堂教学中以锐利的眼光发现"战机"，合理地运用"战机"，方才促进了自我教学方式的改变。

（五）让个性鲜活展现，追求创新视野

成为一个有个性、有风格的好教师，具有良好的职业素养与职业精神是十分重要的，它们是实现教学探索、不断追求卓越课程的必要前提。然而，教师教学风格的产生也同时需要多年的实践、思考与文化的积淀。它们为教师的专业化成长提供了内在的发展动力。在此基础上，教师可以摆脱职业倦怠，并实现个性化的彰显与呈现。

享受职业的快乐的前提是，教师需要有自身的个性追求，并能够在学习和实践的过程中将这种个性进行鲜活、灵动的展现。房老师善于思考，关注教学中出现的问题，这种思考让他获益良多，形成了有鲜明特征的教学探索。譬如，他在教学模式中首先提出美术教学中导师指导下的艺术工作室制建设，这种举措极大地激发了教师的教学热情和能量，也同时极大地满足了学生更深一步进行艺术学习的要求。此外，教师个性的追求也体现在其教学的创造性方面。其中，创新是人作为一个个体在知识素养与实践经验基础上进行的新思考与新追求，它是学科教师的生命力。房老师之所以形成个性鲜明的美术教学，其要旨也在于他一直注意对自我知识的更新与进步，一直尝试并努力在教学中发现与实现自己的教学追求。

美术教师是需要有自己职业的知识与技能以及具有一定的文化理解的，同时还需要具有善于研究与乐于探索的品质，它们是教师实现创新追求的内在发展动因。然而如何让自己能成为一个好教师，成为一个具有研究性的教师，努力地用自己的智慧去营造出精彩的课堂？房老师深深懂得教师的职业精彩体现在自身的课堂中，因此，只有努力研究教育规律，探索新型的课堂教学方式方才是一个有理想、有教育智慧的好教师的标志。房老师一直在尝试追求着美术课堂里的本质要义，精心研究每节课，并通过思考与发现不断改进自己的教学目标。譬如，他在

《德国美术教育考察琐记》一文中写道："在德国通过听课、参观和讨论，我深深感到德国的美术教育十分注重教育的过程和人的综合素质的培养，十分注重遵循人的生理发育规律，给予合乎人性的教育。德国的课堂教学的模式是以开放式的积极引导的教学方法，强调知识的综合和学习的联想与创造。课堂教学是轻松和'随意'的，教师与学生处于友好、积极、活跃、主动的学习状态。德国的美术教师都是多面手，体现一专多能，以适应现代教学和美术各门类的课堂教学要求。他们具有很强烈的事业心和教学责任感，力求在统一的美术教学大纲中，寻求自己的教学特色和有效的教学方法。他们注重积累，注重在美术技法的学习过程中，培养学生不断探索、不断发现的创造精神，让学生增强动手能力和体味着成功的乐趣……"在德国的考察与访问中，房老师感到了美术教育的深刻意义以及所能承担的课程价值。于是，他一直默默地研究自己的课堂，研究自己的教育行为，让自己更加有责任感和探索精神，努力让自己去实现学科的课程价值。正是在不断地思考、研究与创新之中，房老师觅得了自己关于美术教育课程理想的追求，同时也不断尝试在教学实践中的践行体验……

结 语

教育，是一个永远"在路上"的征程，它永远在寻觅教学胜景的现场；教育，也是一门重在熏陶感染、讲求细节智慧的艺术，它需要教育主体全情的参与、用心的体悟。在这过程与细节之间，教师总是那回环于教学实践与教育理想之间的行者。他不仅需要具有成熟、投入与执着的专业精神，还要有着丰富、深刻的心灵，让自己能够进行"有意味地言说"。

耕耘于基础美术教育这块广博的田地，能兼顾上述对教师描述的人可谓凤毛麟角，然而房老师则是一个个案，他就像一颗教育的"启明星"那样，既有着一线教育工作者热情的想象、丰富的实践经验，亦不乏理论研究者冷静的思考和深厚的理论素养。对此，我不得不佩服他过人的精力以及敏锐的才情。让我们衷心地期待他的不懈地努力终将换来回报，从而为我们绽放最为美丽的"教育新花"！

【作者简介】

　　尹少淳，教育部艺术教育委员会委员、教育部基础教育课程教材专家工作委员会委员、教育部课程资源专家委员会委员、教育部美术课程标准研制组组长、中国美术家协会少儿美术艺术委员会主任、首都师范大学亚洲艺术教育研究发展中心主任、博士生导师、教授。

在求变中思考，在思考中求变

——谢增生数学教育教学思想研究

丁时进

【特级教师小档案】

谢增生，中学数学特级教师，深圳外国语学校教师。深圳市中学数学学科带头人。广东省"百千万工程"名教师培养对象，深圳市历届高中数学学科讲师团成员。深圳市首届十佳师德标兵。全国中学教育科研联合体理事会理事，全国中学教育科研联合体学术委员会委员。广东教育学会远程教育中心高考辅导卫星课程客座教师，《数学教学研究》和《中学生导报》兼职编委。主编《初等数学典型是非分析》等书多种；参与《高考数学复习指导》等十余本书的策划与编写。发表过"高效率数学复习教学模式研究"、"对新课标下高中数学教材的几点思考"等论文三十余篇，多篇论文获国家级、省级一等奖。主持承担《新课标下高中数学课堂教学策略研究》、《数学教学效率论》等多项省市、国家级课题研究。所教学生高考数学成绩名列省市前茅；辅导学生多人在全国数学联赛获一等奖。

一、一篇文章与一本书的数学之思："变"之"数"

2002年春夏之时，因"非典"的原因，国内众多名校开启了网上学校。广东省教育厅教研室的领导也想在这方面做一些服务，初步想法是搞一套网络教材。深圳教科院(原教研室)沈明哲教研员召集深圳市数学一线教师的中坚力量开了几次会，探讨网络教材的编写方案。谢增生老师作为深圳市数学教学圈子里的"名人"和"热心人"，自然少不了他。其实谢增生老师对网络教学也早有思考，他认为不管是网络教学还是课堂教学，对于数学教学与其他学科来说就在于这个"变"字，在"变"中引人思考，在"变"中去体会数学的魅力。按照"一题多解""一题多变"思路，谢增生老师编写了函数部分综合训练第一节。样稿送到广东省教育学会中学数学专业委员会副理事长，原广东省教育厅教研室数学科科长吴占华手中，让吴老兴奋不已，他说：我搞了三十几年数学，还没见过这好的稿子。当即拍板，按谢老师所定的模式先出书，再出网络教材。书稿最后定名为《数学高考决胜》，于2003年由广东人民出版社出版，一时成为众多学校高考备考和高中教学的参考书目。

在数学教学和学习中，谢增生老师为什么执著于"变"之数学的探讨？这与他对数学学科的理解有着密不可分的关联。

他认为，"变"是数学之魂，有变才会有创新。只有平时的变，才能适应高考考场内外的"风云变幻"。

一题多解，一题多变，数学知识是网状的，它有它的脉络。近几年高考数学命题的方向为：以能力立意，在知识的交汇点出题。因此，数学教学不是以量取胜，应摒弃"以数量求质量"的思想，其核心应是：力争从一题多解、一题多变，编织成"方法链"、"知识链"，从而掌握双基之线，结成知识体系之网，就这样连点成线，结线成网，由浅入深，由易到难，由简单到复杂，由单项到综合，一步步把知识统帅起来。

对于课本中的基本知识，诸如概念、定理、公式等当然要理解透彻，但是，如果止步于此，或者只是追求这个境界，一旦遇到技巧性高、综合性强的试题仍无从下手。谢老师认为数学学习的最高境界是优化自身的数学思维，以科学理性分析引领灵活运用所学的知识，掌握解决问题的方法，提升数理分析能力。

二、一种现状与一个教学模式："变"与"不变"

（一）教学模式的催生

数学，是科学技术的精髓，无论是自然科学还是社会科学无不渗透数学和数学思想。因此，谢增生老师认为，数学教育无疑是国民素质教育的先导。但是，中国数学教学教育的现状是怎样的呢？数学教育是花时间最多的学科之一，高中数学教学基本上是：三年课程两年完，留着一年搞复习，怪题偏题满天飞。许多学生对数学望而生畏。因此，怎样提高数学教学质量和效益，是一项富有挑战性的课题。

有不少人把提高数学成绩的希望寄托在大量做题上，以为这样学生就可以见得多，会得多，翘望高考题都是学生所见过的，且越熟练越好，以达到所谓的"熟能生巧"。谢增生老师认为，这是不妥当的。对基本问题、基本知识、基本方法的掌握达到熟练的程度是正常需要，但"熟能生巧"多指操作而言，实际上这只是培养学生解决已知问题的能力，而不是解决新问题能力，解决不熟悉问题的能力。从培养解决新问题能力角度，仅有熟练远远不够，在高中数学教学中，致力于优化学生的思维品质，使学生数学学习的兼容性和自主意识相得益彰。

谢老师对他的学生说，"不要以做题多少论英雄"，重要的不在于做多少题，而在于提高做题的效益。做题的目的在于检查你学的知识、方法是否掌握好。

如果你掌握得不准，甚至有偏差，那么多做题的结果，反而巩固了你的不足，因此，要在准确地把握住基本知识和方法的基础上做一定量的练习是必要的。而对于中档题，尤其要讲究做题的效益，即做题后有多大收获，这就需要在做题后进行一定的"反思"，思考一下本题所用的基础知识，数学思想方法是什么，为什么要这样想，是否还有别的想法和解法，本题的分析方法与解法，在解答其他问题时，是否也用到过，把它们联系起来，你就会得到更多的经验和教训，更重要的是养成善于思考的好习惯，这将大大有利于你今后的学习。当然没有一定量（老师布置的作业量）的练习就不能形成技能，也是不行的。做好练习是学好数学的关键一环，但是盲目多练，不仅费时多，而且必然冲淡对关键知识、方法的掌握，形成学习低效。

早在上世纪90年代初，身为数学科组长的谢老师就组织数学科组的老师们对当下繁多的世界教学流派与教学模式进行论证研讨，诸如萨奇曼的"探究模式"、塔巴的"归纳模式"，共同思索一个问题：到底哪一种模式适合高三数学教学？谢增生老师与数学组老师们觉得这两种模式不全适合，他们认真剖析，取其所长，避其所短，并借鉴多种教学模式，根据数学学习与发展原理的基础，对国家命题中心任子朝先生提出的"研究·发展"的解题方法进行探讨，终于摸索出一种新的复习教学模式——"学习·研究·发展" 整合法教学模式。而且这种体现数学"变"的哲学的教学模式应用于教学中立竿见影，收到了很好的效果，学生成绩稳步提升，且在当年的高考中取得了优异成绩。不唯如此，谢增生老师还把这种教学模式适时推广，他在1995年甘肃兰州举行的首届"全国数学教研成果交流大会"上，以《二项式定理及应用》复习课为模式首次展示"学习·研究·发展——中学数学整合教学模式"成果，得到与会专家的一致好评，并获大会优秀论文一等奖，会后得到同行的关怀与支持。经过几年对该模式探索与完善，形成了《高考数学决胜方略——学习·研究·发展》一书。该书2004年已由湖南科技出版社出版。这本书中所体现的就是谢增生老师一贯遵行的数学教学思想。

（二）"学习·研究·发展"整合法教学模式的阐释

教学模式是在一定教学思想或教学理论指导下建立起来的较为稳定的教学活动框架和程序。谢增生老师把"学习·研究·发展" 整合法教学模式的教学法的结构框架和活动程序作如下阐释：

学习 $\dfrac{\text{收集信息}}{\text{知识熟化}}$ 研究 $\dfrac{\text{加工与反馈信息}}{\text{知识转化与深化}}$ 发展 $\dfrac{\text{强化信息}}{\text{知识活化}}$

1.学习

学习数学，其表现为熟化知识和收集各种结论（包括解题的思想方法），整理和融会贯通所学的数学知识，建构知识网络，整合数学方法。这种复习的目的在于使学生对所学知识点的本质属性能更全面而深刻地理解，对知识体系中的地位功能、关系能透彻掌握。教师一方面要阐释知识点的本质属性和与其他知识的纵横联系，从知识所隐含的思想方法、技巧技能等方面进行解析。另一方面引导学生对中学阶段的数学知识、数学方法结合整理、归纳提高，让学生站在数学思想方法的高度掌握知识、收集信息、熟化知识。

2.研究

研究数学，指对收集的信息为线索进行信息加工。在研究的氛围中，对经典问题进行教学法上的再创造，教师从各种角度提出问题，让学生研究新问题，得出新结论，把已有的知识深化并将其迁移到相关的其他知识内。同时教师从学生的信息反馈中发现新问题，及时剖析，去伪存真。在解题时，注意通过"题目的变式"，经常变换问题情境。在变式教学中让学生认识万变不离其宗，变化的是题目，不变的是数学思想、方法。这样学生每做一练习都会有较大收获，或能加深理解巩固所学知识，促进数学技能的形成，或能学到解题方法，领悟其中的数学思想、方法。这就是"多解出方法，多变求创新"。

3.发展

发展数学，这是数学思考的发展和创新阶段。发展是引导学生思维的高级阶段，强调发展公式、定理的横向运用。广泛地让学生了解运用公式、定理解决其他分支的问题，让学生面向并开拓邻近发展领域、培养学生发散思维能力，从而促进学生的身心全面发展。

（三）"学习·研究·发展"整合法教学的理论依据

一种教学模式的确立，不能是想当然的结果，一定要有理论支撑。从哲学上讲，任何事物的发展总是由浅入深，由低级到高级，由特殊到一般的发展过程，即由学习到研究到发展的过程。数学学习是一种复杂的智力活动，这种活动的有效性，不可能毕其功于一役，须有一个循序渐进的提高过程。由"知其然"到"知其所以然"的深化过程，由知识转化为能力的发展过程。"学习·研究·发展"中由易到难，环环紧扣，步步深入的过程完全符合学生的认知规律。

对于学生而言，在复习之前，由于学习方式的离散性，分章节学习的知识必然会出现知识结构间杂乱无章的现象。最初阶段所获取的知识具有表象性，运用知识必然会出现呆板现象，让他们重温学过的要领、概念、公式，建立和完善知识体系，以期有所突破和提高是重要的任务。让学生从一些典型的习题中挖掘隐含的规律方法，以期有新的发展与发现。因此，复习课的教学中，不仅要有知识体系的归纳与讲解，更要有提高学生能力的强化训练；不仅要有教师的主导作用，更要有学生的主体地位。"学习·研究·发展"整合法显然有效地体现了这一点。

就解题而言，解数学题本身不是只寻求其解，还须以解题作为手段，去掌握知识和学会运用知识，是进一步学习和解决实际问题的训练。正如军事演习一样，其目的是练兵，学会作战，增强实战本领，积累实战经验，提高实战能力。解数学题的目的在于：一、加强基本功训练，加深对知识的理解与掌握；二、学会运用知识，增强解决问题的能力；三、掌握数学思想方法，培养数学创新思维。

基于此解题目的，"学习·研究·发展"教学法要求学生在解答每一道题时不只是满足于只求得答案，而要探求一下为什么这样解，为什么能这样解，应用哪些知识，怎样应用这些知识的，还有哪些知识与题目有联系，这些知识能否将条件与结论沟通起来。推理是否严密，运算是否准确，依据是否充分。还须继续考虑：能否找到其他解法，能否找到更简捷更合理的解法(一题多解)。还应考虑这个题目的条件不变，能否得出其他结论，或结论不变是否可以更换条件(一题多变)；还有将条件一般化，能否得出类似的结论？力求真正将解题进行到底。这样一个题带来一串题、引出了知识链、方法链，解题效率不言而喻。

从学生的心理发展规律来看，在数学学习中，学生心理发展既有连续不断的继承特点，又有产生质变的阶段特点。学生心理发展动力产生于两个方面：一是已知智力水平或结构；二是在一定的智力水平上所产生的动机和需要，而当具备一定智力水平后不及时加以引导，刺激新的动机和需要，就会阻碍知识水平的提高。

心理学家皮亚杰认为认知发展不是一种数量上简单累积的过程，而是认知结构不断重新建构的过程。根据他的观点，个体的认知结构是通过同化和顺化而不断发展，以适应新的环境。个体每当遇到新的刺激，总是把对象纳入到已有的认知结构之中（同化），若获得成功，便得到暂时的平衡。如果已有的认知结构无法容纳新的对象，个体就必须对已有的认知结构进行变化以使其与环境相适应（顺化），直至达到认识上的新的平衡。同化与顺化之间的平衡过程，即认识上的"适应"是人类思维的本质所在。学习并非一个被动的吸收过程，而是一个以已有知识和经验为基础的主动的建构过程。因此，学习数学的最好方法是让学生通过最能展现其建构知识过程的问题解决来学习数学。教师必须让学生自己研究数学，或者和学生们一起研究数学；教师应鼓励学生们独立思考，并接受每个学生做数学的不同想法；教师应积极为学生创设问题解决的情景，让学生通过观察、试验、归纳、作出猜想、发现模式、得出结论并证明、推广，等等，只有当学生通过自己的思考建构起自己的数学理解力时，才能真正学好数学。"学习·研究·发展"教学法重在"研究"，从学生实际出发，以深入了解学生真实的思维活动为基础，通过提供适当的问题情景或实例促使学生的反思，引起学生必要的认知冲突，从而让学生最终通过其主动的建构起新的认知结构。师生共同探索问题的解决，完善知识体系。学生通过探索而获得知识不仅最牢固，而且对形成学生心理发展的内驱力，促进学生心理发展中"新质"的出现有积极的意义。

三、课堂教学：让数学"变"难为易成通途

谢增生老师作为高中数学教师，对初、高中学生数学学习效果的变化可谓体会真切。他说，我们常听到学生发出"数学，想说爱你不容易"之感叹。我们常常看到这样的事实，有的同学读完高中，数学就从来没及格过；更为遗憾的是，许多同学以中考较高的数学成绩升入高中后不久，就沦为"学困生"。这就是所谓"还没起跑就已跌倒"。《新课标》实施后，由于初中要"减负"，把一些知识推给高中；而高中要适合时代的发展，又要增加了"算法语言、微积分、统计、合情推理等新内容"。因此，问题不仅没有得到改善，反而更加突出。针对这种现状，谢增生老师在课堂教学中着力对高中生数学学习困难进行心理分析，从而把握高中生学习数学的心理状态，加强教学活动的针对性，切实解决高中生数学学习困难问题。他分析得出：学生学习数学困难，除了与各学科共同存在的"恋旧情结、前摄干扰、对教师的依赖心理、恐惧心理"等的影响外，导致学生学习数学困难三个重要原因是"数学思维方式、学生数学认知结构差异和思维定势"。

所谓数学思维，就是以数学物象为思维对象，以数学语言符号为思维载体，并以认识和揭示数学规律为目的的一种思维。数学中的概念、命题大多经历了一个由具体到抽象、由抽象到再抽象等逐级抽象的过程，它们构成了一个严谨、抽象的逻辑演绎体系。这可能是学生学习数学的最大困难。因此，如果学生不能很好地学会数学思维就不能学好数学。如奇函数的定义："如果对于函数 $f(x)$ 的定义域内任意一个 x，都有 $f(-x) = -f(x)$，那么称函数 $f(x)$ 为奇函数"定义并没有明确指出 x 与 $-x$ 均要属于定义域，而事实上由的形式就已经表明 x 与 $-x$ 均要属于定义域，定义也就暗示奇函数的定义域关于原点对称。又如"已知函数 $f(x)$ 满足 $f(x+y) = f(x) \cdot f(y)$，且 $x>0$ 当时，$f(x)>1$，求证 $f(x)$ 是递增函数。"这实际上是由具体的指数函数性质抽象出来的命题。

数学认知结构是学生在学习的过程中，总是借助已有的数学知识和经验去理解新的数学概念和数学命题，将新的数学知识与脑中已有的知识很好地联系起来，使新知识纳入学习者的脑中，形成一个新的数学结构体系。因此，学生学习数学的过程实际上是学生的数学认知结构的建构过程。由于数学认知结构是主体对数学知识结构认识的结果，它因人而异，不同的认知水平会有不同的数学认知结构。这种差异是造成学生学习效率的重要原因之一。同一个班的学生中，有的学生的概念、规则掌握得很好，能熟练地运用，不是因为他比其他同学具备更多的知识，而主要是因为他比其他同学更好地理解了概念与规则，能把所学的知识组织得更好，形成较好的数学认知结构。

思维定势是指人们用一种固定了的思路和习惯去考虑问题。在数学教学过程中，在教师习惯性教学程序影响下，学生形成一个比较稳固的习惯性思考和解答数学问题程序化、意向化、规律化的个性思维策略。它一方面有利于学生按照一定的程序思考数学问题，比较顺利地求得一般同类数学问题的最终答案；另一方面这种定势思维又带来许多负面影响，如使学生的思维向固定模式方面发展，分析问题和解决问题的能力得不到应有的提高等。心理学家曾设计这样一道题，能不能用一笔共四条线段把位于正方形九个点（如图1）连接起来。大部人由于习惯于正方形连接法，即受到"方阵定势"的影响而不能得出结果。如果我们跳出"方阵定势"，就容易找出解决问题的方法了，如图2的三角形联结即可。

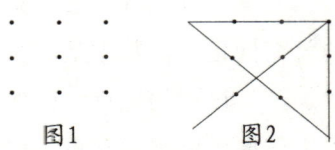

图1　　　　　图2

又如在实数集中 $|a|^2 = a^2$ 在向量学习中也有 $\left|\vec{a}\right|^2 = \vec{a}^2$ 的迁移影响，而在复数内也得出 $|z|^2 = z^2$ 的错误结论。

要消除这三点，谢增生老师认为：只有学会（数学）学习，才能以不变应万变。在教学中教师要做到以下三个方面下工夫。

一是充分揭示知识形成过程，让学生经历再创造过程。弗赖登塔认为，数学学习是一个有指导的再创造的过程。数学学习的本质是学生的创造。虽然，学生要学的数学知识都是前人已经发现的，而数学结论的发现与提出，实际上经历了曲折的实验、比较、归纳、猜想和检验过程。但对于学生来说，仍是全新的未知的，需要每一个人再现类似的创造过程来形成。因此，教师要充分揭示知识形成过程，让学生经历比较、抽象、概括、假设、验证和分化等一系列形成过程，从而把思维对象某些非本质（对数学本质来说）东西舍弃，把思维对象抽象化为一定的数量关系、空间形式或逻辑关系，然后再把这些特定的数量关系表示成一般的符号形式。这样，不仅仅使学生了解结论的来由，强化对定理的理解和记忆，而且可以培养学生发现问题和提出问题的能力，为今后的科学发现奠定基础。数学学科既是一个高度概括抽象的学科，又是一个与现实密切联系的学科；是一个"数"与"形"完美统一的学科。在教学中，往往有很多情境学生难于想象，这时教师若利用信息技术创设逼真的表现效果，在生动、丰富的仿真情景下，将抽象问题形象化、具体化，就更容易激发学生的思维，对现实状况产生逼真的想象，促进学生对知识的建构。

二是加强数学思想方法教学，建构良好数学认知结构。从学习的认知结构理论来看，进行数学思想方法教学对数学认识结构发展起着重要作用。学习的认识结构理论告诉我们，在数学认知结构中，存在数学基础知识、数学思想方法、心理成分三种主要因素。这个过程是通过同化和顺应两种方式实现的。在同化中，数学基础知识显然不具备思维特点和能动性，不能指导"加工"过程的进行，就像材料本身不能自己变成产品。而心理成分只给主体提供愿望和动机，提供主体认知特点，仅凭它也不能实现"加工"过程，就像人们只有生产愿望和生产工具而没有产品的设计思想和技术生产不出产品一样。因而数学思想方法担当起指导"加工"的重担，它不仅提供思维策略（设计思想），而且还提供实施目标的具体手段（解题方法）。数学中的转化、化归就是实现新旧知识的同化。与同化一样，顺应也必须在数学思想方法的指导下进行，离开了数学思想方法的顺应是不可理解的，也是不可能实现的。由此可见，学生只有掌握数学思想方法，才能学会数学学习，才能以不变应万变。因而，积极进行数学思想方法教学，将极大地促进学生的数学认知结构的发展与完善。

三是冲破定势，培养发散思维。克服思维定势的消极作用。首先教师应注意引导学生摆脱定势的束缚，及时转换思路的习惯，教会学生善于观察、联想、想象、类比、转化等。注意概念的对比，数学中的许多概念是平行相关的概念，如果能将它们有机地联系在一起进行类比，就可以收到由此及彼、温故知新的效果。如平面几何与立体几何类比。"三角形"的性质类比到"三棱锥"；"圆"的性质类比到"球"。但有些数学概念之间，联系紧密，形式相似，却存在较大差异。如，在平面几何中"垂直于同一条直线的两直线平行"命题成立，可在立体几何中此命题就不成立了。其次，要注意相近概念的对比，并让学生掌握一些"反例"。如："点P处的切线"与"过点P的切线"的区别、"一个函数图像的自对称"与"两个函数图像的互对称"的区别、"满足 $f(a-x)=f(a+x)$ 的函数 $y=f(x)$ 的图像关于直线对称"；而"函数 $y=f(a+x)$ 与函数 $y=f(a-x)$ 的图像关于y轴对称"。定势思维与发散思维是对立统一的。要培养学生的发散思维，就要注重"一题多解"、"一题多变"。因此，在解题教学中，应该在分析题意的基础上，让学生勇于思考探索，寻找多种可能的解题途径；同时，教师还应考虑一个题目的条件不变，能否得出其他结论，或结论不变是否可以更换条件（一题多变）；还有将条件一般化，能否得出类似的结论？力求真正将解题进行到底。这样不仅提高了解题效率，而且培养了学生思维的创造性和灵活性。

四、数学之魂："变"的哲学

事实上，数学难学在于它的多变，数学好学在于它是清楚的，清楚的前提，清楚的推理，得出清楚的结论。数学中的命题，对就是对，错就是错，不存在丝毫的含糊。只要你按照数学规则，就一定能学好数学。谢老师在数学公式教学中，总结出"结构的不变性，元素的可变性"辩证思想，让学生受益匪浅。例如在"平方差公式"教学中，学生容易记住：$a^2 - b^2 = (a - b)(a + b)$，遇到$(x-2)^4$-4就不会进行因式分解，事实上，学生不会消除结构的差异$(x-2)^4$，可以看是$[(x - 2)^2]^2$，$4=2^2$。在谢老师的教学里，他把"平方差公式"改为$\Box^2 - \triangle^2 = (\Box - \triangle)(\Box + \triangle)$，别看了这一小小的改动，这容易让学生接受"**变与不变**"的哲理。与不再是一个字母，它可以"装很多东西"，可以是数字，可以是字母，也可是一个代数式。又如他把$\tan(\alpha + \beta) = \dfrac{\tan\alpha + \tan\beta}{1 - \tan\alpha\tan\beta}$改为：$\tan(\Box + \triangle) = \dfrac{\tan\Box + \tan\triangle}{1 - \tan\Box\tan\triangle}$。在常量与变量的转换中，他要求学生写出"1"的等式，有的学生可以写出几十种。

$$1 = \frac{a}{a} = (1 + a) - a = \sin^2\theta + \cos 0° = \sin\frac{\pi}{4} = \log_a^a =$$

$$\sqrt{1 + x^2} + x)(\sqrt{1 + x^2} - x) = \cdots$$

如：判断$f(x) = \ln(\sqrt{1 + x^2} + x)$的奇偶性时，利用"1"的变换得：

$$f(- x) = \ln(\sqrt{1 + x^2} = \ln\frac{(\sqrt{1 + x^2})(1 + x^2 + x)}{\sqrt{1 + x^2 + x}} =$$

$$\ln(\sqrt{1 + x^2} + x) = - f(x)$$

又如：求$\dfrac{1 + \tan 15°}{1 - \tan 15°}$的值时，利用"$1 = \tan 45°$"的变换得：

$$\frac{1 + \tan 15°}{1 - \tan 15°} = \frac{\tan 45° + \tan 15°}{1 - \tan 45°\tan 15°} = \tan 60° = \sqrt{3}$$

这样不仅让学生学习了数学知识，更重要的是培养了学生"无中生有"的创新意识和思辨能力。他让学生明白世界万物：不变是暂时的、相对的，变是永恒的、绝对的。人们只有在求变中思考，在思考中求变，才能永远利于不败之地。

五、新课改之下的数学蜕"变"之为

2004年，广东省高中全面实施新"课改"，这标志着我国基础教育真正进入一个崭新的"课改时代"。《新课标》下的新理念、新教材、新评价激活了人们头脑中的思维，迎来了数学教育研究的春天。作为新教材的践行者，谢增生老师对新课标、新教材做了认真的研读与思考。深圳市作为初中课改实验区之一，早在2001年9月，深圳部分区的初中一年级就已踏入了课改洪流。谢增生老师敏感地感受到这是一个大范围数学教学谋求变局的绝好机会。他把第一届初中课改实验区的学生与初中阶段未进行课改的同等学生升上高一的数学学习习惯与学科思维进行对比调研，在学生的微小差异中，发现其中原因仍是初、高中教材衔接问题。作为学校分管教学的中层干部，又是一个数学教师，谢增生立即组织高一教师学习初中新课标、新教材，召开初、高衔接相关教师会议，给高一新生补初、高中教材衔接的内容。而且恒之形成惯例。不仅如此，谢增生还借在参加广东省骨干数学教师培训班的机会，征求相关专家的意见，对初、高教材衔接问题进行了较完善的整理，对模块教学与知识体系问题进行了有益的探讨，由此撰写的《对新课标下高中数学教材的几点思考》作为"广东省骨干教师"省级培训班的答辩论文，得到专家们的充分肯定。

课堂教学实效性一直是教育界关注的问题，他邀请刘仲雄、骆魁敏、邵爱国等11位教师组成课题组，对"新课标下高中数学课堂教学策略"进行专题研究。课题组于2008年6月18日向全国教育科学"十一五"教育部重点课题《提高课堂教学实效性的教学策略研究》总课题组申报子课题《新课标下高中数学课堂教学策略研究》，并获准立项。他带领课题组成员通过近三年的努力，取得多项成果。2011年1月在北京举办的总课题组结题会议上，他作为课题组负责人代表课题组向评审专家组作了课题汇报，以郑增仪为组长的总课题评审专家组对课题给予高度评价，一致给予课题最高奖：一等奖。他本人获得"教育部课题研究先进工作者（课题主持人）"。

结 语

数学不仅是一种重要的"工具"，也是一种思维模式，即"数学方式的理性思维"；数学不仅是一门科学，也是一种文化，即"数学文化"；数学不仅是一些知识，也是一种素质，即"数学素质"，数学素养使人终身受益。

作为一名高中数学教师，谢增生老师用自己的"变"式为"常"态的教学方式，无声润物、潜移默化，让数学思维，数学哲学铭刻于学子的心底。

"变"中求"思"，"思"中求"变"，这也许正是"数学特级教师"的"特别"之处。

【作者简介】

丁时进，华南师范大学数学科学学院院长、教授，博士生导师，美国数学会会员，美国《数学评论》评论员，广东省数学会副理事长，广东工业与应用数学学会副理事长，《中学数学研究》杂志社社长。

"玩数学"中的"深度教学"

—— 特级教师王纯旗数学教学思想初探

陈旭远

【特级教师小档案】

王纯旗，小学数学特级教师，深圳小学副校长，中学高级教师，深圳市小学数学学科带头人，南粤优秀教师。在各类学术刊物或会议上发表、宣读论文近百篇，曾获国际学术会议论文特等奖，著有《教育的学习与思考》、《家长与孩子一起玩数学》等书。

初次听说"玩数学"，我首先想到的是"数学游戏"。当得知王纯旗老师对此已进行了十几年的理论和实践探索后，我便意识到"玩数学"并非"数学游戏"那么简单。后来，又看了三老师的几个课例，我便彻底改变了最初的认识。其实王老师的"玩数学"是一种很有深度的教学！于是也就有了强烈的研究它的欲望。

"玩数学"的核心理念

在研究王纯旗老师"玩数学"的教学理念时，我们不得不先了解一下他对数学及数学教学的几个基本问题的认识。

一、对数学特点的认识

王老师认为，数学除具有高度的精确性、高度的抽象性和应用的广泛性的特点外，数学还具有鲜明的人文性：

1. 数学是人类最美的语言。数学既是一种最简约、美丽的符号语言，还一种最精妙的图像语言，更是一种运用最为广泛的逻辑语言。因此，在人们的日常交往和表达自己的思想情感时，数学总在其中发挥着不可否认的作用。

2. "数学品质"是一种重要的人格品质。王老师认为，数学不仅决定着事物外在表征的美，更重要的是它控制着事物内在的美，把数和形完美地统一起来，兼具"外秀"和"内秀"的双重特质。另一方面，数学总是追求简约和效率，从而总能实现思维和行为的最优化、高效化。再一方面，数学高度的抽象性显示出其思维的大气和逻辑的大气，其过程、方法和结果无不给人以"一览众山小"的气魄！

3. 数学是人们意志的表达。无论是其内容或方法，数学总是在逻辑与直觉、分析与构造、一般性与个别性之间思辨，而最终又能求得它们之间的完美共生，这正是数学的生命所在，是数学的效用与价值所在。

二、对数学教学的认识

王老师认为：一名小学数学教师必须首先明确小学数学教学的三个基本问题：一是"为什么要学习数学？"；二是"小学生是怎样学习数学的？"；三是"教给学生怎样的数学？"。不明确这三个基本问题，就不是一名称职的小学数学教师。对这三个问题的不同回答，是区分教师不同教学思想和教学理念的重要指标。对此，王老师有他自己的见解：

（一）为什么要学习数学

数学知识的学习是基础，固然是十分重要的，但更为重要的还是数学知识所承载的思想、方法和意义，因为几乎对于所有的学习者而言，数学的思想、方法和意义要较数学知识本身更具价值。

王老师曾面向数百位家长做过这样的调查，"离开学校后，你们谁用三角形的面积公式计算过三角形的面积？"没有一人的回答是肯定的！"你们用'以旧探新'的方法解决过什么问题吗？"没有一人的回答是否定的！

事实正是如此，如果一个人不从事数学研究或数学教学，他离开学校若干年后，存留在他大脑中的数学知识已经不多了，更多的却是数学的思想、方法和意义。因此，学习数学，就是要学习数学的思想、方法和意义。当然，学习的过程必须是以数学知识为基础的。

（二）小学生是怎样学习数学的

在长期的教学实践中，王老师对这个问题得出了自己的结论：小学生是凭借经验和表象学习数学的！这里所说的经验主要是指学生的生活经验，小学生学习数学并不具备太多的数学学习的前期经验。这里所说的表象包括两层意思：一是数学概念的直观替代物；二是数学概念的直观（镜像）认识。

概括王老师的观点就是：小学生学习数学就是借助经验和表象走向数学化的过程。

（三）教给学生怎样的数学

基于前面的认识，王老师在实施他的数学教学时总是力求做到：教给学生美丽的数学、教给学生好玩的数学、教给学生身边的数学、教给学生有魂的数学、教给学生创意的数学。

王老师认为：数学本身的美和数学教学的美是引导学生学习数学最耀眼的灯塔；好玩的数学是学生数学学习兴趣的油泵；学生身边的数学是学生最熟悉、最乐意研究的数学，可以最大限度地利用他们的生活经验实现数学化的过程；有魂的数学是重视数学知识及所承载的思想、方法和意义的数学，是提升人的素质所需要的真正的数学；创意的数学是数学教学和数学学习追求的最高境界，强调的是数学教学和学习过程中的衍生和再生，追求智慧生成智慧、情感生成情感、态度生成态度、价值观生成价值观！

三、"玩数学"的核心理念

早在十几年前，王老师接触到荷兰数学教育家H. Freudenthal的"doing mathematics（做数学）"观点，当时他就认为：对于小学生来说，应该改成"playing mathematics（玩数学）"更确切一些。

十几的学习和实践，王老师逐步确立了他"玩数学"的教学理念："玩数学"就是将学生置于一个具体的"数学问题情境"之中，使之能够通过主动探究完成数学化的过程。

显然，这里的"玩"并不是纯而又纯的游戏，而是一种轻松意境下的探究；"玩"的内容是"数学问题"；"玩"的目的是经历数学化的过程进而解决数学问题。经历了数学化和问题解决的过程，才能真正掌握数学的思想、方法和意义。不难看出，王老师"玩数学"的理念中深刻地烙上了他对数学和数学教学的认识。更不难发现，"玩数学"是学生主动置身于一个"数学问题情境"的活动过程，是学生主动发现问题并解决问题的主动学习过程。"玩数学"既是学生主动完成建构数学思维的学法策略，还是教师引导小学生主动完成"数学化"的教法策略。

实施"玩数学"理念的关键是"数学问题情境"。为此，王老师进行大量的实践探索和理论研究，并形成了较为完善、系统的认识。

（一）"数学问题情境"的概念、基本模式

关于"什么是数学问题？"、"什么是数学问题情境？"，王老师都给出了他的定义：

"所谓数学问题，是指（直接或间接）指向某一特定数学知识，能够引起学生的认知冲突和思考，并能有效地调动学生已有的知识或经验去'做'，但又不能马上知道该采取何种方式去做的事件。"

这一定义强调了四个方面：

其一是本质。每一个数学问题都必须明确的指向某一特定的数学知识，而不是数学知识（结果）的直接呈现——这是数学问题的基本要件。

其二是障碍。每一个数学问题都必须是学生从未见过的，并能够引起学生的认知冲突和思考，使学生发现——这是数学问题的主体要件。

其三是背景（经验）。能够有效地调动学生已有的知识或经验。

其四是方法。是学生用纯数学（或非纯数学）的方法可以"做"的，强调大脑或肢体的活动，即对数学知识及其产生过程的真实体验。

这一定义同时也指明了一个数学问题应具备三个基本特征：一是有明确的问题指向；二是有引起思考的机制；三是蕴含了认知的过程。

"所谓数学问题情境，是指以数学问题为主体的真实的任务环境。它包括知识的背景、数学问题、数学问题表征（虚拟现实、高质量视频等）和问题的操作空间。"

同时他还指出：知识背景、数学问题、数学问题表征、问题操作空间是构成数学问题情境的基本要素，其中数学问题是构成数学问题情境的核心要素。其关系如下图（图1）：

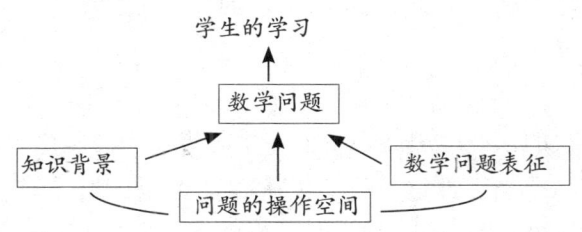

图1：小学数学问题情境的一般模式架构

学生的学习是一个主动建构的过程，而不是被动接受。知识背景包括学习新知识所应具备的经验、体验和思维方式等，学生的生活经验与思维方式尤为重要。从问题呈现的角度看，数学问题表征是问题的外包装，它可以使问题变得具体形象、生动有趣，使问题更具有吸引力；从解决问题的过程看，它应该能够辅助（支持）学生思考，应该是"过程化"

的表征，表征服务于问题和问题解决；思维空间是问题操作空间的核心部分，是数学问题质量高低的重要指标，也是数学问题情境的重点。

王老师还特别强调：数学问题情境直接指向学生的学习，服务于学生学习的全过程，从学习心向的确定直至完成知识的建构都是在数学问题情境中进行的。置学生的学习过程于问题解决过程——这是数学问题情境的核心。

（二）"数学问题情境"的功能

通过对大量实际教学案例的分析和研究，王老师得出：一个好的数学问题情境应该具备激发学习欲望、认知活动定向、提供思维背景、激活"元认知"和架构探索空间五个方面的功能：

1.激发学习欲望

学生是学习的主体，只有当学生有了"想学习"的愿望之时，才能获得较好的学习效果。因此，数学教育的首要任务就是要激发学生的学习欲望。激发学生学习欲望的途径和方法多种多样，但最能激发学生学习欲望的莫过于数学问题本身以及鲜活的数学问题情境。

2.认知活动定向

问题解决的核心是引起学生的数学思维，而思考的过程总是起始于"定向"环节，当思维定向后，才开始了思维活动，即认知活动。数学问题情境及其包含的数学问题是学生思维活动定向的最佳素材。

3.提供思维背景

数学问题情境应视学生学习新知识所应具备的经验、体验和思维方式为其知识背景要素，要把学生现实生活的经验和体验纳入"学生的数学"的体系，使数学的学习更加贴近学生自己的"数学现实"。

4.激活"元认知"

在教学过程中，当我们把数学问题情境呈现给学生时，学生不会马上找到解决问题的途径和方法，得有一个对已有知识、经验进行扫描和检索的过程，并根据问题对已有的知识和经验进行价值判断、调整自己的思考方向，使自己的知识、经验、思维更加集中于所需要解决的问题范围内。而这一过程正是学生元认知激活和生效的过程。

5.架构探索空间

数学问题情境设计的关键是数学问题的设计。王老师在实践中发现，数学问题的质量和效果取决于"问题空间"。美国心理学家Anderson把"问题空间"界定为"初始状态"与"目标状态"之间的操作序列，并认为这个操作序列不是显而易见的，而是在对已有知识和经验的重新组织的基础上逐步凸现出来的。通俗地理解"问题空间"就是寻找解决问题途径和方法的过程中思考的空间，包括对已有知识、经验的价值判断、方法的选择、工具的选择与运用、过程和结果的表述形式的确定等一系列内、外部活动，是"开始找"问题解决的途径和方法与"找到了"问题解决途径和方法这一过程中的一系列操作。

四、"玩数学"的操作策略

不仅有了"玩数学"的理念，王老师在实践中还摸索出一套独特的"玩数学"的操作策略，进而也形成了他与众不同的教学风格。

概括王老师的操作策略，主要有以下几点：

（一）备课的策略

1.教材即教参

王老师在备课时总要根据学生的实际对教学内容、教材教法进行改造和再组织，尤其喜欢寻找"学生身边的数学"和对学生而言"十分现实的数学问题"。对他而言，教材已不再那么"神圣"，仅仅是一本教学参考书而已。

2.变"教案"为"学案"

王老师备课首先想的不是"自己怎么教"，而是花大量的时间和精力去想"学生怎么学"的问题，想清楚了"学生怎么学"，再去想"我怎么帮"的问题，因此，王老师备课后写出的已不再是"教案"，而是"学案"，完完全全是一份学生学习活动的方案。

（二）数学问题情境的设计策略

在长期的教学实践中，王老师还摸索总结出一系列的数学问题情境的设计原则和方法，这使他的"玩数学"的理念更加实在并具有很强的操作性。

1.数学问题情境的设计原则

（1）真实性原则

这一原则一是要求数学问题的内容是真实的现实问题或是模拟现实的问题；二是要求能够给学生提供一个真实的任务环境，使学生能够在这一任务环境中进行充分的思维活动或肢体活动。

（2）背景性原则

背景性原则要求在设计数学问题情境时要以"学生自己的数学（经验）"为背景，把"学生自己的数学"纳入到数学问题情境之中，使这个情境是学生所熟悉的，使这个情境是学生能够去"玩数学"的。

（3）操作性原则

操作性原则就是强调在学生学习过程中，应该把操作摆在突出重要的位置上，同时要注重在操作过程中脑、手和各种感、知觉器官的协同动作，尤其是以数学思维为核心的脑的活动，使学生能够在动手的过程中动脑。

（4）建构性原则

这一原则的要点有三：一是要使数学问题的指向尽可能地明显、明确，使数学知识能够成为学生对数学问题操作的必然结果，能够促使学生对原认知结构进行扩充或改组；二是努力提高操作过程的参与性，应力争让所有的学生都能参与到问题操作的全过程之中；三是尽可能多地为学生提供操作素材或寻找操作素材的途径和方法。

（5）发展性原则

发展性原则就是要求在问题情境设计过程中，应以学生的"现有水平"为基础，并促进其逐步向"潜在水平"转化。在考虑学生的"现有水平"时，不仅仅要考虑学生的知识背景，还要考虑学生的情感、意志、态度、思维品质等多方面的因素，使之能够在数学问题情境中均达到更高境界，即"潜在水平"。

（6）创造性原则

创造性原则有两个方面的含义，一是问题情境的设计要具有创造性，即数学问题情境的创意设计；二是所设计的问题情境要有利于学生创造能力的发挥与发展。

数学问题情境的创意设计主要包括数学问题的创意设计和数学问题表征的创意设计两个方面，其主要工作是对教学内容的重新组织和包装，使之成为一个现实的任务而让学生能够参与其中、能够有所发现，通常情况下是以问题的发散性、非常规问题、算法的多样化、运用情境的多样化等形式表现出来。

所设计的问题情境要有利于学生创造能力的发挥与发展，这既是我们教学的目标，也是我们进行情境设计的主要目标。在问题情境中，学生的创造能力能不能得到有效的发挥与发展，一要看我们是否为学生提供了这样的空间，二要看学生能不能有效地利用这个空间。

2.数学问题情境的设计方法

（1）生活经验引入法

生活经验引入法需要以学生日常生活中所熟悉的现实问题为基础，使学生在对这样的问题的操作过程中获得数学知识与方法。其基本操作模式如下图（图2）所示：

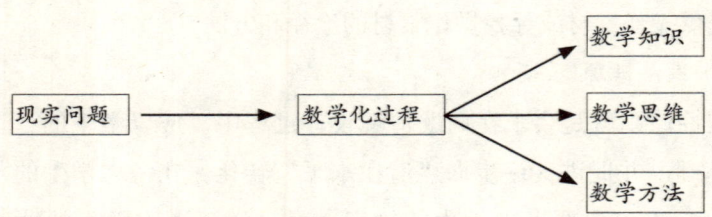

图2：生活经验引入法之课堂教学操作模式

这种方法的基本思路可以概括为：教师给学生呈现一个（或多个）生活中的现实问题，让学生在对问题的数学化操作过程中，既能获得数学知识，又能习得数学方法和数学思维。显然，让学生获得数学知识、数学方法和形成数学思维是目的，让学生参与数学化的过程是核心，提出有价值的现实问题是关键。

（2）现实问题模拟法

现实问题模拟法是针对现实问题的表征而言的，为了使现实问题与所要学习的数学问题之间建立起更直接的联系，往往把一些现实问题进行一定程度地提炼，然后通过具有吸引力的表征构造出相应的问题情境。

在运用现实问题模拟法设计问题情境时，需要把握好以下几点：

一是必须着眼于数学问题。数学问题是数学问题情境的核心，如果我们只看重表征的创意和设计，就违背了数学问题情境策略的宗旨，难以收到预期的效果。

二是要抓住问题的本质。现实问题模拟法是在现实问题与数学问题之间架起一座桥梁的手段，需要对现实问题和数学问题进行综合研究，以找到它们的结合点，为学生学习数学化提供一个思维的契机。

三是问题表征的针对性和新颖性。在抓住问题进行表征设计时，要针对学生的实际，表征的形式和方法应是学生熟悉和喜闻乐见的，这样才能引起学生研究、探索的欲望；同时，表征的创意又要是新颖的，以增强学生对所熟悉问题的新鲜感，否则，学生会感到疲惫和厌倦。表征创意的新颖性可以采用画面呈现情境、音乐渲染情境、表演体会情境、语言描绘情境等一些基本方法的组合运用予以实现。

（3）现场操作实验法

现场操作实验法就是让学生像学习物理和化学一样，用在课堂内做实验的方法来学习数学，使抽象的数学具有操作性。其基本过程是：提出问题→动手做实验→观察记录→解释讨论→得出结论→表达陈述。其学习方法是：行动、提问、研究和实验。

（4）过程参与体验法

在一定意义上讲，过程就是一个情境。因此，让学生充分参与学习的过程，在过程中充分感受和体验数学，不失为数学学习的一种有效方法。

在运用过程参与体验法创设问题情境时，需要注意的问题是：

①过程是学生学的过程，而不是教师教的过程。让过程成为学生学的过程，就是要突出学生"在做"，是学生亲力亲为。

②问题必须包涵于过程之中。行为的投入是为了引起学生认知的投入和情感的投入，因此，过程中就应该有能引起学生思考的数学问题，要让学生通过过程的体验，发现数学现象、探索数学规律、把握数学思想和方法。

③努力提高参与面。过程情境的创设必须考虑学生的参与面，要能够让全体学生都参与到过程之中，使每一个学生都能有所"做"、有所"为"。每一个学生参与过程的方式可以有所不同，他们可以在过程中扮演不同的角色，但每一个学生的主体地位必须是平等的。

④着眼于参与的发展性。行为投入、认知投入和情感投入是学生参与学习活动的三个不同的层次，仅仅停留在行为投入层面上是不够的，应该让学生在过程的参与中不断地有更多的认知和情感投入。

（5）童话故事揭示法

所谓童话故事揭示法，就是根据不同的数学问题创编或者是改编出不同的童话故事，引起学生对数学问题的兴趣和研究，使学生能够在童话故事所创造的情境中解决数学问题。

童话故事是属于问题表征的范畴，其作用在于使问题更接近学生的心理，调动学生学习的积极性。正如前面所说，问题的表征是服务于数学问题的，因此，在运用这一方法创设数学问题情境时，关键还在于抓住数学问题的本质，不能片面地追求问题表征的新颖别致。

童话故事揭示法一般采用语言描绘情境的方式，故事的情节性比较强，但对于小学生来讲由于其注意力水平还不高，往往只对故事的情节感兴趣，而忽视了故事中所揭示的数学问题，甚至于连故事中所描述的一些基本数学事实都忽视掉了。因此，应把语言和画面有机地结合使用，以加深学生对故事中所描绘数学问题的印象。突出数学问题情境的主体要件——数学问题。

（6）问题冲突解读法

把学过的知识用于新的情境，或者用新的视角去审视旧的知识，往往会发现新的数学问题，解决了这些问题，可以使认识上升到一个新的高度，这种方法叫问题冲突解读法。

问题冲突解读，一是要引起问题冲突，这个冲突又是认知上的冲突，它可能从外部形式上表现为学生之间的"是与不是"、"能与不能"、"对与不对"的激烈争论，但在学生大脑内部是对其原有认知结构的挑战；二是要对冲突进行解读，解读是由学生完成的，虽然很多时候需要教师为学生提供大量的进行冲突解读的素材和条件，但最终得由学生自己去完成冲突解读，自己去完成原认知结构的改造与重组，以建立起新的认知结构。

一般情况下，引起问题冲突可以从如下几个方面入手：

①新旧知识的结合点。分析新知识的背景，找到新旧知识的结合点，然后引导学生用新知识的思路和方法重新审视旧知识，使其发现旧知识的"局限"。

②提出旧知识不能解决（解释）的现实问题。置旧知识于一种新的

任务环境之中，使学生发现旧知识的"无能"。

③转换角度从旧知识中提出新的问题。在认真研究旧知识的基础上，从它的侧面或反面提出问题，使学生发现旧知识的"片面"。

（7）问题猜测联想法

问题猜测联想法就是在课堂教学中设计一系列的"开放性问题"或"算法多样化"的问题，使学生通过对这些问题的猜测和联想，并采用自己所熟悉的方法去进行验证，从而使问题获得解决。问题猜测联想法强调问题的开放性和解决问题过程中的创造性。

用问题猜测联想法设计问题情境，需要把握以下几个问题：

①问题具有较大的思考空间。不管是较难的数学问题，还是较简单的数学问题，教师都应该从一个合适的角度提出来，并尽可能地拓宽问题的思考空间。当这样的问题呈现在学生面前时，能够让学生头脑中产生多个解决问题的假设，甚至可以给学生头脑中留下暂时的困惑，让学生能够进行"有问题"的思考。

②问题不直接指向结论。也许有的问题的结论是唯一的，但获得这一结论的方法和途径可以是多种多样的，教师不限定学生如何去解决这样的问题，而是尽可能地对学生的思路提出异议，使学生的思考越来越完善；当提出的问题有多个结论时，学生获得结论的过程会更加复杂，教师应不断地给学生以启示，帮助学生完备结论。

③鼓励学生自主学习。这种方法所创设的问题情境更看重对问题的猜测和联想的过程，因此，应该让学生完全参与到对问题研究的过程之中，至于学生是采用自主探索、还是小组协作的学习方式，完全由学生自己去决定，教师不可强求形式上的统一。

④用表征辅助猜测和联想。由于小学生的抽象逻辑思维还处于不成熟的发展阶段，因此，教师应充分利用问题表征的形象、直观、生动、具体的优势，为学生提供丰富多彩的思维背景，尤其对一些关键性的思维素材，更应以生动、直观的问题表征呈现给学生。能够在学生头脑中留下最最深刻的印象，成为其思维最有效的、最强的辅助。

（三）数学问题情境的运用策略

在将数学问题情境设计的原理、方法运用于实际的课堂教学时，王老师还提出了三条重要策略。他强调：这三条策略是决定课堂教学成败和效益高低的关键，不把握好这三点，前面所做的一切都会前功尽弃。

1.效益优先

运用数学问题情境进行教学要讲求效益原则，即要努力提高问题情境对于学生学习的实效性。情境是指向和服务于学生的学习的，最终是服务于学生的发展的，而我们数学教学的核心又是促进学生思维的发展，因此，衡量我们数学问题情境质量的标准应该看其是否有利于学生思维的发展。一是是否能够引起和激励学生思考，这是运用问题情境的关键；二是能否使学生进行思考，这是运用情境的核心；三是能否让学生在思考的过程中有所得，这是运用情境的基本要求。忽视了三个方面的任何一点，都难以取得好的教学效果。

2.要素整合

首先是知识的整合。数学问题必然包含一定的数学知识（当然也包含学生的生活经验），数学问题情境应该是知识性与情境性相结合的产物。

其次是设计方法的整合。前面我们提出了数学问题情境设计的一些基本方法，这些方法不是孤立的，往往是多方法并用才能获得最佳的效果。

第三是情境的整合。课堂教学是一项复杂的工作，它不仅仅是一个学生主动对知识建构的过程，还伴随有学生思维、情感等的变化，加之随着课堂教学进程的推进，各阶段课堂教学任务的不同，这就需要我们创设不同的问题情境，以不断地激发学生的思维、调动学生的情感、引起学生对问题进行更加深入细致地探讨。

第四是媒体的整合。多媒体技术的整合就是期望在以数学问题为核心的数学学习过程中，学生的感觉、知觉、视觉等生理器官都能得到有效地调动，提高解决问题的效率，开发学生生理和心理的潜能。当然，多媒体的综合运用也应有一个度，应以不冲淡数学问题的鲜明性为限，多媒体的整合应是以数学问题为核心的整合。

3.情感驱动

没有情感的数学问题情境是一种僵死的问题情境，必然达不到预期的教育目的和教学目的。无论我们的问题情境设计的多么新颖别致，如果离开了我们教师对学生、对教学的真情实感，情境中缺乏教师与学生之间心与心的交流，这样的问题情境也是毫无意义的。情感驱动，就是要在课堂教学中给学生提供一个情感的"引擎"和情感的"加油站"，使学生的学习情感能够勃发于问题情境之初、维持于问题情境始终。

王纯旗老师"玩数学"的教学思想充分体现了"以人为本"，最大限度地尊重和遵循了小学生生心理发展规律，把"乐学"和"深度教学"有机地结合在一起，同时也实现了教法与学法的高度统一，这无疑对我们改进现在的小学数学教学、提升小学数学教学的有效性有着直接的借鉴意义。

【参考文献】

1.塞吉·兰[法]，李德琅译.做数学之美妙 [M].成都：四川大学出版社，2001

2.孔企平.小学儿童如何学数学 [M].上海：华东师范大学出版社，2001

3.姚林群，郭元祥.新课程三维目标与深度教学 [J].课程·教材·教法，2011（5）

4.张丹著.小学数学教学策略 [M].北京：北京师范大学出版社，2010

5.傅道春.教育学——情境与原理 [M].北京：教育科学出版社，2001

【作者简介】

陈旭远，教育科学博士，东北师范大学教育科学学院教授，现任教育部东北师范大学基础教育课程研究中心副主任、教育部东北师范大学环境教育中心常务副主任、全国教学论专业委员会常务理事、全国课程专业委员会常务理事、全国中青年教育理论工作者专业委员会常务理事。

带着自己的思想行走

——特级教师胡兴松教学思想研究

胡继飞

【特级教师小档案】

胡兴松，中学政治特级教师，中学正高级教师，广东省名教师，全国优秀思想政治课教师，广东省中小学地方教材审定委员会专家，广东省中小学教师工作室和深圳市教育科研专家工作室主持人。主持和参与10多项国家和省市级教育科研课题的研究工作，主持广东省哲学社会科学"十五"规划课题《思想政治课创新教学多媒体积件的开发与应用》，并获广东省第六届普通教育教学成果一等奖，发表300多篇教研论文。出版《思想政治课教学艺术论》、《寻找智慧鸟》等6部专著，主编和参编出版30多部教育类书籍，专著《思想政治课教学艺术论》获深圳市首届优秀教育科研成果奖一等奖。

帕斯卡尔曾说："人不过是一根芦草，是自然界最脆弱的东西；但是是一根能思想的苇草。……思想形成人的伟大。"尽管在自然界中人类显得很柔弱，但由于有思想而变得高贵和有尊严。胡兴松老师就是这样"一根能思想的芦苇"，但他又不止于此，他是带着自己思想行走的实践者。

与胡老师接触，总会感到他思如泉涌，他曾风趣地用"短小精悍，思维敏锐"来描述自己的个性特点。我特别敬佩的是：作为特级教师，他不仅有思想，而且将其付诸实践，然后又总结其实践经验而上升为理论。在教育路上，他不知疲倦地行走，在教学艺术、教学方法、教学手段、教学思维等领域，都留下了十分可贵的印迹。

一、教学艺术的探索

胡老师将教学视为一门艺术，对教学艺术进行了深入的研究。他认为，是成功的思想政治课教学不可或缺。优秀的思想政治课教师应该且完全可以成为一名教学艺术家。

1994～1997年，他在《中学政治教学参考》上推出了"思想政治课教学艺术十论"、"思想政治课教学艺术续论"和"思想政治课教学艺术再论"。《中学政治教学参考》在"编者按"中指出："胡兴松先生在学科教学艺术研究领域的拓荒之作……，促进了中学思想政治课教学改革和高师政教专业思想政治学科教材教法课程改革，产生了良好的社会效应"。

2000年，胡老师撰写的《思想政治课教学艺术论》获广东省优秀教育专著出版基金资助、广东教育出版社出版。国家教育部小学思想品德和中学思想政治教材编写委员会主任委员、华东师范大学教授吴铎先生在该书的《序言》中指出："胡兴松将多年心血凝聚而成的《思想政治课教学艺术论》付梓出版，是对思想政治课课程建设的重要贡献。"胡老师的这部专著的创新之处主要体现在：

——学科创新。从思想政治课学科教育学的理论体系来看，独立作为一门分支学科的只有"中学德育理论与实践"、"思想政治学科教学论"等学科，"思想政治课教学艺术"一般包含在"思想政治学科教学论"之中。该书的意义不仅仅因为它是一本学术专著，而是因为它涉及了一个新兴学科的创建。该书提出：思想政治课教学艺术论应作为一门独立的分支学科，应构建具有自身特色和完整体系的思想政治课教学艺术论。这一观点在全国属于首创。

——体系创新：无论是思想政治课教学艺术论——从教学艺术理论和教学艺术实践方面的分类，还是将思想政治课教学艺术视为"教"的艺术和"学"的艺术，以及将教学艺术划分为课前准备艺术、课堂教学艺术和课后延伸艺术，将课堂教学艺术划分为宏观教学艺术和微观教学艺术，这一体系的建立尚无先例。在该书中，胡老师将教学艺术划分为：

（一）思想政治课课前准备艺术，主要包括标准把握艺术、教材钻研艺术、学生研究艺术、教案编写艺术。

（二）思想政治课课堂教学艺术，主要包括宏观教学艺术和微观教学艺术。课堂教学宏观艺术主要有：系统优化艺术、信息交换艺术、教学控制艺术、目标制订艺术、结构构建艺术、模式选择艺术、方法组合艺术、媒体应用艺术、教学评价艺术、语言表达艺术、机智应变艺术、教学幽默艺术、节奏调谐艺术、气氛烘托艺术、思想教育艺术、创新教学艺术、思维启迪艺术、情感交流艺术、心理疏导艺术。课堂教学微观艺术主要有：新课导入艺术、高潮创设艺术、教学小结艺术、课堂练习艺术、启发讲解艺术、课堂提问艺术、板书设计艺术、讨论组织艺术。

（三）思想政治课课后延伸教学艺术，主要包括课后辅导艺术、测试命题艺术、活动组织艺术、后记书写艺术、教学研究艺术。

——内容创新。这部专著既有对思想政治课教学全局的科学审视，又对思想政治课的主要教学细节进行了缜密思考，对主要的教学艺术理论基础、基本原则、操作策略、运用技巧等都进行了深入细致的探索。

在这部专著的"序言"中，胡老师明确指出：思想政治课教学艺术是指在思想政治课教学过程中，教师和学生按照教学和美的规律、原则，富有艺术性和创造性地运用各种教学方法、教学媒体等教学要素，以获得最优教学效益的教学行为方式。

思想政治课教学艺术具有多维的结构体系。从运行主体来看，思想政治课教学艺术包括教师的施教艺术和学生的学习艺术。从横向结构来看，思想政治课教学艺术可分为广义的教学艺术和狭义的教学艺术。广义的教学艺术是以教师素质（含教学观念、教学能力等）为基础，包括教学基本功、教学方法与教学手段、教学技能、教学技巧、狭义教学艺术、教学风格等要素在内的多层次的复杂系统。狭义的教学艺术即富有艺术性和创造性的教学行为方式，它只是广义教学艺术的一个重要组成部分。

思想政治课教学艺术，首先是人的艺术。思想政治课教师在做艺术家之前，先要做一个人。从教育者的角度而言，思想政治课教学艺术既包括教育者如何做人的艺术，又包括教育和影响受教育者，使之学会如何做人的艺术。思想政治课教师的人格对学生的教育和影响，是其他任何一个学科都无法比拟的。思想政治课教师的人格，是其教学艺术理论研究和实践创造的核心和灵魂。思想政治课教师要研究教学艺术，首先要做好人，塑造好自我形象。

如何做人的问题，是一个古老而难以回答的问题。一部人类发展史，就是一部探索如何做人的历史。当今时代，现代"人学"尤为引人注目，似乎可给我们更多的思考和启发。面对"如何做人"这一问题，不同的人会有不同的理解。感谢我们的祖先创造了"人"这个象形字，它能给我们许多想象和启迪。

"人"字一撇一捺，一撇代表品格，一捺代表学识。在两者之间，品格为先，学识则是牢固的支撑。一个真正的人，应是真善美和德识才学的完美统一。虽然这很难达到，但应是我们每一个人终生奋斗的目标。先有人格，方有艺格；学识渊博，方能建树卓著。没有品格和学识奠基，绝对不可能形成精湛的教学艺术。

"人"字一撇一捺，一撇为长处，一捺为短处。它告诉我们：金无足赤，人无完人。对自己，要用显微镜，多看其短处；对他人，要用放大镜，多看其长处。惟有如此，才能取长补短，完善自我，成为一个出众的人。在思想政治课教学艺术研究方面，我们应博采众长，"穷天人之际，通古今之变，成一家之言"。

"人"字一撇一捺，上部合并，底下分叉。它似乎告诉我们：人应该有明确的奋斗目标，为实现其奋斗目标的人生旅途会有许多岔道。在选择自己的人生之路时，应看准目标，脚踏实地，一步一个脚印。当然，艺术及艺术家本在风雨之中，其任务并非全是为了赶路。我们要想成为教学艺术家，还要像商人一样，有一种强烈的"经营"意识作为其从事教学艺术研究和创造的原动力。如此，方能选择好自己的艺术追求目标，并为之锲而不舍，呕心沥血，终生奋斗。

"人"字一撇一捺，相互扶持，相互支撑，才成其为一个站立的人。人既是自然的人，更是社会的人。一人为"人"，单个的人是孤立的，力量也是渺小的；二人为"从"，可并肩而行，相互激励，相互帮衬；三人为"众"，力量成倍增长，可上升一个台阶。教学艺术家不应是孤立的人，而应善于将自己融于社会，从社会生活的沃土里吸取丰富的营养，善于像牛顿那样"站在巨人的肩膀之上"。

思想政治课教师要成为教学艺术家，不仅自身要做好人，为人师表，做人楷模，而且要致力于教育学生学会如何做人。思想政治课教学艺术，是教育和影响学生的艺术。在全面推进以人的发展为中心的素质教育的今天，教育学生学会如何做人，既是时代发展的需要，更是思想政治课教师责无旁贷的神圣使命。思想政治课教师必须"目中有人"，否则，令人悲哀的只能是教师队伍中又多了一个"教书匠"。思想政治课教学艺术家，必须是"经师"和"人师"的辩证统一。

思想政治课教学艺术达到炉火纯青、出神入化的程度，便自然形成某种独具特色的教学风格。教学风格的形成是教师教学艺术成熟的重要标志，是教师教学艺术创造的直接目标。教学风格的形成是思想政治课教师执著追求的目标，但思想政治课教学不是"为艺术而艺术"、"为风格而风格"，教学效益的优化才是教师教学艺术创造的终极目标。

思想政治课教学艺术创造需要一系列必要的条件。仅从教学艺术创造主体——执教者的素质结构而言，创新意识和审美修养是前提，知识结构和职业技能是基础，思维品质和人格个性是灵魂。

思想政治课教学艺术创造的基本原则可以概括为：继承与创造的统一，科学与艺术的同构，共性与个性的结合，内容与形式的一致，情感与理智的耦合，有意与无意的辩证，多样与统一的相融，有序与无序的协同。

二、教学方法改革

教学有法，但无定法，贵在得法，难在创新。针对学生对思想政治课厌学的状况，胡老师将古今中外著名的教学方法引入思想政治课教学，并探讨与实践了新课程改革过程中涌现出来的一系列新型教学方法。他总结自己教学方法改革的经验和体会，于1998～2005年在《中学政治教学参考》上发表了《思想政治课教学方法首论》、《思想政治课教学方法续论》和《思想政治课教学方法再论》三组系列论文。该系列论文探讨的内容为：思想政治课的启发教学、目标教学、发现教学、暗示教学、程序教学、案例教学、范例教学、问题教学、图示教学、实验教学、优化教学、学导教学、创新教学、愉悦教学、情境教学、引探教学、参与教学、网络教学、点拨教学、活动教学、概念教学、原理教学、研究性学习。对上述每一种教学方法，既有理论分析、历史溯源、趋势展望，又有功能意义、一般原则、主要特点的阐述，还有操作模式、运用程序、具体方法的指要，更为突出的是力求揭示这些教学方法在思想政治课教学过程中运用的特殊性，为思想政治课教师的教学方法改革提供依据与指导。

《中学政治教学参考》3次刊发"编者按"，对胡老师的大作给予了充分肯定，指出：本系列论文"既源于实践，又高于实践，以其理论上的科学性和创新性、实践上的可行性和实用性以及语言表达的个性魅力，再次在全国引起了广大教师的关注，受到了一致好评，甚至为许多教师所仿效和实践。这一研究成果，既丰富了思想政治学科教学论的理论研究，又促进了思想政治课教学方法的改革实践，产生了显著的社会效应。"

胡老师认为，在教学领域里，教学方法的改革创新也许是重中之重。然而，审视现实的思想政治课教学，我们百感交集，欣喜之余难免忧心如焚。伴随新的课程改革，理应诞生更多切合学生实际、深受学生欢迎的教学方法。然而，教育期望与现实存在仍然具有较大差距。时至今日，我们似乎可以说：教学方法改革仍是思想政治课教学领域的一道"哥德巴赫猜想"。

从某种意义上说，思想政治课教学方法改革创新是最容易的，也是最艰难的。这并非是自相矛盾之说，说它最容易，是因为在教学方法改革创新这一舞台上，每一位思想政治课教师都可以大显身手，说它最艰难，是因为教学方法改革创新需要每一位教师的终身努力，只要为师者一日不走下神圣的讲台，就必须坚持解放思想，与时俱进，不断进行改革创新。迄今为止，没有谁能创造出一种或一套"放之四海而皆准"的教学方法。当下，思想政治课教学方法改革应首先明确和解决以下问题：

（一）教学方法改革的立足点

人是教育的出发点，也是思想政治课教学方法改革的立足点。教育是以人为对象的活动，其实施者也是人，以人为中心或以人为本应是教育的题中之意。然而，翻开人类教育史，我们看到的是一部教育"非人"的历史。在政治挂帅的时代，教育被政治化，成为了某一阶级或政党实现一己之利的工具；在人们重视发展经济之时，教育似乎又从属于经济，为经济服务。

思想政治课教学方法改革是立足于传授知识，不管是培养能力，还是升华人格，这都是我们每一位教师都无法回避而必须首先解决的现实课题。思想政治课教学方法改革，必须转换视角，以人为本，一切为了学生的素质发展，一切为了学生的生命质量。

将提高学生的生命质量作为教学方法改革的立足点，是思想政治课的性质所决定的。思想政治课既具有"智育性"，又具有"德育性"，且两者是兼容的，我们要跳出德育与智育相克的"怪圈"，立足于提高学生的生命质量，使之成为一个大写的"人"。

学校不是生产机器的工厂，思想政治课教学方法也不是生产机器设备的工艺技术，而是一条生命"绵延"的思想之河。思想政治课教学应关注学生的"生命冲动"，关注学生的生命质量，将一个个鲜活的生命放在教学的首要位置。我们的学生既是具有七彩梦想的、稚嫩生命的人，又是处于生命发展过程之中和具有极大可塑性的生命有机体。为了让学生的生命亮丽起来，在教学方法改革实践中，我们应当想方设法激活学生的"生命冲动"，放飞生命的希望与梦想，促进稚嫩生命的成长，促进鲜活生命的发展。

（二）教学方法改革的时代主题

思想政治课教学方法改革实践，必须适应社会，紧跟时代。教育事业是未来的事业，我们应教在今天、想到明天。

当今时代是改革开放的时代，思想政治课教学方法改革要反映当今时代主题，就必须全面推进素质教育，着力培养与提高学生的创新精神和实践能力。"教育的任务是毫不例外地使所有人的创造才能和创造潜力都有能结出丰硕的果实，……这一目标比其它所有的目标都重要。"创新精神和实践能力的培养不能只是停留于一种理性的说教，更需要一种教育情景，让学生增强感性的体验。我们要注重通过创设一定的情景，让学生经历不同层面的实践活动，使其创造性得以升华。从课内延伸到课外，从规定性课程延伸到选择性课程、活动性课程；从教室延伸到校园，从校园延伸到社会；从书本延伸到生活；从获取间接经验延伸到直接体验；从知识学习延伸到道德修养……这可以使学生在各方面不同内容、不同方式的实践情景中获得创新意识的培育，在经历创造性劳动的体验中获得创新精神和品质的培养，从多种维度共同构筑丰富多彩的实践情景中提高自己的实践能力。

（三）教学方法改革的发展趋势

综观当前思想政治课教学方法的改革发展，它既受到了一般教学方法改革发展的影响，也显示了学科教学方法改革发展的特色。具体而言，思想政治课教学方法改革的发展趋势为：课程改革逐渐成为思想政治课教学方法改革的直接背景；现代系统科学逐渐成为思想政治课教学方法改革的理论基础；心理学研究成果逐渐成为思想政治课教学方法改革的重要前提；继承、发展与创新逐渐成为思想政治课教学方法改革的基本原则；思想政治道德素质教育逐渐成为思想政治课教学方法改革的主旋律；学习方法研究逐渐成为思想政治课教学方法改革的重点，居于前所未有的突出地位；现代信息技术与思想政治课教学的整合逐渐成为思想政治课教学方法改革的新视点。

三、教学手段创新

在人们的印象中，政治教师好像全凭一张嘴，只要会讲就行了。但胡老师认为，当今社会，教学手段创新应该是教学手段的现代化。没有教学手段的现代化，就没有教育的现代化。而教学手段的现代化，似乎其核心是信息技术与学科课程的整合。目前，教学课件的开发与应用已经取得显著成效，教学积件也开始引起有识之士的关注，网络教学的应用则是一个全新的领域。

为了探索信息化环境下中学思想政治课教学的新路，胡老师主持了深圳市教育科研"十五"规划重点课题《信息技术与思想政治课教学整合的研究》和深圳市教育科研"十一五"规划重点课题《思想政治课互动式主题教育网站的个案研究》的研究工作。他还为深圳市中学思想政治课教师主讲了《信息技术与思想政治课教学整合的研究》的继续教育课程。

胡老师还主持了广东省哲学社会科学"十五"规划课题——《思想政治课多媒体教学积件的开发与应用》的研究工作。2006年，该课题研究成果荣获了广东省第六届普通教育教学成果一等奖。

胡老师曾在"中国中小学教育教学网"上建立"个人专辑"，其点击率名列政治学科第一名。2009年10月30日，在新浪网开辟"胡兴松—教育博客"以来，他写博文200多篇，博客访问人数和关注人气直线飙升，有数十篇博文被"新浪草根名博"首页推荐，5篇博文在《中学政治教学参考》"精彩博文"栏目公开发表，并被评为年度"最具学术影响力的文章"，他还登上了"新浪草根名博"的"时评类新人榜"。对于开博的价值和意义，他回答是：让思想在这里起航！

通过多年的研究，他形成了自己关于教学积件的思想，制作了相应的教学积件运用于教学，并取得了理想的教学效果。

（一）教学与现代信息技术的整合

从要素系统而言，教学与现代信息技术的整合，是潜件（教学观念等潜在的教师素质及教学过程中的潜在影响因素）、软件（课件、积件和网络）及硬件（计算机设备等）三者的有机结合，其中至关重要的是教师教学观念、教学方法、教学模式、教学手段、教学评价等方面的改革与创新。

从主体系统而言，教学与现代信息技术的整合，既涉及教师的"教"，又涉及学生的"学"，是二者的和谐统一。信息技术与思想政治课教学的整合，既要有利于教师创造性地"教"，更要有利于学生自由、自主性地"学"。

从操作系统而言，教学与现代信息技术的整合，必须是多媒体课件、积件和学科专业网络三者的协调发展。

从动态系统而言，教学与现代信息技术的整合，必须是贯穿于整个教学过程，但重点与核心应该是课堂教学过程。

（二）教学积件的开发与应用

胡老师认为，20世纪70年代，课件引入我国后，对变革传统教学模式发挥了积极作用，显示了其特有的优越性和强大的生命力。随着信息技术的迅猛发展，课件所具有的先天不足和缺陷，也越来越为凸显出来。目前，教学积件基本上还是停留在理论研究阶段，未真正进入实际应用。在教学软件市场上，教学积件产品还相当匮乏，中学思想政治课的教学积件产品则为空白。

教学积件是由教师和学生根据教学需要，组合运用多媒体教学信息资源和教学处理策略的教学软件系统或工作平台，是一种对计算机辅助教学具有指导作用的先进思想、观念和理论，是一种多媒体教学的新模式。教学积件是一种非线性结构，便于教师进行组合运用和学生自由、自主学习，可活化教学过程、实化教师施教的创造性、强化学生学习的主体地位。

1.积件开发与应用的直接理论依据、实践基础及主要目标为（见下图)

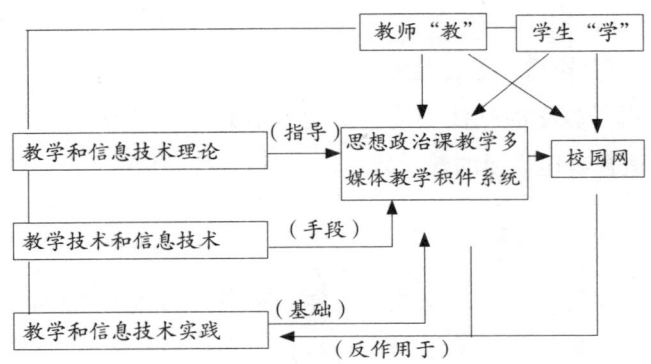

2.教学积件的构成要素

（1）教学资源素材库。用于存储围绕相应内容而设置的各个知识点最基本的元素性资料。主要有：文本类素材、图形（图像）类素材、视频类素材、音频类素材和动画类素材。

（2）微教学单元库。主要用于存储一个个微小的教学单元资料。这些单元资料围绕知识难点和疑点、技能技巧、抽象思想及概念而设置，运用一定的方式方法将有关素材组合起来，形成解答疑难、传授技能、表现思想的诸多微教学单元。这种微教学单元类似于"小课件"，但仍是积件的基元性素材。

（3）教学策略库。用以存储适于计算机辅助教学的教法与学法。设置此库的目的在于将多种多样的优秀的教学思想、教学策略、教学方法、教学技巧等积聚起来，供教师和学生灵活选用及借鉴，使计算机辅助教学的实施过程得到优化。

（4）资料呈现方式库。主要用于存储以上三库资料素材表现与连接的各种方式和技巧。设置此库实际上等于在积件中加入了一个常用的特技编辑软件，师生编辑教学资料不借助其它软件即能获得生动活泼的表现效果。

（5）网上资源库。主要用于在各种计算机网络上查询或下载资料。此库的设置为师生的教学资料选择提供了更大的范围，也是对其他资源库的无限扩展。

（6）组合平台。它是连接以上各库的重要纽带，供师生使用库存资源并最终用于教学的软件环境。师生凭借此平台选取及加工教学资源信息，编制适合自己需要的教学软件，进行教学活动。

3.教学积件的主要特点

——主体的能动性。积件将教学信息资源与教学思想、教法、学习理论相结合的主动权交给了师生，将过去课件设计者从事的教学设计回归到教师学生自己的手中，成为教师和学生教学活动的工具，因而适应任何类型的教师与学生，具有高度的灵活性和可重组性，充分体现了"以人为本"的教育思想。

——内容的可积性。过去的多媒体课件，画面是运动的，思想和方法却是静止的；其超文本结构是多维的，但整个程序的组合却是唯一的。积件实现了静与动的统一、一维与多维的统一、教学素材和教学理论的分离与结合的统一、结构化与非结构化的统一、有形与无形的统一、有限与无限的统一、基本规则与无穷变幻的统一，解决了教学活动中人的主体性与媒体工具性之间的辩证统一关系。

——形式的开放性。积件的素材资源和教学策略资源都是以基元方式入库供教师重组使用，因而在任何时候、任何地方，任何教师（学生）都可以将最新的信息和自己的作品添加入库，只要确立了积件的信息标准、入库规范，积件在教学活动中就自然具有开放性、自繁殖性。

——过程的互动性。交互性是计算机之所以能够辅助教学的重要特性。积件系统的交互性切合了人的心理需要和学生学习过程的规律性，能为教师与学生的互动提供硬件的支持，使教学不再是学生静态和被动接受孤立事实的机械操作，真正成为学生认知结构动态连续的建构过程。

——成果的共享性。积件是在课件的基础上提出的，包含了课件的特殊性，是"散装"的课件元素，是"活"的课件；课件则是积件的特例，是"凝固"了一定教学策略和设计思想的积件。课件经过适当加工，就可纳入积件的微教学单元库，为其他教师重组使用；积件经某教师组合成为适合当前教学情境的内容，也就构成了一个"临时"的课件。课件与积件可以相互组合、相互包涵、相互转化，体现了计算机辅助教学辩证发展的生动魅力。

四、教学思维激活

激活学生思维，使其善思、会学，是思想政治课教师不可推卸的职责和义务。

胡老师对教学思维激活的关注，源自学生寄来的一张"贺卡"，其中有这样一句话："高中三年，我从您那里学到了许多东西，尤其是您的思维方式，它将使我终生受益。"看到学生的成长，胡老师感到非常欣喜，学生的话使他想到了一个问题：我们每一个人都有一个充满智慧的大脑，都具备待开发的思维，而学生的个性差异是客观存在的，教师的责任就是要激活学生的思维，使之获得不同程度的发展，提高其生命质量。无论教学艺术创造，还是教学方法改革、教学手段更新，都不是要以激活学生思维为目的和归宿吗？

21世纪是创造教育的世纪，而创造教育的核心在于发展学生的思维，尤其是创造性思维。教育事业是未来的事业。思想政治课要教在今日，想到明天，自觉思考时代对思想政治课教学的呼唤，抓住机遇，迎接挑战，作出超越性的选择，把发展学生思维放在重要位置。

当前，深化思想政治课教学改革最根本的一条就是要全面推进素质教育，培养和发展学生的能力。能力是一个复杂系统，学生的一般能力表现为观察力、记忆力、想象力、思维力、注意力等，其中思维力是核心。因此，发展学生能力最核心的是发展学生的思维能力。

思想政治课同其他学科教学一样，都必须坚持启发式教学。启发式教学的"启发"虽然不能等同于"启发思维"，但它的根本内容或关键是启发思维或激活思维。在课堂教学的任何环节，如果没有学生思维的启动、激活、撞击，那么，课堂教学只能是死水一潭。激活思维，点亮智慧，是思想政治课乃至所有学科教学的命脉。

在思想政治课教学过程中，激活学生思维大是无处不在的。凡是有教学活动的地方，就会有问题，有情境，也就会有思维激活。一堂课如一池春水，一个精彩的教学设计犹如一粒石子，能激起学生思维的千层浪。例如，在教学过程中，以下问题情境创设都是在激活思维。

——一对孪生兄弟到公园玩耍，回来后向母亲报告了各自的观感。哥哥说："那可真是一个好地方，荆棘上面也有鲜花。"弟弟说："那可真是一个鬼地方，鲜花下面也有荆棘。"为什么在同一地点、同一时间，兄弟俩竟会得出如此不同的观感呢？

——"假如没有小偷，锁会达到今天这样的完善吗？假如没有假钞票，钞票的制造会有这样精美吗？"这话出自马克思之口。在马克思看来，锁的制造日臻完善，钞票的印刷日臻精美，应该到事物的反面去寻找。为什么？

激活学生思维的材料是随处可取的，关键在于教师有做有心人。处处留心皆学问，妙手剪裁皆文章。例如，2010年他游览北京故宫时，就将照相机的镜头对准了"太和殿"、"中和殿"与"保和殿"的匾额。后来，在教学《思想政治③：文化生活》时，将这一组照片用于讲授"继承和发扬中华民族传统文化的精华"，收到了较好的教学效果。因为故宫三大殿的名称，是中国传统"和"文化的集中体现。"太和"语出《周易》，"太"是极大的意思，"太和"是"阴阳会和，冲和之气也"，即指太虚（天地）中阴阳二气处于和谐圆满的状态，强调天地之和谐；"中和"语出《礼记中庸》，意即凡事执用其中，不偏不倚，恰如其分，强调人与人的和谐；"保和"出自《周易》，意为"志不外驰，恬神守志"，意为只有神志专一、内心和谐，才能保持万物和谐，福寿安乐，天下太平。当下，社会主义和谐社会、和谐文化的建设不正是这种"和"文化的延伸与放大、发展与创新吗？

可见，激活思维与教学活动的外延相等。启开学生的双眼，点燃学生的头脑，激活学生的思维，唤醒学生沉睡的心灵，是教师神圣的天职。为此，我们必须在"激"字上做文章，在"巧"字上下功夫，在"新"字上显精彩。如果我们的教学活动没有学生的积极参与，没有思维火花的碰撞与闪亮，那么，即使再好的设计也会黯然失色，再美丽的笑容也会失去原有的灿烂。

多年来，他探究、践行思想政治课教学的"诗意灵动"，初步形成了独具个性魅力的教学风格，其主要表现是：浪漫诗意和灵动思维。

他认为，思想政治课教学诗意灵动，是指教学不拘泥于固有模式，善于变通，给学生以美的愉悦、美的享受。诗意灵动不是指用诗来教学，其核心在于富有浪漫诗意和灵动思维，即具有给学生以美感的表达形式和启迪学生思维的深邃内涵。

课堂，是学生和教师生活的栖居地。我们要让课堂充满浓浓的诗意——弥漫如诗一样的芳香，勃发如诗一样的激情，涌动如诗一样的灵性，洋溢如诗一样的浪漫，流淌如诗一样的旋律，演绎如诗一样的精彩。

课堂，是学生和教师思维的训练场。我们要想方设法点燃学生思维的火花，让一句句出自学生肺腑的语言在课堂上流淌，一个个充满个性的思维火花在课堂上迸射，让思想与思想真实碰撞，使课堂因灵动而精彩，因思维而美丽。

任何事物都是形式与内容的辩证统一。如果说"浪漫诗意"是教学形式的基本要求，那么，"灵动思维"则是教学内涵的本质要求。"灵动思维"贯穿于"浪漫诗意"之中，并通过"浪漫诗意"来表现。"浪漫诗意"与"灵动思维"是水乳交融，密不可分的。我们的每一堂课都应当有诗一般精致巧妙的教学设计，诗一般一咏三叹的起承回环，诗一般情真意切的致美语言，诗一般凝练涵咏的课堂意境……一堂好课，本身就是一首诗，是教学的诗意灵动，是诗意灵动的教学。

教育家笛卡尔说："我思故我在。"思考，是我们的一种生存方式。教师不是思想家，但教师完全拥有自己独立思考的权利和自由。当下，我们中小学教师真的需要像胡老师一样静下心来做一个有自己思想的教师。因为有自己思想的教师，才会有梦想和信念，才会享受教育的快乐和幸福，才会深受学生爱戴并引领学生在思想的云端尽情翱翔。

胡老师的专业成长再次告诉我们，一个人的思想有多远，他就能走多远！思想，是成就名师的灵魂。一位教师一旦有了自己的思想，就会形成自己独特的个性，就会形成自己独特的教学风格。一个人真正的生命，是一个人的思想，人因思想而伟大。我们不奢望成为思想家，但至少我们应该成为像胡老师一样的"实践的思想者"和"思考的实践者"，以灵魂唤醒灵魂，以思想孕育思想，做一个真正的教育人。

【参考文献】

1.胡兴松.思想政治课教学艺术论.广州：广东教育出版社，2000：312-320

2.胡兴松.未来世纪对思想政治课教学的呼唤.中学政治教学参考，1997：7-8

【作者简介】

胡继飞，广东第二师范学院教授、科学教育研究所所长，教育部"国培计划"专家库首批专家、广东省中小学教材审查委员会审定委员、广东省中小学名师建设项目组专家、广东省中小学校本培训专家组成员、广东省中小学教育创新成果专业评审等职，主要从事课程与教学论领域的教学与研究，先后出版著作7本，发表专业论文90余篇。

为创新而教，让生命化蛹为蝶

——梁光明生物创新教育思想研究

张迎春

【特级教师小档案】

梁光明，中学生物特级教师，深圳市第二高级中学教师，国务院特殊津贴专家。先后被评为全国优秀科技辅导员，全国知识型职工先进个人，国家级骨干教师等。曾主持或参与8项国家、省、市级教育科研课题的研究，均获省、市教育教改成果评比一、二等奖；辅导的科技活动成果先后有30多项获得国家、省、市级大奖，有《生物教学中培养学生的创造意识》、《课内外结合培养学生的创新能力》等20多篇论文在《中学生物教学》等期刊上发表，部分论文更获省级以上奖励，主编或参与编写出版了《研究性学习指南》、《创造性与发明技法》等15部教育教学专著。

没有创造就没有突破，没有突破就不会有新的境界。学生的人生是朝气勃发的人生，教师的任务，就是帮助学生发展他们的创新能力，不断突破，化蛹为蝶，成就美丽的人生。梁光明老师的教育理想和追求凝练为12个大字：为创新而教，让生命化蛹为蝶。

一、激发兴趣：学习创新的不竭动力

梁光明老师认为，创新兴趣是学习个体从事创新活动的出发点和原动力。只有在兴趣的驱动下，学生才可能产生强烈的创新动机，从而把学习创新转化为自己的内在心理需要。

（一）保护好奇心，珍视创新冲动

爱因斯坦说："我没有特别的天赋，只有强烈的好奇心"。心理学研究表明，好奇心能有效地激起学生探求新知的欲望。但是在教学中，学生的好奇往往容易因差错而遭到老师的训斥，久而久之，学生的好奇心就在教师手中泯灭了。梁老师认为，教学中应尽可能保护好学生的好奇心，而保护学生的好奇心最好的方式是平视学生，遵循"蹲跪效应"原理，用学生同样的高度去看待问题，理解学生观察问题的角度，使学生的好奇心转化为学习兴趣。有一次进行"用高倍显微镜观察几种细胞"的实验，学生们一进教室，都对实验器材特别好奇，有些同学一会儿把叶片直接放在显微镜下观察，一会儿把手指放在显微镜下看。梁老师没有大动肝火，而是微笑着问他们"看到细胞了吗"？学生不好意思地说"没有"，然后他就和这些学生一起讨论显微镜的结构和工作原理。这样不仅引导学生顺利地观察了各种细胞，而且弄清了显微镜的结构及其物像放大原理，还有效地激发了学生探索学习的兴趣。

（二）构造创新情境，诱发创新兴趣

蕴含有创新成分的教学情境能激发学生探索的兴趣。梁老师依据教材但不囿于教材，而是把课程目标和教材内容转化为新颖的、学生喜闻乐见的、富含问题的情境。如创设生活情趣情境、认知冲突情境、实验事实情境、故事情境、竞争情境、动画情境等，以此诱发学生学习、探索和创新的兴趣。如讲"叶的形态"一节，他不是要求学生先看书，后说出网状脉和平行脉，单叶和复叶，互生叶序、对生叶序和轮生叶序的区别，因为这样做学生答得再完美，也只不过是死记了书本上的结论，

毫无创新可言，长此以往，学生就会厌倦生物学的学习，而是有步骤地分发给学习小组桃树叶、水稻叶、槐树叶和七叶树叶，桃树、女贞和夹竹桃的枝条，让学生观察比较，讨论它们之间的区别，虽然在讨论过程中难免会出现一些错误，但却有效地调动了学生学习的兴趣，并且发展了学生的比较分析能力和语言表达能力。

（三）帮助自我实现，强化创新兴趣

梁老师认为，成功的体验能让学生建立起稳固的自我效能信念。据此，他在教学过程中有意识地设置适度的创新目标，即目标既不能太高，使学生望而却步，也不能太低，使学生轻而易举，而是使目标保持一定的难度和实现的可能性。使学生产生适度的内部紧张状态，调动其积极性，通过不断探索，解决出现在他们面前的未知问题，获得创新的成功。如教"蚯蚓"一节时，课前把两条蚯蚓、一块粗糙的纸板、一块光滑的玻璃板放在学生实验桌上，要求学生利用桌上的器材，作一对比实验说明刚毛的作用。这是一个富有挑战性的任务，要完成这一任务，学生得像科学家一样经历作出假设、设计实验、进行实验、分析实验现象等整个科学研究过程。结果在梁老师的引导下，学生通过想象和讨论，成功地完成了这一探究。这一成功无疑加深了学生对自身潜在创新能力的认同。在成功的喜悦和自豪中，学生会产生更强烈、更高层次的需要，形成较稳定的创新意识。

二、提升能力：学习创新的根本任务

创新思维是重新组织已有的知识经验，提出新的方案或程序，并创造出新的思维成果的思维活动。梁老师认为中学生创新思维结构主要由发散思维、辩证思维、形象思维、直觉思维、逻辑思维等五个要素组成。其中，辩证思维为解决复杂问题提供有效的指导思想；发散思维主要解决思维目标指向，即思维的方向性问题；形象思维、直觉思维和逻辑思维则是人类的三种基本思维形式，是实现创造性思维的主要过程。

为了提高学生的创新思维能力，梁老师在长期的教育教学实践中寻找到不少行之有效的方法和途径。

（一）发散思维，创造创新契机

发散思维是指从一个目标出发，沿着不同途径去思考，探求多种答案，寻求多种解决问题方法的思维。所谓多向思维、逆向思维和侧向思维等都是发散思维的表现形式。梁老师认为发散思维能为创新活动指明思维方向，是从事创新活动的前提。所以他在教学中采取了如下一些有力措施，以提升学生的发散思维能力。

1.培养辩证思维习惯

辩证思维能从哲学高度为创造性思维活动提供解决问题的思路与策略，在整个创造性思维过程中都有不容忽视的指导作用。梁老师认为生物学是以观察和实验为基础的科学，一切生物学概念、原理、规律都是以客观事实为基础抽象概括出来的。生物学中处处都蕴含着辩证思维，如生命与非生命的对立统一，生物与环境的对立与统一，各物种之间的对立与统一，结构与功能相统一等等，都闪耀着辩证思维的光辉。所以梁老师经常引导学生用唯物辩证观点来观察、分析生物学现象，尊重客观规律，实事求是，用对立统一观点看问题，为创新活动提供思想武器。如学习"基因工程"时，梁老师要求所有学生参与网上查阅、社区调查、访问科研人员和政界官员等活动，辩证地分析转基因动植物给个人、家庭、社会和自然带来的影响，既要看到转基因动植物能增强抗性、提高产量等优点，也要看到它们可能带来基因污染、产生新的过敏源等危害。

2.创造脑力激荡

奥斯本提出的脑力激荡法是一种颇为有效的创造技法，运用得当能够有效地发展学生的发散思维能力。梁老师借鉴和发展了奥斯本的脑力激荡法，即在班级或科技活动小组内制造轻松和谐的氛围，在讨论解决问题时禁止批判、自由发挥、踊跃发言、集思广益。同时要求教师适当提醒学生同中求异、正中求反、多向辐射，而不是漫无目标地乱想；延迟判断，即不要过早地下结论，以免束缚学生的想象力，甚至熄灭学生发散思维的火花。如学习自然选择学说时，梁老师结合棉铃虫的抗药性逐渐增强造成棉花减产的生产实际，向学生提出"怎样消灭棉铃虫？"学生既可从物理方法思考，也可从化学、生物方法去思考，既可以从人的角度思考，也可从棉花或棉铃虫的角度思考。可能得到诸如用人工捕捉、用大剂量农药、利用棉铃虫的天敌、用性外激素干扰成虫交尾、将抗虫基因转入棉花体内增强抗虫能力……然后共同分析各种治虫方法的优缺点，从中找出最佳方法。经常向学生提出这样的问题让学生思考分析，相互启发和激励，既能培养学生的发散思维能力，又能加深学生对知识的理解。

3.质疑课本知识

生物课本的编写过程中因受到各种因素的限制，课文只重点阐述了主干知识，势必会留下一些遗憾和不足，正好也为培养学生的发散思维留下了空间。当梁老师讲完"基因是有遗传效应的DNA片断"后，给学生留下了"基因都是具有遗传效应的DNA片断吗？"这一问题，学生经过查阅资料和讨论，发现此话有问题，因为对以RNA为遗传物质的病毒来说，基因就是具有遗传效应的RNA片断。常常思考和解决类似问题，既让学生学会了逆向思维方法，又让学生认识到了书本也有不全面，甚至不正确的地方，有力地破除了学生迷信书本、权威的思想。

4.改变实验方案

实验设计的过程实际上就是一个发散思维的过程，实验设计过程中，需要学生从多方向、多角度、多层次地思考问题。如在"观察植物细胞的质壁分离和复原"实验中，梁老师要求学生不要止于课本上的设计方案，而应自主设计探索。如除了采用紫色洋葱表皮外？是否可以采用无色洋葱表皮或菠菜叶肉细胞或动物细胞来做实验？分离液是否可以用0.5g/ml的蔗糖溶液或1M的KNO3或1M的NaCl溶液等来代替？并通过实验观察，找出最佳方案。

5.追求一题多解

梁老师经常有意识地选择和设计一些开放问题，引导学生用多种思路或方法去解题以培养学生的发散思维能力。如教完"孟德尔的豌豆杂交实验二"后，就要求学生用多种方法解答如下一道题：在一个家庭中，父亲是多指患者（由显性致病基因P控制），母亲的表现型正常，他们婚后却生了一个手指正常但患先天聋哑的孩子（由隐性致病基因d控制）。如果这对夫妇再生一个孩子，可能出现的表现型有哪几种，每一种表现型出现的概率是多少？学生可用棋盘法、分枝法和图形法等多种方法解答此题。常做这样的练习，学生思维的灵活性就会得到大幅度地提高。

6.设置变式训练

思维定势是严重影响发散思维的因素。为消除思维定势和功能固着对学生发散思维的影响，梁老师在教学中经常设置变式训练。如讲基因组的概念时是以人类基因组为例来说明的。人类的染色体有23对，考虑到性染色体上基因的差异，人类单倍体基因组要分析24条染色体上的碱基序列（包括X染色体和Y染色体）。然后提出水稻有12对染色体，水稻基因组要分析水稻的几条染色体？如果学生用人类基因组的思维程序去解决后者则会发生错误，因为水稻是雌雄同体的植物，不存在性染色体。还有很多经验可参见梁老师撰写的《新课程理念下习题教学的实践与思考》。

（二）积累表象，夯实创新基础

表象是进行联想和想象的基本材料，表象愈多、愈完整，联想和想象的内容就愈丰富、愈深入。表象是通过感知获得的，只有学生调动所有感官积极主动地多去观察，才能获得丰富的表象，给思维提供丰富多彩的材料。梁老师每到一所学校，首先就为学生积极创造观察条件。如组建学校生物园、生物角，了解学校附近的农田、山地、河流、湖泊、工厂、医院、大学、研究所等，联系试验、实习基地，为学生提供和推荐良好的生物学观察场所；课堂上恰当引入实验、实物、标本、模型、多媒体画面等，为学生提供丰富多彩的观察材料。

其次是适时组织观察。梁老师特别注重根据教学内容选取典型的直观材料创设特定情境，引导学生观察思考。如讲"细胞的多样性和统一性"一节，他就要求学生用显微镜观察酵母菌、水绵、菠菜叶表皮、鱼的红细胞和人体口腔上皮细胞等多种生物的细胞，再看细菌、蓝藻的电镜照片，比较分析它们的异同。学生在仔细观察过程中发现这几种生物的细胞都是由细胞膜、细胞质和细胞核（或拟核）组成，但又有不同，有的有细胞壁，有的没有，形态更是千差万别，让学生深刻地认识到了细胞的多样性和统一性。有些观察内容需要较长时间或需要较大空间范围里去观察，课堂上无法完成，梁老师则把学生观察安排在课外进行。如讲"植被对环境保护的作用"时，梁老师把每班学生分成三组，分别进行调查。一组是在雨天，去植被丰富和植被砍伐严重的山上感受风和雨对雨伞的冲击力，脚下水流的速度，以及土壤层的状态；一组在晴天到繁华的大街和植被丰富的山里走一走，感受空气的清新度，测量温、湿度；一组去海边或河边或湖边，观察比较植被丰富和贫乏的堤坡状态等，回到课堂上各组相互交流感受、照片和数据，学生在对比分析中就会深刻地理解植被能涵养水源、保持水土、防风固堤、调节气候的功能。

梁老师认为在观察活动中，要使学生获得全面、典型、印象深刻的表象，老师要给予适当地指导。首先要指导学生确定观察目的，拟定观察计划。因为只有目的明确，计划周密，观察才能抓住重点，注意力才能集中到观察对象，获得清晰的形象。其次要指导学生掌握常用的观察方法。常用的观察方法有：（1）按顺序观察。按生物体本身的结构和外部特征，观察可由整体到部分，或由部分到整体，由表及里，由上至下，由外至内，由宏观到微观进行；按生物所处的空间，可由近及远，由前及后观察；按所出现的时间，可先后观察。（2）对比观察。

有比较才有鉴别，将近似的属性相同的生物体进行比较，则易于抓住事物的本质，找出不同生物体之间的异同点。如上"果实的结构与种类"一课时，梁老师就在课堂上给学生分发苹果、花生、葡萄、谷子、玉米等，要求学生尽可能利用各种感官去感知、比较。不仅观察它们的外部形态，解剖观察它们的内部结构，用手触摸感知各部分的质地，还要求闻一闻它们的气味，尝一尝它们的滋味，找出它们的共同特征和不同特点。（3）动态观察。生物体不仅具有严谨的结构，还有新陈代谢、生长、发育、繁殖、遗传变异、应激性等特性。因此，梁老师要求学生对生物体的生命现象及其本质的研究，不仅要作静态观察，还要作动态的观察。如"培养液中酵母菌种群数量的变化"就要较长时间的跟踪测量，"植物细胞质壁分离与复原"要观察比较分离液处理前后原生质层与细胞壁之间的状态变化等等，都需要动态跟踪观察。

（三）驰骋想象，激发创新活力

想象是形象思维过程中与创新思维关系最为密切的一环，是人进行创新活动的必要因素。爱因斯坦说过"想象力比知识更重要，因为知识是有限的，而想象力概括着世界上的一切，并且是一切知识的源泉。"为了发展学生的想象力，梁老师进行了多年的探索，也收获了丰富的经验，并将部分经验总结成《生物教学中创造性想象力的培养》一文。

1.创设想象情境，引导学生想象

梁老师认为要让学生展开想象的翅膀，必须为学生提供想象的情境。所以，梁老师几乎每节课都为学生提供诸如科学研究过程、结果的文本材料，或图片、影像材料，或实物、模型材料，或图表、数据材料等等，然后提出问题引导学生想象，在头脑中构建新的画面或设想。如进行"生物膜的流动镶嵌模型"的教学时，梁老师介绍了荧光标记小鼠细胞和人细胞融合实验的过程、结果后，提出"细胞膜上蛋白质的运动状态可能是怎样的？蛋白质的运动与生物膜功能的关系如何？"等问题促进学生想象。再如生命起源的教学，由于生命起源过程学生无法直

接感知，梁老师就借助语言描述和画面给学生创造一个想象的情景和气氛，使他们仿佛置身于远古的地球，思维随着画面的变化而自由驰骋，各种表象在大脑中变化、组合，学生在理解生命起源过程的同时，也完成了再造想象。

2.重演创造过程，启发学生想象

梁老师认为科学发现和创造发明过程本身就是一个创造性想象的过程，让学生亲身经历科学家的创新之路，势必能发展学生的想象力。如将DNA的结构模型拆卸成零件，启发学生根据科学家的实验研究结果，如同沃森和克里克当年创造这一模型一样，对DNA分子的空间结构进行想象，重来一次创造。这样的经历多了，学生的想象力也就随着增强了。

3.开展角色扮演，促进学生想象

根据教学内容特点组织开展角色扮演活动，引导学生自编、自演、自评，既可活跃课堂气氛，又能培养学生的想象力。如梁老师组织开展的"保护环境，假如你是市长、厂长、环保局局长、市民，应做些什么？"等角色扮演活动，有效地促进了学生积极想象。

4.幻想未来世界，推动学生想象

幻想不是要求学生胡乱猜想，而是具有内在的逻辑必然性的想象，是思维统摄下人类理性的一种存在方式和表现方式，所以幻想大多能预示着可能的逻辑后果。常常要求学生幻想未来世界的可能发展方向，能有力地推动学生想象。如梁老师讲过克隆技术后提出"假如世界上允许克隆人，那么，这个世界将会变成什么样子？"教完基因工程后提出"假如'基因王国'垄断了基因，人类会面临什么？"等等，都很好地培养了学生的想象能力。

（四）磨砺直觉，寻找创新灵感

直觉思维是人脑对于出现在面前的新事物、新现象、新问题及其关系的一种迅速识别、敏锐而深入洞察，直接的本质理解和综合的整体判断。它不是线形、顺序的慢节奏加工，而是在整体综合、直观透视基础上快速作出的直觉判断。庞加莱说过"逻辑是证明的工具，直觉是发现的工具。"梁老师认为在教学中培养学生直觉思维能力对增强学生的创新能力具有重要意义，并在教学中进行了有益的探索。

1.帮助建构结构化知识

梁老师认为直觉的获得虽然具有偶然性，但绝不是无缘无故的凭空臆想，而是以扎实的结构化知识为基础。若没有深厚的知识功底，不会迸发出思维的火花。如根据细胞分裂图像判断细胞分裂方式和时期这一问题的解决，梁老师首先是引导学生比较有丝分裂和减数分裂过程中染色体数目和形态的变化规律，找出它们的不同点；然后在分析实例的基础上帮助学生总结出一看染色体数目，二看是否有同源染色体，三看染色体行为的"三看"判别法；再通过多次练习，在学生头脑中就形成结构化的知识组块。以后学生在遇到新的细胞分裂情境时，一眼就能透视其本质，凭直觉就能作出准确的判断。

2.引导整体考察

直觉思维的重要特征之一就是思维形式的整体性。对于面临的问题情境首先从整体上考察其特点，着眼于从整体上揭示出事物本质的内在的联系。在教学中，引导学生从复杂问题中寻找内在的联系，特别是发现隐蔽的联系，从而把各种信息做综合考察并做出直觉判断，可激发直觉思维。如在解答"绿色植物光合作用吸收44g二氧化碳所释放的氧气，能在初级消费者体内彻底氧化分解多少摩尔的葡萄糖？"这道题时，学生都按照题意分两大步骤解，耗时费力；梁老师则引导学生根据质量守恒定律从整体上思考，初级消费者彻底氧化分解的葡萄糖量应等于绿色植物利用44g二氧化碳所合成的葡萄糖量，一步即可得到答案。

3.鼓励大胆猜测

直觉思维往往以猜测的形式进行，在教学中鼓励学生大胆猜测能促进学生直觉思维的发展。可在教学实践中，学生的猜测往往被当做"不动脑筋"的表现而受到冷嘲热讽，特别是在学生猜错的时候。当然猜测不能是信口胡说，应尽可能以现有知识经验为基础。如梁老师讲授"遗传系谱中遗传病遗传方式的判断"这一内容时，就鼓励学生猜测。如果从整体上一看，整个家系中患者都是男性，即可猜测该遗传病是"由Y染色体上的基因控制"的遗传方式，然后用该遗传病的特征去检验，如果不是，再假设是"X染色体上的隐性基因控制"的遗传方式，再检验，便可迅速找到问题的答案。

（五）综合运用，实施创新活动

形象思维、直觉思维和逻辑思维是进行创新思维活动的主体。像时间与空间不可分割一样，逻辑思维和空间结构思维（包括形象思维和直觉思维）也是不可分割的。事实上创新思维过程是在辩证思维和发散思维的指引下，通过相似、相关、相反等多种形式的联想和想象，再运用逻辑思维对空间思维的各种结果进行判断、推理和选择，最后用语言文字形成令人信服的逻辑严密的行动指南，指导主体去实施创造活动。梁老师认为在培养与训练思维的教学过程中应该努力使三种基本思维形式相互依存、相互结合，促进三种思维能力的协调发展。在梁老师的教学中，他不仅指导学生如何进行观察和实验，还启发学生根据观察和实验的结果去联想和想象，大胆猜测和假设，在此基础上进一步分析、综合、判断、推理，透过纷繁的现象去探寻、发现事物的本质属性和事物之间的内在联系规律，并用规范的语言予以表达。

总之，要培养学生的创新思维能力，仅仅依靠以教师为中心，只强调聚合思维（集中思维、求同思维、正向思维）为特征的传统教学模式很难完成。为此，梁老师在长期的教育教学研究实践中提出了"以学生为主体，以情感为突破口，以问题为中心，以思维为主线，以讨论阐释为主要方式"的互动合作课堂教学模式。他主编的互动合作复习指导书

《高考在线•生物》也很好地体现了这一教育思想；提出了"以学生研究实践为主体，教师适时、适当介入，共同提高、共同创新"的"研究性学习师生互动合作模式"和"互助创新科技活动模式"。

三、培养人格：学习创新的终极目标

梁老师认为要真正取得创新成果，兴趣、天赋固然很重要，但最重要的是意志、毅力、合作精神等人格品质。中学阶段又是人格形成的关键时期，所以他在教学过程中多方着力培养学生的创新人格。

（一）榜样激励，树立创新理想

梁老师认为青少年学生善于模仿，常以最尊敬的人的行为为榜样。榜样对学生具有很强的说服力和感染力，不仅影响他们的思想认识，具体告诉他们如何做，而且熏陶他们的情感，从内心产生巨大的力量，推动他们下决心去做。因此，他在教学中总是不失时机地介绍科学家立志创造，不畏艰辛，乃至冒着生命危险从事创造活动，获得巨大成就的感人事迹，去感染学生、影响学生，使他们在潜移默化中树立创新理想，为人类的进步，国家的兴旺发达做出自己的贡献。

（二）鼓励求异，培养创新习惯

梁老师在教学过程中发现中学生敢于怀疑一切，敢于直抒胸臆，然而这些行为往往出现在教师不在的时候。究其原因，是学生受教师这一权威因素的影响，唯恐说错问浅，受到教师责备。因此他认为环境和氛围对创新人格的形成和发展有促进和阻碍作用，尤其是处在青少年时期的中学生，其意识和行为更容易受外界环境的影响。所以，他对自己的教学行为提出了如下要求：

首先，承认学生的主体地位，放下教师的"权威感"，建立起民主、平等、和谐、融洽的师生关系，使学生感到教师既是他们的引路人，又是他们的朋友，使学生在课堂上、在自己面前，敢于畅抒己见，披露灵性，展示个性。

其次，大力倡导学生标新立异，甚至"异想天开"，培养学生"敢为天下先"的勇气和科学怀疑、理性批判的精神。只要能够提出具有科学性、新颖性、创新性的问题、在探索中取得了进步的同学，就予以充分表扬；友善地对待学生的荒诞提问和错误回答，不任意训斥学生"钻牛角尖"，不人为地设置禁区压抑他们的创造性。而要引导学生运用正确的科学方法去解决问题，使学生没有任何不良心理压力，能充分表现自己的创新欲望，养成不唯上、不唯书、不唯权威、不唯潮流的良好个性心理品质。

（三）勇于探索，强化创新意志

创新是一种探索，面临失败的可能性很大，需要创新者具有不怕挫折、不惧失败的心理承受能力。梁老师认为在发展学生能力的同时必须磨砺学生的意志，使他们在最困难的时候也能够坚持探索。如"植物组织培养"、"血红蛋白的分离与提纯"等很多探究试验，技术要求高，工作强度大，过程繁琐，耗时长，稍不小心就造成失败，对中学生来说是一个巨大考验，经常有同学半途而废。而梁老师决不允许走过场，草草了事。他不断以成功期望激励学生将实验探索坚持到底，失败了，找出原因重新再来，直到成功为止，经过三年的磨炼与强化，学生的意志力也大大增强。

（四）合作学习，优化创新品质

梁老师认为由于遗传因素、成长经历、教育背景的不同，世界上没有完全相同的两个人，如同自然界没有两片完全相同的树叶一样。不同的人有着不同的思维方式、行为方式和个性特征，这样的差异性中本身就蕴含着创造性。所以梁老师在教学中经常组织小组合作学习。在组织小组合作学习过程中，他将不同性别、成长背景、个性特长的学生组成一组，使得同组异质，异组同质。告诉学生如何根据同学的个性特长进行分工与协作，如在调查活动中，擅长摄影的负责拍照，动作敏捷精确的负责测量，心细如丝的负责数据记录和整理，文字功底深厚的负责撰写调查报告等等。在小组讨论过程中他时时激励学生充分阐明自己的思维过程和结果，提醒学生以开放的心态积极吸纳他人的观点；提倡不同意见的争论，鼓励学生相互评价，以此促成思维碰撞，产生智慧的火花。

"随风潜入夜，润物细无声"，梁光明老师的教育教学就像默默的春雨，无声地滋润着他的学生，使他们茁壮成长，成为社会的栋梁之材。

【作者简介】

张迎春，陕西师范大学教授，硕士生导师，教育部基础教育课程改革教学专业支持组核心成员，教育部《国培计划》专家库首批专家，教育部第二届全国教师教育课程资源专家委员会专家，教育部陕西师范大学基础教育课程中心副主任。

发展学习者高阶思维能力

——田奇林"由低阶思维走向高阶思维学习模式变革"的
教育思想研究

朱正威

【特级教师小档案】

田奇林，中学生物特级教师，深圳市福田外国语高级中学教师，全国中小学名师，中国教育学会、中国动物学会、中国植物学会和中国教育家大会会员。曾任地市级教育学会生物教育专业委员会理事长，省教研核心小组成员，省教育科学研究院兼职教研员，"百家讲堂"和省特级教师教学支援总队主讲专家，"问诊断学习法"名师顾问。先后荣获中国科学院"自辅"实验先进工作者，吉首大学杰出校友，省骨干教师，省奥林匹克竞赛优秀教练，省教育学会先进工作者，省优秀教研员等荣誉称号。市青年科技奖、教育部课程研究优秀课题成果一等奖和全国第三届《生物学通报》奖励基金获得者。所授课被评为省优质课一等奖，主编省编教材一部，主编或参与编著教育类和教辅类图书百余种，发表或获奖论文和研究报告百余篇。

田奇林，从教20余年，一直努力寻求促进学习者由低阶思维走向高阶思维学习模式变革的途径和方法。在长期的教学实践中，形成了独特的

"发展学习者高阶思维能力"的教学风格和教育思想。他对生物学教育教学任务、学习模式、高阶思维能力的培养等方面都有自己独特的设想和尝试，其成功经验对当前的生物学教育教学改革具有特殊的理论价值和实践价值。

一、对学习者低阶思维能力和高阶思维能力的理解

我国教育有良好的传统，在基础知识、基本技能的训练上积累了比较完整的经验，对知道、领会和应用等三个低阶思维认知层次教学目标有了较深入的研究。重视对简单性和显性化低阶知识的学习，注重培养学习者运用低阶思维完成记忆任务、解决良构问题的能力，形成的是用于学习事实性知识或完成简单任务的低阶思维，从事的是运用低阶思维进行机械学习。但如果缺乏对分析、综合、评价等高阶思维的研究，忽视对学习者问题求解、决策、批判思维和创造性思维等高阶思维能力的培养，则难于实现对学习者创新精神和创新能力的培养。

作为教育工作者，田奇林把发展学习者创造性思维能力、提升人的生命质量的价值和把发展学习者高阶思维能力作为自己肩负的最终使命。教会学习者学习建构性、情境化、同化的从问题探究中获得的个性化、复杂化和隐性化高阶知识，形成发生在较高认知层次上的心智活动和较高层次的认知能力，培养学习者问题求解、决策、批判性思维和创造性思维等解决劣构问题或复杂任务的高阶思维能力，完成主动的、意图地、建构地、真实地和合作地运用高阶思维进行有意义的高阶思维学习。

二、变革促进学习者高阶思维能力发展的学习方式

学习者高阶思维能力的发展，呼唤传统学习方式的变革。知识时代呼唤新型的学习方式，素质教育理念、学习理论的革命和信息技术为学习方式的变革提供了丰富的思想、方法和理论基础。田奇林基于此，进

行了基于"由低阶思维走向高阶思维学习模式变革"的学习方式的变革，具体表现在：

（一）变革接受学习

在传统教育中存在大量机械的接受学习，如要突然转到高阶学习，跨越"学习者学习的主动性、创新性"这一量的积累过程不切实际。因此，田奇林根据我国中小学教育的实际，倡导学习方式的转变首先应该增强学习者接受学习的积极性和主动性，变机械接受学习为意义接受学习，再进一步发挥学习者的创新性，在学科教学中倡导发现学习，最终引导学习者综合所学各科知识发现问题、解决问题，进行高阶学习。学习者凭借自己的认知结构，接受、理解、内化课本或老师呈现的新知识，不断丰富自己的认知结构的学习方式即意义接受学习。虽然从其表现形式看与机械接受学习非常相似，但学习者在学习过程中的主动性却大大提高了，它快速、高效，能确保学习的系统性。意义接受学习仍是当前和今后生物学学习最有效的基本形式，教会学习者学会阅读学习是改革接受学习的突破口。田奇林大力提倡"学会阅读学习"，他认为生物学教学中教会学习者：

学会在阅读或浏览中发现新的信息，学会在大量的材料中筛选有价值的信息，学会在不同的材料中选择相同相关的信息，学会发现信息之间的联系与矛盾，学会在获取信息的过程中及时调整既定目标、修正个人认识等。

学会寻找新旧信息之间的矛盾，寻找信息符号与记忆表象乃至生活实践之间的矛盾，学会在诸多矛盾中发现辩证统一关系。一改传统生物学科课堂教学中学习者不敢提问及不会提问或极少提问的状况，鼓励学生提出有深度、可探究、开放性的问题，并且鼓励学生自主的解决问题。

学会讨论，学会寻找证据阐述自己观点或主张的逻辑关系。学会在实际与逻辑的证据面前修正自己的认识，服从于科学真理。着力使讨论成为生物学课堂教学的重要补充，乐于组织课堂讨论，培养学习者讨论的能力，鼓励学习者课外自主讨论并善于讨论。

学会设计实验方案或调研方案，获取新的数据或证据，来证实或修正个人的认识及书中的观点。生物学作为一门实验科学，学习者在学习生物学知识的过程中，要学会验证书上的前人的结论，这既可通过实验设计和亲身实验，也可通过搜集证据进行间接验证。教会学习者学会搜集现成的数据、文字材料和实际生活中的证据。

学会不迷信权威，勇于批判、推翻或修正一切未经检验的不正确的结论或观点，达到接受学习的最高境界。克服接受学习全盘接受的最大弊端，培养学习者理性思考能力，培养怀疑精神，形成独立见解。

田奇林大胆组织开展"自辅"整体教学实验，组织目标立体教学，举办中学"六年一贯、四二分段"教育整体改革实验班，参加中国科学院"中小学习者学法与心理发展"和"自辅促进学习者自学能力、习惯、信心的发展与迁移的心理学问题"等改革实验，进行全面的素质教育。通过教育整体改革，学习者的思想、文化、身心、劳动素质得到了较大的提高，学习者的个性获得较大的发展，学习者高层次人才需求的意识也得到较大增强，为发展学习者高阶思维能力奠定了坚实的基础。

（二）走向自主学习

自主性学习的根本特征主要表现在学习者的主体性和参与性。我国新课程改革中的学习观的主要精神就是提倡以弘扬人的主体性、能动性、独立性为宗旨的自主学习。自主性是学习者适应独立学习、终身学习、个性化学习和教育终身化，实现自我可持续发展的能力保证。参与性保证自主性不是任意而为，而是与社会、集体和谐统一。惟有自主，个体才能适应现实社会的变化，主动刷新知识和能力结构，才能有效地融入团队协作，自觉地规划和实现自我的人生历程。基于此，田奇林注重学习者在学习过程中的由他主性、被动性、依耐性向主体性、能动性、独立性、不断生成、张扬、发展和提升的方向转变，使学习者的学习不再受一种异己的外在的力量控制，而是一种发自内在的精神解放运动。田奇林开展了"在生物学教学过程中学习者独立阅读能力的研究"、"在生物学教学过程中学习者独立练习能力的研究"、"在生物学教学过程中学习者独立运用能力的研究"、"在生物学教学过程中学习者独立思考能力的研究"、"在生物学教学过程中学习者自我评价能力的研究"等系列研究。通过自主性学习的一系列研究和教学实践，他所带学习者的基础知识、基本技能掌握扎实，语言表达能力、分析能力、运用能力、推理能力、形式逻辑推理能力、辩证逻辑思维能力、抽象概括能力和生物模拟能力得到较快的发展。学习者开朗、沉着、自信、勇气十足、情绪稳定、对事物看法切合实际、热情外向、善于组织、善于思考，具备良好的协调性、活动性和细致性，形成了良好的性格。

提高自学能力是走向自主学习的核心，田奇林非常注重对初入学的学习者自学能力的培养。具体地说，加强对学习者进行主动阅读能力、独立思考能力、善于自练自检能力、促进自治能力、自我控制能力、自觉探求能力、加速形成概括能力、能动应变能力和创造思维能力的培养。他在培养学习者主动阅读能力时，专门开设独立阅读课，组建自学辅导班。培养和激发学习动机；认识主动阅读能力的涵义；教给学习者自学方法，激发学习者的学习兴趣；促进学习者养成自学习惯；在养成"主动阅读"习惯的基础上教会学习者发现问题、分析问题并解决问题提高高阶思维能力。在培养学习者独立思考能力时做到：问题启发，使学习者的思考具有方向性；强调用脑学习，克服思维惰性；精心小结，培养思维的严谨性；加强高阶思维训练，培养思维的敏捷性和灵活性。在教学过程中力求由他检向自检过渡，促进学习者掌握自练、自检方法，养成自练、自检习惯；力求使学习者从自学向自治和自控能力转变，有效培养学习者自我管理能力，以充沛的精力去克服困难并争取成功的能力，形成优良的个性品质；力求培养学习者自觉探究能力，促进学习者遇到问题能独立思考，自觉查找资料寻找解决问题的方法；力求为学习者形成概括能力提供生动的素材，着力建构高效的课堂教学模式为学习者概括能力的形成搭建最佳平台；着力培养学习者自觉努力、积极主动应对突发事件的能动应变能力，促进学习者应变速度，提高能动应变的心智技能和迁移能力；着力加速发展学习者的创造性思维能力的培养，促进学习者发散思维和收敛思维的形成。

他在走向自主学习的过程中，把学习者的长处作为成长的基础，把学习者的错误作为产生学习的机会；着眼于发展来设计适合的教学以满足学习者对当前认知、社会交往、情感、道德以及生理等方面的需求；善于建立新知识和学习者的原有经验之间的联系，鼓励学习者承担起完成学习任务的责任；在计划教学活动时把学习者的思考和经验当作可以利用资源，鼓励讨论、倾听并对小组的交流作出回应；掌握学习者发展的进程；准确确定学习的准备度；理解学习者是如何内化知识、获得技能和发展思维技巧以及掌握如何促进学习者学习的教学策略。

（三）走向创新性学习

田奇林在走向创新性学习的过程中引导学习者进行综合思维。在教学过程中为每一位学习者的表现提出挑战性的标准；对于每一个教学主题，保证学习者把整体的认识作为理解部分的基础；设计教学任务，把学习者的理解提高到更复杂的水平；通过与学习者真实的生活经验相联系，帮助学习者实现更复杂的理解；参照挑战性的标准比较学习者的表现情况，得出清楚的、直接的反馈信息。

以掌握相应的技能和行为，适应已知的、可预测的问题情境为目标的维持性学习，其信息流是自上而下的，通过同伴的竞争用更好的方案解决问题来达到规定的预期，这只能达到训练低阶思维能力的目的。面向知识时代，需要一批掌握相应技能和行为，以适应未知、不可预测和独特问题情景为目标的创新性学习，其信息流是全方位的，通过同伴协作提出对新问题创新性的解决方案，从而达到拓展的、未知的预期。田奇林在教学的过程中，不仅教会学习者"学会"，学会基本的知识和技能，注重态度、方法、道德品质和行为习惯等，而且教会了学习者在学习中培养记忆、思维、观察、想象、动手、表达和获取信息能力。他还教会学习者"会学"，教会学习者怎样迅速、充分有效地选择存储和获取所需信息，教会学习者怎样运用所获信息来解决问题，教会学习者如何打破常规重新组合，并利用它创造出新思维。譬如，在叶绿素提取和分离实验中，积极引导学习者探究，从众多的材料中选取最佳材料，从众多的有机溶剂中选取理想的提取液；在DNA粗提取与鉴定实验中，引导学习者收集资料，大胆探索，找到了提取DNA的理想材料和最佳方法，所完成的论文《用洋葱粗提取DNA》一文发表在学术核心期刊《生物学通报》中。

（四）走向个性化学习

个性化发展是人发展的显著特征。个性化发展有赖于个性化学习。个性化学习是学习者充分发展的前提，体现了"以学习者为中心"、尊重学习者的差异、实现教师针对性指导的教学理念。个性化学习是面向知识时代所必需的。每个人的天赋和理想是不同的，时代的发展强调个性化成功，田奇林深知学习者学习的方式是个性化的，不存在有效的统一方式，他在教学过程中竭力为每一个学习者的学习"按需所求、量体裁衣"式的提供多样化的学习机会。

田奇林对于不同的学习者在走向创新性学习的过程中：知道学习者包括学习障碍、知觉困难、天赋、才能的例外性；理解并确定学习者包括不同的学习风格、表现方式，以及多元智能在内的学习和表现方法的差异；善于根据不同学习者的长处作为继续学习的基础来设计教学的活动；明确学习者的学习受个体的经验、才能、先前的知识以及语言、文化、家庭和社区价值观的影响；懂得如何把学习者经验、文化以及社区资源融入到教学之中；帮助学习者都能够并且应当在尽可能高的水准上学习；确定和设计符合学习者发展阶段、学习风格、长处以及需要的教学；着力建立尊重学习者个体差异的学习共同体。田奇林根据学习者的爱好与能力选择部分学习者参与科普活动，协同中国动物学会从事了湖南省湘西地区脊椎动物资源的普查工作，所撰写的《湘西脊椎动物资源》一文在中国动物学会主编的《中国动物科学研究》一书中发表。由于田奇林在促进学习者走向个性化学习的过程中成绩突出，2009年荣获青年科技奖。

（五）走向基于技术的学习

基于技术的学习是"技术丰富的"学习环境，为自主性、开放性、个性化、体验性、合作性、探究性学习提供了有力的支持，建构了丰富的学习平台。

田奇林在实施基于技术学习的过程中，坚持以符合生物学教育教学特点和学习者高阶思维能力发展需要为目标。信息技术在生物学教育教学中应用的终极目标是学习者高阶思维能力的发展。在教学过程中是否使用信息技术、使用什么样的信息技术，如何使用信息技术都应服务于学习者高阶思维能力发展的需要。他在实施基于技术学习时，力求避免"技术本位"的目标取向，避免单纯为了炫耀技术的优势，而偏离课程培养目标或忽视学习者的体验和发展。力求处理好生物学教育本体目标与学习者高阶思维能力发展目标之间的关系，不管采用何种技术、何种应用方式，都优先保障生物学教育教学目标的实现。

在追求课程"效果"的同时兼顾"效益"。田奇林坚持在不采用信息技术就可达到很好教学效果甚至教学效果更佳时，就不刻意使用信息技术；必须有选择地将信息技术用于所有教学内容和教学活动。有多种技术方案可供选择时，力求利用低成本的解决方案就能达到相同的、甚至更好的教学效果时，就不脱离实际地一味追求技术奢华和技术时髦；评价信息技术应用效果时，充分考察信息技术的应用对学习者的学习及其全面发展是否有效、应用是否适度，不会过多关注技术应用的多寡和技术是否精美。如他在《血糖调节》这一节生物复习课的教学过程中，为了要创造性地使用教材，围绕"建构血糖调节的模型"设计了四张PPT，为学生自主构建"吃饭后血糖调节的模型""运动时血糖调节的模型""正常情况下血糖的来源和去路的图解式模型"和"血糖调节的图解式模型"创设情境，通过探究收到了良好的教学"效益"。

坚持"用技术学习"的技术应用观。基于教学重心已经由教师的教向学习者的学转移，在学习的过程中，以技术为支持，学习者通过自主、协作、探究和反思等学习方式，开展高阶学习，获取高阶知识，发展高阶能力。田奇林努力创造条件、创设机会，鼓励并帮助学习者逐步学会根据学习需要评价和选用合适的信息技术工具，有效地获取信息、加工和处理信息、表达和交流信息，并能利用信息和信息技术解决学习、生活中的实际问题，实现学习目标。如他在组织学习者学习无丝分裂时就提出了"请上网搜索相关资料弄清无丝分裂是否能够实现遗传物质的平均分配？"这一探究点，让学习者自主探究。

追求信息技术应用与教学方式变革的相互促进。田奇林在教学实践中将各种技术手段和数字化学习资源有机组合，帮助和支持学习者进行自主学习、主动探究、问题解决、交流协作等学习活动，并积极探索和组织学习者开展信息环境中特有的学习方式，如基于网络的探究性学习、远程协作学习等，实现信息技术应用与教学方式变革之间的相互促进和有机结合。他在引导学习者学习"光合作用的探究历程"时让学习者运用技术弄清每个实验的实验假设、实验过程、实验结论和学后感悟；通过合作学习、利用技术自我展示和互评互教等活动，培养学习者的语言表达能力和思维发散能力；通过对光合作用的实验过程分析培养设计实验的能力；通过互动评价培养学习者敢于质疑、创新的科学态度。

他在教学过程中避免用计算机演示或模拟实验取代学习者所有的动手实验和用上网查询资料取代学习者的社会调查和实地考察等；教师在教学设计中还应特别注意学习者的社会化发展需求和社会化体验，将信息技术支持下的虚拟交流互动与面对面的人际交往活动相结合，创设人际交往和人机互动良性互补的教学环境，确保学习者有充分的社会交往机会，着力督促学习者进行社会调查和实地考察等，来证明结论的科学性，避免"用技术活动取代社会活动"或者"用人机互动割裂人际交往"的错误做法。

三、创设促进学习者高阶思维能力形成的学习环境

田奇林始终以学习者为中心创设培养学习者高阶思维能力所需要的学习环境。在抛锚式教学过程中培养学习者定义问题和从安全中抽象概

括的能力，创设叙述的、故事性的和真实生活的"锚"（或者情景）；在开放式学习过程中为培养学习者自我导向和自我管理的能力，创设多样化的情节和观点的学习情景；在基于项目学习过程中培养学习者信息、自我和其他人的管理能力，创设协作性的、基于任务的学习环境；在基于问题的学习过程中培养学习者识别问题和选择挣脱问题资源的能力，创设反映潜在问题的案例和事件呈现的学习情景。

田奇林在设计学习环境时力求做到：努力创造有利于促进所有学习者的自尊以及积极的人际关系的学习环境；帮助学习者在复杂的社会情境中富有生成性地学习以及相互合作；理解有效课堂管理的原则，并运用一系列策略促进学习者在课堂上积极地、有目的地学习；通过使学习内容与学习者的个人兴趣相联系、给学习者学习的选择权，以及引导学习者质疑等方法激发学习者学习的动机，使学习者置身于个体和小组学习的活动之中；组织、分配和管理时间、空间、活动和注意力等资源，使所有学习者参与到富有生成性的学习任务之中；对于学习者的互动、学业讨论以及个人与小组的学习责任提出明确的和富有挑战性的期望，创造出一种开放的、相互尊重的、支持的、探究的和学习的课堂氛围。

基于技术的学习模式是学习者进行高阶学习的活动平台，田奇林在促进学习者进行高阶学习的过程中，以技术为支持，学习者通过自主、探究、协作和反思等学习方式开展高阶学习、获取高阶知识、发展高阶能力。具体表现在：

用现代信息技术支持自主学习，有利于学习者计划整个学习活动，设定目标、方法，确定可能的障碍；围绕学习任务，分析可利用的资源；为学习者创设情景，促进多元认知能力的发展；可以帮助学习者发现学习策略和学习任务中存在的问题，并及时作出调整。现代信息技术可以使学习者的学习内容控制在最近发展区内，为学习者提供学习榜样，鼓励学习者模仿，最终达到自主学习。现代信息技术可以使学习者增强责任感、义务感，促进他们自信成功地完成学习任务。现代信息技术可以使学习者对学习任务产生持续性的兴趣和强劲的动力。现代信息技术可以完整的记录学习者的学习过程，为学习者的形成性评价和总结性评价提供确实的资料数据，为学习者的学习管理和自我反思奠定基础。

用现代信息技术支持探究性学习，学习者的分析思维（分析、评价、解释、比较和对比思维）、创新思维（创造、设计、发现和发明思维）、实践思维（利用、操作、实施、应用问题解决过程——针对具体的和相对熟悉的日常问题）能力得到培养。探究学习创设了一个有利于人际沟通与协作的良好空间，在一定程度上提高了学习者的学习兴趣和参与的欲望，为学习者提供了机会平等的学习平台。小组中，学习者各司其职，自主学习，培养自己独立思考的能力与习惯。探究学习为学习者提供了一个较为真实的协作互动的学习情景，在课堂上一个较难的问题，往往由一个小组里几个学习者共同协商解决。遇到简单的问题，学习者之间可能有不同的解题思路。可见小组成员通过一系列的协作与讨论，取长补短，集思广益，思维共振，达到知识信息的内化与整合，使学习者的知识结构在原有的基础上得到完善与优化，从而促进了学习成绩的提高，实现了"在探究中学会协作，在协作中学会探究"。

用现代信息技术支持协作学习，现代信息技术能为学习共同体成员的交流和互动提供多样化的形式、工具和活动，可高效的实现自主互交、一对一的互交、一对多的互交和多对多的互交。现代信息技术能为学习共同体成员提供学术性支持（促进交流和反思；促进新旧知识的联系和促进知识的迁移）、智力性支持（促进认知活动的产生，通过交流形成各自的判断表达自己的思路，分享想法，相互质疑，争辩和评价、协作解决各种问题）和人际性支持（通过网络支持下的各种交流活动，学习者可以获得人际支持，体验彼此的接纳、鼓励、融通、理解，体验性的学习方式带来的喜悦，增强学习的兴趣和持续性）。田奇林指导学习者运用技术进行了诸如"去了解一棵树，去感受一棵树——从小处入手贴近学习者生活环境的研究""上海市水质污染调查——培养学习者科学的思维方法和实践能力""预防艾滋病，你我同参与——引导学习者关心社会、关心人类、关心未来"等活动。

田奇林在协作学习小组采取异质编组的方法，使得不同成绩、年级、性别、能力和家庭背景的学习者在一起学习，起到优势互补、各展所长的作用。

田奇林在运用现代信息技术支持协作学习时：设计的教学活动要求学习者进行合作来完成一个共同的项目；在用现代信息技术支持反思性学习时，他着力创设情境，提出反思性问题，帮助学习者独立思考和学会反思。

四、建构促进学习者高阶思维能力形成的教学实践框架

要建构促进学习者高阶思维能力形成的高阶学习课堂，必须建构以学习者为主体，以教师为主导的学习模式。依据建构主义的理论和素质教育理念，就是先学后教，让学习者带着具体的学习任务先学，充分暴露问题，使教师的教具有针对性。据此，田奇林在建构促进学习者高阶思维能力形成的教学实践框架时力求做到：

把握标准，确立目标。所确定的三维目标是具体的可检测的，譬如把学习目标"培养学习者的辩证唯物主义观点"改写成"让学习者通过辩论'人类有权利去改变别的生物的基因吗？'辩证地看待科学技术，认识到科学技术是一把双刃剑，既可以造福人类，也可以毁灭人类"的目标才是可检测的，是学习者学习的具体目标。

创设情景，呈现问题。设计的问题要针对高阶知识，有助于学习者分析、综合、评价等高阶思维的形成，有助于对学习者问题求解、决策、批判和创造性思维能力的发展。设计的问题要可检测、高效、难度适中。呈现的任务要科学、清晰、有思考价值、学习者能解决。创设情景，既要有利于全体参与，又要有利于分层教学。呈现问题时要为学习者自学提供"导学"，尽可能为学习者自学提供指导（学习目标——明白学什么；学习过程——知道怎么学；学习测评——了解学得怎么样）。确立可检测的目标和呈现科学有效的任务是培养问题求解高阶思维能力的基础。

自主学习、自研互查。自学时学习者根据"导学"指示的方向，

通过阅读教材和自主思考，完成"导学"规定的任务，学习者通过完成"导学"规定的任务对"学习内容"进行自主学习：理解、掌握能够通过自主理解的内容；琢磨、留下不能通过自主理解的问题。这一环节是学习者对知识和能力的自觉、独立建构过程，学习者在教师的指导（呈现任务、列文献、教方法等）下，依据一定的情境问题自主学习和研究，之后引导学生之间进行互查。让学习者带着任务去学会阅读，提取有效信息，建构知识框架或思维导图，学会归纳总结，学会提炼方法。教师要指导学习者养成随看随记随想的习惯，让学习者学会将书本上抽象的文字转化为头脑中丰富的表象（即所谓读懂教材）。表象越丰富，理解越深刻，记忆越牢固。通过这一环节的活动能够解决基础问题，摒弃浮躁的学习风气。完成自学后，学习者进行互查，检验自学的效果，发现存在的问题，讲究落实。自学的组织形式是把班级分为若干个学习小组，以"自主+小组互助性讨论"为主。每个学习者自主学习（思考）是关键和基础，小组成员互助讨论是辅助活动，是一种协作学习方式。自学时教师提供指导，为学习者理解教材文本和思考问题指明方向，点拨学习方法，给学习者"搭脚手架"，而非提供现成答案，以免对学习者积极参与自主学习产生负面影响。学习者通过自主学习、自研互查获得解决问题的方案和掌握一般性的法则。这种方法有效培养了学习者问题求解的思维能力，有助于学习者评价批判高阶思维能力的形成。

合作指导，展示讨论。此环节的主要目的是解决学习者自学过程中不能解决的问题。田奇林要求学习者对有价值的问题进行分组讨论，讨论的问题不能太多、太滥，一定要在独立思考的基础上进行。为保证讨论的效果，需要建构高效的讨论形式，有人主持，有人记录，确定本组的发言人，保持较宽松心理氛围，使每个小组成员都能参与到讨论中来。讨论时要求学习者提出不同意见，并表明提出不同观点的理由，大家对不同意见进行讨论，去伪存真，要求各小组对所展示的内容作出解释，对能够共同理解的知识形成共识，把"共同疑问"留下，为表达质疑提供素材。通过讨论学习者可在诸多备选对象中选择最优选项，围绕特定主题聚合所需信息，比较多种可供选择的方法的优缺点决定所需的信息，判断最有效的方法，有效地培养学习者的决策能力，并有助于学习者分析与综合等问题求解、决策高阶思维的形成。

设疑辩论，释疑解难。难点、疑点不是都能通过"自学"和"交流讨论"解决的，学习者对"问题"的理解深度有限。表达与质疑是师生对话交流、共同讨论、相互设疑、精细探讨、协作攻关而获取精细知识的认知过程，师生之间、生生之间围绕重点、设疑辩论，释疑解难，提高思维能力。其目的是检验小组讨论的效果，发现问题，将思维引向深入。在表达环节，以小组为单位展示讨论的成果，以学习者"面对面"的形式表达，要立意在讲给自己的同学听，学会全面、准确、简约地表达意见，建立生生信息交流的平台。同时教师要参与到质疑中，启发学习者如何提出有价值的问题，将思维引向深入。有效地培养学习者批判思维能力，有助于学习者评价等决策批判创造高阶思维的形成。

总结概括，学后反思。教师的总结概括与学习者的学后反思是提炼与升华的过程，是教师对本单元的系统阐释，是从学术方面的综合和引申，主要包括：在学习者自主学习、自研互查和设疑辩论、释疑解难的基础上讲系统，做点拨，弥补学习者在自主学习、自研互查中的不深和在设疑辩论、释疑解难中的不全；论思想，析方法，介绍自己的研究成果，提供示范；在学习者学习方式层面，对学习者的表现进行恰当的评价，促使学习者反思。此环节要求在短时间内完成时间，将整节课的内容进行提炼与升华。实施的成败取决于教师的学科素养，取决于一个教师能否透过学科知识看到学科方法、学科思想、学科观点。教师的关键不是阐述知识，而是提炼出蕴含于高阶知识中的方法、思想、观点。要真正做到：对于低阶知识不讲，学习者已经会的不讲，学习者自己能学会的不讲，讲了仍然不会的不讲，要多讲易错点、易混点、联系点，努力提高教学的针对性和有效性。通过学习者的反思，有效地发展学习者创造新颖的、审美的、有建设性的观点，能够运用已知的信息或材料生成可能的观点，有助于学习者分析、综合思维的形成。

科学精练，检测评价。让学习者自主作总结、自主检测、自主评价、自主矫正，运用所学知识去解决问题，以深化对知识的理解，活化对知识的运用，学会质疑，学会否定。其重点是巩固所学知识，让学习者相互回顾核心问题，检测学习者是否弄懂所阐述的问题。课堂上给时间让学习者理解着记忆，教会学习者掌握一些科学的记忆方法，增强他们的记忆能力。然后通过抽查学习者记忆的效果，交流记忆方法。最后，依纲精选习题进行强化训练，选题紧扣教材，注重基础，注重训练层次，加强有助于问题求解、决策、批判思维和创造性思维等高阶思维能力发展的训练。鼓励学习者自编习题相互考查，增强趣味性。

"教学的根本目的，在于引导学习者在'使用'知识、'欣赏'知识、与知识'打交道'的过程中掌握科学的思维方法、发展学习者的高阶思维能力，最终实现问题解决。"田奇林积极践行包括学习方式的变革、学习环境的设计和新型学习模式的建构在内的"由低阶思维走向高阶思维学习模式的变革"的教育思想，有效的发展学习者高阶思维能力，很好地适应知识时代学习者生存和发展的需求，充分实现教学设计的社会价值。他的教学设计研究与实践自觉地以包括创新、问题求解、决策、批判思维、信息素养、团队协作、兼容、获取隐性知识、自我管理和可持续发展能力在内的发展学习者高阶思维能力为己任，使教学设计研究与时代的发展协同演进，成为一种推动教育变革乃至社会变革的积极力量。因教育教学科研贡献突出，受到中国科学院钦俊德、翟中和、孙儒泳、宋大祥等院士亲切接见。北京市教育科学研究所裘伯川教授称："田奇林的教育教学科研更新了教育观念，在教学改革的道路上迈出了新的步伐。他在培养学习者的科学素质，训练学习者的科学方法和多种能力上做出了有益的探索，体现了现代教育教学的新思路、新观点和新思想，代表了我国中等学校生物教师在教学改革中所达到的新水平。"

【参考资料】

1.钟志贤.面向知识时代的高效教学设计框架——促进学习者发展.北京：中国社会科学出版社，2006.5

2.陆建身.生物教育展望.上海：华东师范大学出版社，2001.11

3.李炳亭.高效课堂九大"教学范式".济南：山东文艺出版社，2010.8

4.郅庭瑾.教会学习者思维.北京：教育科学出版社，2001.12

5.祝智庭.信息技术展望.上海：华东师范大学出版社，2003.6

6.林格.教育是没有用的：回归教育的本质.北京：北京大学出版社，2009.7

7.何克抗.教学系统设计.北京：北京师范大学出版社，北京：2002.8

8.高文.教学模式论.上海：上海教育出版社，2002.5

9.钟启泉.基础教育课程改革纲要（试行）解读.上海：华东师范大学出版社，2002.4

【作者简介】

朱正威，男，北京师范大学教授，特级教师，原北京师范大学附属中学校长。教育部课程教材研究所生物课程教材研究开发中心编审，《生物学通报》副主编，人民教育出版社生物教材主编，教育部生物课程标准组核心成员。

用《论语》思想提升数学教育智慧
——胡爱民老师的教育观和数学教学智慧

黄爱华

【特级教师小档案】

胡爱民，小学数学特级教师，福田区天健小学教师，福田区小学数学学科带头人，深圳市电教馆"新媒体新技术教学应用研讨活动"特聘专家，曾获湖北省小学数学优质课件比赛一等奖，湖北省第七届小学数学优质课比赛一等奖，湖北省优秀少先队辅导员。福田区文明班级班主任，福田区教育工作先进个人，深圳市小学数学优质课评比一等奖和广东省第五届小学数学优质课评比一等奖。

一、胡爱民老师的教育观

（一）教者父母心，须"幼吾幼以及人之幼"，具慈悲心肠

医者父母心。自古悬壶济世者必有"无缘大慈，同体大悲"之心，"老吾老以及人之老，幼吾幼以及人之幼"，以病患之病为己病，以病患

之苦为己苦，以病患之痛为己痛，就如同《维摩诘经》中所说："众生病，则菩萨病。众生病愈，菩萨亦愈。"何以故？"以一切众生病，是故我病。若一切众生得不病者，则我病灭。"药王孙思邈认为为人医者必须具有崇高的医德，他在其所著《备急千金要方》中说："凡大医治病，必当安神定志，无欲无求，先发大慈恻隐之心，誓愿普救含灵之苦"，"一心赴救，无作功夫形迹之心，如此可为苍生大医；反此则是含灵巨贼"。

胡爱民老师认为，医者，拯救人的生命，人之生死操于一线，医德为其根本；师者，拯救人的灵魂，天堂地狱一念之间，师德为其根本。教师通过自身的品行影响着学生的道德进步。陶行知先生说："因为道德是做人的根本。根本一坏，纵然使你有一些学问和本领，也无甚用处。""在教师手里操着幼年人的命运，便操着民族和人类的命运。"

胡爱民老师这样说过：

教师应该如大医治病一般，具有崇高的师德。凡是教师进行教育教学，应当神态安定、志向笃定，抛弃世俗之名利追求，从心底里发起爱护学生、体惜学生之心，有"得天下之英才而育之"之宏愿，帮助学生脱离无知愚昧之苦。因材施教，有教无类。不管学生是高贵、低贱、贫穷，还是富有；也不论学生是长是幼、是美是丑；是与己有怨，还是与己亲善；不管是城里人，还是外来人；是天资聪颖还是拙笨不堪；自己都把他们当做普通人，一律同等看待；都把他们当做自己的至亲之人进行教育。不得瞻前顾后，计较得失。看到学生求学而不进、有惑而不知，就好比发生在自己身上一样，以同理心体会学生的难处。自己要不避饥渴、疲劳等，一心一意教育学生，而不存要学生感恩戴德、有所回报之心。只有这样，才能成为一名真正的教育者。

（二）行有余力，则以学文——先教学生做人，再教学生做学问，坚持数学教学首先解决教育人的问题

司马光认为，"才者，德之资也；德者，才之帅也。"一个拥有良好德行的人，往往比一个聪慧而无德的人更令人信赖，所以孔子说君子

小事上不见得有多聪明，但是能担当大任。美国总统罗斯福曾经说过"有学问而没有道德的人是一个恶汉"。

胡爱民老师坚持认为，"行有余力，则以学文"的启示是：教育学生首先教学生做人，然后才教学生做学问。

他一直坚持认为：学生的思维可以自由发展，但是，习惯没有自由发展。他一直提醒他的学生：他首先是学生的老师，然后才是数学老师。

胡爱民老师觉得，"教育是什么，就是养成良好的习惯。"小学阶段是人的成长的起步阶段，也是人的基本素质形成的开始阶段，是良好习惯养成的关键期。小学生学习行为又同其他行为方式（如生活习惯）有着密切的联系，它不仅对学习本身，而且对学生道德品质以及心理的和谐发展都会产生一定的影响。因此，良好的学习心理品质以及行为习惯的养成对于学生形成和完善儿童个性，对于儿童的主体发展乃至对于提高下一代的身心素质，都具有重要的影响。所以对学生的行为习惯而言，没有自由发展。

他坚持，"纪律是执行路线的保证。"只有先养成良好的行为规范，形成良好的学习、生活习惯，才能为专心学习打好基础，做好准备。只有有了"规矩"，才有了"方圆"，才可言其它，诸如学习知识，发展智力，培养能力等等，才能够保证孩子们会有所进步。习惯的自由发展确实可以使孩子在能力、成绩等方面发展较好，但它否定了循序渐进的学习方法，违背了人的认知发展规律，不可避免地在学习生活习惯方面存在缺陷，势必会使孩子们自由散漫而导致无心学习。所以习惯自由发展是不切实际甚至是得不偿失的。

胡爱民老师坚持，他的学生须明白几个基本道理：第一、德者智；第二、学习习惯、方法比成绩重要；第三、思维越自由越好，但是，习惯没有自由发展。

在平时的教学中，他根据学生生理、心理及年龄特点，在培养学生各种习惯时，注意符合儿童学习活动的基本规律，注意适合儿童身心发展的规律，在对具体学习习惯进行指导的基础上，帮助学生逐步形成良好的学习习惯，从而带动其他习惯的养成，促进班风班貌的整体发展。

根据学生的特点，首先对学生进行具体的学习行为训练。包括课前准备要求、上课常规要求和课后、集会要求。

比如，课前准备要求包括在教室、功能教室上课的各项要求以及班长组织上课的要求；还有每天早上、中午进教室后应该做什么，不应该做什么。上课常规要求包括坐姿、手的摆放、举手发言的要求、讨论的要求。课后、集会要求包括课间十分钟的要求、学校大型活动要求、放学路队要求等。

同时注意良好习惯形成后的巩固。从心理学的角度看，学生对技能的形成会产生遗忘，因此要反复抓，抓反复。学生的学习行为和学习习惯得到及时提醒，通过督促和大量系统的训练，使之形成行为迁移，养成良好习惯，直至成为学生的本性。

胡爱民老师在数学教学之前、之中，制定文明礼仪要求，希望学生能知书答礼，懂礼貌。从禁止说脏话、不给同学取绰号、不使用粗俗语言、不打架闹事、不翻看动用他人物品、不撒谎、不歪曲事实背后乱说等方面进行教育。比如为了让学生养成实事求是的好品德，提醒学生从小就要说实话、不歪曲事实、不背后乱说。

各个学科有学科的特点，各个老师有各个老师的要求。因此，教学的方法，学习的方式各不相同。那么学习这些学科的习惯也就不同。其他学科的老师有哪些要求，作为老师就该了解并配合养成。在和科任老师长期相处中，他做到心中有数，时时提醒学生回家准备，课前检查，慢慢地学生也养成了习惯。

南怀瑾先生曾经说过：一般人反对外界对自己的限制，特别是年轻人，觉得压抑了个性的发展；认为这也要求，那也训练，是伪善；但是一个人的涵养就是从小训练培养出来的。

胡爱民老师希望学生有一个好的行为习惯，并逐步内化，使之成为稳定的品质。他坚持认为：对小学生而言，行为习惯的培养、德行的养成比学习成绩更重要；而学生好的行为习惯是依靠严格要求、知行合一养成的；习惯成自然后，就内化为德行。而这可以使学生获益终身。

二、胡爱民老师的课堂教学智慧

（一）学而时习之——注重知识的复习整理，使学生知识结构合理化，帮助学生建构数学知识网络、培养学生思维能力

1.有"联"的意识——有建构数学知识网络的意识

胡爱民老师改变就题练题的整理复习教学方式，帮助学生学会整理知识系统的意识，而不是仅仅停留在检验学习效果、查漏补缺的水平上。

在平日的整理复习中，他注意渗透建构知识网络的意识，并逐步帮助学生学会整理知识的方法。

例如：在整理复习平面图形的面积时，他让学生说一说："你准备怎样复习？"根据学生的发言，适时引导得出：可以根据推导过程来复习，可以以面积公式为主线复习，还可以通过找各种图形之间的转化关系来复习……然后让学生根据不同的思路整理出知识网。这样可以充分体现出学生整理、建构知识的自主性，并以这个建构的过程来帮助学生掌握建构数学知识网络的方法。

2.有"联"的本事——教"活"知识

一方面，胡爱民注重教给学生"活"的知识。帮助学生弄懂、弄透每一个知识点，并了解各个知识点前后相关联的内容，掌握知识点之间的隶属、因果、包含等逻辑关系，使学生弄清知识的来龙去脉，知道新旧知识的联系，从而帮助学生体会到知识点之间存在的网络结构。

另一方面，他注意把知识教"活"。在教学过程中，他积极联系学生的实际认知能力，灵活地使用教学方法，合理大胆地处理教材。

例如：在分数除法教学中，他改变"分数除以整数——一个数除以分数"先意义后法则的课程编排体系，而根据分数除法法则灵活处理为：将两种分数除法的法则统一为一个教学体系授课。学生根据分数除以整数计算法则，十分轻松地迁移得到一个数除以分数的计算方法，并很容易地归纳出一个统一的分数除法的计算法则。

3.能"联"点成线——知识系统化

胡爱民老师注重指导学生对所学的知识进行分类归纳、整理提炼，最后归入某一系统。各个知识点，特别是隶属于同一知识体系内的知识不是孤立的，而是环环相扣。彼此之间有着或多或少的联系，他引导学生，把各知识点科学地、有序地、有机地联系起来，系统加以整理，形成一个小的数学知识线，再由多个小知识线之间相互联系，从而扩张成一条大的知识链。

例如：在分数应用题中，分数乘法应用题根据单位"1"的情况可分一般分数乘法应用题和比多（少）百分之几的分数乘法应用题；分数除法应用题也同理。在教学中，他以单位"1"为中心，将分数乘法、分数除法、比多（少）百分之几应用题这几个相对分散、独立的小系统归纳入一个大的系统。

4.利用"目录"，"联"线成面——知识网络化

在教学中，胡爱民老师注意到，目录中每一个单元的标题就如同"根目录"，其中的每一章节便是"子目录"，在每一章节中又设置的知识点便是"子目录"的子目录，这样上下之间便形成了"单元知识——各章节知识——各知识点"的知识链条。然后将联系各自相对独立的知识链条，一环扣一环，组成一个知识网络。这样从"点"到"线"再到"面"就建立了一个立体的知识网。

例如：在"数"的整理与复习中，"自然数→奇数、偶数→约数、倍数→质数、合数；分数→百分数；小数→有限小数、无限小数→循环

小数"这些知识点中，自然数是基础，在此基础上拓展到奇偶性、质数合数等等；然后峰回路转，另起一支，研究整数不能解决的问题：分数、小数，其间分数又深化到百分数，小数的认识进一步拓展到有限、无限的研究，并最终导致无限循环及无限不循环（π）的认识；整数、小数、分数相互独立地延伸形成各自的知识局域网，而它们之间又因为分数与小数的互化、分数的基本性质及分数与除法之间的关系等使各个局域的知识网联系起来，最终形成一个立体的、交叉的"数"的认识的知识网络。

胡爱民老师积极调动学生，善于引导学生，在不变之中引导学生充分发挥自己的主观能动性，让他们积极地投入到寻找知识之间的联系和创造知识的网络图之中。

（二）如切如磋，如琢如磨——切、磋、琢、磨教学情境

"如切如磋，如琢如磨"出自《诗·卫风·淇奥》，原句是"有匪君子，如切如磋，如琢如磨"，描述一个容貌、才德过人的君子。"切、磋、琢、磨"本为加工各种器物的方法，就好比玉石的加工过程。首先，工人从地底下采到原始的矿石，将其切开，露出藏在顽石中间的玉料，这就是"切"；然后，工人还需要将附着在玉料上面的一些石头杂质小心翼翼地搓掉，以得到完整、纯粹的玉石，这就是"磋"；随后，再将玉石雕琢成我们需要的形状，比如心形、圆形，这就是"琢"；最后，将成型的玉石打磨、抛光，使它熠熠生辉，就是"磨"。

胡爱民老师指出，"切磋"不仅仅要自己有深入的思考，还要有同伴与自己进行思维碰撞。对于教学环节的处理、教学流程的寓意等内容，自己知道的也许别人不知道，别人想到的也许自己没有想到。这时同伴互助与沟通便显得尤为重要，所以，校本研修在强调了"专业引领"之外，还强调了"同伴互助"。我们需要同伴，因为同伴是校本研修中最基本、最高效的力量，当我们在教学中遇到问题时，寻求同事的

帮助是每位教师的第一反应，因而同伴互助也是同课异构中最直接、最常用的方式。

他认为，"琢磨"更多的是立足于自己的用心思考，更多地强调自我的反思。反思立足于自己的教学实践，通过回顾、观察、诊断、自我监控等方式，自查自己的教育，以促进教师不断提升自己。

对于教学情境的有效创设，他就采取了"切、磋、琢、磨"的策略。比如，在《异分母分数加减法》教学中，如何有效创设情境呢？创设一个怎样的情境，才能让学生明了在异分母加减法中单位不同不能直接相加，必须先通分的道理呢？

1."切"——面对初始的问题和情境

例1　明桥小学有一块长方形试验田。其中 $\frac{1}{2}$ 种黄瓜，$\frac{1}{4}$ 种番茄，种黄瓜和番茄面积一区占这块地的几分之几？

$$\frac{1}{2} + \frac{1}{4} = \underline{\qquad}$$

能不能化成同分母分数来计算？
我用纸折一折，再涂色看一看。

$$\frac{1}{2} + \frac{1}{4} = \frac{(\quad)}{(\quad)} + \frac{(\quad)}{(\quad)} = \frac{(\quad)}{(\quad)}$$

答：种黄瓜和番茄的面积一区占这块地的_____。

例1在计算 $\frac{1}{2} + \frac{1}{4}$ 的情境中体验为什么要先通分。第一种方法是根据 $\frac{1}{2}$ 和 $\frac{1}{4}$ 的意义，用折纸和涂色的方法计算。把一张长方形纸对折涂色表示这张纸的 $\frac{1}{2}$，如果表示 $\frac{1}{4}$，还要把这张纸再对折一次。经过两次对折，$\frac{1}{2}$ 变成 $\frac{1}{4}$，$\frac{1}{2}+\frac{1}{4}$ 变成 $\frac{2}{4}+\frac{1}{4}$。学生在操作中初步感受到异分母分数相加可以转化成同分母分数相加。

第二种方法是考虑$\frac{1}{2}$和$\frac{1}{4}$的分母不同，如果把这两个分数化成同分母分数，就可以用"分子相加、分母不变"的方法写出结果，由此诱发出先通分再计算的方法。

在理出计算$\frac{1}{2}+\frac{1}{4}$的思路后，用填空的形式完成计算，教学了异分母分数相加的算法。

胡爱民老师思考，在没有提示的情况下，有多少个学生能够自觉地想到用折纸的方法、从分数意义的角度去理解把异分母转化成同分母进行计算呢？如果直接从分母不同出发，去引导学生将两个分数化成同分母，那学生的自主探索又被置于何地呢？所以，教材给出的初始情境需要重新考虑。

2. "磋"——寻求可用案例

先在算式下面的图形中涂一涂，再写出得数。

$$\frac{1}{5}+\frac{3}{5}=\frac{(\quad)}{(\quad)} \qquad \frac{1}{4}+\frac{3}{8}=\frac{(\quad)}{(\quad)}$$

第1题通过在图形中涂色写得数，帮助学生体验同分母分数可以直接相加，异分母分数要先通分再相加。认真思考第1题，他领悟到：一，帮助学生复习基础知识，唤醒学生已有的知识经验，包括：分数的意义、同分母分数加减法计算的方法。学习需要与一定的情境相关联，因为情境可以有效地帮助学生激活已有的知识、经验基础，通过再现或再认识，激活学生头脑中已有的相关旧知，有利于意义建构。二，以直观操作作为载体，让学生在亲身的动手体验中去理解数、运用数，体验运算的意义，理清算理，掌握算法。

第1题给他的启迪是，给学生提供可供动手实践的材料，帮助学生从基础的分数意义、同分母的分数加减法开始学习。但是，其缺陷显而易见：纯以第1题为情境，过于简单，操作性差，深度不够。

3. "琢" ——情境深度开发

胡爱民老师想创设这样一个情境：既能够帮助学生通过动手实践复习分数的意义，又能够联系同分母、异分母分数的计算问题，还能够将算理形象化，让学生直观理解分数单位相同才能相加。最后，他设计了这样的教学情境：

每2个学生手中有10张透明胶片（如下图）。

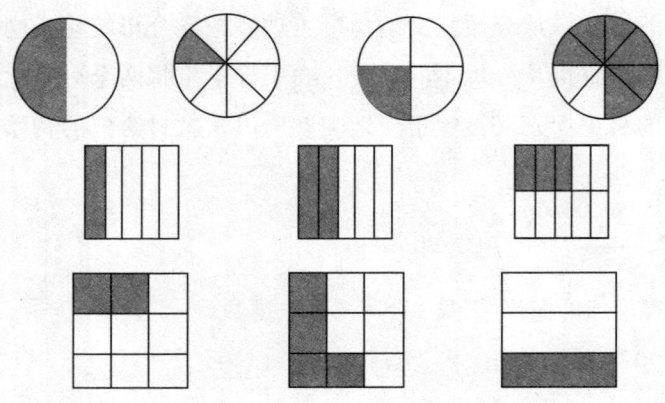

利用这个情境可以组织的教学活动有：

【活动1】动手做一做，复习旧知识

用分数表示图中的阴影部分，说出分数的意义，说出它的分数单位，及有几个这样的分数单位。

【活动2】动手拼一拼，产生新分数

你能用两个分数卡片，拼出一个新的分数吗？

当分母不同的分数图片重合在一起之后，很直观地可以看到分数单位发生了变化。比如上图中的分数$\frac{2}{5}$、$\frac{1}{4}$，原来分别把"单位1"平均分成5份、4份，当$\frac{2}{5}$与$\frac{3}{10}$、$\frac{1}{8}$与$\frac{1}{4}$重合后，由于$\frac{3}{10}$、$\frac{1}{8}$与$\frac{2}{5}$、$\frac{1}{4}$相比平均分的份数多，平均分的线条也就比较多，这些"多"出来的线条就拓印在$\frac{2}{5}$、$\frac{1}{4}$的胶片上，直观地呈现出了$\frac{2}{5}$、$\frac{1}{4}$转化为$\frac{4}{10}$、$\frac{2}{8}$。这个过程也就形象地将通分、统一分数单位展示了出来，从而有效地帮助学生去体验、理解同分母、异分母分数加减法，增加学生自主探索的空间，让学生更充分地经历数学问题的探索过程；同时将复习铺垫与情境创设有机结合，凸显数形结合的思想，让学生在直观中加深对分数及其运算的理解。

【活动3】动脑想一想，如何写算式

请你用一个算式表示出你拼出的过程和结果。和同桌互相说一说，你是怎样想的？

有效的情境和精心预设的问题水乳交融，有效的情境激发学生的探究欲望，精心预设的问题则激荡学生的思维。

4."磨"——精雕细刻情境

胡爱民的思考不仅仅于此，他注意到，在《异分母分数加减法》教学中，有两个"同"必须引起重视：一是不同分数的"单位1"及其大小要相同；二是不同分数的分数单位要相同；只有两个"同"同时成立，异分母分数加减法才能直接进行计算。但实际上，人们往往没有深究"单位1"相同的问题，而是约定俗成认为不同分数的"单位1"是相同的。胡爱民是怎么解决这个问题的呢？

首先，他对情境本身进行精雕细刻，弥补漏洞。用多媒体动态展示"单位1"的统一过程。起初学生遇到的情境是分数的"单位1"不相同，通过计算机的动画演示，将不同的"单位1"——圆和稍大的正方形都转化为一样大小的正方形。

其次，他引导学生从分数单位必须统一的角度进行解释。因为"单位1"不同，就无法比较两个分数的分数单位是不是一样，比如 $\frac{1}{8}$ 与 $\frac{2}{5}$ 的分数单位，一个方一个圆，即使是同为几分之一也没法比较。所以，"单位1"不同更不便于看出分数单位是不是相同，需要进行通分。

（三）不患人之不己知，患不知人也——注重了解学生、了解学生知识经验基础

胡爱民老师始终认为，在教学中，教师不被学生了解不要紧，但教师不了解学生就万万不行。他说，学生三尺童稚，天真烂漫，对于教师的良苦用心他们又能体会得了多少？指望学生能够充分的理解教师，那是不现实的。只能说，教师能够充分地被学生理解，而教师也能充分的了解学生，这应该是我们追求的理想境界。

他始终认为，对于一个教育者而言，对学生的了解比学生了解自己更加重要。教师的工作首先建立在自己的良心、责任的基础之上。只要教师恪尽职守，真正的关心爱护学生，为学生终身的成长与幸福着想，即使不被人理解也不要紧。所谓"春蚕到死丝方尽，蜡炬成灰泪始干"，重在教育者自身的付出，不用介意他人言语。

但是，反过来，如果教师不能去真正地了解学生，失去知人之智，那么教育的过程将是一个艰辛甚至苦难的过程，教学的效果将事倍功半。

他曾说："我们需要确切地知道学生、了解学生；不仅要看到学生的行为，更要知道学生行为背后的动机；不仅要知人，还要知事；否则便会在师生之间的学习、交往与沟通中出现错位，导致教育教学效果的低效、失效甚至反面效果。"

新课改指出，在教育教学中教师要注重"知人"。《数学课程标准》中这样说道："教师教学应该以学生的认知发展水平和已有的经验为基础，面向全体学生，注重启发式和因材施教。"这里的"学生的认知发展水平和已有的经验"不就是要求我们要知道学生、了解学生的起点么？所以，"患不知人也"给我们的直接启示就是，不了解学生、不了解学生的认知发展水平和已有的经验基础，应该是我们需要极力避免的。

美国著名的教育心理学家奥苏伯尔说过："假如让我把全部教育心理学仅仅归纳为一条原理的话，那么，我将一言以蔽之：影响学习的唯

一最重要的因素就是学生已经知道了什么，要探明这一点，并应据此进行教学。"但有时，教师往往没有真正地把学生的"知识经验基础"当回事，对学生的知识经验基础未能认真、细致、深入地了解，因而很容易导致学生在学习过程中产生思维的障碍与盲点。胡爱民老师讲述了他自己在教学五年级"求近似数"的过程中，便经历了一个"不知人——知人——知事"的远程。

1.了解学生的知识基础

教材在处理过程中，出于层次性考虑，一个系列的知识一般会分散在不同的教材里面，它们有各自不同的目标和要求。在教学中，需要教师认真分析同一知识系列在不同年段的不同要求，以满足学生在不同层次得到不同发展的要求；使自己能够具体问题具体分析，注意根据不同要求灵活选择恰当的教学方法。

比如，求近似数在四年级上册和五年级上册都做了安排，却存在较大差异。

	册数	表述	方法	要求
求近似数	四年级上册	单一：省略"万（亿）"位后面的尾数。	相对固定：根据千（千万）位四舍五入。	简单具体：对一个数只提出一个具体要求，求一个近似数
	五年级上册	多样："精确到个位（十分位、百分位……）"、"保留一位（二位、三位……）小数"。	灵活多样：根据要求的某一数位的后一位四舍五入。	复杂多变：对一个数提出多个不同要求，求多个不同的近似数

在教学中，如果简单地认为学生在四年级已经学习过四舍五入法求近似数，在五年级只需要将方法迁移到小数中就可以了；不把四年级求近似数的知识基础、五年级求近似数的新的要求和变化当回事，教学便不可能取得好的效果。

胡爱民老师介绍，他当时就忽视了同一内容在不同年段中知识结构、目标要求的细微变化，对前后相差何处没有认真进行深入细致的思考、分析；而是一厢情愿地对学生的学习基础进行理想化的设想，认为学生已有的知识基础完全能够满足新的学习要求；结果，这种教学的简单化处理导致了学生学习流于表面，掩盖住了学生思维的盲点和死角。

2.了解学生的已有经验

康德在《纯粹理性批判》中曾说"我们的一切知识都由经验开始"，爱因斯坦在《关于理论物理学的方法》中也说过"一切关于实在的知识，都是从经验开始，又终结于经验。"胡爱氏认为，学生数学知识的建构过程，是一个立足于学生已有经验的基础进行的认识过程。按照皮亚杰的看法，学生对于客体的认识是一个把所说对象整合到已有的认知结构（即经验）之中的过程，即"同化"。只有借助同化的过程，客体才获得了真正的意义。客体在被认识的过程中，原有的认知结构（即经验）在无法适应新的对象的情况下，其本身也必须被变革以使认知的主体客体相适应，达到一个新的"平衡"，即"顺应"。所以，离开经验基础去谈学生的数学认识是不可能的。

他还注意到，对于某一知识，学生"此时"的经验与"彼时"的经验又是存在差异的。人的思维的后续发展与先前相比总是有不断的发展变化，学生在掌握了某一知识之后，人的记忆规律、后续的学习等都会对其产生影响。他提醒自己，即使是学生掌握了的内容，在经过一段时间之后也不见得能够和当初一样完全正确地理解，也就意味着学生此时的经验基础不见得如我们想象中的那样"完好如初"。

他进一步思考，学生在学习求近似数后的练习中往往会出现比较多的错误。学生错误的原因是什么？基于何种经验进行认知？如何重新激活学生已有的经验基础，特别是正确的经验基础？……这些问题对于帮助弄清问题的症结所在，并将此时此班的"直接经验"转化为彼时彼班的"间接经验"，对减少学生错误的发生，提高教学效率都大有裨益。

教学中，他注意到了学生暴露出的种种问题，与学生沟通、进行调查分析，了解到学生的错误及其原因主要集中在以下几个方面：

	要求	错误答案	原因调查分析
2.826	精确到个位	2	不是根据后一位四舍五入，而是根据个位本身四舍五入；或者没有四舍五入
	精确到十分位	3.8	因为2.8265精确到个位是3，精确到十分位就接着在个位的近似数3的基础上进行四舍五入；8后面是2，用四舍方法得到3.8。显然，这是受了前面答案"3"的干扰
	保留两位小数	3.93	因为保留两位小数要看小数部分第三位，第三位是6要五入进一，2加上进的1等于3，8加上进的1等于9，整数部分的2加上进的1等于3。这里，学生将进1理解成了不断、连续进1

随后，他认真思考问题症结所在，通过：认识求近似数的两种表述方式（保留和精确），理解其间的联系——自主探索求近似数，暴露思维冲突（何时四舍？何时五入？怎样四舍五入？）——自主变式，帮助学生强化认知（求一个小数4.396的近似数可以用哪些不同的方式表述？各有哪些结果？）——练习拓展（2.8□≈2.8，6.9□≈7.0，□.□□□≈3.86，□中可以填什么数？最大填多少，最少填多少……帮助学生深化认识，并取得了较好的效果。

3.调研了解学生，摸清学生基础

《孙子·计篇》说："夫未战而庙算胜者，得算多也，未战而庙算不胜者，得算少也。多算胜，少算不胜，而况于无算乎！"没有精心的"庙算"便难有有效的教学；只有"多算"学生的认知发展水平和知识经验基础，才能保证课堂教学有效地进行。与新授内容相关的知识基础、逻辑起点是什么？学生已有了哪些经验基础？相应的旧知学生的回生情况如何？针对新授知识的重、难点应该预设哪些手段与方法？这些手段与方法学生是否能够接受、便于理解，效果将会如何？……如何摸清学生的知识经验基础情况呢？胡爱民老师深入学生中间，从全班学生中抽取学习基础、能力分属不同层次的学生5到6名组成一个微课堂，有针对性地询问旧知的掌握情况；或者将教学设计中的问题提出来，观察学生的反映，分析错误的原因；或者将预设的教学活动适当展开，考查学生完成情况，分析活动设计是否合理……通过课前深入实际的调查研究，了解学情，真实掌握学生的知识经验基础，摸清学生的思维盲点与难点，有的放矢地解决教学活动中可能遇到的问题。

4.由"知人"到"知事"

经历了教学由败到成的曲折之路后，胡爱民老师并没有停止思考的脚步。他注意到，学生在四年级上册求近似数的时候，表述方式相对单一、要求简单具体、方法相对固定，而到了五年级，其表述方式多样、要求多变、方法灵活，跨度似乎太大。可不可以在四年级上册"求近似数"的教学中就未雨绸缪、打通关节呢？他尝试，在四年级上册的"求近似数"教学中增加省略不同数位后的尾数和精确到某一数位求近似数的内容。

48 4204		1 9260 0000	
原有	增加	原有	增加
省略万位后面的尾数≈（　）万	精确到万位≈（　）万	省略亿位后面的尾数≈（　）亿	精确到亿位≈（　）亿

这样可以让学生在四年级就知道求近似数的几种不同表述方式，认识到省略万（亿）位后面的尾数求近似数和精确到万（亿）位求近似数是一回事情；熟悉各种求近似数的不同要求，掌握求不同近似数的方

法，为学生在五年级学习求小数的近似数扫清障碍。

可以看出，胡爱民老师始终立足于自己的教学实际，把自己遇到的教学问题转化为教学研究的"小课题"，基于"教学问题"进行研究，基于"有效教学"进行教学设计，不断对教学行为进行反思。在实践中经常思考、反省自己研究□的问题，并根据问题及时调整、思考下一步的教学行动。立足于自己的教学实际，不断针对教学案例进行反思，关注特定情境中的特定问题，进行课例或者课例片段研究，不断提升自己的教学智慧，提高自己的教育教学水平。

【参考文献】

1.方明.陶行知教育名篇[M].北京：教育科学出版社，2005

2.吴言生等.禅门公案[M].西安：陕西师范大学出版社，1992

3.司马光.资治通鉴[M].北京：中华书局，1956

4.孙思邈.备急千金要方[M].北京：中医古籍出版社，1999

5.孙子.孙子全译[M].贵州：贵州人民出版社，2009

6.宋先伟.维摩诘经——中国佛学经典文库[M].北京：大众文艺出版社，2004

7.王秀梅.诗经——中华经典藏书[M].北京：中华书局，2006

【作者简介】

黄爱华，深圳市福田区教育研究中心副主任。深圳市政府特殊津贴专家，中学数学高级教师。曾三次获全国小学数学课堂教学评比一等奖。系深圳市福田区黄爱华小学数学教学工作室主持人，深圳市首批教育科研专家工作室主持人和广东省教育系统"百千万人才工程"第五批教育专家培养对象。获聘为北京大学教育学院特聘专家，广西师范学院初等教育学院兼职教授。曾获"全国优秀教师"和"深圳市十大杰出青年"等荣誉称号。

简约率真，心灵对话

——孙建锋课堂教学艺术美学解析

余小刚　张丽钧

【特级教师小档案】

孙建锋，小学语文特级教师，深圳市福田区教研中心语文教研员。全国优秀教师，中学高级教师，国家级骨干教师。苏教版小学语文实验教材编委，南京师范大学基础教育课程改革特约研究员，香港中文大学特聘讲师。被列为《人民教育》名师栏目介绍人物，《教育文摘周报》名师头版介绍人物，《小学青年教师》，《中国小学语文教学论坛》封面人物和《小学语文教学》专

刊人物。在《人民教育》等刊物上发表文章200余篇，出版了《享受语文》、《对话语文》等教育专著。

　　孙建锋的课坚持以对话为载体，以引读为课堂组织，调动学生一切语文活动，也促成学生的语文素养在轻松和谐、不着痕迹间自然养成，还语文以"本色"，真正做到了简简单单教语文，真真实实教语文，于朴实之中见酣畅，于简约之中见精致，于率真之中见大气，不刻意雕琢，却尽得"风流"，达到了一种简约率真、心灵对话的艺术境界。

一、"目中有人、心中有本、教中有情、课中有智"的教学理想

　　一段时期，当新课程改革铺天盖地而来的时候，基层的课改培训五花八门，大有"城头变幻大王旗"的势头。经过一轮"洗脑"之后，普遍的一线教师要问：新课程的课堂教学该是怎样的？未来的课堂教学又是什么样的？孙建锋在《新课程语文课的理想走向》一文中，提出了自己的课堂教学理想，"走向目中有人"、"走向心中有本"、"走向教中有情"、"走向课中有智"。

　　所谓"目中有人"，不仅是"老师的眼里有学生……直面功利而又超功利地为学生的精神发展打底子，为学生的生命奠基"，而且"眼里有自己……教师和学生一样可以'影镜自我'，认识自我，完善自我，实现自我，成长自我"。这让我想起了杜威的名言："儿童的兴趣是课程的基础。"我们在欣赏这句话的同时，往往忽略了基础只是基础的事实，在课程实施过程中，教师的自我关照同样重要，这样的"目中有人"，才是完善的。"走向目中有人的语文课，教学氛围：民主、平等，和谐、融洽，鱼水亲和；教学场景：身心解放，思维开放，个性奔放。置身此情此景，如沐春风，学习自主，'嫁于春风不用媒'"。

　　所谓"心中有本"，就是要有小学语文学科之本，"小语姓'小'，语文姓'语'。小学语文课堂的根本在于念好'识、写、读、背、说、作、习'的七字歌……譬如，教学中如何培养学生'具有独立的阅读能力。'在我看来，阅读能力要在阅读教学中培养。当然，语文课要因课因生而异，明确教学重点，营根固本，扎扎实实地进行教学。设若如此，语文这棵树，必将根深叶茂、挺秀参天。""小语"之"小"，是指其基础性，非"大学语文"，"语文"之"语"，在于语文独特的方法运用，这让我想起了曾经激烈地批评过"学科本位"主义，假如没有学科之"本"，课堂教学该怎样进行？而注重学科之本，并非不能打破学科界限，人们评价孙建锋"跳出语文教语文"就是很好

的例证。

所谓"教中有情"，就要做到"课始激情情即生"、"课中悟情情更浓"、"课终谐情情未了"。摒除"无情教学"，已经形成当今共识，我无须多论。

所谓"课中有智"，是因为"语文课程是一种充满智慧的课程。如果说知识是豆浆，那么智慧便是卤水。知识很多，智慧很少的人，总是一盆豆浆，点不成思想的豆腐。从某种意义上讲，语文教学的过程就是老师带领学生超越知识，共同走向智慧的过程。"基于这样的认识，教师在课堂上就要做到"用好教材，超越教材，走向智慧"，学生可以"师从教师，超越教师，走向智慧"。

我以为，"四有"教学理想既源自于新课程理念，又是对新课标理念的升华。在突出学生主体性的同时，也兼及教师的作用，特别是对学科之本的关照，孙建锋的教学思想新锐但不激进，是践行新课程之后，以"有效教学"与"本色语文"为规避的冷静反思，进而提出的教学主张，体现出务实而创新的名师风范，应该说，从其教学思想上，已经体现出简约率真的审美趋向。

二、以"对话教学"营构课堂的生态

对话之于教学，不是一个新话题，对话作为一种当今课堂的教学技术，已被普遍使用，关于对话教学的文章，也不鲜见，似乎对话已经无可厚非成了当今语文课堂教学的基本形式。然而，我们惊奇地看到，作为对话教学的开拓者与先行者，孙建锋的语文课堂总是充满魅力甚至是魔力。对比之下，我们的许多语文课堂，对话显得泛化与苍白。我们不禁要问：我们对对话思考了多少？孙建锋对对话的理解，比我们高明在那些？

《福建教育》曾经邀请孙建锋就其"对话教学"进行了一次网上对话。

关于什么是对话教学，什么是语文对话教学和对话教学与以往已有的课堂教学对话有什么不同等问题，孙建锋有这样精彩的回答："人终其一生都在对话……这其间的熙来攘往，无不藕连着'我'与'他人'喋喋不休的对话……对话，是个体与他人之间与生俱来的以语言为载体的交流互动的过程……对话教学并非绝尘而来、横空出世，它是相对独白教学的一场深刻革命……从现代课堂视角看，课堂既是知识授受的地方，也是知识生成的场所；既是文化传承的环境，也是文化创造的天地；既是生理生命和感性生命存在的家园，也是人的精神生命、道德生命和人格生命养成的天堂；既是社会适应和个人满足的过程，也是超越社会和个人的过程。生成、创造和超越不是在专制、等级、禁锢和自闭的独白教学中实现的，而是在民主、平等、自由和开放的对话教学中成长的。由是观之，对话教学是对独白教学的一场革命……真正的对话是带着自己的心灵和探寻，甚至带着疑问和惶惑，带着尊敬和自我尊敬倾听他人的意见，发表自己的看法。通过对话，既理解了他人，也重新理解了我们自己……'阅读教学是学生、教师、文本之间对话的过程。'这既是语文对话教学的新理念，又是语文教学的新形态。简而言之，以平等对话的教学理念实践语文教学是为语文的对话教学。"

孙建锋这段话，实际上回答了对话教学与一般性的对话的本质区别。对话教学的目的性、对话教学的基础与保证、对话的有效性以及对话过程的生成性，解决了教学的三方面信息：第一，对话应该是生命的本能，更应该是教师职业的自觉，教师要有对话的意识和能力，要充分尊重学生的对话愿望和成果；第二，只有在民主、平等、自由和开放的语境中，对话才可以进行，"对"本身就含有"话"的双方彼此对"话题"的认同；第三，对话的最高境界是心灵对话，只有"带着自己的心灵和探寻，甚至带着疑问和惶惑，带着尊敬和自我尊敬倾听他人的意见，发表自己的看法"的对话，才能以心换心，取得对话的实效。

孙建锋用诗一般的语言，描述他认可的对话教学语境中的课堂，"一种经由教师和学生倾情打造的对话氛围，应该是很美、很美的，一如山之光，水之声，月之色，花之香，有着无可名状的美。对话中，教师真诚地把学生看做心灵上的朋友，学生忘情地把教师当做灵魂中的亲人；教师眉开眼笑，学生眉飞色舞；教师欢声笑语，学生莺歌燕舞；教师柔情似水，学生情深似海。如果说滔滔河流是两山之间的桥；绵绵细雨是天地之间的桥；缕缕阳光是天宇和地球之间的桥；那么，浓浓情感就是教师和学生心灵对话的桥。'心桥'飞架，对话变通途——心空月朗，凉风习习，地碧天蓝，襟怀若谷；话语涓涓而流，心门徐徐洞开。如果说'艺花可以邀蝶，累石可以邀云，栽松可以邀风，贮水可以邀萍，筑台可以邀月，种蕉可以邀雨，植柳可以邀蝉。'（涨潮《幽梦影》）那么，造境可以邀'心'，身置此境，话，谈清了；理，摆透了；情，交融了；心，贴紧了。情至理顺，精神漫游。哪有心声不能聆听？哪有心灵不能理喻？哪有心室不能点亮？哪有心花不能怒放……在平等的对话中，话语如涓涓细水，潺潺而流；心门似春之柴扉，轻轻洞开。师生相互尊重、相互倾听，彼此敞开心扉，真诚肯定对方、赏识对方、悦纳对方。彼此共享知识、共享经验、共享智慧、共享丰富多彩的生活意义与曼妙丰盈的人生价值。几十颗心，以心印心，心心相印，沉浸在思想交锋、情感相融、心灵交会的大场里，吮吸、消融、同化、排解，思维之神得以多方面的顿悟和升华，心灵之殿得以广角的净化和超拔。"

在如何达到学生、教师、文本多元对话的问题上，孙建锋的课是独具特色的。

首先，孙建锋善于创设一种对话的背景性情景，并且这样的情景隐射着文本，使对话前师、生、文三者不游离，以确保对话能够进行，像《凄美的放手》课始的学生呼名、智猜谜语就是这样的。

[《凄美的放手》教学片段一]

（课始，孙老师引领学生直呼己名，并说说呼后感受，课堂气氛迅速活跃）

师：咱们刚刚见面，你们就一人一种声音解释老师的名字，并且让

129

我产生一种内在的精神力量。如果说孙老师像一本书，你们才刚刚看了封面就知道了那么多的内容。读书、读人、读世界，你们读我，我也在读你们，这节课就让我们相互读，用心去读，用爱去读，好吗？

生：（铿锵有力）好！

师：喜欢猜谜语吗？

（生兴奋地回答"喜欢"后，师口述谜语"一只大羊没尾巴，打一个字。"片刻，有学生举手）

师：举手的那位同学，请你到前面来，你猜出来了？

生：（自信地）猜出来了。

师：（将信将疑）真的猜出来了？

生：（信心十足）真的猜出来了。

师：把你猜到的那个字写在黑板上。

（生一笔一画地写"美"）

师：能说说你的根据吗？

生："一只大羊没尾巴，把羊下面的竖去掉，然后加一个'大'字，就是'美'。"

师：（扶着她的肩膀）她根据谜面的语言进行想像、判断、组合一个字——美。

（生鼓掌）

师：你们一定能说出含有"美"的词语，比如美丽、美好、美妙……

生：美术。

生：凄美。

师：请你到前面来，"凄"是一个不常见的字，请你把它写下来。

（生写"凄美"）

师：请带领同学们把你刚才写的这个词语读一读。

（生领"凄美"）

师：读出了美中有"凄"，再读一遍。

（生齐读"凄美"，师肯定后引导学生继续说出带"美"的词语，生说出"完美"、"优美"、"美观"等，师再要生说带美的四个字词语，生说出"完美无缺"、"美不胜收"、"两全其美"、"美轮美奂"、"美妙绝伦"等）

师：很好！词语就像人民币，积累得越多财富越多！平时从课文中，从课外读物中，从朋友交流中，从电影电视中，你一定了解过一些凄美的故事。说给大家听一听，好吗？

（生有的说出《卖火柴的小女孩》是凄美的，有的说《小音乐家杨科》是凄美的，一女生说出李清照的词《声声慢》，师一一肯定后并请女生背诵李词，女生声情并茂背诵后，全班响起了热烈的鼓掌。跃跃欲试的学生纷纷说出牛郎织女的故事，梁山伯与祝英台的故事，还有的说罗密欧与朱丽叶）

师：呵！真不简单！凄美的故事让人记忆深刻。今天孙老师和你们再来学习一篇凄美的故事，它是根据著名作家张丽钧的文章改编的课文——《凄美的放手》。请跟老师写课题。（板书：凄美的放手）

师：写字一笔一画，做事认认真真。今天把一个字写好了，明天把一件事做好了。人人都这样，该有多么和谐，多么美好！大家一起读课题——（生齐读）"凄美的放手"。

孙老师从拆解自己的姓名入手，然后通过"唠家常"式的对话，渐渐地引入了课题——《凄美的放手》。这样的一段教学看似闲笔，其实，很好地利用了东方人长于预言性叙事的特质，并充分利用了东方人会在事发前常有预感在心的特殊心理，引着学生们在猜测和期待中慢慢入味。这很像是《红楼梦》的第一回"甄士隐梦幻识通灵贾雨村风尘怀闺秀"，就对"十二金钗"的命运做出了暗示。在举重若轻的点化中，为读者（学生）进一步探究课文的主题，定下了"基调"，巧妙地设下了伏笔。

其次，孙建锋善于用语文手段中的"读"来实现"对话"，无论是教师范读，还是学生集体读、个体读，师、生、文的对话都在其中进行，当学生对的时候，教师以"旁白"对学生以引导启发，并巧妙的在需要学生对话的时候，拉长语气，学生自然进行对文本的心灵对话，这样的三维式对话，把随文识字、随读会意、披文入情以及解词、造句、升华理解、语言与精神建构等"教"与"学"所有活动整合贯通，实效性强。同时也使阅读教学不游离、不肢解，整体感悟、多元互动。

[《凄美的放手》教学片段二]

生："这瞬间发生的惨剧惊呆了在场的每一个人。"

师：何止是在场的每一个人，也惊呆了每一个读者。

生："莫莉亚丝那个漂亮的搂接动作被摄像师定格成了旷世经典。"

师：定格成了万世经典啊！摄影师的眼睛在瞬间就捕捉到了这么美的镜头，美的画面，美的瞬间。

生："亲爱的，别做傻事！我们似乎听见罗夫曼在说。"

师：连罗夫曼都不能理解她的这个举动，再读。

生：（齐读）"亲爱的，别做傻事！我们似乎听见罗夫曼在说。"

生："不要，不要推开我！这是莫莉亚丝的坚定的声音。"

师：这不仅是莫莉亚丝坚定的声音，这是她毅然放手，毅然放弃生命时的坚定的声音。

生：（齐读）"不要，不要推开我！这是莫莉亚丝的坚定的声音。"

生："让我再陪你走一程。"

师：这一程我们夫妻两个将要走向……

生：谷底。

生：深渊。

生：地狱。

生：天堂。

师：走向黄泉，走向地狱，走向天堂……

生："让云擦着我们的眉睫，让风掠过我们的耳际。"

师：这是在走向死亡？这俨然是在跳伞："让云擦着我们的眉睫，让风掠过我们的耳际。"何等的浪漫！何等的洒脱！何等的诗意！何等的壮美！

生：（齐读）"让云擦着我们的眉睫，让风掠过我们的耳际。"

师：好极了！让我们再次体会这种面对死亡的美好情怀。

生："从巅峰到谷底，我们的后半生多么的匆遽啊！"

师：从巅峰到谷底，也许就是几十秒钟的时间，我们的后半生就走完了，这个词就是文章当中的……

生：匆遽。

师：没错，一起读这个词。

生：匆遽！

师：它的意思是……

生：非常快！

生：很快就过去了。

师：再把这句话读一读。

生："从巅峰到谷底，我们的后半生多么的匆遽啊！"

师：后半生过得那么匆匆，我们怎么能不留恋它呢？

生："如果一切还来得及，我真愿和你再重复一遍我们携手共度的好时光。我们厮守着，啜饮千般次爱，沐浴万种柔情……"

师：（深情旁白）回想相爱来时路，有多少柔情，有几多甜蜜——想当初人约黄昏、月上柳梢、花前月下、耳鬓厮磨、海誓山盟、新婚燕尔、两情融融、缠缠绵绵……可是，那万般缱绻，瞬间将烟消云散……

生：（泪眼蒙……）

生："可是现在，我们却在坠落，坠落。噢，让我们抱得更紧一些吧，因为，我们生命之花就要在洁净的谷底灿然绽放了。"

师：我们似乎看到了两朵殷红殷红的花，紧紧依偎着；我们似乎听到了两朵花在呢喃低语……

生：（突然插嘴）我想到了梁祝的化蝶。

师：非常好，你用中国古典的美来解释这两朵花。化成两只蝴蝶比两朵花更有动感，更有美感。

师：我们似乎听到花在低语——

生："亲爱的，我知道我根本无力救你，我只是想救起那个字：——爱。"

孙建锋正是以这样充满机智的师生对话，抑扬顿挫地反复诵读，对重点词句的用心揣摩，诗一般语言的烘托渲染……营构了充满生命活力的课堂，把课上到了学生的心里。

孙建锋的课，紧扣文本，从落实关键字词入手，以引导朗读、启发思考、激发体验、建构语言，来落实语言的训练。《凄美的放手》一课，孙建锋以谜语引出"美"，进而链接文本，在读第一则文章时，又析出"风景"一词，引领学生理会文本负载的人、事、情。

[《凄美的放手》教学片段三]

生："罗夫曼的攀岩速度比妻子快一些，他很快就成了供莫莉亚丝仰视的风景。"

师：这是一个什么句子？

生：比喻句。

师：你平时都看过哪些风景？

生：桂林山水。

生：杭州的"断桥残雪"。

师：看风景的感受？

生：舒服！

生：赏心悦目！

师：表明你对风景的——

生：喜爱。

师：罗夫曼就是罗夫曼，莫莉亚丝就是莫莉亚丝，两个人同床共枕、同桌共饮、朝夕相处，罗夫曼不就是攀岩的速度比妻子快一些吗？为什么妻子看他的时候像看风景？

生：攀岩是垂直的，莫莉亚丝看到的是丈夫的脚，重叠上去，像岩石一样。

师：这是你对"风景"的个人理解。

生：后面说了他们没有任何防护，和岩壁贴得很紧，像岩壁上会呼吸的岩石，又是那么惊险的一个场面，所以说像"风景"一样。

师：只要能自圆其说就是动脑筋的表现。还有没有不同看法？我刚才说了那是她同床共枕、同桌共饮、朝夕相处的丈夫，她看丈夫像看风景，从情感的角度上说明——

生：他们俩有深厚的感情。

生：妻子爱丈夫。

师：她看丈夫像看一道风景，是因为有深厚的感情在里面。这句话应该怎样读，才能表达这份情？

（生读）

师：真美！一起把这句话再读一遍。

（生齐读）

师：如果想把内心的情感写出来，要不要大声疾呼：我爱罗夫曼！

生：不要。

师：课文这样写？

生：这样写更能体现妻子对丈夫的感情。

师：这样就叫含蓄。她把对丈夫的爱藏在心里，她看丈夫像看风景一样。如果每一个人，每一个家庭，你看我，我看你，都像看风景一样该有多好啊！再读这句话。

有人说，发现语文的美，常常在于对语言文字深层意思的揣摩。文中"风景"一词原本"普通"，可在孙老师点拨下，学生不但读出了"风景"所描绘的景象，而且体味到了妻子之所以看丈夫攀岩就像一道"风景"的内在情感。如此一举，竟使"情"与"景"尽收心中，难得的一举而多得。

课堂之"活"，在于思维之"活"，在于学生心灵的天窗打开之后，思考迸出火花、体验化作语言、经验生成智慧、灵魂获得洗礼，在于课堂的声音多元而独特，在于读、问、思、话等语文方法的不缺席，在于教学方法的多样与创新……孙建锋的课，正是这样的。

许多听课教师和专家以"激情演绎"来论孙建锋的课。的确，孙建锋的课情感氛围浓郁，从风格论的角度上讲，他属于情感派。解析孙建锋的课堂情感之美，还得从他所秉持的"对话教学"入手。由于"对话"，"悦纳对方"是取得"对话"认同的前提和"对话"继续的保证，课堂上，教师怎样才能让学生"悦纳"呢？这让我又一次想起了安徒生，我觉得孙建锋的课，有安徒生童话的味道。以情动情是"悦纳"的基础，所以，孙建锋总会在课堂上为消解年龄的障碍，把对话的心灵放在同一水平线上，然后与学生一道共同探讨、共同进入心灵世界，一切的快乐与忧伤都只为分享个体的体验与触动，成人心智的"预设"在对话中相对得到了淡化，课堂情感相对温润，激情与生成指向文本并超越文本，浓情熙熙，只为纷纷说出个体对文本话题的理解，达到了师、生、文情感的高度统一，这样的课堂情感，师、生、文都是情感之源。

孙建锋的课充分吸附语文的本真，读、说、听、写等语文方法都真真实实，教师的角色也恰到好处，学生的主体性得到了彰显，课堂媒介也朴实简约。比如《最大的麦穗》、《做一片美的叶子》的教学设计都有认读生字、书写生字，甚至对书写习惯的引导都有具体落实过程，而从《凄美的放手》一课上，我们看得到，由谜语而生成"美"，进而导引与"美"有关的两个字的词，再进而是四个字的词，学生语言习得的途径明晰可见。

"一开始，我对孙老师把我那篇总题为《读懂了女人，也就明白了世界》的文章拿到小学课堂上去讲是心怀疑虑的，那么小的孩子，该如何去面对'死亡'这样一个沉甸甸的话题？若手中没有'金刚钻'，大概是断然不敢揽这样的'瓷器活'的吧？

夜深了，家人都已沉沉睡去。我坐到电脑前，开始静心步入孙老师精心创设的课堂。

我首先重温了自己在7年前写下的文字——《凄美的放手》。这是一个真实的故事，这个故事曾重重地撞击过我的心扉。我向来认为，对一个真正的作家而言，生命中割舍得下的东西，是很难化成文字的，惟有生命中那些割舍不下的东西，才可能饱蘸了自己的心血之墨，凝于笔端。

作为这篇文章的原作者，我以为自己应该是一个'权威'的解读者。但是，当我以一个旁观者的身份潜入你和你的'孩子们'中间，我臣服了。我没有料到，孙老师对这篇文章所进行的'二度创作'是如此精妙精彩，孩子们稚嫩纯美的声音恍若来自红尘之外。我一下子就为自己先前对孙老师在山东枣庄　'公开课上千人的大礼堂一时泪雨纷飞'的说法所持的怀疑态度感到了羞耻。

静静的夜，我独自在电脑前静静地流着热泪。

我多想让自己的泪幸福地融入枣庄的那一场泪雨啊！

一天的劳顿，偷走了我所有的好心情，但此刻，在这一天的结尾处，我走进了枣庄的课堂，孙老师和孩子们重新为我人生中这寻常的一天定义。我明白了，人间是有天使的。

自觉不自觉地，我们总在回避'死亡'这个黑色的话题，但在枣庄的课堂，'死亡'竟可以变得如此华妙，如此庄严！孙老师向我表示，他要把第一眼就受震撼的'凄美'根植于孩子的心田，他说：'作品，活在孩子心里，是永活。'感谢孙老师给了我的文字'永活'的机会，更要感谢孙老师为这'永活'所付出的美丽劳动！我在发给孙老师的短信中由衷地称他是"美的布道者"，我欣赏他引导学生与文本进行的'零距离对话'，欣赏他巧妙地引领着学生去品尝'一吐为快'的快感，他带领孩子们对死亡、爱和生活所做的深度思考，精警熨帖，水到渠成。在我看来，真教育是善爱者的游戏，而教育的至高境界，是'无痕的教育'——知识的自觉接纳，情感的自然涌流，灵魂的自由对话。这样的教育才可能楔入生命之中，才不会轻易流失或消散。

一想到在这个嘈杂的星球上还有孙建锋这样的人以这样一种虔敬的姿势在孩子面前站立，心就快慰得微微发痛。读过一篇'酷评'，说孙建锋在上'真课'，当时不懂，现在明白了评论者用词之妙。他确实是在上'真课'，用真心上课，用真爱上课，用真本领上课，用真智慧上课。他的课的耐看处不在于'给予'了孩子们什么，而在于'唤醒'了孩子们什么。他把你对生命和生活的感恩传递给孩子们，让孩子们不由萌生出爱的冲动。有个曾现场聆听过他讲课的同行跟我讲过这样一件事：在他的课堂上，有个孩子突然脱口说出了自己藏在心中的苦恼——爸爸妈妈离婚了，我跟奶奶过……他当众抱起了这个泪流满面的孩子，在孩子的额上轻轻吻了一下，令在场的每一个听课者都嘘唏不已。记得以前在'凤凰语文论坛'看过一个帖子，题目就是《爱上孙建锋》。——面对这样一个揣着一颗'圣心'在小学课桌间从容穿行的老师，想不爱上他，难。

我想，不管我将为这堂课写下些怎样的评论文字，这四个字应该是必不可少的吧——人间好课。"（张丽钧）

孙建锋的课能够"跳出语文""教语文"，还语文以"本色"，这正是孙建锋的课语文味"正"之所在，也是简约率真、心灵对话的艺术特色之所在。

当然，简约率真、心灵对话不是简单粗糙、一问一答，而是举重若轻、删繁就简，以情激情、以智启智；是精致、简短、锐利、富于动感，是具备透彻的表现力、突出冲击力，是把非课堂的因素、非学科的本质彻底摒除，是"返于自然，归于纯净"，濡染情怀、唤醒心灵的对话艺术境界，有"如矿出金，如铅出银……体素储洁，乘月返真"的洗练之美。这样的课必然会赢得更多的掌声，营养更多的学生。难道不是吗？

【作者简介】

余小刚，《四川教育》编辑；张丽钧，著名作家。

基于习得的语文教学

——许彦达老师语文教学思想研究

曾扬明

【特级教师小档案】

许彦达，小学语文特级教师，深圳市福田区下沙小学副校长。福田区名师工作室特聘辅导老师，福田区教师培训中心兼职讲师。多次在全国各地作公开教学；曾在《广东教育学院学报》、《中国电化教育》、《小学教学研究》、《继续教育》、《小学语文教师》、《小学教学》、《师道》、《中国教师报》等报刊发表教学论文、课例等近百篇；参与或主抓过四个省级以上课题的研究，曾连续两次被中央教科所评为课题研究年度先进个人。参与编写教学用书和实验教材近一百万字，并有录像课和多篇论文在全国小语会等部门评比中获奖。

一

1986年，许彦达老师作为江苏省第一届面向小学的大专师范生，有幸拜师江苏省著名特级教师王兰老师，学习并实践"注音识字·提前读写"教学实验。学生课文读不好，王兰老师一次又一次地示范读，领读，想着法子让学生大声读起来，给他留下了深刻的印象。工作以后，学校安排他任教"注音识字·提前读写"实验班，他鼓励学生写日记，引导学生读课外书，写读书摘记，使他有机会进一步思考学生的读写问题。许彦达老师不断教学，不断反思，使得他的教学在同行中脱颖而出，教学成绩在同年级中数一数二。

"学，而后知不足；教，而后知困。"这段时间，学生语文学习的兴趣与效率一直是他反思的两大关键词。他始终觉得，自己在语文教学上花了那么大力气，而学生的语文学习并没有达到他所理想的状态。为了寻找一条高效的语文教学之路，他关注各地的小学语文教学实验，同时，博览群书。学校订阅的教学方面的报刊，他每期必读，发现好的做法就摘抄在笔记本上。一次他读《苏州教育科研》（2001年第四期），其中关于小学生语文学习兴趣的调查，令他震惊：这份调查显示，小学生一年级时有37%的学生喜爱语文，到了六年级时喜爱语文的只有4.9%。我们语文老师通过六年的努力，竟使学生对语文学习的兴趣大为降低！是我们的多读多写错了？是我们的课堂讲解分析错了？还是我们的语文练习错了？许彦达老师开始对自己、对广大小学语文老师已经习惯了的做法一一加以严格的审视。他发现：讲解分析为主的阅读教学、繁琐孤立的词句训练以及现有的单一的语文评价方式是造成学生语文兴趣丧失的三大主要原因。

许彦达老师通过对理论的研读和实践的考察，认为：二十世纪末，语文教学被指"误尽苍生"，实则是对讲解分析为主的课堂教学，对繁琐孤立的词句训练，对单一的语文学习评价方式的彻底否定。新中国半个世纪的语文教学，是在"五四"新文化运动的背景下产生的，她带有严重的照搬西方模式、科学至上和理性分析的色彩，错误地认为语文学习是"笔画加笔画等于字、字加字等于词、词加词等于句子"的"1+1=2"的线性学科，把语文教学带入了繁琐练习的泥淖，割裂了语文教学与传统的联系，采取了历史虚无主义的态度，许多早已被证明行之有效的语文教学经验被无端地抛弃了。

那么，怎样的语文教学才是既能保护和提高小学生语文学习兴趣，又能最大限度地提高效率的语文教学呢？

许彦达老师先从教学对象——儿童，找到了答案。"儿童是天生的语言学习者"，只要是智力正常的儿童，在自然的生活环境中，都能无师自通地通过两三年的时间学会说母语，包括大量的词汇和必须遵循的基本的语法。我国古代的语文教学强调多读多背，在熟读的基础上精思，强调读书要读到"如出己口"，强调"书读百遍，其义自见"，不正是尊重了儿童学习母语的习得特点吗？他抓住习得，对克拉申的"可理解性语言输入"、斯温的"可理解性语言输出"、乔姆斯基的"先天机制"、沙赫纳罗维奇的"后天说"、古德曼的"全语言"、蒙台梭利对儿童语言学习特点的论述，匡内魏占峰、黄厚江、曹保平等人的观点进行研究，得到了理论上的支持：语言心理学的研究发现，人的语言习得机制并不完全随年龄增长而消失，其中的语音习得机制是有关键期的，大致在0～10岁左右，此后语音习得机制就慢慢消退了，也就是说，过了这个关键期，在语音获得这个层面上将依靠"学得"的语言学习机制，其他语言习得机制，包括词语理解，句法、语法获得等并无所谓的关键期，相反，年岁大的学生在语法结构层面的语言习得水平与速度要超过年幼的孩童。生理语言学的许多科研成果已证实了这一点。由此，他联系到他刚参加工作时的实践，之所以教学成绩能相对较好，就是自己无意识中尊重了母语学习习得的特点；"注音识字·提前读写"实验能取得很好的实验效果，是学生多读了很多文章。山东烟台的"双轨运行·大量读写"实验，广东陈琴的"素读"、安徽薛瑞萍老师的成功经验、山东韩兴娥老师的"海量阅读"，都是尊重了母语学习的这一特点才结出硕果的。

而这些经验，总结起来就四个字，那就是"基于习得"。这一理念尊重了儿童，尊重了规律。语文教学只有"基于习得"，才能收到最理想的效果。

二

许彦达老师认为，基于习得，这是母语学习最简单的常识，但是长期以来，我们却迷失在文字迷宫里，使学生的语文学习苦不堪言。他着手对基于习得的语文教学进行理论建设。

如果说儿童从自然生活环境中习得母语是自然习得，那么在语文老师或学校等其他机构创设的语言环境中习得母语获得母语能力则是非自然习得。他坚持认为，儿童既然可以习得口语，书面语也同样可以习得，他综合克拉申和斯温的观点，指出：书面语习得的关键是创设的非自然习得的母语环境的"可理解"程度和"可理解性"输入与输出的量。什么是"可理解"？就如让一个小学生去听大学教授的专业演讲，显然他可能什么东西也得不到。他要求，在创设这种非自然习得的母语习得环境时，要注意学生的最近发展区，完全"可理解"也是不可取的。比如我们给学生讲故事，要让学生基本能听懂，但其中也要包含少量的学生不理解的东西；比如我们给学生推荐阅读材料，这个材料要适当高于学生的实际阅读水平。这就是我们再让六年级学生去读安徒生的有些童话，学生不感兴趣的原因。

许彦达老师进一步指出，儿童来学校学习母语，主要是学书面语的。书面语不可能完全靠习得，必须辅以学得。他认为通过广泛的大量的读写，儿童连大部分母语词汇都能习得，但是汉字的学习是必须靠学得的，2500个常用字，学生必须一一认得并且会写。首先是字认识了，学生才可能走上生趣盎然的语文学习的快车道。

通过理论研究和实践探索，许彦达老师发现，基于习得的语文教学具有以下几个特点：

一是足够量的。我们创设的母语学习的环境，必须保证学生足够量的母语输入或输出。对于小学生而言，保证足够量的输入尤其重要。6岁以前的儿童之所以能轻松习得母语口语，就是因自然生活环境中有大量的言语输入。当然，足够量，不是越多越好，如果我们操之过急，反而会让学习负担过重或伤害到学生的母语学习兴趣。

二是能持续的。即这种母语输入或输出要持续进行，不能一日曝十日寒。同时，还要做到不停地反复，反复地输入，反复地输出。比如对于经典的文章，要让学生反复地学习，做到曲不离口，反复玩味，烂熟于心。学生的书面语的输入与输出的能力正是在这种持续的反复的实践中习得并提高的。

三是无次序的。儿童在自然生活环境中的母语习得是没有次序的，书面语的习得同样也没有什么次序可以遵循，只要是儿童感兴趣的，能接受的都可以，甚至有些暂时不能完全接受的，都可以放到我们创设的非自然习得的母语学习环境中，供儿童习得。当下的经典诵读能如此红火地开展，国学经典教育的蓬勃展开，都说明了儿童母语习得的这一特点。

四是渐完善的。这包括两个方面，首先小学生对输入的理解不是一蹴而就的。许彦达老师认为，理解是在持续的输入过程中逐步进行的，并且随着经验的丰富，理解会发生变化。学生可能一开始不甚理解，随着输入的增多，生活经验的丰富，理解就会逐步走向更准确更深入。其次是小学生的输出也不是一开始就尽善尽美的，就像儿童自然习得口语，一开始不一定讲得很好，甚至用错词，说错话，但这不要紧，随着持续的输入和输出，不断的积淀，不用别人指出，儿童会渐渐发现错误，克服缺点，走向完善。我们在教学中不要被儿童学习过程中的错误所迷惑，更不能揪住不放，把师生都搞得疲惫不堪。

许彦达老师说，这里运用输入，而不单指阅读，是强调教学必须促进学生阅读的同时，也能获取主要的重点信息，而不是一种虚假的阅读状态；说输出也不单指写作，而是指表达，是为了强调这种表达是出自学生内心的需要或是为生活的需要而输出信息，即真情实感。他在《我理想的语文教学》一文中引用周国平先生的话说：要让写作成为孩子"生命情感的抒发，生命特质的展示，生命心态的调整，生命感悟的宣泄"；成为孩子"关注人生和交流思想的助手"，成为"提高生活质量和进行自我教育的有力武器"。他指出，基于习得的语文教学的这四个特点，要求我们的语文教学必须致力于学生非自然习得母语学习环境的创设，教师的主要任务就是激励学习喜欢阅读、喜欢表达，帮助学生建立方便习得书面语的平台。这种帮助不是让孩子做繁琐的孤立的字词训练，不是讲解分析，而是把大量的时间用来鼓励学生阅读书籍，表达自己的所见所闻所想所感，在这种大量的反复的持续的母语信息的输入与输出中习得并提高自己的语文素养。为此，许彦达老师呼吁小学语文教学要摒弃繁琐分析与繁琐练习，要让小学生多读书多表达多积累。

三

许彦达老师自知凭一己之力不能撼动扎根于"五四"新文化运动土壤中的中国当下语文教学之树。20多年来，他通过不断学习、思考与实践中，在现有评价体系的夹缝中坚定地走着自己的路，并取得一定成绩。

关于基于习得的语文教学的实践，许彦达老师为自己定下这样几条"规矩"，他说："评价一种教学是否有高效益，我以为要从三个方面来考察：一是兴趣，二是习惯，三是学业成绩。"注意他这里的排序。他以为就基于习得的语文教学而言，学生对于语文学习的兴趣是第一位的，其次是养成好的语文学习习惯，最后才是学业成绩。目前的评价只是从学业成绩单项来评价语文教学，他以为是不可取的。自从他进行基于习得的语文教学探索以来，他一直从这三个方面来考察学生的语文学习现状。他反对那种为考试而教的语文，反对那种牺牲学生的语文学习兴趣来换取考试成绩的语文，反对那种无视有益于学生终身的语文学习习惯养成的语文。他说："这'三个反对'将是我们一贯坚持的准则。"

早在1993年，许彦达老师就尝试着进行自己的语文教学改革试验。改革的重点在低年级，他将低年级过重的写字任务进行大削减，将写字量锐减到400个左右，同时提高写字的质量要求，增加低年级的阅读和背诵篇目，增加说话写话训练，吸收"注音识字·提前读写"的优势，增选的精美短诗文一律采用拼音、汉字双行行文，充分利用学生的无意注意识字。这样做既减轻了学生过重的写字负担，也避免了因为写字任务过重而造成的学生语文学习兴趣的丧失，同时抓住了儿童读写的关键期。对于削减下来的写字任务，他主张安排在中年级采用集中识字写字的方法解决。两年的实验结果显示，学生平均背诵除课文外的精美短诗文102篇，同时识字量也远远超过了要求。由于写字量的减少，学生写字的质量有了不同程度的提高。这项改革的成果1995年被市里推荐参加江苏省中小学语文教改成果汇报会交流。

这次低年级牛刀小试后，许彦达老师把目光转向了中高年级。

在课堂教学上，他主张：第一是要把课文读正确读流利；第二是少对课文进行讲解分析，抓住一些要点问题，引导学生讨论明白就行了；第三是教给学生自己读懂一篇课文的方法，我们告诉学生读懂一篇课文要弄清楚三个问题：一是写什么，二是怎么写的，三是为什么要这样写；四是加强背诵和表达练习，如对《嫦娥奔月》的教学，他在学生读懂课文的基础上，将课文分成三个小故事，即后羿射日、嫦娥奔月和中秋节的由来，并运用课文的关键词语进行复述练习；又如教学《鲸》他不作任何分析，在学生反复读课文后，即让学生以第一人称介绍太阳……

他还主张在课前诵读中加强习得。他的课前诵读内容是经典的古诗文，他从"断竹续竹"开始，遴选了我国古代诗文中的经典名句，编成245句的诵读材料，每节课的课前五分钟让学生学习五句，然后诵读。通过这种滚雪球似的累加，既不增加学生课外的负担，也让他们学习了许多经典名句。全班学生由一开始的不是很感兴趣，到后来的兴趣盎然，自然成习惯。他说还没有走进课堂，听到孩子诵读的声音就是一种享受，孩子们诵读时或打着节拍或男女生交替，宛如一首交响乐。一年下来，学生就对245句做到不需要看，张口就来。家长们对此也大为支持，他们为自己的孩子有了古诗文的积累而高兴，为孩子言谈之中突然脱口而出的经典名句而欣喜和骄傲。

大量阅读更是许彦达老师积极倡导的。他根据年级的不同，每学期开设了节数不等的自由阅读课，到了高年级，他主张只用很少的时间来教课本，其余时间拿来专门给学生读自己喜欢的书。自由阅读课老师任何东西不讲，学生爱看什么书就看什么书（当然是有益的）。他每接一个班，在做这项工作前，总是先与家长沟通，取得家长的支持，并为学生买书选书推荐网站和书目。他为他们推荐当当网，推荐亲近母语网。令人意想不到的是，学生最安静、最喜欢又感到时间过得最快的课居然是这些自由阅读课。在自由阅读课上，有的学生在家长的安排下，有计划地读书，而且读书呈现出一些倾向，如有的学生专读历史一类的书，还有的学生专读军事一类的书，还有的学生读介绍名犬名车等书。总之凡是学生感兴趣的，他们可以随便读。

许彦达老师还善于鼓励学生自由写作。对于学生，只要写他就鼓励，不管他一开始写得怎么样，只要有优点他就表扬，哪怕是一个词语用得好，都在班上"秀一秀"。批改习作，他采用谈心式，大多数的习作都是 A 以上。起初是一个星期写一篇，后来学生很期待看老师批改的习作，就每周写两篇；再后来，班级开博客，在他的鼓励下，学生的写作热情在很短时间就高涨起来。2009年，他所任教的三年级一个班，开博仅一个多月学生就写了289篇博文，平均每个学生写5.7篇。

许彦达老师的这些做法都大大增加了学生的语言输入或输出的量。

四

基于习得的语文教学要解决的核心问题是学生的自主读写。许彦达老师认为：学生自觉主动的大量的读写，是基于习得的语文教学取得成效的关键，是基于习得的语文教学的理想境界，也是生命所在。没有自觉主动，学生的语言输入或输出就不能持续，学生也就不能走上母语学习的康庄大道，母语学习就不能惠及孩子的一生，基于习得的语文教学也就失去了光华。近年来，许彦达老师在"基于习得"这一语文教学思想的指导下，进行了有益的实践探索。他开展的"单元整体自主合作学习"得到区教研中心专家的充分肯定。

中、高年级的人教版教材有个明显的特征：单元主题突出，选文内容相近，课文之间有很多相通的地方。一篇一篇地学，他感到浪费时间也没有必要。他决定选择将一个单元当做一个整体让学生自学。单元整体自学，他要求孩子们抓住这样几点：一是生字词语。他告诉孩子们，每个人的生字词语是不一样的，你在读这个单元的文章的时候，要把自己不认识的字、不懂的词语找出来。因为经过六年的学习和生活，每个孩子的原有经验和知识积累都大不相同，不能一刀切要求每个孩子都去学一样的字词，自主学习就是要他们自己对自己负责。二是课文理解。起初他要求孩子们课文理解要弄明课文主要讲什么，课文写作上有什么特色。后来，他针对不同课文作要求，精读课文要认真体会，除了上述两个任务外，还要对重点语段字斟句酌。三是教材上每篇课文后的作业，包括思考题、背诵课文的语段等，要求孩子们要逐题去认真完成。四是语文园地。词语盘点，要读听写过关，日积月累的内容要会背会默，其他内容要能了解。五是课外拓展的内容，包括增加的认为跟课文有关的内容、就课文提出的有质量的问题等。六是作业。作业主要是做自学笔记。自学笔记要逐课做。做自学笔记时，对于自己学不明白的，在个体学习的时候，可以查阅有关资料，可以问家长，也可以问同学问老师。

他的上述安排，主要有两个特点：一是要求简明，每个学生自学时要做什么，就那么几条，具体在做的时候你是怎么做的，有没有达到要求先不管，目的就是先要学生做起来；二是重视个体自学，自学笔记是个体自学的成果汇集，他是要逐个查的，而且每个学生必须手写在本子上，不能打印，可以在书上批注，但是最后还是要整理到自学笔记上。他查自学笔记的时候，还有一个要点，就是一定要查课本，一开始，他发现有的同学很依赖参考资料，或是懒惰，课文很干净，没有自己的圈划思考的半点痕迹，他一方面告诉他们要相信自己的能力，另一方面，加强检查督促。后来他发现很多孩子的课文字里行间就写满了东西，做出了各种符号，这些都是孩子自主学习的成果，说明了学生有了输入和输出。

个体自学只是第一步，接下来要进行小组合作学习。

小组的分配，先根据以前的考试成绩，每组两个好的，三个中等的，一、两个差一点的。总之，保证各组力量基本均衡。每个小组要确定一个得力的小组长，小组内的六到七个人，相对集中坐在一起，便于合作学习，小组合作学习由小组长全权组织。

小组合作学习什么？合作的任务是：1.交流各自的自学笔记，分享同组同学的学习成果；2.提出个体自学时感到困惑不解的地方，组内互帮或讨论解决，实在解决不了的，问老师，老师再指导解决的办法，而不是直接告诉；3.为小组集体讲课展示做准备：明确每个成员讲课展示的内容，展示的方式，给每个成员再次分配新的任务，这些新的任务是为了增加自己小组展示的亮点和与众不同的地方，以获得加分；4.相互鼓励、督促，共同完成学习任务，如集体背诵课文、日积月累等。

合作学习完后，讲课展示是关键环节，是老师引导学生如何学习的平台，是各小组学习成果的大展示，也是分享别的小组学习成果的平台。这样做都是为了增加学生的语言输入或输出。

许彦达老师要求：一是讲课展示要全面，即要求掌握的内容都展示了，全组每个成员都有任务，内容不全或有人没有展示就会扣相应的分数；二是讲课展示要正确，哪怕读错一个字都要扣分；三是讲课展示要有创新的成分，比如，这个单元或这篇课文没有要求背诵的课文或语段，有小组背了就叫创新，别的小组没有写读后感，你这个小组写了，那就是创新。创新是学生自主学习和增加语言输出或输出的导向器；四是讲课展示要重视效果，这是语言输入或输出质量的保证，如你讲的不清晰，你没有抓住重点，等等，都属于这一要求的项目；五是讲课还要注意形象，如每个组员都很自信，台相很好，不背对着大家等。

以上五点是作为讲课展示的评价标准。师生一起评，每个组展示完了当场评分。他说：在讲课展示的评价标准里，还应该增加其他小组质疑的答疑要求。这样对展示的小组会更有好处，这种挑战性会带来孩子们对单元学习的精耕细作和旁征博引，更能促进学生自学时自觉增加语言输入或输出。

当然，自主学习了，老师不讲了，放手了，学生语言输入或输出的质量好坏、数量多少，是否积极主动，取决于我们如何激励学生。

首先是小组内激励机制的建立。小组内成员都有编号，而且这个编号是动态的。每次测试成绩第一都为1号，小组最差者为末号。组内强化互帮互学共同提高的理念，一开始小组内可能会提出不要某某的现象，这时教师要抓住苗头和机会，不断强化这种理念。他在组内建立互帮制，要求1号帮6号，2号帮5号，3号帮4号，互改作业也是这样。

其次是小组间的激励。这是强化小组集体意识的关键。孩子们都很重视自己小组的成绩。具体做法是：重点比小组平均成绩的高低，不比个人。当然有个人十分突出的也适当激励。一比作业（主要是生字词语听写和作文），每次作业都打分，按小组算出平均分然后排出名次；这有利于提高平时作业的质量；二比测试成绩，小组平均成绩第一，每个成员都有礼品，哪怕这个小组某个成员的分数在全班最低，也给礼品，强化小组意识和集体责任感；三比讲课，每个单元讲课都会有师生共同评出的分数。以人教版六年级下学期第八单元为例，第一个讲的是第四小组，他们组一上来齐背《伯牙绝弦》，然后不看书口头翻译课文意思，书后作业也不看参考书凭着自己的理解来回答。每课除了讲规定的内容，组员们还分别背诵精美的语段，日积月累也背得很熟，获得了很高的加分。讲得最好的是第三小组，他们组除了有第四小组的优点外，最突出的是他们讲《蒙娜丽莎之约》一课，小组每个成员背诵大串联，合作背诵了整篇课文，获得其他各组同学由衷的赞扬，讲完之后，教室里掌声雷鸣，而这些教材和老师都没有作背诵要求。

这就是激励的作用！

许彦达老师提醒我们，让学生讲课，需要注意的是一开始不能要求过高，也有可能孩子们一开始还有照本宣科或照参考资料读的现象，许彦达老师以为这不要紧，一开始只要他们有输入或输出就要鼓励。这叫矫枉必先过正。学生只要能站到讲台前就是进步，只要能开口向大家说话就是了不起了，能说的有点观点，就应该得到大大的奖励。

【参考资料】

1.平江区教研室.平江区小学生语文学习兴趣调查.苏州教育科研.2001年（4）

2.潘玉庆.语文教育发展论[M].青岛：青岛海洋大学出版社，2001

3.[美]海伦·柯顿，兮罗尔·安·达尔伯格，语言与儿童[M].北京：外语教学与研究出版社，2011

4.刘晓东.儿童教育新论[M].南京：江苏教育出版社，2008

5.许高渝等.俄罗斯心理语言学和外语教学.北京：北京大学出版社，2008

6.教育在线：http://www.eduzx.net/haowen/2480.html

7.韩兴娥.让孩子踏上阅读快车道.武汉：湖北教育出版社，2009

8.周国平.新浪博客：http://blog.sina.com.cn/zhouguoping

9.许彦达.不良语文练习对语文学习的异化.师道.2011年（1）

【作者简介】

曾扬明，福建省宁化县实验小学副校长，小学高级教师，福建省三明市语文学科带头人。曾主持省级课题《语文课程资源的开发和利用》，所撰写的150余篇教研文章在《小学语文》、《小学语文教学》等20多家教育刊物上发表。两次荣获福建省作文教学大赛一等奖。

敢为人先，追求卓越

—— 特级教师梅仕华的教育观与教学思想印象

余明阳

【特级教师小档案】

梅仕华，小学语文特级教师，园岭小学校长兼党总支书记，中学高级教师，全国优秀教师，福田区名校长。先后被评为"深圳市首批语文学科带头人"、"全国优秀教师"、"深圳市先进教育工作者"、"福田区优秀园  丁"、"福田区名校长"、"福田区首届杰出人才"和"全国科研兴校先进工作者"。被聘为深圳市人民政府兼职督学、深圳市中小学校长培训指导委员会成员、北京永博明教育研究院兼职研究员、中国中心学习与教育研究会研究员，曾参加在复旦大学和人民大学举办的"全国科研型骨干校长培训班"。个人传略分别收入《中华劳模大典》、《当代教坛名人传记》、《特区之子》等大型辞书或报告文学集。

一位记者曾经用"猛志逸四海，骞翮思远翥"来描述特级教师梅仕华的事业抱负。意即他的志向飘逸四海，意气风发、踌躇满志，就如大鹏展翅，飞往远方的高空。而"敢为人先，追求卓越"是他对园岭小学所秉承的"园岭精神"的高度概括和创新诠释。作为这一理念的提出者和践行者，他用自己的言行诠释着这种理念。两厢对证，无不透视着他先进的教育观与睿智的教学思想。

一、他的成长经历诠释着"敢为人先，追求卓越"

梅仕华相信：是金子到哪里都会发光。1994年，梅仕华在领导、同事和亲友的一片惋惜声中，毅然辞去省级名校副校长的职务，揣着一份简历，从内地江西来到人才济济的深圳，成为当时的罗湖区翠竹小学的一名普通语文教师。一个学期后，他所教学生的语文成绩节节攀升，参加省市等各级比赛频频获奖。他个人所作课例与科研论文也在全国评选中屡次获奖。梅仕华成为翠竹小学乃至整个罗湖区基础教育系统的"获奖专业户"。时隔数年之后，翠竹小学的领导和同事们谈起梅仕华时，依然是赞许有加：梅老师为我们学校上等级、上档次的确付出了辛勤的汗水，并作出了突出的贡献。

1999年，深圳市中心城区福田区为提升基础教育档次，首次在全国公开招聘优秀中、小学校长。通过面试、笔试、校长管理能力测试、说课评比、学校管理论文考试、现场答辩等严格的程序，梅仕华以总分第一名的成绩，坦诚、睿智和充满激情的形象，给各位评委留下了良好的印象。这一年9月，他被任命为上沙小学校长。1999年，上沙小学还是一所新开办的学校，教师40多人，学生不足700人，91%的学生为暂住人口。梅仕华担任校长后，针对学校存在的"生源基础差、师资力量弱、周边环境乱"的现状，以艺术和体育为突破口，奏响了上沙小学"争创名优学校"的乐章。当年，上沙小学的方块队就在全区中小学田径运动会上荣获第四名的好成绩。舞蹈《大盆菜》在福田区少儿花会上一举获得金奖，在深圳市少儿艺术花会上又获银奖，并最终登上了全国少儿艺术花会的领奖台！2001年，开办仅两年的新校，被评为深圳市教育系统的先进单位。人们发现，梅仕华不仅是一名优秀的教师，更是一名优秀的校长。

2001年8月，梅仕华出任福田区老牌名校——园岭小学校长。此前，园岭小学在深圳已颇负盛名。只是此前的盛名，主要体现在教学水平和学生成绩上。在大力倡导素质教育的今天，这种模式是不够健全的。梅仕华一到任，就选择了以体育作为突破口，在当年的福田区中小学田径运动会上，学校团本总分就挤进了前5名，初露锋芒。2002年7月，一副更重的担子压在了梅仕华的肩上。福田区委、区政府和区教育局正式决定将原园岭小学、园西小学、园东小学三校合并，组建成新的园岭小学，并由梅仕华出任新园岭小学首任校长、党总支书记。这是深圳市首个优质教育试点小区，福田区也由此拉开了教育名校品牌发展的序幕。三校合一，规模效应上去了，但是品牌效应能否凸显出来？梅仕华认为，学校合并不同于企业兼并。合并之前，三所学校已经形成了各自的特色；合并后，应该把这些特色整合成新的"园岭特色"。在他的主持下，新学校确立了"优势互补、资源共享、均衡发展、共同提高"的办学目标，按照"联体办学、辐射管理"的模式运转。合并不到一年，三个校区同时高分顺利通过了省级学校的复评（评估），其中，效益加分408分，开创了深圳市评估史上的先河。园岭小学从此也告别了艰难的磨合期，进入了从"形合"到"神合"的长效发展期。

这份简历，简单、平实，却浓缩着丰富的内涵。28岁成为当时江西省最年轻的全国优秀教师，年少成名的背后，他付出的是怎样的努力？放弃在内地熟悉稳定的生活与可预见的锦绣前程，来到深圳做一名普通的语文教师，在放弃与争取的抉择中，是哪些思想在成就他的行动？在学校管理的生涯中，他又怎样以其鲜明的个人风格让不同发展阶段的学校焕发出更动人的风采？

这其实不是一份简单的履历，从他的经历我们可以感觉到，那种坚韧，那份努力！无疑以自己的经历诠释了"从优秀到卓越"，也诠释了他所提倡的"敢为人先，追求卓越"！

二、他的教育观嬗变透出国际化教育视野

《从优秀到卓越》的作者柯林斯认为：创造持续辉煌的业绩需要一种文化，使自律的人们采取规范的行为。作为一所学校来说，就需要有它的精神所在，需要有支撑它所有行为的内核。

对于"园岭精神"的提炼与升华，梅仕华是极其重视与审慎的，他是这样叙述他的提炼与升华过程的：

"园岭小学自1984年创办之日起，就以一个不同凡响的崭新形象展示在世人面前。一代又一代的园岭人，为了他们心中的目标和理想，孜孜以求、矢志不渝、辛勤耕耘、默默奉献，他们的无私和付出缔造了一个又一个的神奇。然而，令人遗憾的是，直至新世纪，依然没有一个对园岭精神清晰而准确的表述，也许这些默默耕耘的"园岭人"还无暇顾及这些。这些年来，我试图通过座谈、研讨、专家论证等多种形式和渠道，一直用心在感悟、在总结、在提炼。2004年，我曾在一篇《关于学校核心竞争力的思考》一文中，罗列了园岭"爱岗敬业、团结协作、顽强拼搏、改革创新、不断超越、无私奉献"的六种精神。但深究起来，总觉得不很恰当，有些粗浅、平淡和宽泛。直到2006年，在几任校长、广大教师、行政人员、专家学者的深入讨论下，终于达成共识。经过反复斟酌、仔细推敲，我们最终将园岭精神高度凝练、概括为："敢为人先、追求卓越"这八个字。"

何为"敢为人先"？他是这样诠释的：这是一种锐意改革、勇于创新的胆识和魄力；是一种抢占先机、知难而进的精神和气概；是一种引领潮流、树立标杆的品质和风范。"敢为人先"就是要想别人未曾想，做别人未曾做，快人一步、高人一筹，做到"人无我有、人有我优、人优我精"。

何为"追求卓越"？他是这样诠释的：这是一种勇立潮头、永不满足的崇高精神境界；是一种一丝不苟、精益求精、勤勉的工作作风；是一种时刻警醒自己、鞭策自己的高尚姿态；是一股锲而不舍、自强不息

的动力源泉。

基于这样的思想内核，他的教育观发生了巨大的嬗变。

细析梅仕华老师这些年的教育观嬗变，我们不得不来历数这样一个历程：从大园岭合并之初的"以学生自主、和谐、可持续发展为本"到后来的"品牌强校"，到"努力让学校成为师生留恋兴奋的地方"以及实施中的构建和谐校园"1333"工程，再到如今的"幸福教育"。始终是与时俱进，开特区教育理论之先河，也兑现了他"为特区基础教育创造价值"的诺言。

最近他所拟定的一副对联也恰恰诠释了他这一贯的理念：科学发展，丰富内涵，愿做和谐校园构建的先行者；强化特色，提升品牌，争当幸福教育实践的排头兵。这是一种何其广阔的教育视野，这也是一种何其自信的胸怀！

我们不妨借他的"1333"工程来看看他的教育观所关注的是什么？

"1"即一个和谐校园的构建。

第一个"3"指学生的三重体验。即让学生在学习生活中获得巅峰体验、在交往生活中获得归属体验、在休闲生活中获得审美体验。

第二个"3"是指教师的三个指数，即全面提升教师的身体心理的健康指数、教书育人的魅力指数和职业生活的幸福指数。

第三个"3"指在学校三部形成三个共同体，即荣辱与共的命运共同体、排忧解难的研究共同体、知识共享的资源（学习）共同体。

我们也不妨看看他对"幸福教育"的指向定位：

积极倡导老师的"三个坚持"：坚持面向全体学生；坚持课堂效益的最大化；坚持自身与学生的同步发展。

积极倡导学生的"三会"：会休息、会学习、会健体。

从中我们不难看出，他所关注的是学生身心的健康发展，关注的是孩子的可持续发展，关注的是孩子首先作为一个"人"发展所必须具备的素养。这一切，跟国际教育所提倡的"生本"、"人本"理念何其一致呀！在别人还眼睁睁看着分数，看着升学率的时候，他的视野已经在为培养"合格+特长"的新世纪人才打造良好的环境了。在他的视野里，学习生活只是学生作为一个自然人生活的一部分，他希望他的学生能够有巅峰体验、归属体验、审美体验，更希望他的学生因此能够会休息、会学习、会健体。正是这样的教育观，园岭小学才会涌现出大批如少年作家余雪尔、杨惠子，音乐神童陈傲然、张天阳、徐梦琪；舞蹈新秀杨采钰、林诗童等杰出园岭学子了。

　　我们知道，中国的教育界里，名校众多，地方名校、省级名校、国家级名校，但"品牌名校"却少人提及，少人问津。而"21世纪是品牌的世纪，得品牌者得天下"，在梅仕华老师的心里：走品牌强校之路是必然选择！2004年，他就开始实施品牌强校的发展战略。学校聘请了专家顾问组，成立了品牌管理委员会，召开了专门的研讨会，全面客观地分析了学校发展的背景与现状、经验与教训、优势与劣势、机遇与风险，认清了学校的核心竞争力，制订了学校发展计划与目标，确立了学校发展的十二大支柱，从一个目标、两轮启动、三项提升、四大工程、五大特色、六种题材来创新和推动园岭品牌的发展模式。2004年7月，在广东省第二届"TCL杯"中小学校长办学思想论坛上，他所作的《关于学校核心竞争力的思考》的报告，震撼撞击着国内外各地各位学校管理者的心。与会者对他的理念赋予了积极的认同感，也引起了更多国内外教育管理者对他成熟而新锐的办学思想以及园岭小学办学模式的兴趣，纷纷慕名到他的学校参观考察，甚至一天同时要接待几个教育考察团的参观考察。近年来，他接待了数以百计的来自美国、加拿大、马来西亚、日本等国家和中国香港、台湾等地区以及国内各省市教育考察团。同时他也多次应邀到北京、上海、河南、江西、贵州、浙江等地作专题报告，并受邀在全国学校品牌管理高级论坛上介绍联体办学经验。繁忙的行政管理之余，他笔耕不辍，先后在国家、省、市的专业刊物上发表论文20余篇，多篇论文获国家、省、市论文评比大奖，2005年8月，论文《打造学校核心竞争力》在全国基础教育成果评审委员会组织的论文比赛中获得一等奖。

　　作为一名品牌研究者的我，看着他对学校品牌的观念与措施，都不禁叹服他的视野，他的教育观，对于学校品牌的研究，在国内同领域中，后来者只能望其项背了。我不止在一个场合感叹：这是一位极具国际化视野与志向的校长！

三、聚焦课堂，以"校本研修"切入，打造"扎实、朴实、真实"的课堂

作为一名校长和一名语文特级教师，梅仕华的眼光并不只停留在自己的课堂，而是希望园岭小学的每个课堂都能更有效，都能更"扎实、朴实、真实"。从他在江西时参加"注音识字，提前读写"实验开始，到作文教学激趣实验，到后来深圳翠竹小学参与全国小学语文学法指导实验，以及到园岭小学后的有效性教学实验，他无不将重心放到课堂教学的实际，放到学生学习的实际，他时常提醒教师思考：如何激发学生想学的愿望？如何培养学生勤学的坚强意志？如何达成学生乐学的健康心态？如何让学生习得会学的科学方法？因此，他在2002年便提出"校本研修"的理念，在2004年便完善了自己的"校本研修"理论体系，大胆地倡导"校本小课题"，并力主"问题即课题，要有发现问题的习惯；分析即科研，要有解决问题的意识；结论即成果，要有总结经验的水平；发展即创新，要有创新发展的能力"观念，并将"校本研修"上升到整个学校发展的战略地位上，强调"校本研修"是提升学校核心竞争力的重要"抓手"。为比，《人民教育》杂志专门还就"校本研修"这个话题对他进行了专访。

他认为：所谓"校本研修"是新课程背景下，"以人为本"的教育理念催生出来的，以改善教师的教育行为为直接目标，以提高教师的专业修养水平和教育质量为根本目的，促进教师自主成长的一种继续教育形式。它是"校本教研"和"校本培训"的有机整合。旨在通过专家的引领、同伴的互助以及教师的自我反思这三种基本形式，一切从学校实际出发，让教师在形式多样的教育教学研究和培训中得到发展。具有

以下基本特征：1.整合性。校本研修从根本上说，是一种以人为本的，以促进教师的发展为目的的研究和培训活动。"研"包括科研，也包括常规教研；"修"就是进修、修炼，即培训。校本教研和校本培训，是一种研究和培训的有机整合、互相作用的过程，是一个不可分割的统一体，两者是相辅相成的。这是因为教师参与教育教学研究，这本身就是一种培训活动，而且是一种高层次的培训。而校本培训，这一以"专家引领+同伙互助+自我反思"为基本模式的新型立体的培训方式，也必然需要重视教师在实践中学习和发展，而各类专题研究自然就成为校本培训的重要内容和有效途径。2.针对性。"校本研修"顾名思义，必须以校为本、立足学校、关注学校、基于学校、为了学校。真正意义上的校本研修，无论是校本研修的规划与设计，校本研修制度的建立和完善，校本研修的内容、形式和重点，还是校本研修过程的指导与管理，校本研修成果的评价与转化，无不打上学校的烙印，呈现出鲜明的个性特征，具有极强的针对性。就参与校本研修的个体来说，其自主专业发展目标的确定，学习内容、研究专题、活动过程的选择也是如此。3.实效性。由于校本研修具有很强的针对性，因而扎扎实实的校本研修自然就具有实效性。校本研修的基本模式是"专家引领+同伴互助+自我反思"。很明显这是一个全方位、立体的相互作用的过程。就教师个体来说，是一个在专家的引领指导下，在同伴的互助中，通过对自己的教育教学活动的反思来促进自己发展的过程；就教师团队来说，是一个在专家的指导下，同伴互相帮助、互相提高、合作学习、螺旋上升、互动发展的过程；就骨干教师、专家来说，是一个"教学相长"，自我再提高的过程；就学校来说，是一个整合资源、锻造队伍、营造研修文化、提升核心竞争力的过程。因此，校本研修愈来愈被人们推崇，当仁不让地成为新形势下，促进教师发展的一种继续教育好形式。

校本研修的目的就是要提升教师的专业素养，有助于教师从容应对课程改革面临的问题与挑战，有助于提高教师驾驭课堂的能力，有助于提高课堂教学效率和教学质量。只有关注课堂的校本研修，才富有生命的活力，才具有持续性、能动性、针对性、实效性。在有效性环境下的"校本研修"，做到扎实、朴实、真实，对于学生而言，更是受益良多。但校本研修因人因校而异，它的内容和形式也是多种多样的，因此，梅仕华校长认为活动形式主要有以下几种：

（一）读书务本

当下不少教师比较注重一般教学经验与方法的学习，热衷于读一些现成的教学设计，或教材分析，真正专下心来学习教育教学理论著作的为数不多。他曾在一次公开招聘老师的现场担任面试评委，对象均是符合绿色通道条件的名优教师，当询问起："你曾读过教育教学理论专著有哪些？请举出两三例。"竟然回答上来的寥寥无几。引起他的深度反思。因此，开展校本研修的当务之急，他认为要引导和鼓励教师自读或组织集体的读书活动来研读理论原著，并提倡写读书笔记，交流学习心得，借此逐步提高教师的专业理论素养，为教师参与校本研修作好理论准备。特别需要指出的是，校长应是首席学习者，校长对校本研修的引领，必须基于校长的学习。

（二）专家引领

校本研修的根本目的是要促进教师的专业发展，而且是更好更快地发展。要实现这一目标，如在研修的过程中，没有专家的引领是很难达到的。这是因为面对新一轮课程改革，教师在教育教学实践中必然会遇到许多新的问题、疑虑和困惑，倘若校内同层级教师的横向支援缺少纵向的引领，先进的理念没有以课程内容为载体的具体指引与对话，没有学科带头人和专家学者等高层次人员的协助与带领，那么，同事之间的横向互助常常只会在同一水平反复。因此，在校本研修的过程中，要充分发挥校内名优教师的示范与辐射作用，更要重视聘请高层次的专家、学者为教师释疑解难、指点迷津、拓宽视野、帮扶引领。

（三）同伴互助

任何一所学校教师的素质都不可能在同一个水平线上，因此，要指导不同层次的教师，依据自身的条件和特点，制订切实可行的自主发展规划，让每位教师通过校本研修都在原有的水平上有新的进步。在校本研修的过程中，要引导广大教师积极参与，鼓励不同层次的教师优化组合，相互协作、互相帮助、共同提高。要在同伴的互助下提高自己，在帮助同伴的过程中提高自己，在提高自己后又去帮助同伴。只有在这种螺旋式上升的合作过程和互动发展过程中，学校教师队伍的整体素质才会提高得更快。力量源于团队，成功来自和谐。学校要努力营造一个积极向上、宽松和谐的校本研修环境，着力打造一个师德高尚、业务精良的教师团队。同伴互助这一校本研修的基本模式应该大力提倡。

（四）自我反思

美国心理学家波斯纳曾提出教师的成长公式：成长＝经验＋反思。也有专家学者认为自我反思是校本研修的基石，教师专业发展的核心要素。一个不善于自我反思的教师不可能成为真正的名师。反思的最基本特点就是敢于剖析自己，变换视角分析。反思的对照是理论，反思的基础是实践，反思的目的是改进。课程教学专家胡治华教授曾在一次报告中强调，教师要在实践中反思：想了正面想反面，想了面上想点上，想了自己想他人，想了本地想外地，想了现在想将来，想了现实想未来，想了已知想未知，想了实的想虚的，想了内容想形式，想了常规想另类。我觉得讲得非常通俗具体，具有很强的指导性和可操作性。我认为教师的反思有内隐和外显之分，自我对话就是内隐的自我反思，反思日记就是外显的自我反思。反思也要在专家引领、同伴互助、共同合作中完成。反思大致有两个层次：一是反思已有行为与先进理念先进经验的差距，完成更新理念的飞跃；二是反思理想的教学设计与学生实际获得的差距，完成理念向行为的转移。

（五）校本小课题研究

所谓小课题研究就是我们通常所说的教育教学个案或案例研究。因为这些小课题源于学校的教育教学实践，正是管理者和广大教师在工作实践中遇到的困惑和疑虑，热点和难点问题。校本小课题研究直接指向教育教学实践的改进，具有针对性强，操作灵便，周期短，见效快的特点。因而有人形象地把它喻为校本研修的轻骑兵。学校要鼓励广大教师积极参与校本小课题研究，允许多种研究方式的存在，对教师的研究活动保持某种程度的宽容。树立问题即课题，分析即研究，成效即成果的应用性研究，以课堂为实验对象，在教学中发现问题、解决问题的实证主义研究。当然，在开展校本小课题研究时，对课题要适当作些提炼、精选；研究人员要优化组合；研究过程要加强指导、管理；研究成果促使其物化，并向教育教学实践回归。开展校本小课题研究，还可帮助教师将教育教学经验升华为理论成果，促进教师的教育教学观点和思想的形成。

我们知道，校本研修是一个系统工程，也是一个长期的工程，不是可以一蹴而就的。名为"校本"，不同的学校，其环境氛围、文化背景、办学条件、发展现状、愿景目标以及人、财、物、时、空、事、信息等各种资源不尽相同，因而，开展校本研修的具体形式、内容及重点自然也就不同。

因此，他认为：开展校本研修必须坚持以校为本。

坚持以校为本就是要依据校情对校本研修工作科学设计。作为学校的校长要准确把握时代的脉搏，全面理解素质教育和新课标的要求，具有先进的办学理念，深谙办学和育人之道，对任职学校未来的愿景准确定位，对学校的各种资源心中有数，对教师的发展需求了如指掌。只有这样，才能立足本校实际，按照"为了学校，基于学校，在学校中进行，在教育教学中研究"的设计策略，制订切实可行的校本研修方案，建立和完善校本研修的各项制度，明确校本研修的主要内容、形式和重点。

坚持以校为本就是要最大限度地利用校本资源。任何一所学校都有它固有的校本资源，这些资源恰恰是校本研修的内驱力。因此，开展校本研修，要最大限度地发挥管理者、教师、学生这些学校教育教学活动中惟一有生机的，也是最重要的人力资源的作用；千方百计提高学校各种教育教学设施、设备、信息等物质资源的使用效率；同时，学校还必须提供一定的财力支持。校本研修的本质就是要充分调动学校资源库中的人、财、物、时、空、事、信息等各种要素，发挥其作用，实现资源配置的最优化，从而在研修过程中使有限的资源开发达到最大化，进而形成新的资源。

坚持以校为本就是要尽可能地满足教师自主发展的需求。"新世纪的教师应该是自主选择、自主反思、自主建构、可持续发展的教师"。校本研修就是促进教师自主成长的一种有效的教师继续教育形式。因而必须充分尊重教师、相信教师、发动教师、依靠教师，尽可能满足教师自主发展的需求，变"要我学"为"我要学"。要注重引导教师关注自身专业成长的目标规划，组织教师根据国家教育改革的总体要求和学生特点，与自己的专业发展水平和个性特长结合起来，自主规划设计个性化的专业成长阶段性目标和远景目标，自主选择学习内容、研究专题、活动过程。只有这样，校本研修才具有针对性、实效性。

梅仕华校长认为：每位科任教师要能够敏感于本学科内容中蕴含的价值观资源，把它们发掘并艺术地呈现出来，使知识学习与价值观影响整合在一起。同时，现代教师在教育活动中所体现的职业角色已经大大扩展，他们不仅是知识的传递者、提问者、辅导者，同时也是聆听者、欣赏者、关怀者，是学生的伙伴、照顾者、引导者和榜样。教师在学生面前充当着不同的角色，自然携带并传递着不同的价值观，这种镶嵌在知识事实和学校生活过程中的价值观影响，绝不是诉诸课程文本和简单的道理即可实现的。引导学生树立正确的世界观、人生观、价值观、荣辱观，对教师自身的德行操守和人格魅力有内在的、必然的期待和要求，这是教育活动的特殊性和复杂性所决定的。尤其是我们正在进入终身学习的时代，支持一个人可持续发展的不仅是扎实的知识基础和技能，更为重要的是其积极的生活态度、热爱学习的情感、成长动机和健康的价值观。教师能否在上述方面影响学生，这将成为新的时代要求，并被日益凸现出来。高素质的教师是指教师有精良的专业素质，教师职业所需的专业是特殊的复合型专业。我们不能把教师的专业仅理解为所教授学科的专业，教育学科-显然也属于教师专业的范畴，教师在这两个方面的专业素养都需要提高。

谈到这里，我们不得不回到梅仕华老师的角色定位：一位语文特级教师，一位校长。在他的视野里，校本研修工程是必须要有近期和中长期的目标，我们不妨来看看他的规划：

近期目标是：营造氛围，夯实基础；健全机构，完善制度；全员参与，整体推进；锻造队伍，提升质量。

中长期目标是：构建研修文化，壮大名师队伍，总结系统经验，展示研修成果，彰显独特个性，丰富品牌内涵。

就是这样一位有着"猛志逸四海，骞翮思远翥"抱负的老师，就是这样一位秉承"敢为人先，追求卓越"理念的校长，就是这样一位身怀教育济世梦想的教育管理者，任何的文字都显得苍白，任何的语言都难以抵达其内心，我们只能罗列，只能通过片言只语一窥其教育观与教学思想。他真正的思想或许只能通过他的课堂，他的学生，他的学校才能完整地体现了！

【参考文献】

1.刘创.享受挑战的特区人——记广东深圳市园岭小学校长梅仕华.中小学管理.2004（8）

【作者简介】

余明阳，教授，博士生导师，中国公共关系协会常务副会长兼学术委员会主任，上海品牌促进中心秘书长，上海交通大学品牌研究中心主任。

见证双语的生活教育

——杜小宜教育思想研究

李静纯

【特级教师小档案】

　　杜小宜，小学英语特级教师，罗湖区螺岭外语实验小学校长，深圳市小学英语学科带头人。深圳市第二、三、四、五届人大代表，深圳市第四届党代表、广东省教育学会理事、深圳市督导协会理事。曾获全国教育科研先进工作者、全国优秀教育工作者、全国中小学德育先进工作者、全国家庭教育先进个人、广东省名校长、广东省南粤优秀教育工作者、深圳市名校长、深圳市优秀校长、深圳市师德标兵、深圳市"十佳"青年教师、深圳市优秀教师等荣誉称号。

　　承担《在创造中获得自我发展的实验研究》等省级课题3项；《游戏、故事类英语软件资源在小学英语教学中的应用研究》等国家级课题2项。在国家、省级刊物发表《在英语学科教学中培养学生的创新思维》等论文20余篇。获省级教育科研成果奖3项，省科研论文个案实验报告二等奖1项，中央教科所科研成果奖1项。出版《体验式校本德育的思与行》等书5本。

教育的本质是什么？这是我们在日常的学校教学工作中考虑得比较少的事情，而在螺岭的教育实验中，我特别地想到了这个问题，这是教育哲学必须回答的问题，也是教育的实践者相对忽略的问题。

或许，我们可以用"双语教学"来表达"螺岭实验"的主题？在螺岭最初的教学改革尝试中，螺岭的英语教师们确实在"双语教学"的题目下面做了很多工作。但是，在不断深入的探索中，"螺岭实验"所做的努力给它自身赋予了更深层的价值，它远远超越了相对单薄的"双语教学"。

或许，我们可以用"双语教育"来涵盖"螺岭实验"的主题？我们确实看到了螺岭从学科教学向学科教育的跨越。是的，"螺岭实验"渗透着"双语教育"的元素，但我仍然觉得仅用"双语教育"的概念尚不足以描述"螺岭实验"的全部进程，它所涉及的研究领域比单纯的语言教育更广阔。

在"螺岭实验"的材料中，我多次见一位教育家的名字：陶行知，也多次读到一个关键词：生活。"螺岭实验"把"双语"概念和"生活教育"的概念结合了起来，因此，可用"双语的生活教育"来概括"螺岭实验"的教育本质。而深圳螺岭外国语实验学校的全部教育实验工作都与一位核心人物息息相关：她就是该校校长、特级教师杜小宜。

一、杜小宜教育思想的本土文化特征

每一位教师，每一位校长，在自己的教育实践中都在贯彻某种教育思想，或曰：教育哲学。当然，一位教师或校长往往会吸收教育大家们的成熟思想，但是，即使是"吸收"，教育家的思想也需要经过教师或校长的加工，变成自己的教育思想和教育哲学。

我认为，首先应当探究的问题是：杜小宜的教育思想是怎样形成的？因为此，我们有必要研究一下杜小宜作为教育者的本土文化特征。

首先，从大区域上看，杜小宜是岭南人。我在调查过程中，直接体验到了杜老师作为岭南人的典型性格：温和、兼容、坚毅、守信。或问：这种性格与教育教学有关系吗？当然有关系。岭南人的温和决定了她在教育实践中并不十分热衷于张扬和特立独行。温和使她结交了很多教育界的志同道合者，这些人都在支持她的教育事业，而她的很多想法也是在温和的业务沟通中获得的。杜校长比较乐于兼容不同的思想和做法，她的温和与兼容的性格也在凝聚教育团队方面起了重要作用。我在接触岭南人时，还发现他们另外两种人文特征，即坚毅和守信。岭南人做事情的风格是，一旦勘定某事可为，则会坚毅地做下去，而且在做事过程中信守诺言，秉持有素。杜小宜的坚毅与守信，赢得了业内的良好赞誉。

第二，杜小宜的思想性格中带有突出的深圳特区元素。所以，她又是深圳人。螺岭外国语实验学校的地理位置和师生来源都有鲜明的特区色彩。杜小宜领导的教育团队来自全国各个地区，学生的家庭也来自全国各个地区。我在与螺岭学校员工的接触中从未明显地感觉到根深蒂固的本土意识。这是一种多元化的教育土壤，它适合于各种教育实验种子的萌发、破土和生长。深圳学校的开放性，深圳家长的开放性，使课程改革的很多措施能够迅速产生实际效果。在这样的土壤中，杜小宜的做事风格具有典型性，她思路开阔、雷厉风行、敢于尝试、富于开拓精神。

第三，杜小宜又是"英语人"。杜小宜是英语教师出身，她的这个特点使她更容易接受教育教学的新概念和新思想，因此，我们不难理解，为什么"螺岭实验"是从"双语教学"起步的；也就不难理解，为什么"螺岭实验"的理论基础是语言习得理论。作为有经验的英语教师，杜校长在"螺岭实验"中重点注入了语言习得理论的"营养"，这就使螺岭实验学校的课程改革具有不同于它校的具本特征。

第四，杜小宜是"田野人"。我引用这个人类学概念，是想表达这样的意思：杜小宜虽然已经是校长，但她是从教育田野中走出来的，即我们通常所说的，她是从一线走出来的，人类学把基层的工作或生活场

167

域称为"田野"（fields），一线的教学场域即为"教育田野"。杜小宜习惯用教师的眼光去发现问题，分析问题，解决问题。她不需要行政型校长那种依靠中层汇报情况来进行决策的做法，因为她曾经身居"田野"，而且更愿意继续身居"田野"，自己需要去看、去听、去观察、去思考、去决策。

最后，我想强调的是：杜小宜是螺岭人。"螺岭人"是对杜校长典型本土特征的最恰当表述。杜小宜在人口稠密的深圳繁华市区，培植了一方适合其特定教育实验的土壤，也培育了适合在这样的土壤上生存发展的人群与生活方式，"螺岭的土壤"，"螺岭的人群"，她就是这里的人。

岭南人，深圳人，英语人，田野人和螺岭人，集合在一起，就是杜小宜教育思想的本土文化的基本特征。

二、杜小宜与"螺岭实验"

我在本文中使用"螺岭实验"这样的措辞来概括螺岭外国语实验学校的教育实验，是为了把这个学校所进行的几个具有内在关联的实验项目归纳为一个整体。十多年来，这个学校承担了省"十五"规划重点课题《在创新中获得自我发展的实验研究》、全国教育科学"十五"重点规划课题《自我发展教育研究》、省"十一五"重点课题《促进小学生语言习得有效性的校本实践研究》等，这些课题实际上都是为了实现杜校长构建螺岭特色学校的长远理想。

（一）探索螺岭的发展模式

从2001年起，杜校长就开始构思螺岭学校的发展模式。当时，办特色学校是每个锐意改革的校长的共同理想，但什么是"特色"？上世纪九十年代以来，突出英语和计算机课程，是特色学校普遍追求的目标。2001年，我第一次访问螺岭学校，杜校长就曾询问过关于"特色"内涵的问题，我们为此进行了探讨。摆在螺岭学校面前有两条路：一条路是打外语特色（即英语特色）的品牌，培养在英语语言能力上具有未来竞争力的学生；另一条是打课程整合的品牌，为学生的终生健康发展奠定基础。第一条路比较容易产生近期的效果，但不能解决学生的全面发展问题，侧重培养少儿的语言能力，很有可能会忽略他们在其他方面的成长。走课程整合之路，支持少儿的整体成长，应当是特色办学的康庄大道，可当时的情况是：全方位的改革需要对学校的课程结构进行较大的"手术"，近期效果很可能不够明显，教育实验可能"搁浅"在中途，或者不得不回到学科改革的短线模式上来。杜校长的看法可以概括为三点：其一，课程整合的路是螺岭应当选择的路；其二，深圳的教育土壤能够承受课程整合"手术"所带来的动荡；其三，立足"大语言观"，从英语学科切入是近期可行之路。我基本上同意杜校长的这些意见，但是，我对她所说的第三点，没有十足的信心。关于"大语言观"，我在1999年参加教育部课程改革研讨会时，就曾提出"大语言观"的概念，它"大"在两个地方：一是将语言教育的功能放到支持学生成长的高度来认识；一是母语和外语共同承载语言教育的重任。实施"大语言课程"，究其本质特征来讲，其实就是学校课程整合的有机组成部分，螺岭实行"大语言课程"的改革，是否能够落到实处？我当时没有把握。但是，不管怎么说，杜校长提出的这三点意见已经为"螺岭实验"作了明确的定位。

（二）探索螺岭育人的整合路径

"螺岭实验"是在我国课程改革的热潮中进入运行轨道的。我很关注螺岭学校的改革方向。因为是外国语学校，螺岭的英语教学改革举措势必引人注目，但杜校长并没有因为自己是"英语人"而忽略"育人"的重大主题。此时，我在全国不同的学校进行了不同深度的考察，特别是课堂教学的考察。走入螺岭的英语课堂，我看到孩子们的表现有更多的人文的东西：主动发言，乐于探讨，学生之间配合默契，肯于交换不同意见，善于自主行动而且能够遵守课堂秩序，等等。我认为，如此的课堂人文表现不是单纯的英语教学改革所能达到的。我在和螺岭中层负责干部的接触中了解到，螺岭在支持学生整体成长方面所采取的措施实际上多于英语教学改革的措施。我们从螺岭的课堂实况中可以看到杜校长为螺岭设置的"育人"基本方针与方法，其要点是：

关注每一个学生：螺岭的教师相信"人生天地间，各自有禀赋"，每个学生不仅有成长的权利，而且有成长的可能。

激活主动学习的内驱力：螺岭的教师把学生有效学习的期待寄托在学生的内在动力上，每个学生都有强烈的学习欲望，螺岭教师的任务就是发现和发挥学生主动学习的内驱力。

提供成功的机会：螺岭的教师确信成功的体验与成功的效果对于每一个孩子都是最重要的动机，螺岭的所有教育活动都在努力为每个孩子提供成功的机会。

培育健康的学习群体：螺岭人相信，孩子们的成长是在集体中实现的，每一个教学班都应当是健康的学习群体，其中包括健康的群体舆论，健康的群体行为，健康的人际关系和健康的话语。

加强情感教育：螺岭的教师都懂得情感在学生学习过程中的重要作用，用杜校长自己的话来说："用真情实感激起学生学习的热情，点燃他们心头兴趣之火。"

鼓励创造性思维：螺岭的教师在课堂上注意"激励质疑"，这与杜校长的教育观念直接相关，她认同陶行知的做法：学生应当得到"问"的自由，她认为，"学生的问，是创新的萌芽，有了疑难就是创新的一半，质疑能力是学生自主学习的动力。"

杜校长认为：上面这些要点是螺岭全校教育者共同完成的事情，不是英语教学一个学科单独完成的事情。基于这种构思，她把"螺岭实验"的重点放在"整合"这两个字上，事实上，单学科的教学改革与实验已经不能胜任这样的任务，只有走整合之路，"螺岭实验"才会产生大的变化和大的成效。

（三）探索真正意义上的校本课程

自2001年课程改革以来，校本课程开发已经被提到日程上来。我在课程改革之初就持有一个重要的课程发展概念：我国中小学课程在多年的运作中逐渐增加了学科课程的元素，这种发展趋势也带来了某些负面的效果，其中，在学校课程结构中，隐藏着一种无形的"学科壁垒"。鉴于这种现实的情况，我认为，课程整合的当务之急就是要打破这种"学科壁垒"，这是校本课程开发的首要任务。2001年，我向杜校长介绍了这个概念，她告诉我，螺岭正在酝酿这样的校本课程。她正在研究全国小学校本课程的不同模式和经验。她认为，深圳的中小学校长在课程设置方面可以有更大的自主空间；另外，深圳人的教育需求也在敦促学校的校长尝试用整合型的校本课程改变学校的育人方略，从而适应深圳日新月异的发展形势。"螺岭实验"的十年经历表明，校本课程整体建构在螺岭已经取得了很好的成绩，其主要特点是：基本上打破了"学科壁垒"；校本课程目标体系得到了完善；各学科都有具体措施实现学科内容的融合；新的校本课程运行机制已经形成；新的课程管理体制能够支持校本课程的日常运行。

三、从"双语教学"到"双语的生活教育"

从"螺岭实验"的发展进程看，校本课程建构的切入点是"双语教学"。但是，在我国，一般意义上的"双语教学"一直是一个有争议的概念。杜小宜在她的"十一五"课题《促进小学生语言习得有效性的校本实践研究》中系统地探讨了这个问题。她注意到："双语学校实施的是双语教育，双语教育不是在学校里开设两门独立的语言课程，而是通过采用两种语言作为教学媒介，帮助学生在有意与无意之间学会两种语言的使用技巧。"

杜小宜研究了"双语教学"的不同模式。她参照国外文献概括了三种主要模式：一种是学校使用一种不是学生在家使用的语言进行教学，这种模式被称为"沉浸式双语教学"。第二种是学生入学时使用在家使用的语言（home language），然后逐渐使用学校语言（school language）进行部分学科的教学，其他学科仍然使用home language教学，这种模式叫作"维持性双语教学"。第三种是学生入学之初部分或全部使用学生在家使用的语言，然后逐步转变为只使用school language进行教学，这种模式叫作"过渡性双语教学"。她认为，"过渡性双语教学"更为适合螺岭学校的实际情况。

但是，杜小宜同时也看到，以上三种模式都是就语言教学本身而言的，不管是哪种模式最终要实现的仍然是让学生掌握使用语言的技能。从宏观教育的角度看，"双语教学"和"双语教育"都只是"螺岭实验"的一个局部措施，而不是全部战略。

在英语教育研究中，有一个所谓"全语言"（the whole language）的概念，这个概念揭示了语言学习心理的更深层的道理：学生学习一种新的语言，需要把心智（the mind）、技能（the skills）和情感（emotions）整合在一起，只有这样，学生才有可能以自己"整个身心"来学习和使用目的语（the target language）。这个语言教育的概念使"螺岭实验"有可能把"双语教育"特色提升到宏观教育的水平，从而实现一种超越。杜小宜认识到，the whole language 的学习者应当是the whole learner，即"完整的学习者"。"完整的学习者"需要一种完整的教育模式来加以支持和培育。循着这个思路，杜小宜提出了"在生活中学习，在生活中运用"的语言教育方针。这个方针已经蕴含着"螺岭实验"的核心教育思想——生活教育的思想。

"螺岭实验"在其发展的关键阶段所实现的超越就是从"双语教学"到"双语教育"进而从"双语教育"到"双语的生活教育"的超越。这样的超越可以概括为以下三个基本要点：

1. "双语教育"仍是学科教育，它应当隶属于成长教育，因为学校教育的本质是支持学生朝健康生活的方向成长，从而为终生发展奠基。

2."生活教育"是成长教育的一种模式，而且是一种行之有效的模式，陶行知的"生活教育实验"至今仍然有现实的价值。

3.成功的"双语教育"应当建立在人的全面发展的基础上，只有这样的"双语教育"才是有根基的。"螺岭实验"应当是一种以双语为特色的生活教育实验，这个实验的第一关键词应当是生活，第二关键词才是双语，二者的结合就是螺岭的特色。

"螺岭实验"突出"生活教育"的定位，使"双语教育"隶属于"生活教育"，此种做法接触到了"学校教育的本质"问题，这是古往今来一切教育者都必须关注和研究的重大而根本的问题。小孩子上学为了什么？人们会说，小孩子上学为了学本领，长大成人后可以立足于社会，从而可以过幸福的生活。当今社会的人则说，我的孩子上学是为了学本领，增强社会竞争的能力。学校的教育者为了适应这样的社会需求，把学校教育的功能定位在能力上，而其潜台词则是："学校要为学生增强未来的竞争能力。"恰恰是为了增强未来的竞争力，学校才特别看重各种知识和技能的培养与训练，学会使用英语则被人们视为这种竞争能力的重要组成部分。相当一部分英语特色学校就是在这样一种办学思想的指导下进行"双语教学"的。"螺岭实验"的走向与上述学校不同，杜小宜和她的团队认为，孩子们未来的生活需要多种素养，竞争能力只是其中的一个方面，而且不是最重要的方面，重要的是做人的素养，如与人和谐相处、乐于奉献、遵从社会规范、尊重他人、明辨是非、承担社会责任、勇于面对困难、性格坚强等等。这些做人的品质恰恰可以用"生活教育"的概念包容起来。

我在研究"螺岭实验"的过程中曾经探讨过另一个问题："生活"、"教育"和"双语"，三者是什么关系？前面涉及了这个问题：双语教育应当隶属于生活教育。但是，如果我们单纯以从属的地位来看待"双语教学"或"双语教育"，那么，所谓"双语"仅仅是让学生更好、更快地掌握一门外语的听说读写技能吗？"螺岭实验"的实际情况告诉我们，"双语"在"生活教育"中所担负的教育任务比仅仅培养语言技能要广阔得多，如要表现在：

1. 学生通过不同类型的"双语阅读"了解生活的故事和知识；

2. 学生以多样化的演讲形式显示公共沟通能力；

3. 学生在"双语教育"环境中发现问题，表述问题，规划解决问题的方案，最后以自主的方式解决问题；

4. 学生以敏锐的即时思考力和"双语"表达力就生活中的现象和事件进行辩论；

5. 学生在不同的活动中用自己的个性语言表达真情实感；

6. 学生通过母语和英语鉴赏生活中美的事物和文学艺术中美的形象，从而经历那些受益终生的审美过程。

7. 学生用恰当得体的语言和良好的礼仪与伙伴、老师、家长或客人进行沟通。

四、环境：双语生活教育的基础

杜小宜十分看重教育环境对于受教育者的重大作用，她认为：环境是教育的基础，并从生态学的角度考量环境的作用。

教育生态学告诉我们，学校生态环境是由学校环境（school environment）、学习环境（learning environment）、课堂环境（class environment）、微观生态环境（micro-ecology environment）和感知觉环境（sensory environment）组成。"螺岭实验"的教育环境改造过程，其目的是为了它所推进的"生活教育"提供健康的生态条件。

螺岭外国语实验学校的校园建设包括学校扩建和内部改建两个部分。随着二部的扩建完成，螺岭在内部改建方面做了很大的努力。这些硬件的建设与我国其他学校的建设没有更大的差别，本文不再赘述。但是，有一个值得我们注意的情况：螺岭校址地处闹市区，校园外车水马龙，人声混杂，而螺岭的院墙却完全屏蔽了外界的噪音，达到了杜威为教育环境所确立的两个标准：简化和净化。正如原苏联教育家苏霍姆林斯基所说：学校的物质基础既是一个完备教育过程的必不可少的条件，又是对学生精神世界施加影响的手段，是培养他们的观点、信念和良好习惯的手段。螺岭校园的物质建设为螺岭"软环境"的建构奠定了基础。

我更感兴趣的是杜小宜在"软环境"构建方面的思路和做法，在这些软环境的要素中包含着杜小宜实施"双语的生活教育"的设计元素。具体地说有以下几个方面：

（一）基于活动的区域划分

杜小宜心中的教育环境首先是以人的活动为基础的教育环境。在她看来，没有人的活动，螺岭的环境就只是校门、楼群、场地和走廊，当人活动起来时，螺岭的环境便充满了教育的脉动和韵律。无论是在上课期间还是在课后各种有趣活动展开的时候，我们都可以看到螺岭的师生根据需求在不同的空间中进行着不同类型的活动。这些活动包括班集体有组织的活动，大组完成实际任务的活动，小组完成任务的活动（如节目排练），自由结合的活动（如游戏、谈天），学生个体的学业活动（如阅读、诵读、课业操练等），学生个体的休闲活动（如漫步），师生的交谈（如交换想法，解疑问答），等等。人的活动自然促成的环境区域的划分，我们可以看到不同类型的活动空间相对集中在不同的处所。根据教育环境专家的命名，这些区域可以分别称为"公共空间"（public space）、"团体空间"（group space）、"合用空间"（corporate space）、"个人空间"（individual space）和学生处理自己事情的私密空间（private space）。螺岭学校活动的有序组织和多样化实施促成了教育环境的动态区域划分。我说这种区域划分是动态的，是因为螺岭并没有在校园中事先人为地设置固定的活动区域，而是在学校有序活动的基础上逐步形成了上述的区域，这样形成的生态区域实际上具有更大的稳定性。

（二）基于课程内容的环境布置

学校的建筑物自然构成了可以施以"装饰"的"面"和"体"，很多学校用多彩的图画和文字把这些"面体"加以美化。这形成了学校环境布置的形式主义风格。杜小宜并不认同这种具有形式主义倾向的环境设置。她认为，学校的教育课程应当是立体的，建筑物的"面体"应当成为课程的媒体和载体。根据双语教育的要求，杜小宜启发她的团队围绕核心课程规划学校环境的布置，她希望把各学科的基本课程内容以双语为媒介反映在学校的墙面和墙体上，把墙变成"会说话"的墙，"会讲故事"的墙，"促进思考"的墙，"展示创造力"的墙，"寻求理解"的墙，"寻找笔友"的墙。螺岭师生在校园的墙面和墙体上呈现课程信息，发布课程成果，提出课程问题，交流课程体悟，讲述课程故事，拓展课程活动，而所有这些都是在"双语"的支持下实现的（这里的"双语"不是单纯的汉英对照概念），这让螺岭的环境布置超出了形式美的一般模式。

（三）基于信息传播的课堂布局

"螺岭实验"把教育环境改造的重点放在课堂环境的建构上。我与杜小宜曾多次讨论"课堂生活"问题。我认为，课堂也是人的一种存在方式，师生在课堂生活中的重要活动是信息传播，这种信息传播是多维的、多元的、多样的、多形态的，就螺岭而言，又应当是双语的。杜小宜赞同我的观点，她相信，课堂信息沟通的方式往往依赖于课堂的实际环境，改造课堂环境，有助于提高信息沟通的质量。为此，螺岭的课堂布局逐步发生了以下变化：

——桌椅摆放不再拘泥于一种固定格局，特别要打破以教师为中心的"稻田式"格局，加强小组的"圆桌"格局，并根据课堂学习内容实行灵活变局。

——自然形成课堂的不同区域，如公共区域、小组区域和个人区域。

——整合课堂的专用媒体：黑板、投影、多媒体屏幕，各自发挥应有的信息传播功能。

——开发课堂的"新闻媒体"，利用墙体进行专栏分布，灵活使用汉语和英语发布"新闻"，使之成为学生发表看法、提出质疑、交流思想、讨论辩论的动态平台。

——设置专栏专柜为学生提供阅读资料、活动工具和实物。

（四）基于感官效应的审美体验

杜小宜将自己的教育审美情趣渗透到螺岭教育环境的各个角落。对于螺岭教育环境的质量和性质，我们应当站在孩子们的角度去加以评估。螺岭的建筑并不是一览无余的，它隐藏了一些东西，它使我想到了"曲径通幽"这四个字，吸引孩子们去探寻。很多具有童心的图画和照片就因在教学楼的深处，每一幅图画都可以向孩子们讲述历史和文化的故事；有些图画是孩子们自己的作品，传递着孩子们自己的故事。各种橱窗里不断更换的内容以美的形式，和过去的知识。我每次到螺岭，都被孩子们悬挂在走廊墙上新的绘画作品所吸引，它们就是这里的孩子们对于环境审美因素的实际反映。

（五）基于生活教育的双语校园文化

依托学校环境的螺岭校园文化是螺岭"生活教育"必不可少的组成部分，杜小宜十分看重校园文化对于教师、学生和家长的影响力。我在螺岭的一个语言习得研究课题报告中读到了关于螺岭校园文化的如下陈述：

"螺岭学生的培养目标是具有中华情怀、国际视野的现代公民，遵从的是把厚实的中华传统文化与现代的国际理解教育相融合的和谐校园文化。走进螺岭，就像走进一个双语文化世界。走进校门，映入眼帘的是一块雅致屏风土的中英文校训：志存高远，海纳百川。走在校道上，两边有中英文的中华名人介绍、'五美六会'宣传栏、绿色环保宣传栏等。教学楼的文化环境设计把语言习得环境和校园文化建设有机结合起来，立柱、走廊上可以看到中英文的寓言故事和名言谚语，宣传栏里是学生精美的中英文作品，体育场上是中英文的体育文化介绍，让孩子们时时处处都浸润在多样化的学习环境之中。"

五、团队：双语生活教育的保障

一个教育者的思想最终要通过一个符合他（她）的思想的人群来实现。杜校长关于"双语的生活教育"的思想需要贯彻在螺岭教育人群的实际行为之中，从这个角度看，"螺岭实验"过程就是教育人群的教育行为的整合过程。纵观世界教育实验的历史，我们可以看到一个往被人忽略的事实：没有人能够在事先准备好的理想教育团队基础上实施自己的教育实验和改革。

杜小宜组建自己的螺岭团队有一定先在优势，即深圳的人才优势。全国各地的基础教育人才每年都会以相当的数量汇集到深圳特区来。杜小宜可以按照自己的思路进行选择。但是，如何选择？依据什么样的标准进行选择？这是摆在她面前的难题。杜小宜抓住"师德"、"激情"、"潜力"和"经验"四个准则，凡是同时具备这四个准则的，即可入选，教龄短而缺少经验的人，具备前三个准则，也可以入选。杜小宜更看重师德和潜力，因为，她更重视人员进入学校以后的培育和成长。

杜小宜喜欢直接接触每一个学校成员，包括食堂人员和保卫人员，通过在具体情景下的简短而有针对性的交谈来影响员工的行为。对于一线教师，她就更重视面对面地沟通和指导。她用"活动在基层"的方法调整并优化教师的日常行为。管理学大师德鲁克曾经分析过高管的行为与员工的行为关系，他认为，高管应当把自己的主要时间用于基层调查和解决问题，以此影响员工的工作行为。长期满足在办公室听取中层汇报的高管实际上是鼓励一种有害的幕僚行为：上传下达，公事公办。此种幕僚行为，在一些规模很大的学校中经常能够见到，实际上，校长并不清楚一线究竟发生了什么，即使他见到了一些情况，也很可能不会觉察到那些所谓"细节"究竟意味着怎样的行为问题。杜小宜把自己的主要时间用于基层活动的做法使螺岭团队避免了"幕僚行为"的阻隔。杜小宜自己的行为本身就起到整合学校教育人群行为的作用，我们不应轻视这样的作用。谁如果想仅仅用管理条文和听取下级汇报来人为约束教师团队的行为，那么，他所鼓励的幕僚行为就会对学校教育行为形成巨大的负面影响。

杜小宜整合教育团队行为的另一项措施是"校本教研"。她亲自指导学校的校本教研规划，确定校本教研的具体课题和内容，介入相关的程序设计，与教师共同进行对每一次校本教研的反思。更为重要的是，她不断收集全国校本教研的信息，改变传统的教研模式，鼓励平等研讨和有效互动行为，每一位教师都是校本教研活动的主人，不同的看法和观点，不同的做法和尝试，不同的建议和评价，都可以在校本教研活动中进行交流。我曾多次参加螺岭的校本教研活动，即包括英语学科和语文学科的，也包括思品、科学和音乐美术学科的活动，每次都被教研现场的热烈气氛和细致入微的问题探讨所打动。

杜小宜整合教育团队行为的第三项措施是实验与科研。整合日常教学行为的最好方法是鼓励教师和教育管理者研究自己的本职工作。教师每天主要活动在课堂中，课堂的物理构造把教师局限在一个十分有限的空间内，教室的墙壁在很大程度上"切断"了教师之间的行为联系。很多教师只知道自己在教室里做了什么，不知道别人在别的教室里做了什么，也有的教师主观地认定别的教师在别的教室里肯定也在做自己做的事情，长久如此，教师个人就成为学校中的"洞穴人"。学校的教育实验和课堂研究就是为了打破课堂"洞穴"的四壁，使教师们的教学行为成为一体的活动。在教师的职业生涯中，科学研究可以激活教师探索的欲望，当这种欲望成为一个群体的共同欲望时，群体的行为也因此得到整合。螺岭借助国家和省级的"十五"、"十一五"的多项课题研究把教育群体行为整合到"螺岭实验"上来，这种基于科研的合力推动了螺岭团队的成长。

杜小宜整合教育团队行为的第四项措施是外出考察。杜校长自己每年都要到全国各地进行教育考察，她和北京、天津、上海等城市的特色学校建立了密切的联系，同时与一些锐意改革的校长建立了良好的个人关系。杜校长十分注重于自己的团队伙伴分享这个"资源"，他们的很多改革措施都是在外地考察中受到启发，然后应用到自己的教育实验之中。考察的经历对于螺岭团队有很大的聚合作用，螺岭教师的行为养成与改善也得益于这些独具特色的外出考察。

凡是参与学生成长教育的人群都应视为"教育人群"。杜小宜把家庭的人群也列入教育人群整合的范围之内。"螺岭实验"认为"生活教育"包括五个领域：健康、语言、科学、社会和艺术，这五个领域的内容都是相互渗透的，其中社会性渗透力最强，是对学生身心发展最具意义的一项，但也往往是学校教育最薄弱的一项。螺岭的《学校教育指导纲要》提出："家庭是学校重要的合作伙伴。应本着尊重、平等、合作的原则，争取家长的理解、支持和主动参与，并积极支持、帮助家长提高教育能力。"杜校长认定，在"螺岭实验"中，家长是重要的教育人群，其整合工作应该包括家长，她把家校合作作为一个课题研究的重点，开展一系列的实践研究，让家长成为学校可持续发展的课程资源与师资力量。

杜小宜在教育文献中探索"家校合作"问题，她注意到："家校合作"尚未有一个涵义固定的概念。教育研究者马忠虎认为，家校合作，实质上是联合了对学生最具影响的两个社会机构——家庭和学校的力量，对学生进行教育。美国霍普金斯大学（Hopkins University）"家庭—学校—社区合作"研究专家艾普斯坦（Joyc1. Epstein）在《从理论到实践：家校合作促使学校的改进和学生的成功》一文中，将家校合作的涵义扩展为"学校、家庭、社区合作"，并强调了学校、家庭和社区对孩子的教育和发展负有共同的责任。

"螺岭实验"对家校合作的内涵作了三点界定：（1）家校合作是一种双向活动，是家庭教育与学校教育的相互配合。（2）家校合作活动的中心应该是学生。（3）家校合作是社会参与学校教育的重要组成部分。在这三点界定的基础上，"螺岭实验"启动了"1357"工程。

六、校本课程：双语生活教育的体系

"螺岭实验"构建校本课程经历了十年的时间。杜小宜为螺岭的校本课程发展确立了"以学生发展为本"的基本方针，从小学生的生活经验世界和外国语特色学校的需要出发，加强课程内容、社会发展和学生生活的联系，加强课程结构的综合性与多样性，给学校课程真正赋予"生活教育"的价值。值得注意的是：螺岭实施校本课程开发具有整体系统建构的明显特征。尽管几乎全国所有的中小学都在谈校本课程开发，但面对统一课程设置这个问题时，不同的学校采取了不同的策略，基本上可以分为三类：A类以严格实施规定课程为主，外加灵活掌握的所谓"课外活动"，可称之为"补充型"；B类对规定课程进行内容调整，以"课外活动"规定课程的延展，可称之为"延展型"；C类以校本课程为主体，将规定课程内容有机溶入校本课程，实施真正意义上的课程整合，可称之为"整合型"。"螺岭实验"实施的校本课程开发属于C类，因为从该校的校本课程发展过程显示，其课程设置有了整体结构的变化。

螺岭校本课程发展的整体特征可以概括为"六个结合"，即：单科课程与综合课程相结合；系统课程与专题课程相结合；规定课程与校本课程相结合；显性课程与隐性课程相结合；必修课程与选修课程相结合；长课时与短课时相结合。

螺岭校本课程的系统结构覆盖了"生活教育"所需要的全部内容和成分。螺岭的校本双语课程从一年级起将母语和英语同时纳入核心课程系统，采用"体验——实践——参与——合作——交流"的双语教育策略。螺岭的校本英语综合课程鼓励学生尝试英语的生活实践，消除学生对第二语言应用的陌生感，拓展学生的生活语言视野，增强运用第二语言解决生活问题的能力。螺岭的体验式德育课程，以实现学生的自我发展和培养螺岭"五美六会"形象少年为具体指向，坚持德育实践的针对性和实效性，坚持德育途径的全程性、全员性和全方位性，以学生的学习自觉、生活自理、个性自主为"纵坐标"，以学科教学、班级管理、团队活动、社区服务、社会实践为"横坐标"，形成体验式德育的新体系，其中包括：结合"国际理解教育"，研究跨文化指导下的人类核心美德，结合中国道德传统，以"尊重、合作、诚信、负责"为核心德育目标，形成不同年级的品德教育目标和内容；以班队活动为主阵地，实施德育主题活动；以学生自我管理为依托，积极开展广泛的值周班德育实践活动；巩固发展"少年军校"成果，以体验为重点，充实"少年军校"活动内涵；学校与"家教会"联手，加强对家庭教育的指导，完善了"家庭德育体验"，使家庭成为德育实践的重要基地。

螺岭还为学生提供了可以自主选择的选修课程，这些课程旨在培养兴趣和创新实践能力，兼容中国传统民族文化元素，增强民族的认同感，弘扬民族文化和民族精神。具体包括生活、诗歌朗诵、歌唱、文本与网络阅读、写作、话剧、名著欣赏、古诗词欣赏、诗歌创作、写作、小记者等文学类选修课程；还包括小制作、小发明、航模、空模、海模、空气监测、网页制作、电脑动画、电脑绘画等科学类选修课程；另设戏剧、小品、古筝、管乐、弦乐、舞蹈、腰鼓、合唱、陶艺、国画、书法、剪纸、编织、摄影等艺术类选修课程，等等。

七、课堂：双语生活教育的核心场域

"双语的生活教育"的核心场域是课堂，是师生共同活动的课堂。早在 "螺岭实验"的初期，杜小宜就提出了"让语言学习回归生活"的思路。她的这个思路来源二语习得理论，杜小宜探讨了语言习得和课堂语言学习的关系。她认为：语言习得是学习者在生活环境中自然掌握一门语言，而语言学习是在特意设置的语言环境（如一般意义上的英语课堂）中通过适当的训练掌握一门语言。

儿童正处于语言学习的关键期，即使同时学习几种语言都具有强大的心理优势，从终生教育的观点看，儿童应当主要以习得第二语言为主，语言习得研究领域影响最大的语言学家克拉申认为：只有习得才能直接促进第二语言能力的发展。

第二语言的习得不会影响母语的发展，德国科学家施密特所做的对比实验表明，第二语言习得不会给母语学习带来不良影响。有些从第二语言习得获得的语言意识还可以促进母语的发展。

语言习得主要是潜移默化的功夫，是一种对于语言的内化过程，"回归生活的"新型英语课堂可以实现语言习得。

第二语言习得需要丰富多彩的生活环境的支持，真实的生活语境是习得第二语言的最佳条件。因此，"回归生活的"英语课堂应当最大限度地丰富实际生活的基本元素，这是螺岭课堂教学改造的主要任务。

杜校长用一些典型的习得第二语言实例来证实上述观点。她研究了我国著名语言学家吕叔湘、学者辜鸿铭、社会活动家龙永图以及企业家黄铁鹰等人习得英语的经验，发现利用可能的英语真实环境，自主营造习得英语的环境，是他们获取英语应用能力的共同路径。螺岭学校是可以借助这些经验创造语言习得的环境。

在研究双语教学模式过程中，杜校长注意探讨了加拿大"沉浸式语言教学"的实验成果。她认为，以"教育语言"进行"语言教育"，是"沉浸式语言教学"可供"螺岭实验"的合理因素。

在营造第二语言习得的环境方面，螺岭作了很多努力，其中包括前面陈述的学校"软环境"的改造，课堂生活环境的建构，学校大型文化活动的定期举行，网络交流的加强，等等。更为重要的是，螺岭语言课堂（包括母语课堂）的内容有了新的突破，这种突破有几个引人注目的特点：

1.生活的课题成为语言课堂的主旋律。认识自己，理解师长，伙伴沟通，克服困难，磨练性格，礼仪规范，自尊自律，热爱科学，坚持真理与正义，帮助弱者，自我保护，安全意识，坦诚合作等人生主题以各种方式纳入课程的内容。

2.问题的探究成为语言课堂的重要活动。长久以来，人们对于语言课堂的定位就是学会语言的听说读写技能，母语和外语都被单纯视为"工具"，有人则直接称语言课是工具课。螺岭实验把探究问题的活动引入母语和英语课堂。在这个问题上，"螺岭实验"解决了英语实际应用的一个困难的课题：有限的词汇量能够支持问题探究吗？实验结果表明，探究生活问题可以在较低词汇量的水平上进行，而且，探究问题的活动本身可以激发孩子们的参与欲望，这种积极的心理状态，又有利于接受新的词汇，由此形成高效能的良性循环。

3.多元互动成为语言课堂的主导行为模式。螺岭语言课堂的行为逐渐突破了教师与学生个体实行单一互动的框架，越来越多的小组互动和多元交流成为课堂生活的亮点。儿童对于伙伴之间的谈话、讨论、探究和争论具有"天然"的兴趣，其心理活度会因此而成倍增强。

4.各学科的课堂生活改进取得了相互促进的效果。"生活教育"的核心目标不仅仅是语言课堂的目标，而且是各个学科的共同目标。学生在某一学业科目的能力发展结果被有效地迁移到其他学业科目的学习之中。例如，学生在科学课中习得巩固的解决问题程序可以被迁移到英语学科中来，学生在英语课上习得巩固的演讲能力同样可以迁移到思想品德课堂活动之中。"生活教育"打破"学科壁垒"实现课程整合的直接结果，就是促进了学生在成长进程中的心理整合。

结 语

杜小宜在接受记者专访时说："教育是一项值得献身的事业。"在杜小宜教育思想发展、成熟、突破和升华的进程中，我始终感受到她对于教育事业的这种献身精神，这是她取得"螺岭实验"一个又一个成功的根本原因。我们信心十足地期待着她在教育的田野上继续探索教育的本质，并取得新的成果。

【参考文献】

1.杜威（美）.民主主义与教育 [M].北京：人民教育出版社，1990

2.杜小宜."三位一体"是实施素质教育的保障：广东教学研究，2002

3.杜小宜.励进——激活主体的有效方法：现代中小学教育，2003

4.杜小宜.小学英语课堂教学评价的探索与实践：中小学教材教学，2005

5.杜小宜.全国家长学校示范教材：培育精英.北京：新世界出版社，2006

6.杜小宜.体验式校本德育的思与行 [M].北京：中国财政经济出版社，2006

7.杜小宜.教师成长足印 [M].北京：中国财政经济出版社，2006

8.杜小宜.英语习得的36条钻石法则 [M].合肥：安徽教育出版社，2009

9.范国睿.教育人类学[M].北京：人民教育出版社，2000

10.李泮池.浅析克拉申的第二语言习得理论：国际关系学院报，2009（5）

11.李静纯.英语教育评价通论[M].北京：北京教育出版社，2005

12.李静纯.绿色课堂随想录.北京：北京教育出版社，2006

13.Ellis，R. The Study of Second Language Acquisition. Oxford University Press，1994.

14.Gould，R.，The Ecology of Educational Setting，Educational Administration，1976（Vo. 4）

【作者简介】

李静纯，教育部《英语课程标准》修订组核心成员，教育部"指导小学英语教学"项目专家组核心成员，教育部"基础教育英语教学评价试验项目专家组核心成员，教育部基础教育质量监测中心英语质量监测专家组成员，教育部课程教材研究所研究员。

追求英语教学科学与艺术的完美结合

——舒军华和她的英语复习课教学技艺研究

张绍杰

【特级教师小档案】

舒军华，中学英语特级教师，深圳翠园中学教师。全国"十佳"初中外语教师，"全国中小学外语教师园丁奖"获得者、首届全国中小学外语教师名师、 南粤教坛新秀、广东省基础教育"百千万人才工程"省级教育专家、名校长、名教师培养对象、深圳市优秀教师、深圳市首批骨干教师、深圳市名师、罗湖区首批名师工作室——舒军华工作室主持人、"罗湖教育突出贡献奖"获得者，中国教育学会外语教学专业委员会会员。主持和参与10项课题研究，其中国家级2项、省级1项、市级1项、区级4项、校级2项。20多篇论文在《现代教育论丛》、《现代中小学教育》等刊物上发表，研究课题《JEFC教材交际化课堂教学改革实验》获广东省首届"基础教育教学成果"二等奖。主持编写出版了《新课程理念下的教学思考与实践》等8本专业书籍，参与了广东省高中英语新教材的编写。

《基于知识体系建构的初中复习课教学技艺运用研究》是舒老师主持的全国教育科学规划"十二五"教育部重点课题《优质课堂与现代

教学技艺运用的研究》的子课题。她针对现在复习课堂中存在的一些问题，探讨了一套行之有效的英语复习课教学艺术，有效地提高了初中英语复习课的质量。同时，通过课题研究，打造了一支骨干教师队伍。

一、英语复习课教学的现状分析

复习是教学中连接教、学、练、考的一个非常重要的环节，它是学生学习一个阶段后所进行的重点知识梳理巩固和技能技巧的强化系统训练，同时承担着对新授课"查缺补漏"的功能，有着明确的教学目的和意义，对学生知识的重组、体系的建构起着关键的作用，因此，复习课在整个教学链条中十分重要。然而，大量的课堂观察、学生问卷、座谈后的分析显示，多数复习课的内容与方法游离于目标之外，显现出很多问题，概括起来，主要有四个方面：第一，复习目标过于单一。多数老师只关注知识目标，忽视了情感目标、文化意识及学习策略目标，满足不了学生全面发展的需要，不利于学生有效学习方法的形成。第二，复习方式过于陈旧。为了取得考试的高分，教师往往在复习课中大行题海战术，以练习课、考试课取代复习课，采用"满堂灌+满堂放(PPT)"等机械呆板的教学方式，不利于学生学习主体性的发挥，不利于学生学习积极性的调动，不利于知识的巩固消化。第三，复习内容过于零散。主要原因是缺乏对学情的分析、教学目标的准确把握和教学内容的有效整合。复习课的目标应该包括已学知识的巩固、梳理与归纳，学习能力与考试技能的练习、掌握与提升，发现问题、分析问题、解决问题等思维能力与方式的完善与提高，绝不是旧知识在课堂上的堆砌与重复。基于复习课是为了有效建构知识体系的目标，老师在组织学生复习时，要通观教材、统整教材相关重点内容，并结合复习目标的需要适当拓展补充学习材料，而不是照本宣科，完全按照教材内容与顺序进行重复学习或简单"回炉"，这样，会使得学生对新知的探索心理大大降低，学习主动性和独立思考能力弱化。第四，教学环节缺乏层次性、教学活动缺乏趣味性、交际性、实践性。如果教学内容缺乏梯度，不是循序渐进，会给学生学习带来难度；加之教学活动缺乏互动、交际，学生缺少语用的环境与机会，实现不了语言学习的基本目标。

复习课是知识点、线、面的整合，是从无序到有序的梳理，是每单元、每册教材横向、纵向的体系建构。基于知识体系建构的复习课，复习内容将被条理化、系统化，在此基础上，灵活运用多种教学方法和技艺手段，充分调动学生的自主性和积极性，实现复习课教学过程和教学目标的最优化。

针对这些复习课中普遍存在的现象及复习课的目标要求，舒老师潜心研究英语复习课堂教学，并经过长期的反复实践，摸索出了一整套行之有效的英语复习课教学技艺，使原本枯燥乏味的复习课变得兴趣盎然，使学生在课堂上有为、有得、有趣，深受学生欢迎。

二、"基于知识体系建构的英语复习课教学技艺"的内涵

"基于知识体系建构的英语复习课教学技艺"就是指教师在复习课堂中，根据教学目标要求、学生的学习基础、学习能力和心理特点，在师生合作的基础上，挖掘知识间的内在联系，摒弃对知识的简单堆砌，帮助学生实现对学生知识的横向、纵向的键接搭建，掌握有效的学习方法、考试技能及知识体系的自主建构的教学技巧及教学艺术。

三、理论基础

20世纪80年代，西方兴起了建构主义心理学。建构主义是心理学发展史中从行为主义发展到认知主义后的进一步发展，被视为"教育心理学的一场革命"。建构主义心理学的创始人为瑞士著名心理学家皮亚杰，后来在维果茨基、奥苏贝尔、布鲁纳等人的推动下，这一理论得到充分的发展并形成了较为完整的体系。建构主义在教学活动中的表

现为，强调学生学习的主动建构性、社会性和情境性。他们认为，教师要尊重学生，倡导合作学习，主张师生间的交流与互动，学生能在教师指导下进行能动的知识建构活动，教师通过创设符合教学内容要求的情境和提示新旧知识之间联系的线索，帮助学生建构当前所学知识的理论体系。为此，《基础教育课程改革纲要(试行)》要求"改变课程实施过于强调接受学习、死记硬背、机械训练的现状，倡导学生主动参与、乐于探究、勤于动手，培养学生搜集和处理信息的能力、获取新知识的能力、分析和解决问题的能力以及交流合作的能力"。知识建构活动体现在教学中的各个环节，针对复习课而言，教师通过挖掘知识的内在逻辑关系，引导学生进一步建构自己的知识体系，从而达成优质的复习课堂。

四、具体内容与操作方式

（一）单元学案导学式

舒老师认为：在复习课中，知识、方法与技能应该并重并举。"单元学案"是融一单元的重点知识与学习方法于一体的一种学习思维导图，由学习目标、学习重点、学习活动（听说读写系列活动、巩固练习、知识与方法归纳）、自我评价或小组互评等组成（如表4-1），包括每一单元的重点知识的归纳梳理与巩固突破及复习方法的呈现与运用，让学生在老师的指导与帮助下，在各种教学活动的主动参与中进行知识体系的自主建构，并形成有效的学习方法。

Revision of Passive Voice 导学案

学习目标：1. 复习被动语态的基本结构

2. 巩固被动语态在不同时态中动词形式的变化

学习重点：1. 被动语态的一般过去时、现在时、将来时

2. 情态动词的被动语态

学习活动： I. Listen and answer the question.

What has been done to Mr Black's house?

II. Read out all the passive sentences in the following dialogue.

A： Can you briefly describe the situation?

B： I have been in Hong Kong on business for a week. When I get home this afternoon, the windows and the doors are locked but my house is a mess. The sofa is turned over(翻过来).

The clothes are thrown on the floor. The things in the drawers（抽屉） are messed up（弄乱）.

The computer is turned on. The milk and the soda have been drunk up and there are only empty bottles left in the fridge. To my surprise, there wasn't anything valuable missing.

III. Listen and answer the question:

Why did Jim break into Mr Black's house?

IV. Read the boy's confession(供词) and make up a dialogue in pairs.

I stole the keys from dad. We looked for Jerry all around the house. We opened the closet(柜子) and drawers. We turned over the sofa. We were still unable to find Jerry. It might go somewhere outside. We were tired, so we turned on the computer for fun while waiting for Jerry. An hour later Jerry returned. We opened the fridge to find some food for it. We found some milk and soda. Jerry drank the milk and we had soda.

Example: The policeman is questioning Jim

You can follow the example. You can also ask any question you like. (Make sure to use passive sentences):

A：Who were the keys stolen from?

B：The keys … from…

A：Why was the computer turned on?

B：It was…because we wanted to…

A：…

V. Thinking: What will be done to Jim? Will he be put in jail?

VI. writing: What should be done to make Mr Black's room tidy?

Fill in the blanks with the correct form of the following words: put, lay,turn,hang,close

The sofa should _____back. The computer should _____off; The closet and the drawer should_____. The clothes should _____up in the closet. The things in the drawer should_____ away.

VII. Sum-up: The verb forms of the passive voice.

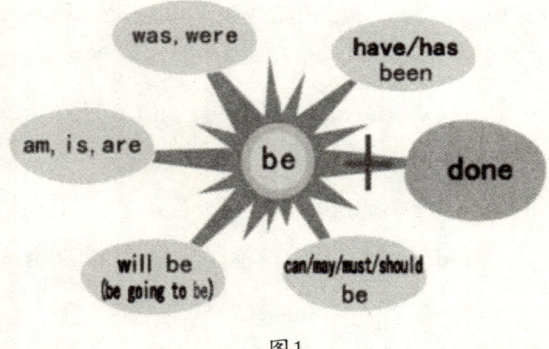

图1

VIII. Consolidation: Play a game called "jeopardy".

Different groups of students work together and finish exercises on passive voice in the powerpoint. The one who gets the most correct answers is the winner.

IX. Self-assessment.

X. Homework: Finish the exercises on passive voice.

Self-assessment in class learning		
Content	Yes	No
Are you active in class today?	☐	☐
Can you remember what you've learned today?	☐	☐
Can you use passive voice now?	☐	☐
Do you have any questions?	☐	☐

表1： 单元复习自我评价表

（二）游戏活动助学式

舒老师认为，游戏是能引发学生学习兴趣的一种有效的教学方法，它巧妙地运用了学生的好胜求胜心理，能很好地调动学生参与活动与学习语言的主动性与积极性。适合在复习课中运用的游戏活动有很多，这里重点介绍一种游戏——Jeopardy。Jeopardy是1964年在美国诞生的一种智力抢答游戏，问题涵盖面极广，已广泛运用在国外教学中，不仅能激发学习兴趣，提高参与积极性，培养团队协作能力，创造良性竞争环境，也能巩固已学知识，丰富课堂活动。它的具体操作方法如下：

1.设计一个游戏界面（如表2所示）

	A	B	C
1	100	200	300
2	100	200	300
3	100	200	300

表2： Jeopardy游戏界面

2.根据教学内容与教学目标要求，每一个数字设计一道与复习内容相关联的练习题，数字越大，题目难度也越大；

3.将学生分成若干组，由老师或学生主持，进行分小组抢答，答对得分，答错不扣分；

4.分小组累加分数、评比，对获得最高分的小组，给予奖励。

（三）小组同伴互导式

建构主义揭示，学习活动的内在机理是互动，同伴互助学习作为一种特殊的学习活动，具有两个特点：第一，参与双方应掌握传达知识的技巧。这里的知识指该学生个体所拥有的可传授给同伴的一切，包括学习习惯，基本技能等，能有效地促进同伴互助学习；第二，参与双方需学会交往，互相融合，构建共同的价值和意义。同伴互助学习有着十分广泛的内涵，英国的托平（Topping.K.）教授和美国的尔利（Ehly. S.）博士提出："所谓同伴互助学习，是指通过地位平等或匹配的伙伴（即同伴）积极主动的帮助和支援来获得知识和技能的学习活动，包括同伴指导（Peer Tutoring）、同伴示范(Peer Modeling)、同伴教育（Peer Education）、同伴咨询(Peer Counseling)、同伴监督（Peer Monitoring)与同伴评价（Peer Assessment)"。

"小组同伴互导"是以"同伴互助学习"为基础衍生而来的，是指在老师的引导、组织与帮助下，学生同伴之间基于相互信赖而相互交流、相互帮助、相互学习、共同解决问题、优化方法、形成策略的一种学习形式，它的具体操作如图2所示。

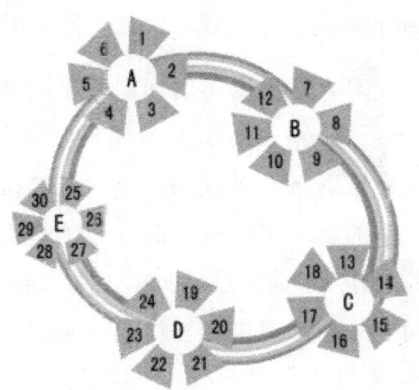

图2： 小组同伴互助示意图

先将全班学生分成若干个6～8人小组（如图2中A～E组），把学习任务分解成与小组数相等的具体任务，老师将各项任务分配给各小组，并提出具体要求。先给学生5～8分钟时间，由各小组长负责组织学习活动（如：讨论一组题的过程与答案），此时老师巡视课堂，给予适时适当的帮助与指导。第一轮讨论结束后，A组的1号同学到B组讲解A组的题目及讨论结果，B组的7号同学到C组讲解⋯⋯，通过这种"兵教兵"的活动，每一个学生都有教别人的机会；一个循环下来，每位学生都弄清楚了所有问题的过程与答案。

（四）话题统整式

"话题统整式"复习法主要是根据现行英语教材编排特点拟定的一种复习方法。英语教材一般以一个话题为一单元，单元教学实际上就是一个话题下的词汇、语法、阅读及写作教学。"话题统整"复习法就是在教师的引领下，将初中教材中的话题归类到《初中英语课程标准》中罗列的24个话题下，以话题为牵引，将该话题下的常用词汇、经典语句、典型句式及主要语法进行提炼、整理与归纳，并依据学生学习需要，适当补充拓展话题下的阅读及写作训练，实现单词、句式、语法、阅读、写作的全方位的全面系统复习，具体方法为：

1.通过Word Tree的单词头脑风暴，联想记忆单词

"话题统整式"复习方法遵循英语词汇教学原则，围绕话题，对话题下的词汇通过"Word Tree"的形式进行统整归纳，充分运用联想、发散等思维方式，把同一话题下相关联的重点词汇链接联系起来，建立起词与词之间有内在联系的单词记忆网，既减轻了学生的复习负担，又提高了复习词汇的效率，增强了词汇复习的实效性、系统性及全面性。

例如：如果将同一版本不同年级教材或不同版本同一年级教材中关于"购物"的内容全部归整到"Shopping"这个话题下，那么，它的"Word Tree"头脑风暴图为：

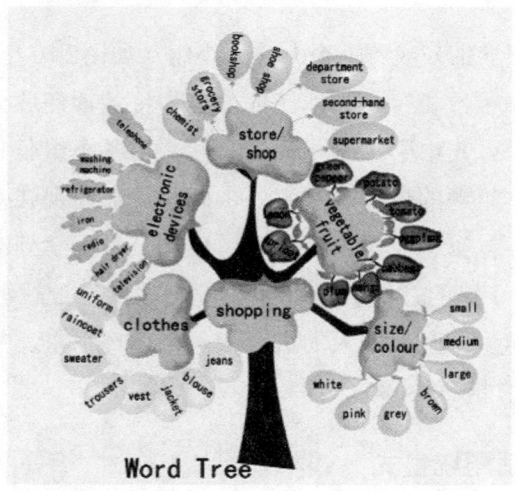

图3："Shopping"话题的Word Tree

2.围绕话题内容，积累经典句子与经典会话

围绕话题总结提炼能表达其核心内容的、常用的经典句子与会话，既便于记忆，又能提高学生的口头交际能力与笔头表达能力，使学生言之有物。如"Shopping"话题下的经典句子与经典会话可提炼为：

经典语句和会话

1. 经典语句

售货员用语：

Can/May I help you?

What can I do for you?

（以下略）

顾客用语：

I want /I'd like.../ I'm looking for...

Can /Will/Would you show me...?

（以下略）

2. 经典会话

A: Good morning. Can I help you?

B: Yes, please. I'd like to buy a coat for my daughter.

A: What color do you like? What about red?

B: Oh, no. I like blue.

A: OK. Here's a blue one.

B: How much is it?

A: Eighty yuan.

B: That's a little expensive. Do you have a cheap one?

A: Sure. This one is only fifty yuan.

B: OK. I'll take it.

表3

3. 灵活运用话题，梳理基本语法

老师通过话题创设鲜活生动的情境，让学生在仿真实的情境中，通过参与、体验来学习语法、运用语法进行交际活动。

4. 设计话题情景，训练写作技能

老师依据话题拟定写作情景，让学生灵活运用所积累的该话题下的经典词句、语段来进行写作训练，让学生不仅有话可说，而且表达基本准确。下面就是一例根据话题"Shopping"拟定的一则写作训练：

周末，你和妈妈逛商店，看到一位外国人想买一双鞋，他不懂汉语，售货员也听不懂英语，你上前帮忙，为他们翻译，帮他买到了合适的鞋。这位外国人很高兴并向你致谢，妈妈表扬了你。

请根据以上情景和内容要点提示，用英语写一篇日记，词数60-80，日记开头已经给出，不计入总词数。 参考词汇：sales girl 女售货员

Sunday, May 9, 2010

This afternoon I went shopping with mom. While we were walking around in the shop, I saw a foreigner in men's shoe department.

表4

（五）自主合作探究式

舒老师在复习课中采取了"自主合作探究"的方式。"自主合作探究"式是指学生自主组合的小组按照老师提出的问题或布置的专题任务，运用已有的知识经验和思维方式，共同制订方案、解决问题、发现规律、实现知识再创造的一种学习方式。例如，她为了让学生更认真、深入地阅读、领会教材的重点与精髓，能够正确理解与辨析重点字、词、句的确切含义，能从所学的材料中收集、归纳、提炼有用的知识，找出规律性的东西，她把重点分成几个板块，把每个板块的知识分解成几项具体的任务，每个小组分配一项任务，小组成员分工合作在规定的时间完成任务，然后将成果在课上展示，老师给予评价或同学之间互评，并将好的作品经过修改在全班推介使用，作为对学生的一种奖励与激励。"自主合作探究式"引导了学生学会学习、学会思考、学会合作、学会分享，也培养了学生收集、推理、联想、归纳知识等综合能力。

（六）情境牵引式

舒老师采用的"情境牵引式"复习模式主要是依据 "情境教学

法"。"情境教学法"是指在教学过程中，教师有目的地引入或创设具有一定情绪色彩的、以形象为主体的生动具体的场景，以引起学生一定的态度体验，从而帮助学生理解教材，并使学生的心理机能得到发展的教学方法。情境教学法的核心在于激发学生的情感。

以"被动语态的复习"课例为例：在课的开始，舒老师创设了一个情境——Mr.Black家昨天被盗了，后面的系列学习活动随着侦破工作的进展而逐渐走向深入。在不同的学习活动中，她引领学生在不知不觉中复习了被动语态的结构、被动语态在不同时态中动词形式的变化及其运用，由易到难、由浅入深，环环相扣，逐步深入，使学生在仿真实的情境中体验情感、练习语言、吸收知识。具体过程从下面图表中可清晰地了解到：

创设的情境	老师的活动	学生的活动	活动的目的
交代情境——Mr.Black家被盗	用图片展示情境Mr.Black家被盗	看图，听老师讲解情境的开始	引起学生注意引发学生兴趣
警察向Mr.Black了解被盗情况	组织学生朗读一段警察与Mr.Black之间的对话	朗读对话、划出含有被动语态的句子	让学生了解被动语态的基本结构及被动语态的一般现在时
警察了解到Mr.Black家被盗的原因	放一段听力	听一段短文，回答问题：为什么Jim擅自闯进Mr.Black家	复习被动语态的一般过去时
警察通过Jim的供词了解到Mr.Black家被盗的真相	组织学生阅读一篇含有被动语态的短文，并要求学生根据文章编写一段警察与Jim的对话	学生阅读短文，两人一组根据阅读文章，编一段警察与Jim之间的对话(必须用被动语态)	复习被动语态的疑问形式
讨论对Jim的处罚结果	组织学生讨论：Jim将会受到怎样的处罚？他会坐监吗？	分小组讨论	综合运用被动语态的各种时态与形式(口头练习)
讨论如何使Mr.Black的家恢复干净、整齐	要求学生根据情境，用所给动词的被动语态及正确时态完成一段短文	根据情境，用所给动词完成短文	将学生综合运用被动语态落实到笔头上

表5

在这个案例中，舒老师通过图片呈现情境、通过语言描述情境，对学生的认知活动起到了重要的导向性作用，提高了感知效应，使情境更加鲜明，并且带着感情色彩作用于学生的感官，学生因感官的兴奋，主观感受得到强化，从而激起情感，促使自己进入特定的情境之中。将语言的学习融入到特定的情境中，学生既学得轻松愉悦，又印象深刻。

（七）链条形小组纠错式

这种方法主要是针对学习基础与能力较差的学生群体。对于基础较差的学生来讲，常态的复习课所复习的内容容量与难度都会太大。为了让这些学生真正过关，舒老师通常会将每一堂课的重点复习内容分层编成微型练习卷，将基础卷让这些学生用15分钟左右的时间进行过关练习，然后收上来，再根据练习完成情况将这些学生分成若干个5～6人小组，从每个小组中挑选出相对完成较好的学生，给他们的练习进行面批面改，详细讲解，然后让他们订正，对订正得认真且准确率又高的学生进行特殊的奖励——即奖励他（A同学）给A同学自己所在的小组（第一组）的B同学讲解并帮助其订正，老师在旁边观察并给予适时指导，B同学订正好后，老师给他的奖励是指导C同学订正，A同学此时在一旁观察并给予适时指导……这个过程用图4可清楚地描述出来。

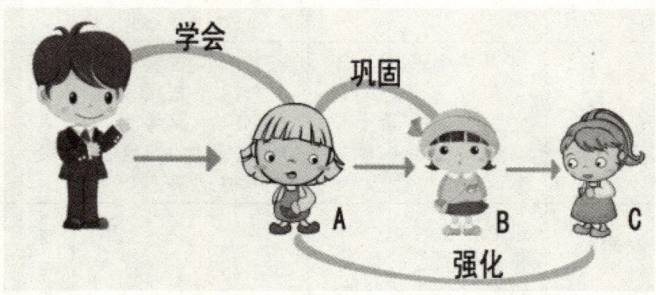

图4

在这种方式中，舒老师巧妙地运用了对学生进行"内在奖励"的策略，即老师用一定的方式满足学生的内在心理需要，并及时地给予正面的评价（表扬）。老师的表扬与赞许向学生传递着一种对他们积极的、适当的期待，使其产生积极的自我效能感，强化了他们的学习动机。这种奖励既做到了充分尊重学生，给他们带来快乐，也能促进其行为的积极变化，让他们朝着老师所设的目标努力，是真正有价值的奖励。

（八）分块分层过关式

为了更好地落实均衡教育，义务教育阶段学校都实行均衡分班，尤其是大班额班级，学生层次多，学习能力与基础参差不齐的现象特别突出，这是实现师生教与学有效性的瓶颈障碍。舒老师为了很好地解决这个问题，科学地将"分块分层过关式"方法运用到复习课教学中。"分块分层过关式"就是将一堂课时间分块，一块时间用来上课，主要是师生合作突破重难点，进行知识与方法的归纳，另一块时间是用来将上课的重点内容进行巩固练习；练习内容分成A、B、C三层（如图5所示），三个层次的练习都包含有基础题，A层补充了一部分拓展能力的训练内容，C层在量上有所减少，难度上有所降低，这样，充分尊重了学生原有的基础与自尊心，也保护了学生的自信心，让不同层次学生经过努力学习，都能在原有基础上有所收获，进而慢慢地减少甚至彻底消灭学困生，提高了班级整体成绩与水平。而且，学生完成练习是在老师的视线范围内，能得到老师的有效监控与帮助，杜绝了抄袭作业的现象。

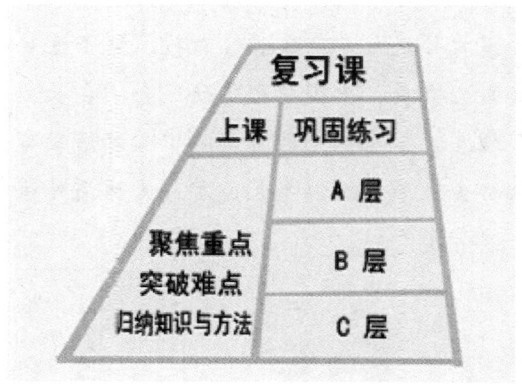

图5：　分块分层复习示意图

除此之外，还有"滚雪球"式、循环交叉式、微卷过关式、筛选突破式等复习方法，它们的有效运用，提高了学生的学习兴趣、学习效率及教师的教学技艺，创建了优质、高效、趣味的课堂。

【参考文献】

1.施良方，崔允漷. 教学理论：课堂教学的原理、策略与研究[M]. 上海：华东师范大学出版社，1999

2.王彦琳. 电视游戏节目"jeopardy"在对外汉语教学中的运用.《科教文汇》[J]. 2009（26）:112-112. 174

3.李如密. 教学艺术论[M]北京：教育科学出版社，1998

4.许高厚. 课堂教学技艺[M]北京：北京师范大学出版社，2000

5.[美]R·M·加涅著，皮连生，王映学，郑葳等译. 学习的条件和教学论[M]上海：华东师范大学出版社，1999

6.陈琦，刘儒德. 当代教育心理 [M]. 北京：北京师范大学出版社，2007

【作者简介】

张绍杰，东北师范大学副校长，教授，博士生导师。教育部外语专业教学指导委员会委员，中国语用学研究会副会长，全国高校功能语言学研究会常务理事，国家基础教育实验中心外语教育研究中心副主任，吉林省翻译家协会理事会副秘书长，曾任吉林省外语学会会长，吉林省社会科学联合会委员。

行走于文化之旅上的教育者

——刘引教育思想研究

裴娣娜

【特级教师小档案】

刘引，中学政治特级教师，深圳市南头中学校长，法学博士。先后被评为省级学科带头人、省级优秀教师、全国首批国家级骨干教师等，深圳市政府特殊津贴专家。曾主持或参与多项国家、省、市、区级教育科研课题研究，致力于学校文化管理的探索与创新，卓有成效。在《人民教育》、中国教育报等多种核报刊上发表《现代学校的文化使命》、《合作：教师文化的发展方向》、《文化立校》等论文数十篇及出版专著《聆听跋涉者的足音——新课程下教师行为研究》、《现代基础学校文化建设研究》，并多次获得教育科研奖励。

透视南头中学的办学方略与特色，体现的是刘引校长强烈的改革意识与创新精神，是她以"文化立校，传承创新，以人为本，和畅共生"为办学理念，引领南头中学在实践中，在创新中不断发展。基于对现代校长教育理念的重新探讨和学习，我认为，作为一个智慧型的校长，刘引校长的教育思想，是中国教育事业发展的宝贵教育资源，需要我们满腔热忱地去学习，挖掘和提炼，去读懂学校，读懂校长。

一、文化支点与追求

（一）教育观：为生命的发展负责

刘引将自己的教育思想概括为："为生命的发展负责。"她说："人本是自我创造的动物，在人的自我发展中，经历了自我发现、自我约束、自我完善和自我创造；教育介入只不过是为了帮助人自我发现、自我约束、自我完善和自我创造而已。"为生命的发展负责，其内涵是：

1.关注生命。她提倡尊重、关怀、拓展、提升生命；提倡尊重生命的独特性，理解生命的生成性，善待生命的自主性，关照生命的整体性。

2.尊重个体。她提倡多维度、多层次、多角度，去关注每一个生命个体；提倡尊重每一个学生的个性需求和发展需求，尊重每一位教师的教学个性和教学智慧。

3.强调发展。她强调全体发展、全面发展、全程发展以及有差异的发展。

（二）价值观：和谐是教育的最高哲学

刘引将"和谐"作为学校发展的核心价值观，并阐明了和谐的三个实质性内涵。

1.和畅共生

她认为"和畅共生"就是要构建人文校园、成长校园、和谐校园。刘引认为，"和谐既指环境中时间的悠闲、空间的宽裕、空气的新鲜、人际关系的和睦，还指在这种教育环境中作为师生的生命个体，当他们在进行教育与被教育的活动时，那种丰富的情趣、愉悦的内心、健康的体魄、旺盛的精力、顽强的意志、坚定的信仰，那种坦然面对生活，欣然接受自己，形成融入自然、融入社会、体验生命的积极心态，以审美的眼光打量这色彩缤纷的世界，诗意地生活在真实的生命感受之中。"和畅共生既是一种理念，更是一种境界。

2.和合共融

深圳是个移民城市，学校的教师和学生来自于五湖四海，如何把不同文化背景、不同成长方式、不同教学思维的老师和学生聚合在一起，综合其优势，互补其短处，保留其个性，刘引有着独到的思考。她一是强调文化的多元性，即不同文化的并存与相互支撑。二是强调不同文化的融合。所谓融合是指对不同文化的尊重、接受和包容，这是一种开放意识，也是一种文化胸怀。三是强调文化的积淀。文化积淀是另一种意义上的融合，是过去与现在、传统与现实的交融。

3.和衷共济

刘引敏锐地意识到，和谐的人际关系从来都是成长与发展的最好空间。她撰文研究教师合作文化，认为其中体现出的沟通、对话、合作、互助、共同发展等特征，能使教育走出个体的自我封闭性、孤立主义、自我主义的藩篱，以及由此导致的教师间的不良竞争和相互排斥的心理。和衷共济，使教师超越个人反思，而走向同伴互助，这也是教师专业发展和学校发展的主要源泉和文化支撑。也正是基于这一认识，在促进学生个性全面发展方面，刘引将社会责任意识、团队合作意识作为对学生进行思想道德品质陶冶的重要内容，培养学生的合作交往意识、群体观念。

（三）发展观：文化立校的办学理念

站在历经百年沧桑的凤冈之上，刘引睿智地发现并挖掘了南头中学百年历史厚积的生生不息的文化；同时立足于时代大背景，她理性地思考着教育的生存和发展问题，并通过不断地总结与反思，整合与提炼，形成了"文化立校，传承创新，以人为本，和畅共生"的办学理念。

"文化立校"，指的是要创建一种提升人的素养情操和生命价值的学校文化，培育一种调动人的才智激情和激励人奋发向上的人文精神，形成一种能让人共同信奉、追求和坚持的、凝聚人心的核心价值观，并以文化的视野思考学校的发展战略，建构学校的发展蓝图，制定学校的发展规划，确定学校的办学目标，引领学校的教育行为；"传承创新"，一方面要根系百年南中的优良传统，继承博大精深的中华文化精髓，弘扬崇实惟新、追求卓越的南中精神；另一方面要确立现代教育理念，整合国内外先进教育理论和成果，创建适合素质教育的新模式，促进学校教育全面、协调、科学、理性的可持续发展；"以人为本"，就是"一切为了人的发展，一切适应人的发展，一切促进人的发展"，就是"全面发展、全体发展、全程发展"；"和畅共生"，就是要构建人文校园、和谐校园和成长校园。

二、文化解读与超越

"文化立校"管理思想的核心在于，必须重新阐释现代意义的"学校文化"内涵，必须确立现代文化在学校发展中的定位。踏入百年凤冈校园的刘引校长，运用其现代管理的智慧，以文化的视角，让南头中学这一历史老校焕发出新的生机。

（一）文化是学校的生命力和发展力

刘引认为，文化的意愿是竞争的动力，立志竞争才有竞争力，它通过建立价值理念，塑造、整合、调控人的行为；其次，文化是有个性的，不同的学校文化特色也造就了不同的人才；再次，文化是一种力量，文化作为人们对所从事的组织的支持，会使工作成为乐趣，他律成为自觉，使发展成为必然，这种对一个组织个性精准的、普遍的、深刻的文化自觉将成为一种终极竞争力。所以，文化能给学校定位、导航，以文化治校，以文化育人，学校才能拥有核心竞争力。

（二）现代学校的文化使命

当代社会正处于重要转型时期，现代学校的功能与社会发展的关系需要所有的教育者重新审视。刘引校长认为，现代学校不应该仅仅停留在"传承文明"的层面上，还要履行起传播和创造新文化以引领和推动社会发展的文化使命。现代学校的文化使命就是传承、积累、创新文化，文化感召力是教育竞争力的纽带和核心。

（三）名校的一半是文化

刘引非常认同"名校的一半是文化"，她认为学校首先是传播知识和文化的地方，真正意义上的教育实际上就是一个文化过程，而文化及人文精神所关注的是人的生存方式和生命意义，所以，文化是学校之根，是学校师生精神生活的守护神，一所学校的文化缺失就意味着学校品牌的贬值和师生精神生命的枯萎。她始终强调办"以人为本，以师生发展为本"的名校，必须实现"价值引领，创新文化"，也正是在这个意义上，刘引校长视创新学校文化为品牌学校的使命。

（四）历史从来都是财富

南头中学前身为"凤冈书院"，始建于1801年，历经"凤冈学校""宝安县立第一中学"的风雨沧桑，生生不息，已有208年的历史。作为一所百年老校，以独特的历史地位和办学影响，被誉为"深圳教育之根"。两个世纪以来，学校经历了由旧式书院到新制学堂，由农村学校到广东省一级学校的历史跨越，百年南中积淀了厚重的文化底蕴，形成了学校三大文化传统，这就是：书院文化传统，崇尚学问至尊、以"道"为核心的人文精神以及学术创新精神和教化精神；革命文化传统，表现为爱国主义和集体主义意识、社会责任感和使命感以及奋斗精神和牺牲精神；海洋文化传统，包括多元性和包容性，开放性和交融性，以及国际视野和博大胸怀。这些传统丰富了刘引对南中的认识和理解，也积淀并促发了她的教育思路和管理策略。

她认为学校这些厚重的文化积淀和独特传统，凝聚着南中一代又一代拓荒者的心血和汗水，是学校赖以继续向前发展的基础和财富。她提出：一定形态的学校文化将孕育着一定形态的学校教育，要实现教育现代化，必须首先建设现代化学校文化；要用先进的办学理念来激励和引领学校文化的建设，用科学的办学策略来推动和擎托学校文化的发展，并把代表南头中学学校文化发展方向的先进理念转化为具体的、为所有老师认同的观念，形成具体可操作的目标。

这些观点，既抓住了学校发展的文化命脉，也表明了刘引的文化意识和文化敏感。基于这样的文化意识，作为改革者的刘引心目中的改革过程，就是原有文化传统提升和转型的过程，就是价值转型和价值提升的过程。

三、文化图谱与路径

如何将文化意识转化为自觉的文化行为，将改革理念和改革行为上升到文化的层面上进行思考，并将这种思考置于自身所处的历史与现实中，这需要一种很强的转化能力。事实表明，刘引正是一位具有这种将观念付诸实践的转化能力的教育者。

关于学校的办学理念方略，刘引提出并实施了学校发展的两大战略，即文化发展战略和师生成长战略。

（一）文化发展战略的定位

学校文化战略的基本思路是：以传承、拓展传统文化为主线，以形成现代化开放式学校文化环境为重点，以发展主体性、张扬个性、提升人的生命价值为根本宗旨，以创建师生共同成长的精神家园为目标。

立足文化战略，刘引构建了精神文化、行为文化、形象文化、物质文化四位一体的学校文化体系。

1.以办学理念、校训、教风、学风为代表的精神文化

南头中学"有猷、有为、有守"的校训是学校文化积淀与传承的产物，是南中文化的核心价值取向。这一校训出自《尚书》。"有猷"是指有智谋，有规划，以智谋规划人生；"有为"是指乐于实践、勇于实践、善于实践的行为方式；"有守"是指能守住原则，守住责任，守住精神家园。

学校在漫长的教育实践过程中形成的"重道敬业、崇实惟新"的教风和"多思切问、博学笃行"的学风，是校训的具体体现，这些精神文化以其超越时空的文化魅力，激励并滋养了一代代南中师生。

2.以构建现代学校制度为代表的行为文化

学校先后建立并完善了"目标管理责任制""绩效考核制""民主对话制""层级管理制""责任追究制"等管理制度，坚持校长负责与民主决策统一、科学与人文统一、刚性与柔性统一的管理原则，并参与了国家级课题"现代学校制度研究"。

3.以学校的视觉形象识别系统为代表的形象文化

刘引组织成立了学校文化工作室，建立了学校的视觉形象识别系统。视觉形象和文化标识是学校精神的外显，展示了学校的文化形象，传递了学校的文化追求，增强了师生对学校文化的认同感。

4.以学校的地理环境、规划布局、人文景观等为代表的物质文化

依山临海的校园，充满文化气息的学校规划，从中山公园划拨的一万七千平方米的文化广场，赵朴初题写校名的学校门楼，季羡林题写校训的文化石，以及见证岁月记录历史的校友会等学校的每一个空间都充溢文化的气息。

众所周知，南头中学是全国诗教先进单位。这里有全国第一家中学生专门性诗歌教育网站凤冈诗社网站；有在学生中影响深远的凤冈诗社；有钟梓玮、桑一丹等一批崭露头角的小诗人；有《语文报》、《新

作文》、《现代语文》等媒体对南头中学诗歌教育的专题报道或专访；有文学特长生被中山大学、上海戏剧学院等院校录取的辉煌。如果只从应试的角度来看，诗歌的价值其实很小：许多年来，许多省份的高考作文要求里还赫然写着"诗歌除外"。刘引校长却把诗歌当成一所学校的重要文化内涵来对待。在2007年由山西人民出版社出版的南头中学学生诗歌作品集《鸣凤托高梧》的序言里，她写道："我们的培养目标不一定是诗人，但我们的教育必须打上一层文化的色彩和诗性的光辉。"她把文化和诗性并列起来，超越实用主义层面去定位诗歌，将诗歌作为学校文化中的一个重要内涵，这就是刘引以文化来建构她心目中的理想教育的一个生动展现。

关于师生成长的战略，刘引重点抓了学校课程改革、教师专业成长以及学生发展。对师生成长的思考与实施，同样体现了她的文化自觉。

（二）用课程去铺垫人生

教育的核心是课程，刘引作为一校之长，当她在设计学生的个性发展、全面发展、终身发展的治校方略时，重点放在学校课程的改革与建设。

刘引以敏锐的胆识和魄力，及时抓住了新课程改革这一发展契机。早在2004年9月，她策划组织了南头中学"走进新课程"系列活动，以课程改革为新的生长点和发展点，以课程文化为主线和特色构建学校的课程体系。

1.体现课程文化的课程观

刘引认为，一个人的发展是动态的、立体的过程，是不同层面、不同角度纵横交织形成的结合体。课程绝不能是单纯的知识与技能的建构，而是生命完整的表达与成长。她还认为，课程文化包括学生在学校情景中获得的一切经验的过程；又是学校育人的蓝本和途径，是学校文化的主体和"代言人"。

在她的带领下，学校对课程内容、课程结构、课程载体及课程管理模式进行了重新审视与创新。学校走进初中，着眼对接与调适、帮助与引导，为学生发展寻找最合适的起点；学校更新评价，注重尊重与欣赏、激励与过程，为学生建立个性化发展档案；学校组织实践，强调分享与体验、合作与创新，为学生拓展不同的发展空间；学校立足校本，突出多元与融合、生成与发展，为学生提供课程自主选择的机会。

2. 学校课程改革的设计与基本思路

刘引认为学校必须严格执行并创新实施国家课程方案，拓展课程资源，丰富课程内容，加大课程的时代性和选择性。她领导构建了以"生成型、多元性、选择性、发展性"为特色的学校课程体系。这一体系由基础型课程与发展型课程组成。发展型课程又分为三大类型，即知识拓展类、特长培养类和活动体验类（见图1、2）。

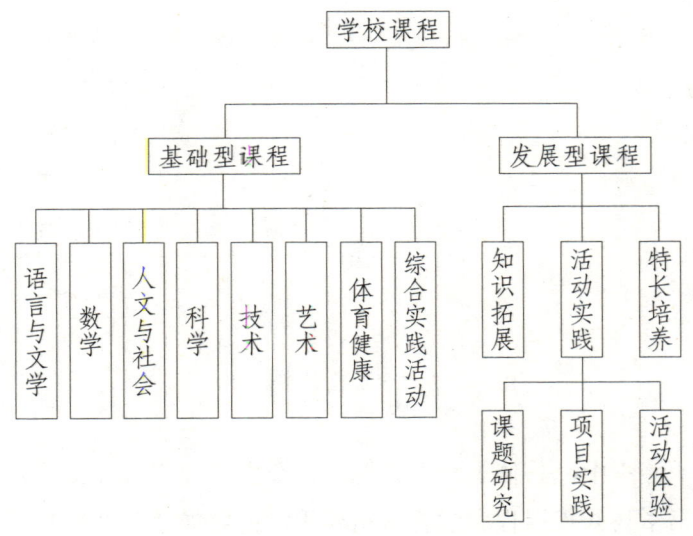

图1 南头中学课程结构

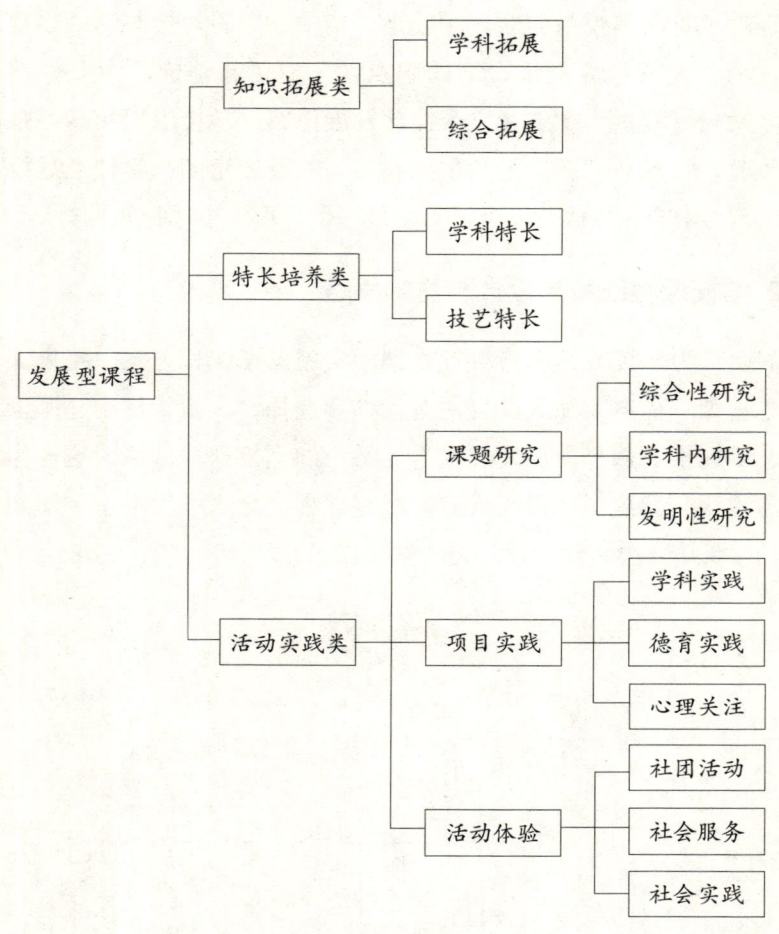

图2 南头中学发展型课程结构

　　在这一体系中，总体思路上强调了三个主要课程设计。一是基础性课程，包括学科知识课程和学习策略课程，前者如《〈红楼梦〉中的细节描写对刻画人物形象的作用》，后者如《学习方法指导》；二是拓展性课程，包括博知课程、践行课程、怡情课程、生活课程、技艺课程等，如《南中大讲堂》、《旅游过程中的自我保护》、《服装设计基础》、《中学生营养方案》、《视频编辑制作》等；三是创新性课程，包括学科深化课程、创新实践课程等，如《数学思维训练》和《科技小发明》等。学校共开发发展型课程150多门，每学期精选其中40多门开课。

学校建立的这一以基础型与发展型为主体框架的学校创新课程体系，既体现学校办学特色与优势，又满足学生全面发展和个性发展的需求。不仅给予学生最大的选学自由，在情感态度价值观方面的体验感悟和升华呈现多元性，同时也为教师和学生都提供了无限的创造和发展空间。

3.以发展为核心的课程实施

关于课程的实施，刘引着重抓了课堂教学改革，构建了"自然分层，平等互动，重视体验，强调建构"的教学生态格局。

（1）"民主、平等、尊重"的教学方式。一是强调参与和体验。二是强调主体和主导。三是强调互动和共生。帮助学生进行知识建构和人生建构，并在此基础上激发其主动学习、发现学习、探究学习的内在学习力。

（2）"自主、合作、探究"的学习方式。由储存知识到建构知识，由被动接受到双向互动，由自我封闭到合作交流；强调学生对知识的主动探索、主动发现和对所学知识的主动建构；强调质疑、批判性思考，建立新的成长观、合作观。

（3）"互动式、生成式、建构式"的课堂教学模式。近年来，该校在构建课堂教学有效模式上做了有益的探索，如构建了以语文学科为代表的文科的"问题点拨探究"教学模式，以数学学科为代表的理科的"知识生成"教学模式和"题组变式训练"教学模式等。这些模式的形成有效地促进了教学的发展和提升。

这里特别要指出的是，南头中学"CPS"课程的开设。"CPS"是"创造"（CREATIVITY）、"实践"（PRACTICE）、"服务"（SERVICE）的缩写。这是刘引从上海引进的是一门社会活动学习课程。它要求学生以"活动组织者"、"主动实践者"的角色参与到学校生活和社区生活中去，要求学生通过组织一次有意义的活动，完成一项现实的任务，实践一次为他人的服务，从而学习有关的知识与技能，获得有关的体验和经历，有助于形成正确的态度和价值观。

该校自2006年7月开设CPS德育课程以来，开展了一系列相关的活动：走进社区，宣传节能环保并身体力行；走上街头，开展"坚持祖国统一，反对台独"大型签名活动；走入社会福利中心，关心、照顾孤寡老人；走向图书馆，当起义务图书管理员。CPS课程以活动性、创造性、教育性，丰富了学生的学习过程、实践经历和人格层次精神空间，并推动学生的创新意识和创新能力、社会责任感和道德正义感、同情心和合作精神、开放心态和独立能力等的全面提升。

课程文化建设是一项系统的育人工程。成熟的课程文化，是积极推进课程改革的精神气候，它能够给深化课程改革提供一种良好的心理氛围和潜在的精神动力。刘引用文化视野来解读新课程，全面建设新课程，推动了学校新课程高起点、高品位、高效力地在理性的轨迹上有序地发展。

（三）教师是教育的中坚力量

教师文化是学校文化建设的重要内容。刘引认为，一位成功的校长，应该是教师心目中的领跑者、陪跑者、助跑者，她深刻认识到教师对于教育的意义，因而把教师发展放在极其重要的位置。在其人本管理思想中，特别提出"师生共同成长"的观点。她指出，学生的成长（包括人格成长、学业成长、能力成长），需要在教师的指引下才能实现。没有教师的发展，难有学生的发展；没有教师的转型，难有学校的转型。教师与学生一样，也是活生生的生命。只有教师的生命得到真实成长，才会有学生生命的真实成长。她认为学校管理者要审视当前教师的生存状态和专业发展所面临的实际问题，关注教师，就是对教育最具体、最实在的关注。

1.职业精神：教师应该做有境界的人

什么是职业精神？刘引为学校教职工提出了更高的笃行目标：

首先要从"为生存而教育"，上升至"为教育而生存"，要耐于寂寞、甘为人梯、博学而不穷、笃行而不倦。其次要明白"教师作为一个完整的人"，他有多层次需求，而个人价值的实现能把教师职业从作为谋生手段和简单乐趣提升到精神文化的境界里，乐教善思是一种职业品格，更是教育者对职业精神境界的一种追求。第三要有职业幸福感。当拥有一种健康的心态，人的身心和灵魂便会有一种超拔，生命就会得到滋润，工作就会焕发一种热情。第四，要有岗位意识，人需要找到自己的立足基点，找到自己的角色定位；有责任意识，这是人的第一品行；有质效意识，要明白用什么来证明自己；要有爱的胸怀，这是教师职业精神的精髓，也是底线。

她始终认为教师是直接对人生命、灵魂负责的一项特殊职业，教师的精神境界直接影响着学生，影响着教育发展的趋势。所以她一直致力于推动教师成为有境界的人。

2.专业成长：从经师到名师

优秀的教师队伍如何凝聚和打造？刘引将教师专业成长列入治校方略，并采取了得力的措施。

一是实施"三大工程"，建立学习共同体。包括成长机制、师德建设工程和名师培养工程。她组织拟订了 "经师、人师、名师"的教师成长规划，建立了"特级教师联谊会""凤冈青年联合会""读书会"等学习型组织，并与北京师范大学、东北师范大学、华东师范大学合作，进行专业培训、学历培训和境外培训。二是创设"三个论坛"，即以"专家进校园"为代表的专家论坛，以本校特级教师为代表的名师论坛，以青年教师为主体的成长论坛。这些论坛活动以互动交流探讨等方式，拓宽了教师们的教育视野，激活了教师们的教育智慧，也提升了教师们的理论素养和职业素养。三是以校为本，实现校本教研 "四大突破"。即强调校本性，实现听评课方式的突破；强调人文性，实现了教研活动驱动力的突破；强调科研性，实现课题研究方式的突破；强调引领性，实现了校本教研方式的突破。她力行成长之道，为教师发展不断寻找着途径，搭建着平台。

3.人文关怀：尊重与爱是成长的最好背景

科学的制度化管理可以使学校的办学行为日趋规范，但在提倡民主、张扬个性的今天，仅靠制度和纪律的规范是难以调动教师的工作激情并推动其人生更趋完美的。因此，刘引带领学校管理团队竭力营造和谐宽松的人文氛围，尊重个体生命的价值及其人格的尊严。为此，学校以理解、尊重、关爱、支持为准则，实施了师德建设工程、名师培养工程、人文关怀工程；以论坛、沙龙、工作室等，为教师拓展学习空间；以问计会、导师制等尊重教师发展要求；以生日问候、赠订健康杂志等关怀教师心理需求。

这些举措增强了教师的职业幸福感、归宿感，提升了教师的持续胜任力、职业发展力和生命内驱力。

"以人为本，以人的发展为本"是刘引校长主持学校管理工作的出发点和归宿，也是她给教师们创造的人文发展背景。

（四）给学生最广阔的天空

学生文化是学校文化建构的一个重要组成部分。刘引认为，教育就是让每一个学生都找到自己个性才能充分发展的独特领域和生长点，最终实现生命的全面发展、和谐发展。她倡导"每一位学生都是唯一"，"每一个赛场都有领跑者"，"每一门课程都是需要"，"每一个课堂都焕发着生命的活力"，认为给学生平台就是给他们未来，要让不同的人有不同的发展，就要给他们最广阔的天空。

1.学生社团：给他们以多元的平台

刘引要求学校团干部，要建设学生自己的园地，要组织丰富多彩的活动，要让每个人都找到适合自己的舞台。为此，她倡导组建学生社团，现在南中社团已达40多个，如电影社、戏剧社、新闻社、主持人社、诗社、文学社，以及陶艺社、剪纸社、远足社、美食社等。其中，

"求索"文学社已进入全国百佳，"凤冈"诗社专设网站与社刊已成为中学生诗歌品牌，辩论社已获深圳市中学生辩论赛四连冠，篮球社赢得深圳市中学生锦标赛冠军，剪纸社、陶艺社作品已成为学校对外交流与馈赠的艺术品……她欣喜于这一切，把学生的成长与成果，当做是自己人生的财富，并通过各种社团活动，推动学生的兴趣、能力发展和精神提升。

2.特长培养：给每个生命以增长点

关注学生全体，关注学生个性，这是教育思想开放性、民主性和包容性的体现，也是学生充分发展的前提。刘引相信每个学生，她认为不同的学生有不同的成长方式、不同的成长轨迹，每个生命个体都需要"量身定做"，给每个生命个体寻找到生长点、增长点，要让他们在自己最擅长的跑道上，跑出属于自己的一份人生精彩。为此，她着力抓学生的特长培养，抓学生活动与学生竞赛，这些立足于学生发展的做法，渗透在他们学习、成长的每一个环节、每一个空间，成为他们个性发展的最有效平台。最近几年，她带领学校培养出了文理兼备、优异发展的省高考状元沈实；专业课、文化课双优发展的北大体育特长生王烨；特长优先发展的校园小诗人桑一丹、钟梓伟；创新发展的校园小发明家谢堃。特别是，她关注往往被边缘化的所谓问题生，以关爱促进了这些学生的进步和发展。

3.实践活动：使学生才华得以展现

学生的主体性是在活动中生成、活动中展现、活动中发展的。学生积极主动参与多种多样的实践活动，是实现学生发展的重要途径。正是基于这一认识，刘引每年组织学校定期开展"三周""五节"活动，即"语文周"、"数学周"、"英语周"和"科技节"、"读书节"、"体育节"、"艺术节"、"社团文化节"。例如，在"英语周"中就曾组织了"世界文化巡礼"特色系列活动，举办"世界文化节"，通过英语报刊阅读、英语戏剧、英语长廊等多种以英语学习为主的学生活动，学生以活动的形式学习语言，了解文化，提升素质，体验多元人文。南头中学已把

"世界意识"和"国际视野"列入了育人目标和办学蓝图，强调理解、接纳文化的多样性，具有面向世界的开放意识。正是这些丰富多彩的活动给不同个性的学生提供了多层次、多角度的发展可能与发展机遇，让学生在实践中感悟、在实践中体验、在实践中发展、在实践中成长。

（五）形象是文化的视觉表达

马克思说："人是环境和教育的产物。"刘引认为学校的隐性课程无处不在，学校环境、学校形象标识等都是其中组成部分，它们在人文素质教育中起着不可替代的熏陶作用。为此她努力营造一个具有浓厚人文气氛的校园环境，她组织大家先后建设了校园文化墙、凤冈画廊、凤冈书廊、文化石、读书广场、校史馆等设施场馆，这些渗透了人文精神的校园环境，无不影响着师生的思想和行为，帮助着他们人文素养的提升。

尤其富有创新意义的是，她还建构了学校的形象识别系统。她认为形象是素质的视觉表达，是文化视觉工程，是团队精神、师生意志、教育愿景、价值取向、生命诉求等的外显形式，也是学校的文化标记、品牌标记和个性标记，以及对外宣传与交流的物化载体。它能强化师生对学校文化的认同，并形成依赖感、亲切感、文化认同感以及主人公意识。南中的形象标识是一只凤凰的变形，喻义南头中学起源于清代"凤冈书院"，突出其历史传承的连续性和文化沿袭的厚重感，并渗透"凤凰涅槃"所蕴藏的文化信息，以及中国百姓"成龙""成凤"的教育期待；背景为圆形衬以阳光灿烂的天空，既借圆来体现"和谐"的主题，又借阳光背景来呈现出一种欣欣向荣的景象。刘引认为，求学时代就是学生生命中"阳光灿烂的日子"，教师从事的事业又被称为太阳底下最光荣的事业，所以明亮既是我们努力给学生提供的成长背景，也是我们教育的追求。

四、文化情结与期待

有人说，一个人的成长轨迹往往是一个人的事业素描，这句话用于刘引十分贴切。作为一名教师，她从市级学科带头人，到省级学科带头人，到国家级骨干教师，到特级教师，一步一个脚印，走到了一个教师的顶峰；作为一个学习者，她从哲学学士，到教育管理硕士，到法学博士，以不倦的求学姿态证明了她"生活着即学习着"的人生态度；作为一名研究者，她先后在《人民教育》等杂志上发表论文26篇，并主持国家级重大课题3个，出版专著2部，显示了一个教育者的理论素养和学术水平；作为一名校长，从九年一贯制学校到十二年一贯制学校，从民办学校到公办学校，从新办学校到百年老校，她已经创建或管理了多种不同体制的学校，实现了学校的创新发展，尤其是带领百年老校南头中学率先步入了国家级示范高中的行列。在为其斐然成绩感到惊讶的同时，我们不禁要问：是什么给了她如此的力量？

刘引是个感性的人，但又散发着理性的光辉。由优秀教师到优秀校长，这不是一个确定而单向的轨迹，这里有教育者与管理者的交集，有个体生命与校长角色的糅合。刘引不喜欢别人把她仅仅看做是校长，她认为校长只是一个符号，而校长应该像所有的人一样，首先是一个生命个体，也需要获得生命内涵的丰富和生命质量的提高，需要不断实现生命的成长与突破。

（一）热爱生命与追求完美

刘引是个理想主义者和浪漫主义者，她认为教育是和人打交道，是与生命在对话，是用一个生命去拥抱另一个生命。因为热爱生命，在她身上永远散发着一种教育的激情。她的热情打动与感染了师生们：从热闹厚重的新年联欢到别出心裁的"三八"庆典；从不落俗套的教师节到暖人心扉的端午中秋元宵；从名师讲堂到成长论坛；从科技节到艺术周……让老师们不由地感慨，"原来生活可以这么美，这么有意思"（一数学教师语），"我们听到了生命成长细碎而强劲的声音"（一青年教师札记语），"学习是件快乐的事情"（一高一学生语）。正是这样一位充满了生命激情和教育理想的人，把教育当做了毕生的事业，在她身上，我们切实感受到那种超越现实功利的文化情结和教育情怀。

刘引还是一个完美主义者，对于做事喜欢精细、喜欢不折不扣的她来说，完美是一种习惯、一种品质、一种心态、一种素养。她把"完美"当成是教育的境界之一，认为"完美"不能一蹴而就，也不是高不可攀，它存在于日常工作的每一个细节之中。2006年和2007年南头中学先后迎来了百年校庆和广东省示范性普通高中以及广东省教学水平评估三大重要活动。这其中每一项活动都是独立的一个大工程，正是由于她在每一次活动中，每一个程序、每一个环节、每一个地方都做到细致周密，才有活动最后的完满成功。她追求完美的个性一向为其学校老师、同事所敬佩，并在她的影响下，力行"精细"，力求"完美"。有人预言，当完美成为每一个教育者内在的一种品行时，它必将作为一种生存方式对我们的工作和生活产生深远的影响。

（二）"学习力"与"思维力"

刘引是个极其爱学习的人，并在各种场合多次强调学习的重要性。她认为，在知识经济社会形态下，学校的竞争链已经发生了质的变化，各种形态的竞争，尤其是人才的竞争，最终归结为"学习力"的竞争。每年的开学行政会上，她都会进行新书推介和读书心得汇报，她是学校行政管理人员中读书最多、读书最杂的。她不仅自己身体力行，还要求教师养成新的学习态度，提升学习力。为此，她牵头组织了"南头中学读书节"、"读书广场"、"凤冈读书会"、"书香教师"评比等读书活动，在观念上引领，在行为上落实，为学校师生搭建广阔的学习平台，倡导"让读书成为人生习惯，让书香飘满百年南中"，创建学习型校园。

刘引还是个沉迷于思考的人，她清醒地认识到教育的某些问题以及现代社会对教育者的要求，她不甘于做一个"官员校长"，而是在不断的学习中使自己努力往学者型校长过渡，往教育家靠近。

由于思考的深入，刘引的理念始终处在不断地更新中。她具有一个成功教育者的敏感与敏锐，并在不断地探索发现中逐渐形成自己的世界观、发展观、人才观、生活观、教师观和学生观。在她刚接手南头中学的时候，她就策划起草《南中文化发展纲要》，在动态、复杂的学校教育改革情境下，对教育的价值与任务进行着新的思考与探索。

当代中国学校教育改革，需要的正是这样一种对原有思维与行为的革新与重建，这样一种积极向上的生命情态，一种勃勃的精神生气：这也正是当代中国学校教育改革对创新型校长的内在要求。

（三）坚毅个性与挑战性格

刘引"学习力"和"思维力"的形成与其个性特质有关。她是自信而坚毅的人，喜欢永不停息的姿态。作为一名已经小有成就的教育管理者，她毅然放弃东北师大附属实验学校的优厚职位，割舍已得的成绩与利益，在已过不惑之年时来到深圳，而且进入自己还比较陌生的领域——民办教育，担起创建北大附中深圳南山分校的重任并取得显著成绩；在北大附中已初具规模，并有了良好社会效应的时候，又勇敢担当起管理前海这所九年一贯制学校的重任。作为一名女校长，在她纤弱的身体里爆发出的巨大能量常常让人惊叹折服，在她的人生辞典里没有"后退""认输"这类词汇，她的坚忍不拔、勇往直前为许多人所敬佩、景仰。

2004年，刘引接手百年老校南头中学，上任之初她所面临的是"国家级示范高中评估""百年校庆""改扩建工程""教学水平评估"几件关系学校发展历史的大事。2005年，刘引带领团队顽强拼搏创造了高考佳绩，培养出南山区首个广东省高考状元；2006年，她以超凡拔俗的智慧与冷静，圆满完成百年校庆这一历史大事；2007年，她带领学校以高分顺利通过国家级示范性普通高中的评估以及省高中教学水平评估，使南中成为深圳市首批挂牌学校；2008年，历时两年、政府投入近亿元的南头中学校园改扩建工程如今已经破土动工。有人说"性格决定命运"，在刘引身上，我们看到坚毅个性与挑战性格给予她所热爱的教育带来的美好前途。

【参考文献】

1.刘引.现代基础学校文化建设研究.北京：中华书局，2003

2.刘引.现代学校的文化使命：人民教育，2004

3.刘引.合作：教师文化的发展方向：人民教育，2006

4.刘引.文化立校：人民教育，2006

5.刘引.聆听跋涉者的足音——新课改下教师行为研究.深圳：海天出版社，2007

【作者简介】

裴娣娜，北京师范大学教授，博士生导师，教育部全国中等职业教育教学指导委员会委员，教育部中小学教师继续教育教材评审专家，中国教育学会学术委员会委员，中国教育学会教育学分会副理事长，教学论专业委员会主任。

执着的追求都源于心底那份爱

——杨丽媛整体教育观思想研究

吴慧鸣

【特级教师小档案】

杨丽媛，广东省幼儿教育特级教师。深圳市南山区教育幼儿园教师。深圳市优秀幼儿教育工作者；南粤优秀幼儿教师，深圳市优秀教师、广东省学前教育专业委员会讲师团培训师。曾任《新编幼儿园活动指导用书》《音乐学科指导用书》的主编；《浅谈"做中学"课题在幼儿园的实施》、《和孩子一起做中学》、《亲子教育课程初探》等多篇论文获省市一、二等奖。曾多次获市、区幼儿教师技能大赛一、二等奖。

初识丽媛早在1996年，她和我都刚进入南山，她在南山幼教界还只是一个新兵，给人娇小、朴实、温婉、甜美的印象。之后多年接触不多，但总能听到她的好消息和骄人的成就。1998年11月在南山区第四届幼儿教师技能大赛中她让我感受到了她的娇小身躯内蕴藏着的巨大能量，这次比赛她一举获得一等奖并获岗位能手称号；同年12月她在深圳市第四届幼儿教师技能大赛中获二等奖；加之接下来的两个课题合作：教育部、国家科委的"做中学"项目及教育部"以园为本教研基地建

223

设"项目的研究，以及我任职南山区专职幼教教研员期间，她被评为南山区幼教学科带头人。2010年她收获了广东省特级教师的称号，成为南山区最年青的特级教师，我由衷地为她高兴和自豪。生活在无数个纯真、可爱的孩子中间，她越来越显现出个人的教育魅力及可爱。我明白，丽媛多年来执着的追求自己的幼教梦想，努力提升自己的专业能力，都源于心底那份对孩子们的厚爱。我十分喜爱这个有抱负、爱学习、勤思考、乐付出、淡名利的幼教精英，所以很乐意为她特级教师的思想和实践做梳理和总结，希望能籍此更多揭示这位献身幼教的特级教师平凡而丰富的内心世界。

一、建构整体教育，关注幼儿的一日生活

丽媛始终将她所管理过的班级每一个幼儿看成是一个个鲜活的个体，是一个个完全的有独立人格的整体的人。强调促进幼儿的全面发展，要站在整体教育观的基础上，关注幼儿的体能、情绪、社会、语言、美感及认知等各方面的发展；而幼儿的发展是课程建设和实践的根本目标，幼儿全面和谐发展的实现，不只是依赖于有计划的专门组织的正式的学习活动，幼儿在班级参与的一切活动，如晨间活动、就餐活动、午睡等其他生活活动，过度环节的转换，幼儿自发学习行为等，如同教学、游戏等活动一样都具有特定的发展价值。丽媛认为，幼儿园教师应该关注幼儿一日活动的各个环节，树立幼儿一日生活皆为课程的理念，建构整体教育的观念，把班级看做实施课程的基点，把幼儿一日生活的各个环节都看做是课程的重要组成部分。

（一）创设真实而有意义的学习环境，支持幼儿的主动学习

她身体力行，执着于通过创设安全、开放、有效并充满关怀的学习环境，支持幼儿主动学习。帮助幼儿通过操作材料与人、观念、情景的相互作用，主动地建构关于现实知识的过程。她深知幼儿学习的最佳方

式不是依靠老师手把手地教或传递，而是在与材料的互动中，在与他人、环境、活动的互动中，获得直接的经验和切身的体验，并与已有经验产生联系，从而建构起新的经验与知识体系。她乐于深入观察幼儿的行为，并真实地体会到：幼儿的主动学习不会自然发生，要促进幼儿主动学习的发生，必须向幼儿提供主动学习的环境。也就是为幼儿提供丰富多样的、可操作的、有潜在教育价值的、能引发幼儿活动兴趣与探索欲望、与幼儿产生可持续相互作用的学习环境和材料，让幼儿在亲手操作，亲身体验中自我发现，推动主动学习的发生。

学习环境是幼儿在园学习生活的基础，幼儿能在一个具有丰富刺激但同时又是井然有序的环境中学习效果最佳。多年的实践体会和总结，丽媛老师特别钟情于通过创设安全、开放、有效的学习环境，来支持引导幼儿主动学习。她在长期的实践中体悟出，重要的是要善于在班级有限的空间里创设区域化的空间格局，即将教室划分为功能不一的活动区域。一般来说，一个班区域的设置应包括五个核心区域：美工区、语言区、操作区、角色区、积木区；各区域之间要做到动静分开、相对封闭、界线清晰。每个活动区的材料分类放置在开放的架子上，并在装材料的篮子和其在玩具柜相应的摆放位置处贴上相同的标签，形成一一对应关系，便于幼儿自己寻找和取放。

区域设置的规划和环境创设要根据教育目标、教育内容的具体要求以及幼儿的年龄特点来做整体的安排，她努力尝试一切从幼儿的水平和发展需求出发，让幼儿做主，促使幼儿成为区域的主人。既要考虑到幼儿之间能相互交流、共同合作，又要注意彼此之间互不干扰，从而使幼儿能专注地投入某一活动。譬如在大班，区域设置可以由教师与幼儿共同商量，采用固定与灵活设置相结合的方式，创设丰富多彩的、多功能的、具有选择自由度的区角，鼓励每个幼儿都有机会自由选择，用自身的方式进行学习。

同时还需要考虑根据幼儿的年龄特点和个别差异投放丰富有效、多层次的操作材料，以体现材料的层次性和挑战性。她关注突出教师在选择、投放操作材料时，能够预先作思考：将所要投放的材料，逐一与幼儿通过操作该材料可能达到的目标之间，按照由浅入深、从易到难的要求，分解出若干个能够与幼儿的认知发展相吻合的、可能的操作层次，使材料"细化"。

例如：中班的操作区投放"喂动物吃东西"，她尝试投放了这样一系列的材料：使用的工具是筷子，但是所夹的食物却各不一样：有难度较简单的打成结的绳子，有难度一般的方形小积木，难度最大的就是圆圆的小珠子了；对所夹食物的数量要求表示的方法也不一样，有的用不规则的点卡表示，有的用数字表示，有的用实物表示；幼儿可以根据自己的能力来选择，体现了对各自能力的把控。

丽媛认为区域活动材料的有效性要根据幼儿的内在和外在发展的需要来确定，即区域活动的材料在幼儿操作了一段时间后，根据幼儿对材料的兴趣、材料的操作情况，自身发展的需要尝试在原有材料基础上进一步调整补充，满足幼儿的认知发展的需要，使之对幼儿具有持续的挑战性。如果教师投放的操作材料总是静止不动或一成不变，便无法满足幼儿成长的需要、发展的需求和活动的兴趣。因此，教师要依据对幼儿活动的细致观察和分析，根据幼儿对材料的兴趣、操作情况尝试在原有材料基础上进一步地调整，才能保证材料的有效性。最简便的观察方法就是教师提供的材料没有人去玩了，就表明材料已经不吸引幼儿了。区域活动的经常性组织指导，也使得丽媛老师总结出有效而主要的三种调整方法：

删减：如果一种材料的操作要求对幼儿来说已经不具有挑战性或是幼儿对这种材料已失去兴趣，教师就应考虑删减一部分材料，让幼儿保持新鲜感，面对新的挑战。

添加：当原有材料已不能满足幼儿的发展水平和兴趣需要，但材料本身尚有开发、利用的价值时，教师可以策略性地添加新材料，提高操作要求，使原有材料产生新的玩法，引发幼儿新的探索活动，重新激发幼儿的操作兴趣。如：操作区投放了家长收集来的旧电动玩具，刚开始，幼儿很新鲜好奇，常去捣鼓这些旧玩具，但是过了一段时间之后，他们对这些旧玩具失去了兴趣。这时，丽媛会及时添加几把螺丝刀，幼儿便又开始热衷于拆卸这些旧玩具了，引发出幼儿对拆装和探索玩具结构的兴趣。

组合：当幼儿对一组材料非常熟悉而失去兴趣时，如果把两组或两组以上的材料组合在一起，幼儿就有可能创造新的游戏情景，出现新的活动内容。用来组合的材料可以是同一区角的，也可以是不同区角的。如：操作区的钉扣子材料可以组合在角色区的娃娃家道具箱，美工区的拓印材料也可以组合在角色区的银行道具箱等。

在这样安全宽松、开放愉悦、富有挑战的学习环境中，幼儿根据自己的兴趣和能力，选择活动内容，体验操作和交往的乐趣，积极主动地发现、探索和表现，就能有效落实《幼儿园教育指导纲要》精神，促进幼儿的全面发展。

（二）合理安排一日生活，强调幼儿自主管理

在班级管理的长期实践中，丽媛总会不断琢磨自己的思路和方式，力求为孩子们在园快乐而尽心尽力，合理安排一日生活，最大限度地培养孩子们的自理能力，强调幼儿自主管理。

瑞士心理学家皮亚杰说过"儿童认知发展要在其与环境的交互作用中获得"，幼儿在与周围环境的交互作用的过程中，能逐步建构起关于外部的知识，从而使自身人知结构得到发展。《纲要》中也提出：促使儿童在与环境积极主动的相互作用中，认识个人及生活共同体与环境的依存关系，获得与环境作用的必要体验和经验。

领会教育专家学者的思想精髓后，丽媛倡导注重为孩子们提供多种相互作用的方式——幼儿与材料（操作探索）、幼儿与幼儿（生生互动）、教师与幼儿（师幼互动），扶持孩子们实现从完全依赖到学习自立管理的质的跨越。她还摸索出一套行之有效的班级管理模式及有益方法。如：在积木区提供各种大小、形状不一的积木及辅助材料，幼儿能用积木搭出高低不同的、长长的、圆形的建筑物。在搭建的过程中，他

们会遇到平衡、围合等空间和结构的难题，在解决这些难题的过程中，幼儿通过不断地尝试、讨论、失败、修正、调整，可以获得多和少、高和矮、长和短等等的认知概念以及空间概念、数量守恒概念。积木是帮助幼儿获得这些概念的最好的工具之一，幼儿自己可以从玩积木的过程中获得这些概念，甚至不需要老师的指导。在一日生活中，教师需要做的仅是创造更多幼儿与材料直接交互的时间和机会，促使幼儿在探索操作中主动获得直接的经验与体验。

又如：在角色区，幼儿通过模仿成人劳动，扮演各种人物角色，学习并与他人一起游戏、分享、轮流扮演等，与其他幼儿产生互动，促进幼儿社会性的发展。美工区的小组合作画，幼儿必须相互协商，互相配合、分工合作，只有这样他们才能在构图上、色彩上、内容上达成协调一致，共同创作出一幅美丽的图画。科学活动中小组的合作容易产生智慧的火花，解决问题的途径也多了许多；数学活动中材料的交换使用；音乐活动中的结伴跳舞；这些都是同伴间的友好互动学习行为。因为幼儿园是由一群幼儿所组成的群体，群体中的所有成员都能帮助彼此的学习与成长。幼儿来自不同的家庭，会带来家庭的不同经验，幼儿相互交谈所见所闻，相互比较模仿，游戏中互相启发影响，能获得大量的社会知识和丰富幼儿的社会经验，而社会经验正是知识建构的基础。

幼儿在与同伴相互作用的过程中，不仅获得了丰富的社会经验和社会知识，更重要的是在过程中获得了如何与同伴友好合作、如何尊重吸纳他人的意见、如何解决矛盾和纠纷、如何表达自己的观点和见解以及理解了自我和他人存在的价值。

她发现在师幼互动中教师的角色定位非常重要。如果教师把自己过多地定位于幼儿的管理者、环境的控制者、知识的传授者，那么就会重纪律约束，少征询建议；重知识传授，少情感交流。丽媛老师认为，以幼儿为主体，以促进整体的发展为目标，教师的角色应该是这样定位的：

幼儿心声的倾听者：以微笑和耐心倾听幼儿的需要、想法、问题和建议，并给予适时的积极的回应，包括一对一的交流和小组交流。

幼儿行为的观察者和分析者：悉心观察幼儿的言行，分析了解其普遍的年龄特点和个性差异。注意幼儿行为中的紧张信号（如厌倦、恐惧等），要理解幼儿的行为。

良好环境的创造者：创设健康、丰富的物质环境，营造愉快、宽松的精神氛围。

交往机会的提供者：给幼儿提供充分的时间和机会，引导鼓励他们和教师、同伴进行平等的自由的交往。幼儿发展的支持者、帮助者和指导者：根据幼儿的发展需要和现有水平以及教育目标的要求来制定教育计划、选择和调整教育内容，并适时地把幼儿的兴趣和关注的问题生成为课程内容，引导幼儿主动、积极、富有个性地发展。

她主张教师要支持鼓励幼儿尝试错误的学习。如：在小组活动"探索称"时，在操作区投放称，给幼儿充分的自由探索时间，强调幼儿的操作在前，当幼儿有了积极的体验后，老师才介入幼儿的操作。帮助幼儿在实践中提升，在失误偏差中修正，从而获得更深的体验。

一日生活的安排，既有老师的有计划的集体学习活动又有幼儿自由选择的自选活动。丽媛特别注意合理安排幼儿自主活动的时间和教师指导下的活动时间。在她所带的班级里，每周的区域活动可以有一至两组幼儿必选完成的小组活动，又有幼儿可以根据自己的兴趣和需要选择的自选区域。在幼儿完成了必选小组活动后，幼儿又可以自主选择其他的区域或材料。

即使是户外活动时间，她也总能根据各年龄阶段健康发展目标，既安排有老师组织的集体的体育锻炼如：双脚行进跳、躲闪跑、听信号折返跑、学习投掷等，又安排幼儿自选户外器械活动时间。把户外场地也划分为几个大的区域，根据幼儿健康发展和动作发展的需要，投放不同类型、不同作用、不同功能的户外器械，供幼儿自主选择。

在组织策略方面她倡导合理运用集体、小组、个别等多种形式，为每个儿童提供充分活动的条件。如：一天的活动安排中，英语学习、故事时间、音乐活动等采用集体活动的形式，因为这些内容不需要幼儿探索，而且是幼儿都感兴趣的内容。谈话"幼儿园的工作人员"和"制作三明治"、"探索称"采用了小组活动的形式，"制作三明治"给了孩子直接参与的机会，"探索称"体现了幼儿的自主探索和个性化的学习特点，谈话给孩子更多的交流和表现机会。自选区域更强调幼儿个别化的学习，幼儿选择自己感兴趣的材料，依照自己的学习方式，进行自我学习、自我探索、自我发现，自我完善。

她认为：注重幼儿活动的计划性、操作和回忆，极大地支持孩子们为自主管理积累经验。计划——操作——回忆三个环节，帮助幼儿在这一过程中探究、设计、完成自己制订的计划，以及在学习过程中做出自己的决定，积累自我管理、自主计划的经验。

如：在中班的区域活动开展中，丽媛老师选择使用整体计划板，在活动前的谈话中鼓励幼儿说出或用动作等方式表示他们的计划，帮助幼儿在头脑中确定一个明确的意向，突出行动前的计划性。通过最直接的问话"你今天想干什么？""你需要使用什么材料？""你准备怎么打扮自己？""你想做点什么好吃的？"帮助幼儿制订具体的计划。回忆环节给幼儿提供了回忆和表征他们在操作活动时间所从事的活动的机会，幼儿通过谈论活动内容，制作过程、分享作品，使他们建立起计划和活动之间的联系，增强活动的目的性，有利于拓展和提升幼儿的经验。如：询问幼儿"你今天计划去角色区当收银员，你真的去了吗？""有哪些人来买东西了？""你的杯子是怎样做出来的？""你今天搭火车道用了哪些积木？"帮助幼儿把语言和动作联系在一起。描述、回忆和表征他们的动作能推动幼儿对自己的经验进行评价，从中得到进一步的学习和提高。集体的回忆也为幼儿的相互学习提供了机会，更为下一次的计划提供了经验的积累。

孩子来到幼儿园，是为了发展自我，不是单纯接受教师的管理。杨丽媛老师认识到：儿童是一个发展中的个体，有独特的需要，有内在的潜能，有不一样的个性，不是任人摆布、人云亦云的木偶，他的成长是一个慢慢学会自我管理的过程，是逐渐形成主动的行为。因此相信幼儿，给他们自由的、自主的空间，让幼儿将要求转化为自我需求，从"你要怎样"到"我要怎样"，在"自我改变，自我调整，自我战胜"中体验，从"他律"走向"自律"，从"自律"形成"自主"，从"自主"形成自我的意识和习惯，这就是发挥幼儿主动性，强调自我管理。这需要教师有意识地每天以相对多的时间、固定的模式、相同的顺序来安排一天的内容，把每一个环节的活动拍成照片做成一日生活计划板，不仅促使幼儿形成安全的心理氛围，更有利于幼儿的自我管理。在每一环节结束时，让幼儿知道下一个环节是什么，充分发挥幼儿的主动性。让幼儿置身于一个井然有序的环境中，每日的学习作息都很有规律。在他们的眼里，这个环境充满着活力与变化，但是一切却又尽在他们的预期与理解中。

（三）科学建构课程内容，规避缺失，保持平衡

丽媛老师认为：站在整体教育观的基础上，幼儿园的课程应包括：幼儿在幼儿园所听、所看、所做及感受到的一切；幼儿在幼儿园中经历的事情；幼儿在幼儿园充分表现自己的过程；有目的、有计划引导幼儿获得有益经验的各种活动；吸引幼儿积极卷入其中的各种事件。幼儿的家庭、社区、人际关系以及周围可能对幼儿产生教育意义的环境因素也应纳入课程。

她所在的南山区教育幼儿园在深化课程改革，构建适宜本园特点的园本课程探索中，以《幼儿园教育指导纲要》和《广东省幼儿园课程指南》为依据，以幼儿生活为基础，以幼儿身心和谐发展为目标，以教师为主体，结合珠三角地域特点，切实进行课程园本化的有效实践，也为丽媛的进一步的思考、行动提出了更高要求和创造了难得的契机。

在一边带班，一边兼任园长助理的工作中，丽媛有机会站在更高的角度思考这一宏观的问题，她设身处地从幼儿兴趣和需要出发，自己尝试并鼓励身边的其他教师合理利用幼儿园、家长、社区资源，创造性地

运用教材，在师生互动过程中生成新的课程内容，形成适合本园的园本化课程。班级教师在多元整合核心理念指导下，灵活使用教材，大胆进行教学创新，在原有主题活动上生发出许多蕴涵教育智慧的创意设计。

通过对幼儿园课程的不断反思、不断创新，南山教育幼儿园初步形成以主题探究活动为主干，灵活融入学科教学、区域活动、一日生活等各方面活动，以满足幼儿身心全面、和谐发展的需要，教师预设任务与儿童自主生成有机统一的园本课程主体。

基于班级，注重给老师选择课程的自主权，提倡个性化教学，鼓励教师开展班本课程研究，开发出一批彰显教师教育智慧，体现教师个体风格的"班本课程"，如双语班的国际化课程理念为继承中国传统文化精华，汲取世界文化精髓，重视多样性文化的熏陶，为培养多元文化的、平衡而且可持续发展的世界小公民打基础。

利用自己经验和已有条件，丽媛深切感受到以课题研究为导向在幼儿园课程建设中的作用和重要性。

2004年南山区教育幼儿园成为南山区首批中国科协与国家教育部合作项目"做中学"课题实验园，丽媛承担了课题组组长的任务。"做中学"倡导的尊重幼儿，从幼儿生活中发现问题，鼓励幼儿自主探究、发现，教师应成为儿童学习的支持者和引导者的原则与园本课程的指导思想一致。因此，教育幼儿园开展"做中学"课题实践研究的过程，也是帮助教师转变课程观念，提高课程实施能力的过程。

在开展"做中学"科学教育活动中，课题研究团队一方面以"经典案例"激发起孩子们参与科学活动的热情，另一方面从幼儿周围生活中取材，把孩子们感兴趣的事物和想要探究的问题作为研究主题，尝试开发"独立案例"。丽媛和课题组的其他老师先后设计开发了《滚动》、《怎样使手帕干得快》、《纸飞机》、《怎样让瓶子不漏水》、《打孔》等近十个独立案例，它们既可以作为一个独立的学习活动方案，又可以成为幼儿主题探究学习、领域学习的有益补充。因此通过发挥课题研究的杠杆效应，拓展课题研究成果，充实了幼儿园的园本课程。

课程资源存在于广泛的生活之中。但是，课程资源不会自然出现，需要教师寻找和挖掘。家庭、社区是课程资源的重要来源地，应充分地利用这些场所显在和潜在的各种资源。通过班级家长会、家长助教、班级亲子活动、家教园地等途径，吸引鼓励家长直接或间接地参与到幼儿学习过程中，尝试体验孩子的心理，学习从教育者的角度进行思考，深入教育过程，并将之与改善家庭教育有机地结合起来，使家园教育显示出连续性、整体性。由此，丽媛还特别注重以家庭、社区的教育资源为外延，丰富园本课程资源。

如：家长开放日，她特意设计了《家长观察记录表》，引导家长在集体环境中如何观察自己孩子的学习、生活及社会交往情况；如三八妇女节时，邀请妈妈来到幼儿园，组织"我帮妈妈捶捶背"、"我给妈妈画个像"、"我给妈妈唱首歌"、"我和妈妈一起玩"的活动。既增进了亲子间的感情又使课程内容丰富而真实、自然。

在本园以丽媛为核心的课题组申报实施的《家园同步降低幼儿常见病率的实践研究》课题中，丽媛和课题组的老师是这样实现家园同步的：

·做好幼儿常见病防控的幼儿家庭指导工作，提高幼儿家庭疾病防控能力。

·开展个案跟踪研究，提供有效干预措施，对幼儿常见病成因、防控规律进行尝试性分析、推理；展开问卷调查，筛选、确定研究个案，并取得幼儿家庭的同意与支持；逐步落实保教干预措施，做好干预前后变化记录；指导个案幼儿家庭做好干预前后变化记录，并收集整理个案家庭记录进行分析。

为了丰富幼儿的生活经验，丰富幼儿的社会性情感，拓展和提高幼儿的游戏水平，丽媛老师经常带幼儿到社区超市通过观察售货员是如何接待顾客、货架上的物品如何摆放、"10元钱购物"体验商品的买卖等来丰富幼儿的生活经验；组织幼儿参观理发店、银行、书店等，幼儿通过与社区内人员的语言交流，口语表达能力和社会交往能力都得到了提高。

丽媛老师坚信，幼儿只有在良好的学习环境中，在科学的一日活动组织下，建立有序的生活常规，才能真正地自主学习和自我管理。强调幼儿园一日活动的整体安排，树立了整体的教学观，强调幼儿园学习内容的适宜和有效性，强调幼儿的自主学习和自我发现，关注幼儿的兴趣和需要，才能更有利于幼儿的整体发展。

二、追求教学艺术，激发幼儿潜能

教师的灵魂在于教学。儿童的潜能各不相同，而如何挖掘儿童的潜能，需要教师具有较高的教学艺术。只有创造多种条件与途径，挖掘儿童潜在的多种的可能，促使其在自身的原有基础上有所发展和提高，教师的教学才算有效和艺术。丽媛深深地知道，要成为名副其实的特级教师，追求精湛的教学艺术对自己来说任重道远，脚下的路仅只是开始。她对自己长期积累总结的教学经验有如下体会：

（一）用心分析内容与对象，挖掘教育价值

新课程理念下，"促进幼儿发展"是现代设计教学的出发点和落脚点。所以，教师要从过去关注 "教什么"到如今的"如何教"。这就需要教师用心分析幼儿的身心发展特点、能力与经验、兴趣与需要。以幼儿当前的兴趣和需要优先，观察和分析教学对象，是解决适切问题的关键。

分析源于观察，教师作为观察者，要看、要捕捉幼儿自然情景中的行为表现、与材料的互动状态及特别的学习方式。丽媛认为，观察不等同于仅凭眼睛简单的扫视，眼睛扫视看到的仅是表面现象，观察带有专业目的，是加入了头脑思考分析的结果，它引领分析幼儿具体行为背后的真实发展。比如说：看到幼儿蹲在草地上看蚯蚓，丽媛老师会分析琢磨幼儿是否在探索蚯蚓的奥秘，对蚯蚓产生了兴趣，从而生成幼儿感兴趣的和现阶段满足幼儿发展需要的主题探究活动；一群幼儿在操场上滚

球，而其中一名幼儿反复地跑到旁边的坡道上滚球，丽媛老师会据此分析这名幼儿是否发现了在坡道上滚球速度会快一些的现象，是否获得了初步的滚动与坡度之间关系的直接经验。如教学以此为切入点，对幼儿的发展无疑更有价值和富有时效。

清楚准确地了解了幼儿的身心发展特点、能力与经验、兴趣与需要，就可以有的放矢地分析教学内容，挖掘教学内容潜在的、深层的价值。学前教育的内容是广泛和启蒙的，没有固定的教材和课程模式，如何选择最适宜于本班幼儿发展需要的教学内容？哪些内容适合集体教学？哪些内容适合小组教学和个别学习？是丽媛经常思考的问题。所选择的教学内容的显性价值和潜在价值有哪些？对幼儿的发展是否有意义，是否有效益？是不是最接近幼儿的最近发展区？也是丽媛老师经常结合自己的教学实践思考的问题。

如：故事《快乐口袋》格调欢快、充满童趣、寓意深刻。故事里装满小动物快乐的"神奇口袋"不但让小动物们充满友爱、快乐，还能帮助小动物们克服困难、重新找回快乐，它生动、有趣、充满爱心的情感主题，既让幼儿在听赏中着迷，又留给了幼儿较大的解决问题、思考问题的空间，还能帮助幼儿直观地理解快乐是什么，快乐究竟在哪儿，非常适合中班幼儿的兴趣和发展需要。

（二）精心设计提问，解决教学重难点

杨丽媛老师认为，有效的问题能够解决教学重难点，推进教学内容的纵横展开，落实教学目标；并能使幼儿积极思维与回答，主动参与学习过程，引发多元互动。教学过程中，教师要避免所提问题的水平偏低，问题缺乏科学性，指向性不明确，提问后等待时间不充足的情况。这就需要教师在进行活动设计时，精心设计关键性提问。

首先，提问要难易适度。既不能过于浅白，没有思考的要求，又不能过于艰深，让幼儿难以捉摸，无从下手。问题的难度最好以幼儿经过思考、讨论或稍加点拨就可以自己确定答出为准。如：在综合活动《有

趣的画》教学设计中，丽媛首先从自己"口渴了"的情境描述入手，引导幼儿先后对两幅画进行发散性地猜想，随即出示实物饮料，并通过设疑："同样是一罐饮料，为什么第一次和第二次画得不一样呢？"引发幼儿的有意思考。然后抛出关键性的问题"怎么看，才能看到这个易拉罐是圆形的？怎样看才能看到这个易拉罐是长方形的？"，有目的地引导幼儿从不同的位置观察，鼓励幼儿通过不同视觉角度真实地去感知、体验理解站在不同位置去观察物体，观察到的结果不一样这一有趣现象。

这样的提问过程实则是为幼儿搭建了一个阶梯，促使幼儿的思维沿着一定的坡度在循序渐进中达到突破重点、难点的目的。

其次，提问要有明确的指向性。教师切忌提"漫谈式"的问题，应紧紧围绕教学目标设计问题，解决教学重难点，设计"必须"的问题：

从目标角度出发设计关键性问题。如："怎么看，才能看到这个易拉罐是圆形的？怎样看才能看到这个易拉罐是长方形的？"。

从内容角度出发设计开放性问题。如："我口渴了，很想要一样东西"。

从思维角度出发设计推进性问题 如："同样是一罐饮料，为什么第一次和第二次画得不一样呢？""怎样看才能看到和画上的是一样的呢？"。

（三）灵活运用教学策略，激发幼儿兴趣

幼儿的学习方式有许多种，如：动作模仿、听赏感知；实践、操作、观察发现；小组探索、讨论汇总；阅读理解、想象表现；互助协作、提问质疑；记录交流、合作分享……丽媛首肯教师应该关注幼儿的年龄特点与学习方式，关注学科（领域）特点，关注方法的整合与灵活运用，巧妙地寻找最适宜的教学策略，激发幼儿兴趣，达成教学目标。在她所设计和组织指导的语言综合活动《动森林王国现场招聘会》所采用的操作策略印证了这样的想法：

层次一：通过图片和文字，引导幼儿了解活动的主要内容。

在这一环节中，主要突破两大点：首先是了解职业名称和职业要求，引导幼儿通过对突出的、典型的、关键词的理解，对小动物应聘的职业要求有清楚的认知。其次，认识应聘的动物，抓住动物的突出特点，帮助幼儿在职业要求和动物特点之间建构初步的联系，促进幼儿逻辑思维的发展。

层次二：以分组的形式讨论应聘小动物与招聘岗位之间的适宜性，为小动物寻找适宜的工作。

在小组中，可以鼓励全体幼儿有充分发表自己意见的机会，同时，也为学习听取和分享别人的意见提供了机会。对于大班幼儿更多地提倡幼儿之间的合作性和相互之间的交流。这就是学习语言的最终目的——学会交流。

层次三：集体讨论，引导幼儿分析、比较小动物特点与应聘岗位之间的联系，鼓励幼儿大胆思考。

在幼儿能根据动物的特点帮助其找到较合适的工作，并能讲述出理由时，提出了更高的要求，使幼儿能"跳一跳，够得着"，对多个对象进行分析、比较和筛选。这不仅要求幼儿的语言更有针对性，更要求幼儿的思维更加广阔和敏捷。她注意时时鼓励幼儿有创意的思考，关注他们有创意的独到见解。并给予幼儿更多表达、想象的空间，大胆表述自己内心的想法。这也是她有意识落实新《纲要》精神的具体体现：鼓励幼儿大胆、清楚表达自己的想法和感受，逐步发展幼儿的语言表达能力和思维能力。

童年是人类生命周期中十分独特及可贵的阶段，尊重每一个幼儿的尊严、存在价值及独特性，促进幼儿的整体性发展，保障和支持每一位幼儿用自己独特的方式成长，是幼儿教师永远的专业追求，也是丽媛伴随她所深爱的孩子们和她钟爱的事业一路前行孜孜追求的境界。

【作者简介】

吴慧鸣，中国学前教育研究会第七届理事会理事，深圳市学前教育专业委员会副理事长，原重庆西南师范大学学前教育专业副教授；原南山区教育局专职幼教教研员，现南山区波托菲诺儿童中心教学总监，南山区教育幼儿园专家顾问，广东省教育科研十一五规划重点课题"幼儿园早期阅读活动的组织策略研究"课题主持人，中国学前教育研究会十二五研究课题"建构有效的信息化教学资源管理模式，突破幼儿园管理困境"专家组主持人。

英语课堂教学行为指向
——郑秉捷"英语教学行为结构"思想研究

王蕴峰

【特级教师小档案】

郑秉捷，中学英语特级教师，深圳市南山外国语学校校长，南山区中学外语教学专业委员会理事长，深圳市首批英语学科带头人。曾获得广东省吴汉良教育管理一等奖、南山区优秀校长和深圳市优秀教师等称号。在中国举办的SMSTTP高级研修班学习两年。其撰写的《英语过程教学策略研究》、《如何实现英语课程素质化》、《个性与英语学习方式》等多篇论文发表在国家刊物和香港中文大学杂志上，多次在国际、国内英语教学研讨会上作专题发言。

一、"英语教学行为结构"思想的基础

郑秉捷长期在课堂边教书，边调研，边指导，掌握了大量的英语课堂教与学的情况，结合自己的实验，通过深入的研究，于2001年提出"英语教学行为结构"思想。"英语教学行为结构"作为一种可操作的方法，为英语课堂构建了一个较为科学的过程框架模式，在教学思想上体现了"教适应学"的本质；在教学方法上综合了外语教学法主要流

派的长处，特别是吸取了交际法的优点；在教学过程中强调为学生提供语言表达的时间和空间；在教学评价上提供了定量、定性分析的可操作性。

（一）"英语教学行为结构"思想的产生

郑秉捷认为学习外语是一种行为，需要大量反复操练，而且必须是人与人互动的交际，学习者才能学好外语；语言是思维的工具，外语思维必须通过大量的表达才能形成；语言技能只有在交际行为中运用语言知识才能提升；在英语教学过程中，教师对语言学习活动的确定、组织、安排，采用什么形式、工具、手段和方式，如何表征活动结果和评价活动效果等，都必须注重学生的语言行为表现；英语教学的内容效度一般都能受到重视，但教学的结构效度往往不受重视或重视不够，导致教师的备课只重视内容目标，忽视行为目标；语言输入与输出的通道是否打通和如何打通，这都是提升外语教学质效的基本要素。

1.遵循外语学习的规律

母语习得规律与外语学习规律是不一样的，后者更强调遵循学习认知规律、创造学习环境、提供学习过程、促进语言行为发展的作用。外语学习是一个不断积累、生成、调节、完善的动态过程，对非母语的学习，离不开教师的指导。那么，教师如何依据中学生认知水平的较高程度与外语知识较低水平的现实，采取恰当的方式，培养学生听、说、读、写的技能？郑秉捷提出的"英语教学行为结构"思想，经历了从实践到理论，再到实践的不断升华，使中小学英语教师的教育行动研究有了更明确的指向，使英语教师的教学行为有了一个遵循。

2.对课程要求与教学现状的分析

课程改革带来了课堂教学、教学评价和测试等一系列改革，特别带来了教材教法的变革。可是在中小学外语教学实践中还有许多英语课未达到课程标准和教材设计的要求，主要问题是学生语言行为表达不充分，语言运用能力不强。造成这种现象的主要原因是：教师重自己的

"教"轻学生的"学"，重"内容目标"轻"行为目标"，重"知识目标"轻"技能目标"；在时间比例分配上、在学生训练面与频率上、在操练到交际的练习层次上都无法达到课程标准的要求。

郑秉捷曾经对中学21节英语课进行仔细剖析，其层次达标的情况如下：

目标＼层次	简单操练	组合练习	模拟交际	真实交际
识　记	21			
理　解		20		
运　用			16	
综　合				4

从上表可分析出认知目标越高，活动层次梯度越高，但达标的课堂就越少。很多课眼看就要达到较高教学境界，可就在真实交际的层面功亏一篑。多数课仅停留在事先准备的模拟交际层面，有的甚至仅是按课本内容表演背一遍，有的误仅达到第一层次的首目标。第四目标层次达不到，语言内化从何而谈？

3.细化教育行动

伴随课程改革的一句响亮的口号是"教育行动研究"，但是很多教师只是把它当做一种理念和激励，至于在课堂上如何将理念变为行动，如何表现自己的课程执行能力，感到力不从心，也就是在课堂上还没有明显地促进学生运用语言的行为表现。"教学行为"包括教师"教"的行为和学生"学"的行为，关注每一个学生的课堂学习行为要依靠教师设计、导演、指导学生用语言做事情，学生学习方式的转变是教师教育行动转变的逻辑起点，也是教师教育行动转变的明显标志。

郑秉捷"英语教育行为结构"的价值追求，力图解决如下三个问题：一、研制从语言知识到语言技能发展规律的结构图；二、指明活动层次的目标体系；三、为每一个学生提供公平教学服务。为此，郑秉捷提出落实"三维目标"的关键是提供促进学习方式转变的"过程"，将设计"过程"的载体——课堂活动作为开发课程资源的具体内容，在"过程"中促进学生主动形成学习策略，提高教育教学质量。

（二）"英语教学行为结构"思想的依据

1.语言学

听、说、读、写的技能涵盖了两方面的技能。听、读是输入技能（receptive skills），说、写是输出技能（productive skills）。输入的目的是要促进输出，而传递和交流信息要靠输出技能。因此语言教学目的要体现在培养学生的交际能力上，使学生在听、说、读、写中根据需要去理解、推理、判断，最终达到获取准确信息并能巧妙传递。实现这一目标必须注重学生参与语言实践活动的频率和量，遵循从操练到产出这一客观规律，使学生在一定的情境中经过对语言材料的感知、分析、理解，先进行模拟交际，再过渡到在真实情景中把所学语言知识提炼成自己的语言来表达某种思想和观点。

2.正确理解"三维目标"

"知识与技能、过程与方法、情感态度价值观"三维目标赋予英语课程的价值是什么？从哪来？落在哪？价值是以培养学生英语语言运用能力为根本；从教学行为与学习方式的转变中来；落在每一个学生的发展上。

"知识与技能"是核心目标，但要帮助学生在学习知识的基础上形成技能，必须提供充足的训练过程，只有在过程中学生才有可能内化、运用、巩固知识，形成技能。为此，从某种意义上说"过程"是最关键的催化剂，只有在提供的"过程"中得到量变到质变的飞跃，才能形成技能，才能形成学习策略，才能渗透情感、态度、价值观。

3.活动层次和认知目标相匹配

英语教学过程是由认知发展目标和梯度分明的层次活动构成的两维控制语言内化过程的教学，可用坐标图来显示：

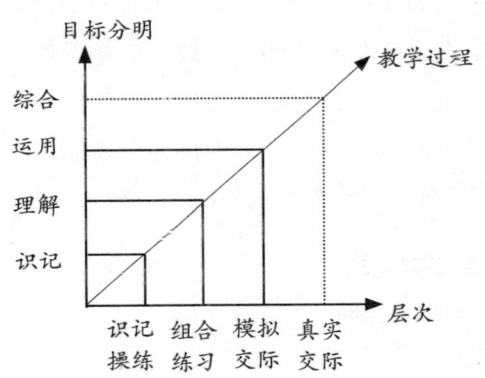

图上显示的四级过程与四级目标形成了四片覆盖面，可谓一层套一层，拾级而上达到语言教学的目标，体现了语言学习过程的层次性。不同的层次目标所示的知识覆盖范围、知识再现的频率、能力水平的要求都大幅度提高。

与识记相对应的简单操练指初步感知词汇、词组、句型并进行简单的操练，所学词汇还是被动词汇，处于记忆阶段，与之相适应的活动是感知的；与理解相对应的组合练习指在理解的基础上用所学词汇、词组、句型组成篇章，以实现由被动词汇向积极词汇的转变，处于信息编码阶段，与之相适应的活动是操作的；与运用相对应的模拟交际指用所学语言模仿本课的功能表达和交流信息，处于巩固阶段，与之相适应的活动是表达的；与综合相对应的真实交际指在等设的情景中再现以往所学知识并加工、整理达到用自己的语言做事情的目的，处于灵活运用阶段，与之相适应的活动是思维的。简单操练和组合练习还是低层次的训练，只有从体现水平迁移的模拟交际向体现变式训练的真实交际的升华，才能达到语言教学的真正目的。

二、"英语教学行为结构"的实践操作

郑秉捷认为教师之间的主要差别是：能否提供"知识——技能"的过程；学生之间的主要差别是：被动学习与主动学习。要缩小这两个差

别，必须树立二种价值观，即"学生学习方式转变是教师教学行为转变的主要标志"；在课堂上不是看教师如何教，而是看你的每一个学生是如何作为的。那么学生课堂作为的载体是什么？如何构建？如何搭台让学生唱戏？郑秉捷以研究新课程的"三维目标"为抓手，力图从英语教育的角度来寻找"教育行动"的有形载体。

（一）英语教育的本质

1.英语教育的本质

郑秉捷从英语教育的角度研究中学英语教学，是基于把英语课程标准放在知识经济、全球化背景下来理解和实践。当今社会生活和经济活动日益全球化，外国语已经成为世界各国公民必备的基本语言素养之一。为培养具有国际视野的现代人，世界各国的外语教育都把发展人的语言素质当做国际人才培养战略的重要组成部分。英语课程标准把开设英语课程当做有利于提高人文素养、有利于全民族劳动者的素质和有利于我国综合国力增强的高度来强调。

英语教育的立意高于英语教学的主要体现在前者既源于教学改革，又高于一般意义上的教学改革。它主张在英语教学中渗透更多人文教育，促进心智、情感、态度、价值观的发展，关注学生跨文化意识和英语语用能力的发展，比传统的英语教学要求更高，教师所面临的挑战更大。

2.英语课堂的本质

新课程背景下的英语课堂的本质就是为学生创造使用语言的情景，让语言学习回归真实世界（Put language learning back to the living world），提供由操练（practice）到产出（produce）的语言内化过程，设计符合语言发展规律的训练任务，通过听、说、读、写获取信息、选择信息、加工信息、表达信息、传递信息，培养学生英语语用能力。这种本质决定着英语教学的质量效益，决定着中学英语教育的发展。

（二）教育行动研究

1.什么是"过程"

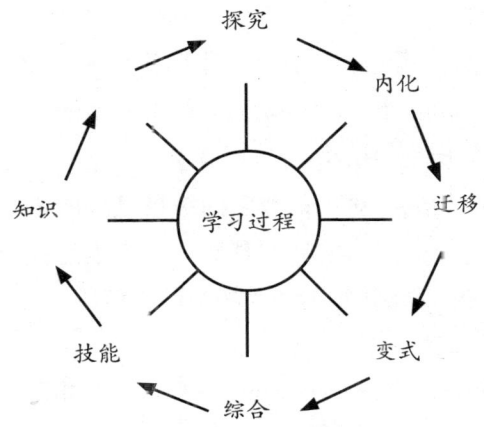

"提供过程"旨在遵循学生认知规律，设计不同层次的学生学习活动，从而实现课堂形式与教学方法的全面创新。

2.促进学习方式的转变

学习方式是指学生在完成学习任务过程时基本的行为和认知的取向，学习方式不是指具体的学习策略和方法，而是学生在自主性、探究性和合作性方面的基本特征。要转变学生的学习方式必须重视教学过程，真正的教学过程是学习主体（学生）和教育主体（教师、环境）交互作用的过程。设计探究、沟通与合作的课堂活动才能成功地转变学生的学习方式。

（三）英语教学行为结构

1.目的指向

（1）提升交际能力

交际能力包括：①语言能力（语言形式结构系统本身的操作能力）；②语篇能力（语言形式结构置于语篇中运用的能力）；③语用能力（语言形式结构置于情景中运用的能力）。

明确交际能力的构成，对英语教学的终极目标的定位就准确，语言的知识和结构是语言交际能力发展的基础，但绝不是唯一目标，这就是英语教育要求的以培养英语语用能力为核心的价值所在。

（2）扩大主动词汇

主动词汇即积极词汇（active vocabulary）是指既能认识，又能运用的词汇。而被动词汇（passive vocabulary）是指只认识，不会运用的词汇。就掌握一门语言而言，积极词汇越多越能自如运用。这是人与人之间的语言能力的主要差别。我们的语言教学要帮助学生扩大积极词汇，只有通过设计各种交际活动（Communicative Activities），才能为学生提供语言内化（Internalization）的过程，达到自如运用语言的目的。

（3）重语言产出

操练和产出（practice and produce）是语言训练的层次，它强调活动设计的科学性。哪些是操练的活动？哪些是产出的活动？这就是活动的层次性。活动层次性与认知层次如何匹配又是理论问题，也是技术问题，对教师的要求较高。但是，如果教师学会以认知发展水平与活动层次性两维控制语言的训练，教学效益一定会大大提高。

2.英语教学行为结构

针对教育行动研究多年，实际教学行为转变不大的现实问题，郑秉捷认为主要的原因是教师头脑中对具体的行动只有抽象的概念，没有具体的图像。面对理论到实践、理念到教学行为的转移问题，郑秉捷坚持在学校听课、观察、分析、研究，研制出"英语教学行为结构"图示，以此帮助教师规划、设计、表达教学行为，达到促进学生提高学习技能的目的。

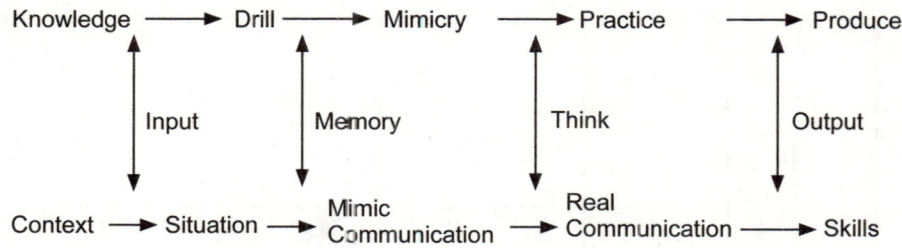

以技能训练为目的的"英语教学行为结构"十分注重将语言学习置于有语境和情境的活动中，从模仿到真实交际，从新学本课的交际功能到跳出教材综合运用语言的训练，学生始终处于语言的训练之中。围绕每个单元的教学内容确定学生的课堂行为层次，保证每个单元学生都能获得这套能力结构训练。

3.以学生为本的教学

按照"教学行为结构"来组织教学，可以使"以学生为中心的课堂"成为可能，它不仅主张教与学的统一、目标与层次的统一、认识与实践的统一，而且也体现了控制论、系统论和信息论在教学中的应用，并且提供了易于操作的课堂目标管理的定位标准，为学生主体发展提供了发展的时间和空间，有利于按语言发展规律设计层次活动并落实在课堂的全过程和每个人，为培养学生英语语言素质打下了扎实的基础。

"教学行为结构"较好地把教学与评价结合起来，使教师能及时掌握反馈信息，及时发现影响英语课堂教学的因素，能帮助教师找到未达标的位置，从而及时调整和改进。

4.以学生活动为载体的教案设计

落实"三维目标"的第一环节就是备课，要改变过去"重内容目标轻行为目标、重知识目标轻技能目标、重知识传授轻搭台唱戏"的倾向。按照"英语教学行为结构"指引，可以使备课从教师过分注重自己的"教"转变为自觉关注学生如何"学"。

教学内容			（版本、课目标题）
教学目标	内容目标	知识	基点、重点、难点、
	行为目标	技能	课标和教材中的技能分解
		活动 1	进入情境感悟探究
		活动 2	操练巩固知识内化
		活动 3	运用知识解决问题
教学评价	参与活动人数和频率：		
	学生技能表达分析：		
	活动缺陷归因分析：		

5.教学反思的参照

课堂教学反思是教师与新课程共同成长的有效途径，实现理性的自我评价是质量监控体系的重要内容。反思主要是看是否促进了学生积极主动地发展。在新课程背景下，课堂教学反思主要从以下几方面的转变来衡量教学。

关注内容目标 → 关注行为目标

看教师如何说 → 看学生如何作为

教材 → 用教材

关注优秀生 → 关注全体

个别提问 → 交际互动、小组讨论、两两对话

互动频率 → 互动面

三、英语课堂教学活动设计

郑秉捷以对英语教育本质研究的上位思想来构筑"英语教学行为结构"的底层设计，它的实践价值应落实在课堂活动设计上，实质上这就是一个理论付诸实践的载体，是具有普适性的策略，是教师驾驭课程的能力体现，这种能力表现就是自觉关注学生的语言运用能力的培养，有利于提升课堂教学境界。当前国内外教育改革业已聚焦为下列两个观点：①教师事关重大；②改革最终发生在课堂上。以课堂活动为载体的研究，是对这些观点的回应。机械训练还是感悟体验，告诉事实还是主动观察，怎样在"变式"训练中形成能力，怎样设计"铺垫"引导探究？以专业引领与行为跟进为关键的课堂活动设计，对于有效解决理论向实践、向课堂的转移问题，确是一种有价值的选择。

（一）明晰两个概念

1.知识与技能

语言知识是语言运用能力的基础，它包括词汇知识、语法知识、语篇知识、功能知识、社会语言知识。技能包括语言组织能力，即语言信息能力、语篇能力、语言运用能力等。

交际技能是语言形式结构置于情景中运用的能力，教外语应把语言置于语境和情景中来教，这和学游泳一定要在水里学是一样的道理。交际运用的重点应放在信息获取和表达的运用上，而非仅仅局限在语言知识的学习上。就这个意义而言，考试评价也应以甄别被测试人员的外语技能的高低，而非语言知识的多少。那么平时的教学就应该对此做出积极回应。

2.学习语言与学习关于语言的知识

学习语言（learn language）还是学习关于语言的知识（learn about language）是有本质区别的。把语言当做一门知识去教，这门知识包括语法知识、词汇知识和语音知识，测试也考这三方面的知识。我国在相当长的时期内都把语言当做知识教，也当做知识测试。

学习语言观强调的是教会学生掌握语言运用的能力，而不应该只是教"关于语言"的知识（teach language，not only about the language. Moulton 1961）。学的考的应该是操作这套形式系统的语言技能（language skills）。交际语言教学不仅仅停留于只教语言知识，而要培养学生听、说、读、写的语言运用技能，为此测试应该是交际语言测试（communicative language testing），所测试的应该是在语言语境和情景（非语言语境）中运用语言的综合能力。

（二）活动设计的价值主张

1.以信息意义为焦点

以信息意义为焦点（message-oriented principle）要求一切语言活动都以信息获取和传递为目的。课堂教学目标不只是强调语言形式，更重要的是把目标锁定在信息能力的训练上。活动目标定位应该很明确地落在学生语用能力发展上。信息意义为焦点的练习应该是有语境和情景的。

英语教育观指导下的语言教学要求教师明确哪些是单纯语言学习活动，例如：词法变位、给派生词、背课文、复述、语法填空、变换句型、句法分析等。这些练习或考题中的语言多数没有语境，更没有情景。

以信息意义为焦点的练习就是有语境和情景的。例如：做事型练习或试题。听一段机场广播，记下你要去目的地的有关信息；打电话问候一位住院的同学；写申请要求参加学校志愿者协会，并提出自己的建议等。

2.语言训练的层次性

操练和产出（practice and produce）是语言训练活动的层次，它强调活动设计的科学性。哪些是操练的活动？哪些是产出的活动？层次性主张提供由感知——操练——模拟交际——真实交际的过程，创设交际情景，将语言学习沉浸在活生生的环境中，创设这类情景应遵循以下层次性原则。

（1）与学生能理解的生活紧密相连；

（2）对语言材料的感知、分析、理解，进行模拟交际；

（3）在真实情景中把所学语言知识提炼成自己的语言来做事情，形成真实交际；

（4）明确语言的教学目的性，强调运用语言的能力训练，而不只是掌握语言形式和结构。

3.以过程为重心

相对于以结果为重心，运用是一个过程，而不是一个结果。教学重心自然就应落在过程而非结果上了。为学生提供语言学习和运用的过程，在过程中既关注"学什么"，更关注"如何学"和"如何用"，即如何听、说、读、写。重视"如何"，而不仅仅是"什么"，则要求教师善于观察、提问、了解和分析过程，并注意发挥活动之间的连接和关系的作用：扩展、深入、发挥、引申、了结。

给学生读一篇课文，不只是为了学这篇课文是什么，更不是为了学这篇课文的语言点、语法和词汇，而是为了学会如何读。不能泛泛地只给"Read the following text"的指令，而要给具体的要求：预测大意、略读求取主要意思、寻求具体和隐含信息、揣摩观点和态度、联系经验理解意义、比较论点或信息、作认知的推论、综合、分析、判断、结论等。

4.做事教学

新课程倡导体验、实践、参与、合作与交流的"做中学"的任务型教学理念，将英语学习完全渗透在完成任务的活动中。

任务型语言教学（task-based language teaching）的理念是"Learn a language by using it." 任务型语言教学是诸多交际教学途径中的一种(Prabhu 1987, Willis 1996)。任务型语言教学思想仍然是在交际语言教学思想的理论框架之内，它是功能中的一个个需要完成的事情。学习者不仅可以通过完成各种任务发展交际的能力，而且能让学生在用语言做事情的过程中，自然地把注意力放在信息交流上，而不只是放在语言形式上。

（三）英语课堂活动设计技术

1.目标层次活动定位

各层次活动设计各有要求，最关键的是设计要把握活动层次与认知目标相适应。确保活动的科学性。简单操练、组合练习、模拟交际的活动较易设计，但必须有真实交际层次的活动设计。这样才能帮助学生形成语言技能。

2.分析任务

在设计任务时，必须细化语言知识目标和语言技能目标，越具体越好。联系学生实际，把教材中的语言点与任务活动结合起来，最重要的是以任务为核心，计划将语言形式和结构放置于一定的语言语境和非语言语境中。设计教学步骤应注重预测学生语言行为表现，并能让学生有成功体验。

3.设计步骤

. Presentation：创造情景，产生需要，介绍语言知识和形式，让学生理解语言知识的意义，有学习的兴趣。教师不仅要提供过程，还要示范。

Practice：提供练习，组织语码，如造句、复述、模拟交际等。教师给予一定的帮助。

Production：在具体情景中说或写，组织信息交流。语言输出是组织信息、加工信息、表达信息的过程，是语言运用的主要渠道，教师给予很少帮助，直至完全让学生自由交际，只有真实交际，才能提高语用能力。

（四）英语课堂活动的目标达成

1. 语言教学目标达成

新课程背景下的"三维"目标赋予英语学科的价值是培养学生英语语言运用能力，把握住这个重点是目标达成的前提，这是目标达成的关键。

What to teach——课程标准——稳定

How to teach——教授方法——灵活

What to learn——课程资源——载体

How to learn——感悟内化——活动

目标达成的基本方法就是重交际，通过做各种与生活息息相关的活动来介绍和把握语言，学习就是获取信息、组织信息、利用信息、创造信息、传递信息、展示信息。不仅重视学习结果，更看重学习过程，既看练习层次，又看目标的升华。目标达成要追求知识学习向能力发展的恰当路径，课堂教学活动设计是载体，而所有活动又以突出互动性、主动性、创造性，信息化、民主化、情感化为支持。

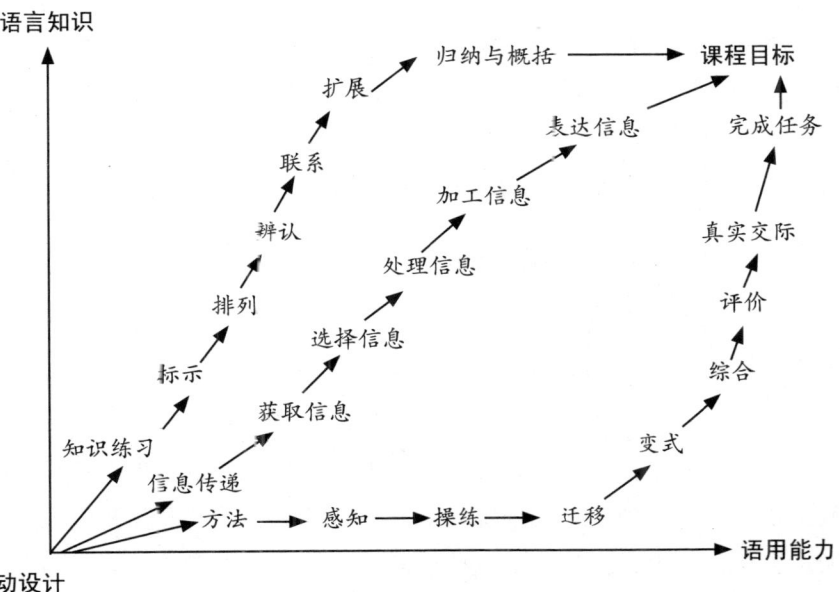

2.语言技能训练

语言技能训练以教师的课堂角色转变为重要前提，而教师教学行为的转变又以学生学习方式的转变为逻辑起点。不替代：一词一句地讲解和一句一句地分析剥夺了学生读的机会，给学生提供机会、保证条件、创造环境，为学生提供体验、参与、实践、交流、合作的过程。给学生当交际助手和为学生配交际助手，对学生学习起指导和负责作用，是教师在语言技能训练中应把握的策略。

（五）对教学活动质效的评价

英国心理学家Gattegno（1972）曾说过："Tell me and I forget. Teach me and I remember. Involve me and I learn." 一堂成功的外语课就是要看教师是否让学生置身于运用语言环境中去。"英语教学行为结构"要求教师准备一池水，并把每个学生"拉下水"，让学生在语言表达活动中学习，"用语言做事情"是语言交际的真谛所在。

1.语言知识与交际能力

明确交际能力的构成，我们对英语教学的终极目标的定位就准确，语言的知识和结构是语言交际能力发展的基础，但绝不是终极目标，英语课堂教学应着眼于设计促进能力发展的教学活动，活动就是教师为学生设计能运用所学知识完成任务的情景，并在完成任务的过程中提高交际能力，这是英语教学课堂质量标志。

2.单纯语言练习与信息处理活动

如果把语言当做一套知识或是一套结构，学的、练的、考的是操作形式结构的技能，语言练习仅仅孤立地操练只有意思（meaning）而没有（sense）的句子、语法和词汇；如果把语言当做一种信息能力，是处理人与人交往信息的思维能力，是把知识和技能包容进去的综合体，就一定要把语言当做工具来练习，学的、练的、考的应是获取、选择、加工、传递、表达信息。信息处理活动强调认知机能的调动，强调主动性、创造性，强调通过交际运用而学习，注意力不放在语言形式上，而是放在信息上，即放在如何达到交际目的上。

结 语

郑秉捷潜心研究的"英语教学行为结构"的成果价值体现在以下几方面：一是将教育行动研究具体化，使教师能自觉的建构教学行为体系；二是能帮助教师设计符合外语学习规律的不同层次的语言训练活动；三是使课堂自然成为以学生为中心的课堂；四是容易检查教学目的是否达到课程标准的要求；五是能有效提高学生外语运用技能；六是能使平日教学与考试评价目标一致。

英语语言素质外显就是语言的产出能力，"英语教学行为结构"思想强调培养这种能力的重要性，并为发展该能力提供了可能性，为英语课程素质化提供了保证。"英语教学行为结构"强调如何促进学生的"学"，为教师的课堂实践提供了操作模板，为学生英语语言学习提供了科学的训练方法，具有较强的普适性和较高的推广价值。

【参考文献】

1.李筱菊. 交际英语教程CECL – Communicative English for Chinese Learners – 上海：上海外语教育出版社

2.龚亚夫，罗少茜. 任务型语言教学北京：人民教育出版社，2003

3.Alderson， J.C. The Communicative Legacy London，1991.

4.Ellis R. Teaching Secondary English. Longman Group Ltd，1982.

5.Gattegno， C. Teaching Foreign Languages in Schools: The SilentWay. New York: Educational Solutions，1972.

6.Harmer， J. The Practice of English Language Teaching. Longman，1991.

7.Prabhu， N. S. Second Language Pedagogy. Oxford: OUP，1987.

8.Widdowson，H. Aspects of Language Teaching. OUP，1990.

9.Willis，J. A. Framework for Task-Based Learning. Longman，1996.

【作者简介】

王蕴峰，广东外语外贸大学英语语言文化学院教授，外国语言学与应用语言学博士。

燕子老师和她的任务型教学

——李红燕老师英语教学思想研究

罗少茜

【特级教师小档案】

李红燕，小学英语特级教师，深圳市南山区第二外语学校教师，南山区小学英语教学专业委员会理事长，曾任南山区小学和中学英语兼职教研员。三届南山区英语挂牌教师，曾获深圳市初中英语优质课和广东省初中英语优质课竞赛第一名。人民教育出版社PEP小学英语教材编者，其课堂教学录像由人民教育电子音像出版社录制并在全国发行。3篇学术论文获国家一等奖。早在98年就提出了"英语游戏化教学模式"，并发表于中国教育报。主持过中央电教馆全国教育科学"九五"规划课题《利用电教手段培养小学生听说能力》，是全国基础教育外语教育研究课题《英语教学测试与素质教育》的主要研究人员。现主要研究"任务型教学在中小学课堂的实施策略"。

李红燕老师就像春天的燕子将英语教育改革的春风吹进教室，将教育改革的春雨撒进孩子们的心田。同学们昵称她"燕子老师。"

在燕子老师的课堂上，你会发现她不仅仅是基于课本进行传道、授业、解惑，她还为她的学子们准备了天南地北的知识。她特别关注他们的情感、态度和价值观的培养。燕子老师强调英语教学需要良好的学习环境的支持和学习方式的革命。她倡导适合大班使用的小组合作式学习方式，指出这种舶来的教学法在中国大型班级里推行的障碍，并提出了改良方法，形成了自己的教学思想。她认为教师不应该将课本奉若"圣经"，将教室当做"教堂"，而是要适时地、适当地将当今社会的热门话题融入教学内容，引进课堂，同时还要带领同学们走出课堂，去了解和参与社会，去展示和运用学识。

一、营造支持性的学习环境

（一）课本不是圣经，社会信息也是教学资源

燕子老师非常赞同一套好的教材不仅会带来新的教学内容，而且还将带来新的教学理念、教学行式、教学环境和教学评价体系。但燕子老师与众不同的一个观点是：教材不只是课本。她始终坚持教材只是教学材料。她认为随着信息时代的到发展和知识价值的革命，教材只会是人类浩如烟海的知识 "样本"，是提供给教师边教边"裁"的材料。教师的观念应该从教材本位(Textbook-based)转为教学资源选择(selective teaching resources)。教师应当根据学生的能力和需要，整合教材，编辑教学材料，极力利用教学资源，将各式材料融合，变成校本资源。教育者应该把学习的任务延伸到课外，把学生的学习能力延伸到社会，这样才真正是积极的学习。王栩在她的《美丽教师》一书中写道："教育形式无时不在、无处不有，它以形象、逼真、模拟、缩微的各种交换和明亮的色彩、活泼的形式、仿真的造型、组合的线条以及视觉上的异常、听觉上的振荡、触觉上的细腻、嗅觉上的灵敏等冲击着传统单一的书本教学……"燕子老师认为课堂教学形式除了像王栩老师描述的那样以外，教师还要尽可能地提供给学习者真实的环境，特别是教授初高中

生时，应尽量结合现实社会组织教学。在燕子老师的课堂，学生们学习教材，又走出教材。

一次，课文讲的是小发明，正好碰到深圳高交会。燕子老师让学生去了解高交会，然后带领学生利用生活废品或日用品做小发明，小手工。学生开展小组合作，撰写说明书，绘制海报，有些同学还做了灯片展示他们的作品。

还有一件趣事。中国的SARS（非典）过去不久，美国又闹猴天花。一天，燕子老师正在给同学们讲美国草原土拨鼠是如何将猴痘，即 "猴天花" 传播给人类以及它的发病症状，如高烧、头疼、咳嗽等，突然，深圳日报（Shenzhen Daily）的记者推门听课，看到黑板上的有关 "猴天花" 的介绍，十分地惊讶，说："我们昨天报纸上的新闻，没想到今天就成为了你们今天的学习内容。"

燕子老师没有唯课本而课本，而是将社会上发生的焦点时事引入课堂，使其成为学习的内容，从而扩大了英语教学的内涵与范畴。这不仅扩充了学生的知识，更重要的是培养了学生对新生事物的敏锐性，而求新的精神恰恰是创造的原动力。课本知识永远是在时代的后面，而学生的需要永远是在课本的前面。

（二）课堂不是"教堂"，社会也是课堂

燕子老师认为根据多元智力理论，不同的个体是具有不同的学习能力的，因此需要不同的学习方式。学习的方式应该是多种多样的，以便适应不同学生的不同需要和不同的动机。于是，燕子老师除了把握好教室内的每节课外，还把学生领出课堂，引到家庭，引到社区，引到大自然中，让学生在活动中体验，在活动中展示，在活动中实践。

从课堂到家庭。燕子老师的学生每学期都要组织周末聚会。她还给孩子们请来外教，一起看外国电影，一起做西餐。在活动中，同学们向外国朋友介绍中国文化，和外国朋友分享生活的快乐，在交流中学英语，学礼仪，学文化。

从课堂到社区。一次，为送一个深受学生喜欢的外教回国，燕子老师在家长的协助下，租了一个社区的休闲巴开展英语活动，游泳、唱英文歌、演奏、学街舞、演英文话剧。

从课堂到高山。燕子老师把课堂组织到山上。在山顶朗诵英语诗歌，高唱英文歌曲，在山腰上演英语短剧。一个周六的下午，燕子老师的学生们在南山半山腰的休息亭表演希腊神话《波塞冬》，当学生演到 Poseidon（波塞冬）跪着向 Amphitrite（海神）求婚时，围观的群众报以热烈的掌声。她认为这种赞誉就是社会对学生的最好的肯定，最大的支持，是他们成长的营养基。

从课堂到学术报告厅。三名初一的学生参加区科技节，所做的《中国人口调查报告》非常成功，他们从学生变成了学者，被请去给初一的英语教师作报告。三名学生用英语侃侃而谈，从容地回答一个又一个的问题，好像是在进行论文答辩似的。

每一次活动，燕子老师都会教学生制订计划，明确职责，张贴海报，管帐理财、考察线路、绘制地图、商谈协调。这些活动使学生们在家庭式的、友好的、亲善的、开放的、支持型的学习环境中，自主建构，主动学习，成为真正的学习主体。这不仅使学生在真实的语言环境中体验和掌握语言知识，更有甚者，使学生在活动中感悟，形成自己的世界观和价值观。这样的学习使得语言的学习形式呈现为互动发散式，即以语言为中心，向知识、情感、文化和态度扩散，而其又反作用于语言的学习，它们相互促进，共同发展。学生既学语言，又学文化、学知识、学策略（how to learn）、学做人(how to be)。学生们学到了书本以外的生存技能，学生是课堂的活动者和主宰者。他们参与，探究，归纳和合作，相互交流，相互扶协，实践和展示课堂所学。

David Nunan 描述的任务型教学的五大特点之一是：试图把课内的语言学习与社会的语言活动结合起来（An attempt to link classroom language learning with language activation outside the classroom. 1991）。

Jane Willis 在她的A Frame-work for Task-Based Learning 《任务型学习导学》中也有类似的阐述：任务型教学不只限于课堂内。它具有开放性，民主性和探究性的特征。因此，它又从课内延伸到课外，从任务型学习导向探究性学习。

她的学生周璐的家长是这样评论她的教学的：应该使学生走出课堂，直面社会，融入大自然，注意提高学生的基础知识的同时，更应该注意学生们的应变能力、应试能力。我女儿的班级王是这样在学习。

燕子老师的教育行为说明了一个道理：当英语仅仅被视为语言工具的时候，学习者往往是被动地、功利性地获取惰性的、碎片式的英语语言知识，很难达到语言工具性和人文性的互动。他可能能够以高分通过各类考试，但却难以在现实的英语世界里积极地、创造性地生活、发展。燕子老师认为："会填空、会选择、会判断对错，就是会英语了"的观点是错误的。有效的语言学习是文化和价值观的适应过程。真正的英语学习是工具与情感态度、与文化的互动过程，即，将语言作为工具去摄取知识，同时又通过知识学习去了解社会、了解价值观、了解文化。语言只有在其相应的文化氛围中才可以真正地被激活；学习者的情感态度也只有在积极的语言应用和交流中才能充满魅力。通过大量的英语教学实践，燕子老师以自己的理解解读英语语言教育哲学，改良舶来的境外英语教学法——任务型教学，带领学生走出课堂，走出"教堂"，并使"教堂"变成了"天堂"。

二、革新课堂学习策略与方式

（一）变革教学的导入方式

教师们导入新课的方式基本是以聊天、漫谈的方式复习引入，主要是闲聊或者操练旧句型。而任务型教学要求的是脑风暴（brain storming）。其最大的不同是：发散思维，想象和猜测与话题相关的背景、人物、情节等等，自然导入新课题。

Jane Willis 在她的A Framework for Task-based Learning 一书中提出了任务型教学的六个教学步骤。对于脑风暴她是这样描述的：Brain storming ideas, elicit personal experience （脑风暴思想观点，引发出个人经历）。她认为该步骤的设计目的是为了使教师和全体学生一起来利用各自的经历，探究新课所提供的话题(explore the topic)。

燕子老师在她的课堂里实践了这种由"流利到精准的模式"（Fluency - accuracy models）。她发现有良好的预习习惯和具有较好的自学能力的学生是可以在新授课的一开始就能够探索新知并运用部分新知的。一些教师的错误做法是因为不明白脑风暴与漫谈的区别而导致的。甚至有部分教师根本就不相信老师"不教"学生也能学习的道理。这些教师是受了PPP教学法的深刻影响，以为教师不展示新知，不提供足够的练习，学生是不会有产出的。他们的基本观点是：没有精确的练习学生是不可能会流利地表达的。于是他们还是习惯让学生背、背完了还是背，结果却忽视了学生的思维发展和好奇心的培养。

燕子老师在她参加的广东省第三届初中英语优质课大赛中，就是利用课文Famous Person, Bill Gates(《名人，比尔盖茨》)的教学内容，请学生进行脑风暴：A、什么是名人？B、为什么你认为比尔盖茨是名人？C、他写过什么书？这些问题是每个学生拿到课文后都会自然想到的问题。学生可以尽情地猜测，没有对错，也不用刻意去使用什么句型。而如果用句型复习的方法来操作，学生一定会失去思想的火花，而变得刻板、机械。我们常常看见老师逐个地问学生："你喜欢苹果吗？你喜欢梨子吗？你喜欢…"后面的学生不等老师问到，就站起来说：香蕉等水果名。对任务型教学法这是没有意义的活动。

燕子老师认为实现任务型教学模式的根本就在于教师要大胆地放手将课堂交给学生——学习的主体，要不断地培养他们的自学精神，使他们自信、自立、勇敢、有思维力。

（二）改良和内化任务型教学的主要学习方式—小组合作学习

《英语课程标准》（以下简称《标准》）倡导任务型教学法。她认为此教法中最核心的内容应该是小组活动，而对于中国的班级大多数是大班的现状来说是最难于执行的部分。在教学研究的过程中，她发现不少教师，对任务型教学当中的小组活动理解有误、有偏差，盲目地借鉴，生搬硬套。这些不正确的做法使得小组活动只流于形式，从而浪费了宝贵的学习时间，导致课堂的有效性锐减，教学目标适得其反，甚至潜移默化地传递给学习者不少不良人生态度，例如：懒散、不负责任、不倾听、不合作、开小差……

燕子老师认为，这不是任务型教学的错误，而是部分教师对它的错误理解导致的，尤其是对此教法的核心概念——小组讨论的误解。为此，她提出了她在长期实践中的观测和改进的建议。

1.座位安排及管理

在许多的班级，她发现学生的座位是固定的，小组成员固定，桌椅位置固定，每次小组讨论都是相同的人员。学生没有角色转换，没有新朋友，信息来源少。

燕子老师认为教室是教育改革的主战场。教育的革命，首先应当是教室的革命。她和她的学生们将插秧式摆放的桌椅围成了六个方阵，即：六个小组。这六个小组从初一到初三，几乎没有因为个别组员不遵守纪律而被老师换位。在改造了教室的摆设之后，又进行了精神的改造——思想的革命。燕子老师大胆地进行"规则教育"，不断地用规则来规范学生的行为。通过点评学生的学习效率使学生明白，"规则"是秩序的保证。她有个独特的习惯：不轻易地给学生换座位。如果一定要给"调皮鬼"换位子，她的做法是：该生必须向全班称述他/她必须换位子的缘由，并向因此而必须与他/她对调座位的同学道歉。接受小组表达是否接受的意见，并可以保留退还的权力。这种类似于"部落"管理的方法使得学生十分地珍惜自己在班级的"位子"。

后来，她又注意到围合式坐法在大班运作中的弊端。由于座位是固定的，学生围成圆圈或长方形而坐，使得近三分之一的听众没有办法与发言者进行目光交流，且难于感受到双方的情感。同时，听众们由于长期地侧身听讲，甚至背对着黑板，视力受到影响，个别同学还养成了斜着眼睛看人的坏习惯。

燕子老师将封闭式围合型改进为U字形，使每个小组有了一个小小的开口，并允许学生在小组讨论时，随时地变换坐姿。她很反对少数教师的做法，要求学生始终坐得挺直，目不斜视，声音响亮。她认为那会造成学生身心疲劳，还会禁锢他们的想象力。

2.任务说明及落实

如何布置任务是燕子老师研究的重点之一。教师没有充分说明任务的具体内容和完成任务的步骤，对于比较复杂的任务，也没有示范，会使执行者不知所措，产生焦虑，可能还会导致展示或汇报不成功而从此丧失信心，失去兴趣。比较后发现，中国其它学科的教师很少详细地布置学习任务，这就造成学生不习惯倾听任务布置，教师也不重视的现象。燕子老师的做法是：将执行任务的要求和任务的内容逐一用灯片投出来，逐条跟学生讲解。学生讨论时，还下讲台帮助他们。

在布置任务时，教师常常会忘记交代时间，或者是认为交不交代时间不重要，使得学生没有时间观念。而老师的条件反射就是不断地催赶：快点，快点。这样做的教师根本不考虑这样反复催促学生，会给学生的心理产生多大压力，思维产生多大的干扰。更有趣的是还有些教师自己说了是五分钟讨论，结果是不到两分钟就开始催，个别还两分钟不到，就宣布小组讨论时间到。结果往往是学生并没有完成指定的任务。而燕子老师则是坚守信用，尊重事实。

燕子老师还发现，有些课堂的小组讨论没有分角色。通常是四位同学一起说，自顾自说，全然没有了解不同见解或寻求帮助的意识。这种讨论显然是无效的，吵闹的，组员们没有办法共享资源。很多的教师为了公开课，提前让学生准备了大量的资料或精致的图画、手工，但却没能使学生学会欣赏他人，利用资源，是典型的形式主义和个人主义的表现。而燕子老师则是要求组员分工，角色轮值，并设计了《小组活动情况记录卡》，组长、组员和任课教师签名后，张贴到班级评价栏内，给班级文化增添了一道亮丽的风采。

有时候，燕子老师发现小组讨论会变成个人学习。例如：老师给出一个阅读任务，学生由于不了解要讨论的内容，于是，大部分的小组成员都埋头苦读，个别落后一些的学生则把书翻来翻去，不知该干什么。待到基础好些的组员明白了，想要讨论时，限定的时间却到了。

其实，一味地进行小组活动是错误的，小组活动不是越多越好。燕子老师认为必要的默读能促使学生有话可说，有题可议，有感而发。在阅读之前，可以让学生先个人默读文章。燕子老师认为部分思考是在沉默中生成的。牛顿在苹果树下沉思，一个苹果掉下来，就是这个苹果砸出了他平时的思考——举世闻名的牛顿定律。

3.任务监控——观察、帮助、指导

另一个与任务型教学的小组活动的要求不相符的现象是：学生讨论时，教师忙着擦黑板，整理教具，检查多媒体设备，安装课件，却没有时间下讲台倾听学生的讨论，检查任务的执行情况，提供帮助和指导。这就使得小组讨论成了摆设，变成了与老师无关的事。教师对学生讨论中发生的问题不能做到了如指掌，而真正的小组讨论的要求是教师必须对讨论中生成的、教师无法在备课时预测的东西做到合理评价，针对指导。

燕子老师还发现过渡的干扰使发言者丧气。少数的教师在学生鼓起勇气、结结巴巴地用英语表述时，不能容忍学生的语法错误，甚至以为这是他做教师的职责，于是便不停地打断学生的发言，极力地纠正学生的错误。

《中学英语任务教学的策略与艺术》指出：如果见错就抓，发现错

误就纠，就会使练习的气氛冷冷清清，这对调动学生的学习积极性极为不利。燕子老师的建议是在学生发言之后或必要时（影响学生讲下去时）以鼓励和帮助的口吻提供给发言人重要的词、词组或文法。教师可以将学生发言中的错误，用笔记本记录下来，在小组汇报之后，点评时举例说明或在下一节课上归结错误，集体讲评。任务型教学就是要学生在真实的或半真实的语言环境中带着错误、带着ambiguity（模糊）尝试着运用新知识。燕子老师的道理很明确：保卫自信。

燕子老师还注意到：在小组中，总有懦弱的学生和强大的学生。有时个别优秀的学生控制了整个的讨论和发言时间。他或她表达的常常是他们自己的观点，而不是小组的讨论结果。他们喜欢的开头方式是：我认为……，而不是我们认为或我们组认为……。这种现象引起燕子老师极大的关注。西方的课堂中，汇报员代表小组发言时常常会用'我们'，自己的观点如果有必要的话保留到最后说。燕子老师并不简单地以为这仅仅是个人习惯，她理解这是文化的差异。虽然燕子老师平日里特别包容差异，珍惜差异，但对此却持有不同的态度。她一次又一次不厌其烦地一遍又一遍地纠正他们，跟同学们讲道理，要求尊重弱者的意见。她认为任务型教学较之其它教学法，更注重真实交流，更强调"通过交流来学会交际"（David Nunan，1999）， 更注重人文素养。如果孩子们将来在真实社会中，总是用'我，我，我'来表达观点的话，难免给人妄自尊大的感觉。

4.话题设计及组织形式

如何给小组活动设计话题，燕子老师也有她的个人见解。她发现大多数的教师给出的提问多半是从课本上可以直接找到答案的或二元悖论式问题，而不是态度观点类问题，其答案一般是唯一的或封闭的（Divergent）（Long，1989），学生很难有机会表达有个性的、有创意的观点。而真正任务型教学常常是要求学生讨论与自己的生活经历相关的问题，有些问题成人、社会、甚至政府可能都是没有结论或没有一致观点的。她认为培养创新力就是要给受培训者创新的机会，养成求异不求同的思维习惯。

许多的教师在分配任务时不管任务的大小、难易，每个小组分得的内容是完全相同的。其结果一般有两个：一是问题过多，过难；二是问题过少，过于简单。第一种情况使得讨论时间不够。于是学生急急忙忙地、蜻蜓点水般地过一过所给的问题，没有讨论结果。而汇报却费时太多，令人乏味。后面发言的小组甚至会出现重复错误的现象。另一个结果是过于简单的问题使得小组汇报就是几个词倒来倒去，没有挑战性。

燕子老师的做法是：选择真正需要小组讨论的问题进行讨论。如果话题太多，就分解话题，几个组合一个话题，不同的组给予不同的话题。讨论完了，全班分享，达到共有。从心理学的角度来分析，学生的心情是愉悦的。既给予了他人，又分享了他人的成果。

小组活动开展得是否有效取决于课堂的指挥者。针对上述小组活动中的错误理解，燕子老师认为：教师——教法的执行者，在实施时，应当能根据教学要求调整洋理论，改良洋理论，发展洋理论。教师要能区分常见的教学途径和方法在中国英语教学环境下的主要的优势和劣势，能根据学生的需要和语言水平选择或创设教学任务和活动，能以课文内容为基础，以学生的日常生活为背景，设计不同的任务。

燕子老师认为任务型教学的小组活动是任务型教法的精髓，是它的主体思想。她认为小组活动能促使学生通过交流——相互影响——推进认知层次。这种多向的刺激——反馈系统的心智活动必然促使学生群体的心智活动不断向前推进，帮助学生完成认知结构的形成及转换。小组活动还能给学生创设整合语言技能（听、说、读、写）的情景。在一个活动中，学生可能需要用到两个或两个以上的技能。

燕子老师带领她的学子们以小组活动的形式完成了一个个教学活动和学习任务。学生学完了《人口增长的原因》的课文，便开始关注中国的人口问题，合作完成了《人口调查》。学生们上网查询、采访大人、上街拍照、录音、录像，回来后分析材料和数据，选材、编辑、撰写、校对、润稿、做课件、配图、配音、放录像、答辩，合作又分工，总之是口笔头齐上阵，在快乐中学习。

燕子老师就是这样以她独具个性的任务型小组活动，合作又竞争的学习方式，开辟了大班小组活动的范例。在这个集体中，每位学生都尽力而为，发挥各自的特长，为自己的小组贡献自己的力量。

燕子老师的"任务型教学"倡导在生活中应用英语，用英语解决实际问题。她让学生自主学习，鼓励学生向老师提出问题，教师观察、记录、帮助和指导，甚至提出质疑或提出新的问题。她坚持教授学生自己不能解决的问题——解惑，并创设小组合作的学习机会让学生在交流中学习。她还把学习内容延伸至课外，使学生将课内所学应用于社会，做到学以致用，同时又在实践中检验、发现。每一次大型任务后，她都会对学生在整个活动过程中所做出的努力、取得的进步、采取的策略和技能以及他们的情感、态度、价值观进行评价。如图示：

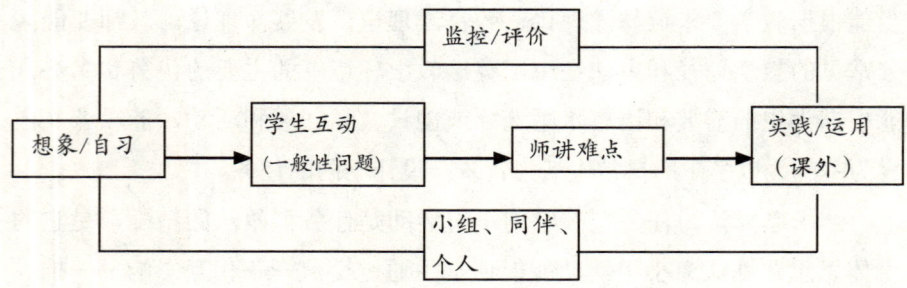

齐白石有句名言："学我者生，类我者死。"如果教育者没有自己的个性，甚至只是知其然，不知其所以然，那教师还不如用自己熟悉的教法组织教学。燕子老师强调的是教师在职业活动中的创新。我国著名教育家陶行知要求教师必须具有创新、开拓的精神，"教育者也要创造值得自己崇拜之创造理论和创造技术"。

如何用好一种教学法，燕子老师认为学习环境是关键。课堂不是军营，不是工厂，不是教堂。课堂应该是一个人人进步和互相关怀的地方，一个能让所有参与者活出生命意义、找到自信和尊严的地方。教师应该努力建设支持性的、大家庭似的班级文化和课堂文化，建设以个人发展和共同价值为核心的学习文化，建设一个以"人的成长"为目标的学习型群体。燕子老师就是创设了这种人文学环境，创造性地运用了任务型教学，将脑风暴引入课堂，改进小组活动的方式，使任务型教学这个洋教法在大班教学中得到了实现。

【参考文献】

1.陶行知. 陶行知教育文选. 北京：教育科学出版社，1981:298.

2.Long， M. Task， group， and task-group interaction：University of Hawaii Working Papers in English as a Second Language，1989 8(2):1-26.

3.Nunan， D. Designing Tasks for the Communicative Classroom. Cambridge: Cambridge University Press，1991.

4.Willis， J. A Framework for Task-based Learning. Harlow： Longman Addison- Wesley，1996 .

5.Nunan， D. Second Language Teaching and Learning.Boston: Heinle & Heinle Publishers，1999.

6.中华人民共和国教育部制订. 《英语课程标准》.北京：北京师范大学出版社，2001（1）

7.王枬.美丽教师.桂林：广西师范大学出版社，2002

8.包育彬、陈素燕编.中学英语任务教学的策略与艺术.杭州：浙江大学出版社，2004

【作者简介】

罗少茜，北京师范大学外国语言文学学院英文系教授、应用语言学博士、博士生导师。近期的研究领域主要有：任务型语言教学与评价、语言测试与评价和英语教师教育。主持"中国环境下英语学习中任务的作用"；"基于认知的第二语言（英语和汉语）能力表现评价框架的构建"；《全国中小学英语教师专业水平等级标准及培训、考核、认证体系》的研制等重大课题。发表的主要著作有《任务型语言测试中的任务难度研究》，《任务型语言教学：任务、任务研究、任务型教学与评价》、《任务型语言教学》等。

让语文教育充满诗意

——姜东瑞语文教育思想研究

甘其勋

【特级教师小档案】

姜东瑞，中学语文特级教师，南山区教育科学研究中心教研员。曾任河南省新乡市教研室副主任。国务院政府特殊津贴专家，全国教育系统劳动模范、"人民教师"奖章获得者，香港柏宁顿（中国）教育基金会"孺子牛"金球奖获得者。曾两次在人民大会堂受到党和国家领导人的接见。

先后荣获河南省首届中学语文教师教改评比活动特等奖第一名、首届"十佳语文教师"第一名，参加全国中青年教师语文课堂教学大赛和首届"语文报杯"大赛分获一二等奖，参加中央人民广播电台和国家语委组织的第三届全国普通话广播大赛并获奖。被列为《语文教学通讯》封面人物，《中学语文教学参考》卷首人物。主编《创新理念下的目标教学》、《创新素质培养的课堂教学实践》、《校本教研的探索与实践》等书籍30余部，在各类杂志上发表文章近百篇，获省教育科研成果奖3项。

三十多年的教学教研经历，使姜东瑞老师逐渐认识到，语文教育既是一门科学，也是一门艺术。语文教育的工具性不应是烦琐的机械训练，其人文性也不应是生硬的道德说教，语文教育应该是工具性和人文性水乳交融的教育。苏霍姆林斯基说过："没有一条富有诗意的、感情的和审美的清泉，就不可能有学生全面的智力发展。"年过半百，她不断感受着领会着并深信这句名言，逐渐形成了自己的教育教学思想和风格：语文教育应该而且可以成为充满诗意的教育——让语文教育诗意盎然！

诗意，是理想，是信念，是热情，是执着，是生命的活力，是不懈的追求。姜东瑞老师追求语文教育的盎然诗意，不仅造就了一届又一届学生的诗意人生，帮助一批又一批教师创造自己的诗意生活，也使自己成为"一条富有诗意的、感情的和审美的清泉"，在语文教育的广阔天地里潺潺流向远方。

一、让语文教学充满诗意

（一）拓宽学生心灵的宽度

1.让"小尾巴"心中蓄满诗意

"小尾巴"是不少老师对学困生即所谓差生的称谓，也是教育工作的难点所在。但在姜老师心里，这些"小尾巴"同样可爱，她总是善于在别人不经意中挖掘出差生的闪光点，激发出学生学习的潜能。有次上作文课，一位"小尾巴""憋屈"了整整一节课，一个字也没写出来。姜老师看在眼里，疼在心里，于是耐心地与他交谈，启发诱导，进行"点化"，终于，这位学生居然在下课前十分钟"憋"出一篇近三百字的作文，大意是：自己读小学一年级过生日那一天，一反斜肩背书包的常态，而是把书包紧贴在屁股上，因为他听大人说，过生日那天被人打屁股会长出小尾巴来！正是这篇字数不符要求却能抒写真我的文章，让这位学生从此找到了练习写作的信心、产生了学习语文的兴趣。这类事例也影响且逐渐形成了姜老师的"差生"观——学困生的心中并非没有美的清泉，他们身上常有闪光点，教师尊重学生之间的差异，唤醒他们生命过程中的"体验"，触及他们个性化生活中的"敏感区"，让他们心中蓄满诗意，再引导他们把诗意流向笔端，就能激发他们学习语文的"兴趣"，使他们获得"我进步了"的"成就感"。姜老师珍爱生命中的"小尾巴"，珍视每一位学困生的闪光点，善于引导他们走进充满诗意的语文之门，这是她教育成功的可靠保证。

2.引导学生感受学习语文的诗意

心理学表明：兴趣源于需要。姜东瑞老师认为，只有学生把学习看成是一种需要，一种享受，才会产生巨大的内驱力，激发起强烈的求知欲，从而积极主动地学习、探索。这方面她结合教学实际进行了深入研究，并颇有心得。

姜老师认为精彩的导语可以使学生有新鲜感、振奋感、刺激感。"太阳每天都是新的"，语文学习内容也天天不同，她注意引导学生感受语文学习的诗意，从而精力充沛、精神饱满地投入新课的学习。比如：上《孔乙己》一课，姜老师设计了这样一则导语："同学们，我们都喜欢看电影、看电视。看喜剧时，我们都会捧腹大笑；看悲剧时，我们都会叹息流泪。这就是说，喜剧和笑声、悲剧和叹息总是连在一起的。我们今天学习的《孔乙己》是一场悲剧，却充满了笑声，这是一场充满笑声的悲剧。那么孔乙己这个悲剧人物在什么情况下令人发笑呢？他的哪些性格令人发笑呢？让我们带着这些问题到鲁迅的小说《孔乙己》中去寻找答案。"姜老师经常展示一幅挂图，设置一个悬念，创设一种情景，选讲一个故事，高唱一首歌，播放一段乐曲，竞猜一个谜语，朗诵一首小诗，甚至作一番情绪调节操，……通过多种方式激发学生强烈的求知欲，引导学生饶有兴趣地进入阅读佳境中。

3.鼓励学生在质疑中寻找诗意

南宋学者朱熹说："读书无疑者，须教有疑。"姜东瑞老师认为，疑问、问题是思维的"发动机"，思维的发动机一旦启动，学生的求知欲望就会一发而不可收。因此，她极其善于鼓励学生在质疑中寻找诗意。

学习都德的《最后一课》时，有学生突然提出了质疑："老师，我觉得小弗朗士上课不专心，课文的21、22段是败笔。"姜老师认为，学生提出问题正是主动学习、探究的标志，说明他们已经进入学习的积极状态之中，并且和文本、作者、教师、甚至自己开展了"对话"。对于学生的质疑，姜老师并不作简单的肯定或否定，而是引导学生认真读书，从作品中找依据，或以集体的智慧来解决问题。通过争论，同学们统一了认识，认为这并非败笔，而是"妙笔"所在：金甲虫飞进来而学生不分心，反衬教室之静和学生之专，起到以动衬静的效果；"他们该不会强迫这些鸽子也用德国话唱歌吧！"突出小弗朗士的心理活动，即对敌人的愤恨；妹妹在收拾东西而韩麦尔先生一丝不苟地给大家上课，更体现了先生的爱国之情，小弗朗士也深受感染……。她引导学生在质疑中寻找诗意，使他们的思维更加活跃，钻研课文的兴趣更浓。

（二）改变学生思维的角度

学生思维的创新有赖于教师精心的教学设计，有赖于教师有意识地、经常不断地给学生以新鲜的刺激。教学的创新主要的、更多的是表现在学生的创新意识、创新思维、创新能力的培养上。姜东瑞老师善于充分利用教材这个思维训练的课程资源，让学生在思维的独特性、思维的新颖性、思维的批判性上做文章，每每给整个课堂教学添上亮丽的色彩。例如在阅读教学中，为了培养学生的探究性阅读和创造性阅读能力，她提倡多角度的、有创意的阅读，引导学生在阅读中进行思维的发散、聚合、求同、求异、重组、质疑等训练，并把"加一加、减一减、扩一扩、缩一缩、变一变、改一改、联一联、代一代、反一反"等具体的创造技法引入语文教学，以激活受教育者的大脑思维，使他们在学习体验中获得创新能力。

1.延伸文本显诗意

优秀的文学作品都会以它独有的魅力吸引读者，犹如美好的乐曲，余音绕梁而不绝。也就是说，作品从形式上看似结束了，但是它在内涵上给读者留下无限的想象空间，让人们的思绪随着文章的内容而延伸。这正给展现学生创造思维提供了空间。比如学完《皇帝的新装》后，姜老师让学生以"游行大典之后"为题展开想象，并要求学生加上能表现所续内容中心的副标题。这样学生既可以从儿童的角度来想象，也可以从百姓的角度去思考；既可以从大臣的角度去考虑，又可以从皇帝的角度来策划；既可以从骗子的角度去设局，又可以从文章之外的内容去谋篇……。优秀的作品大都言有尽而意无穷。从文本中延伸出诗意，多角度激活新颖的思考，有利于培养学生的创新能力。

2.补足留白见诗意

"白"即作品中有意无意留给读者的想象空间或应当交待而未作交待的"空白"，让学生进行这种填补空白的思维训练，一方面可以体味作者写作技巧的匠心，另一方面可以充分挖掘人物的复杂的思想感情，更深刻地把握作品的主题。尤其是阅读文学作品，作者往往给读者留有很大的思维空间，留有"填补完型"的空白，更需要驱遣想象，使学生"思接千载，视通万里。"姜老师根据文中"潜台词""空白处"设计问题，启发学生补足作家在情节、人物、形象等处留下的空白，这种富有诗意的补白，对发展学生的创造思维大有好处。

3.边画边读品诗意

"画读"是指学生在阅读过程中，在教师的指导下用图画再现文章的内容，从而帮助阅读的方法。在画读的过程中，学生们调动自己的知识储备和审美情趣，用线条勾勒或用画面描绘出文字所表现的内容，边阅读，边品味，边作画，既有助于学生深刻理解课文，也对学生综合素质培养大有裨益。姜老师运用画读法，使学生依文作画，因画解文，既可以使抽象的文字转换为直观形象的画面，有利于学生对文章内容的理解，又可以展现作品的诗情画意，有利于学生领会文章的意境，培养其审美感受能力。同时，边读边画，边悟边画，以画助读，以画助思，从另外一种视角解读文本，研究文本，阐释文本，有助于品出作品的诗意。

4.解读插图传诗意

翻开九年义务教育的初中教材，几乎每一册都有彩色或黑白的插图。这些插图有的是作者照片，有的是内容的高度浓缩，有的是相关课文的一个场面，有的是意境的展现，有的是课文的补充或相关链接……。总而言之，这些插图是教材内容的重要组成部分，也是对学生进行联想和想象训练的极好资源。姜老师把彩页绘画和黑白插图都充分利用起来，让学生仔细观察插图、绘画，辅之以联想和想象，并对照课文用口语表述、交流，说出图中所传达的课文的诗意。这是培养学生联想想象能力的有效方法。

（三）提高学生参与的广度

叶澜教授说过："要从生命的高度、用动态生成的观点看课堂教学。课堂教学应被看做是师生的一段重要的生命经历，是他们生命的、有意义的构成部分，要把个体精神生命发展的主动权交给学生。"怎样把个体精神生命发展的主动权交给学生呢？姜老师的做法主要有：

1.让问题蕴含诗意

对学生要提有效的问题，即特别关注学生的参与度，学生参与的多少、参与的积极与否。有效的问题，要能够培养学生思维的敏捷性、发散性、聚合性、思辨性、批判性等良好思维品质；有效的问题，要尊重学生的差异，在提问的层次性、综合性、开放性上体现教师智慧；有效的问题，要能够激发学生浓厚的学习、合作、探究的兴趣；有效的问题，一定使学生在通过精心的思考和语言的组织后，能够品尝到成功的甜头；有效的问题，一定是教师在吃透教材后的对文本核心的高度浓缩；有效的问题，有赖于音调的变化、词语的重音处理、词的选择、以及问题所在的语境……总之，问题本身要蕴含诗意。

2.体验作品的诗意

姜老师认为，学生在语文学习过程中的情感体验源于语文课程本身所蕴含的情感因素，源于学习环境和氛围所形成的情感因素，源于学生在学习过程中被激活而生发出来的情感因素，以及教师在教学活动中所全身心投入的情感因素。语文教师引导学生深入体验作者的情感，体验作品的诗意，可以使学生获得对自然、社会、人生的有益启示。

课堂教学中，姜老师通过角色体验使学生走进文本中人物的内心世界：如《华南虎》一课中"我终于明白……"，诗人终于明白了什么呢？《故乡》中描写中年闰土段落中的省略号蕴含着什么内容？进行角色体验，可以与文中人物同呼吸共命运，同喜怒哀乐；活动体验可以调动学生的多种感官参与其中，让学生用自己的眼睛去观察，用自己的耳朵去倾听，用自己的巧手去抒写，用自己的身体去经历，用自己的心灵去感悟；语境体验可以使学生品味咀嚼文本字里行间所拥有的丰富的内涵，从而获得文学的、文化的多元的营养；运用多媒体教学辅助手段营造氛围、创设情境，唤起学生的情感体验。总而言之，让生命的每个毛孔都参与进来，进行情感体验，这不仅仅是理解知识的需要，更是激发学生生命活力，促进学生生命成长的需要，是学生与学生之间、学生与教师之间生命互相感染、互相激荡、互相碰撞之需要。尊重学生的体验就是尊重学生个性需要的过程，而这个过程往往比结果更为重要。因为在过程中学生的经验获得更为直接，印象会更为深刻，理解会更为透彻。课堂教学充满着诗意的构思和内涵。

3.让合作富有诗意

早在90年代，姜老师就强烈意识到合作学习的重要性，并坚持不懈地在课堂上实践着合作学习的理念。尤其是当她学习1996年国际21世纪教育委员会向UNESCO提交的《教育——财富蕴含其中》的报告时，更坚定了她培养学生的参与意识和合作精神的理念。报告中提出四种"基本学习"，其中之一便是"学会共同生活（learning together），培养在人类活动中的参与和合作精神"。姜老师认为，未来的社会，无论是人与人之间还是国家与国家之间，必须是合作关系、伙伴关系，任何跨学科、跨部门的研究都需要有强烈的合作意识和高度的协调能力。而当时的学生正是跨世纪的一代，引导他们认识合作的必要，体会合作的诗意，尤为迫切。于是在相当长的时间里，姜老师把它作为自己的一个课题来研究实践。从目标教学（教学改革流派）的角度探索，并撰文《时代的呼唤——谈目标教学的合作达标》，从在前提测评中合作、在导学达标中合作、在达标测评中合作，在发展目标中合作四个方面有理论有实践地作了较为系统地阐述。

（四）追求学生灵魂的深度

1.在"对话"中激发诗意

一位教育大家有过这样一段论述："学习，可以比喻为从已知世界到未知世界之旅。在这个旅途中，我们同新的世界相遇，同新的他人相遇，同新的自我相遇；在这个旅途中，我们同新的世界对话，同新的他人对话，同新的自我对话。因此，学习的实践是对话的实践。"在对话实践的过程中，浅层次的言语对话、交流层次的情感对话都是课堂所需要的，然而，姜老师追求更深层的对话——即生命与生命的诗意对话。这种生命对话，首先要有时间作保证。既给学生充分的阅读思考时间，又有充分的对话交流时间。学生读书时，姜老师设置一二个兼有启发性、综合性、趣味性、开放性、思辨性的话题，甚至是学生质疑问难的题目。比如魏巍《我的老师》一文的题目能否改为"我们的老师"？比如《孔乙己》中的主人公孔乙己真的没有人关心他吗？《中国石拱桥》中赵州桥和卢沟桥两段文字所写内容有何异同点呢？……这种牵一发而动全身的话题答案不唯一，见仁见智，因而有了丰富多彩的对话结果，这种结果具有学生强烈的主观色彩。而这种对话之间的理解、角度、思维、表达之间的差异，构成了多元解读的丰富内涵，也正是学生与作者、学生与文本、学生与教师、学生与学生、学生与自我的多重生命对话，形成语文学习的旋律高昂的"多声部"，让对话洋溢浓郁的诗意。

2.在"涵泳"中品味诗意

陆九渊《读书》中的有这样两句诗："读书切戒在慌忙，涵泳功夫兴味长。"姜老师不但教给学生读书的方法和策略，更重视培养学生读书的品质和良好的读书心态。她告诫学生，读书尤其是文学作品，一定要使自己的心沉下去，静下来。有些词语看似普通，但是咀嚼、玩味一番，就能咂摸出另外一番滋味。比如《我的老师》中蔡老师的教鞭"高高举起，却轻轻地落在石板边上"，其中的"高高举起"意味着什么？"轻轻地落"又包含些什么？这种矛盾的反常的词语的运用是作者在玩弄文字游戏或者是炫耀写作技巧吗？显然不是。学生经过"涵泳"工夫的磨练，品味语言的兴趣、韵味就逐渐浓厚起来。她还经常引用《曾国藩教子书》中的话语让学生领略"涵泳"深层的妙处："涵者，如春雨之润花，如清渠之溉稻。雨之润花，过小则难透，过大则离披，适中者则涵濡而滋液。清渠之溉稻，过小则枯槁，过多则伤涝，适中者涵泳浡兴。泳者，如鱼之游水，如人之濯足。善读书者，须视书如水，而视此心如花、如稻、如雨、如濯足，则涵泳二字，庶可得之于意言之表。"学生在"春雨润花""清渠溉稻"中磨砺出良好的阅读品质，培养一种平静从容的读书心态，学会在赏读、"涵泳"中品味诗意。

3.在"赏析"中领悟诗意

好的文章和文学作品，必然是情动于中、发乎于外的语言结晶。它蕴含的是作者深邃的思想、真挚的感情、优美的语言和独运的匠心。姜老师善于在赏析中引导学生领悟作品的诗意。比如，2005年她在广东省诗歌教学研讨会上作观摩课《星星变奏曲》，引导学生比较分析诗中近义词"颤动""颤抖"就是例证。在特定的语境中，即第一节中"谁不愿意／每天／都是一首诗／每个字都是一颗星／像蜜蜂在心头颤动"。第二节"谁愿意／一年又一年／总写苦难的诗／每一首都是一群颤抖的星星／像冰雪覆在心头。"她引导学生：想想蜜蜂在心头颤动的感觉吧！这可爱的小生灵在诗人心灵之花蕊中采集着精神的花粉，它纤细的小脚撩拨着诗人的心房，并自由自在地展翅舞蹈，弹奏出嘤嘤嗡嗡的美妙音乐。那是多么舒服，多么惬意，多么令人陶醉！让生活的蜜蜂也在我们诗意的心房上颤动！而"颤抖"仅是一字之差却是两种情感、两种境界：因环境的冷酷而颤抖，因诗人心灵的孤寂而颤抖，因生活的压抑和束缚得不到自由而颤抖！如果说"颤动"读出的是面上含笑，那么"颤抖"应该是心底的凄苦。

姜老师在教学中引导学生领悟这种文字妙处的例子不胜枚举。同义词、反义词的辨析，富有表现力词语的把握，特殊句式、多种修辞手法的运用等等，都可以培养学生对语言的感悟能力。"奇文共欣赏，疑义相与析"，师生在赏析中领悟诗意，交流心得，分享学习的快乐，其乐融融。

4.在"点拨"中升华诗意

姜老师认为：学生是语文课堂学习的主人，但他们毕竟是未成年人，还处在学习的过程中，离不开教师的点拨、讲解。尤其是一些文本和学生有年代隔阂、有背景距离、有文化差异、有生活盲区时，课堂上教师当讲就讲，而且要讲深讲透，学生根本考虑不到的有些问题，教师可以通过讲解在学生心里打上深深的烙印。

比如《星星变奏曲》："谁不喜欢飘动的旗子，喜欢火/涌出金黄的星星/在天上的星星疲倦了的时候——升起/去照亮太阳照不到的地方"，这节诗中，"破折号"好像没有实在的意义，但是仔细品一品，就可以强烈地感受到，破折号是作者感情酝酿的铺垫，是作者感情倾泻而出的闸门，是作者感情升华的蓄势，正是有了这个破折号，它后面的"升起"才有拔地而起、突兀而立的气势，才有支撑"升起"的坚实的力量，使诗歌内涵充满张力，使全诗又上升到一个新的境界。这个破折号，看似无声胜有声，道是无情却有情。

比如，《故乡》一课即将结束，姜老师给学生这样一段理性的总结："同学们，鲁迅先生不愧是伟大的文学家，他用如椽的大笔栩栩如生地刻画了闰土的形象，通过闰土的变化反映辛亥革命后十年间农村的景象；他更是伟大的思想家、革命家，在风雨如磐的暗夜里，他看到了黎明的曙光，于无声处听到社会变革的惊雷，他说："希望是本无所谓有，无所谓无的。这正如地上的路；其实地上本没有路，走的人多了，也变成了路。"这哲言睿语鼓舞着我们在人生的道路上、在现代化建设中走出一条光明大道，激励我们炎黄子孙昂首前行！"这段精心组织的总结性语言，激荡着学生的心灵，掀起情感的涟漪，收到言有尽而意无穷，课虽止而情又发的效果，使学生的思考提升到一个理性的高度。

二、让语文教研充满诗意

各级教学研究室是具有中国特色的基础教育机构，有人觉得它可有可无，而有远见卓识的领导者曾明确指出：一个地区的基础教育教学水平，往往取决于这个地区的教学研究水平，取决于教研员的水平。

姜东瑞的教学研究几乎与语文教学同时起步，她庆幸自己所在学校、所在的地市教研风气浓厚，为青年教师的成长提供了一片沃土。而当她十多年前成为一名教研员时，才体会到肩上担子的分量。她顺利完成了角色的转换，并有了新的追求。她的文章《和语文教师做朋友》，祖露了她对教研工作的深刻理解和一位教研员的心声：

"要能研究：研究国内外最前沿的教育教学理论，研究教学教改中的问题，研究新思想、新理念、新方法，并推而广之，确立研究课题和方向，并付诸实践。要能示范：教师要能写'下水文'，教研员要能做'下水课'，……要通过示范课观摩课给同仁们提供研讨的课例，宣传、实践新理论、新理念。要能评课：通过中肯的评课，渗透教改信息，明确努力方向。要能聚才：教研员要以人格的力量团结教师，影响教师，激励教师，并形成合力、凝聚力，使一批批'新人''新秀'走上更宽阔的'大舞台'……这样教研员才能和教师成为志同道合、心心相印的朋友。——这就是我，一个教研员的追求。"

作为一名从教学第一线成长起来的优秀语文教师和教育教学专家，姜东瑞深深感受到了一名优秀教师对于学生人生发展的重要作用，也更理解良好的专业引领对教师成长的深刻意义，准确地把握了教研工作的真谛，形成了明确的教研工作理念。她认为，教研员在教育教学系统中举足轻重，教研员应该是教育教学理论和语文教学实践之间的纽带和桥梁，应该是践行教育教学改革先进理念、推广课程改革成果的排头兵和领军人，应该是集教学、研究、指导、示范为一体的全能者。

从事教研工作十多年来，她把自己对语文教育的理解、把对学生的终极关爱通过广大的教师落实到课堂上，和更多志同道合的教师朋友一同实践自己对教育教学的最大追求。她努力让有的人看来枯燥无味的教研工作变得有声有色、充满诗意，使更多的教师通过诗意的职业理解，去追求诗意地教学、诗意地工作、诗意地生活。

（一）引领教师步入教研的诗境

苏霍姆林斯基曾说："如果你想让教师的劳动能够给教师带来乐趣，使天天上课不至于变成一种单调乏味的义务，那你就应当引导每一位教师走上从事研究这条幸福的道路上来。" 姜老师把这句话作为教学研究员的座右铭，尽自己最大的努力，使更多的教师像自己一样成长为研究型的教师、专家型的教师。

1.为课堂观摩引入诗意

课堂观摩是教师在职进修的重要形式，善学者听了名师的课往往茅塞顿开。但姜老师发现不少语文教师听课不得要领，许多应该关注的问题、值得研究的现象没有及时记录下来，评课则不知所云，原因之一是缺乏敏锐的观察力和思考力，因此，她明确提出教师要"多一双观察的慧眼"，即要有明确的观察目的，要凭借自身感官及辅助工具（各类观察表、录音录像设备等）直接（或间接）从课堂上收集资料，并依据资料做相应的分析研究。她具体指导教师通过明确观察主题、设计观察量表、选择观察目标、记录跟踪过程、分析处理数据、提出评价建议等一系列严谨而科学的课堂观察实践，不断提高教师的研究意识、团队意识、合作意识。引导教师在研究自己、研究别人、反思自己、学习他人的过程中提高专业技能，分享课堂观察带来的乐趣，把课堂观摩变成富有诗意的活动。

2.为课例分析灌注诗意

丰富教师的实践智慧有多种渠道，姜老师认为，借助课例分析来引导教师关注教育教学中的问题，以增加教师的专业知识，提高教师的专业素质不失为方便快捷的途径。美国学者舒尔曼指出，教师的专业知识应该由三类知识构成：一是原理规则知识，二是专业案例知识，三是运用原理规则与特殊案例的策略知识。可以说课例分析是增加案例知识的重要方式和内容。因为误例分析的特点就是一边工作一边研究，一边教学一边研究，在教学中研究，在研究中教学，方法就是在行动中研究，在研究中行动。这种研究形式和方法非常扣合教师的实际，因为很多语文教师既承担语文教学任务，又担当班主任工作，这种双重身份使得语文教师在教育教学之外再抽时间作研究很不现实。因此，通过"挂牌教师"、骨干教师的示范课，具有专题性质的观摩课，年轻教师的汇报课等形式，以一个个鲜活的课例为载体，通过教师观课、执教说课、观后评课来传递优秀教师积累的丰富的"实践智慧"；分享同伴探索的成功经验，为教师提供解决典型教学问题的思路；借助课例分析，促使教师们交流研讨，使教研活动内容充实而富有诗意。

3.让语文教育研究诗意盎然

培养问题意识对学生来说是重要的，对教师来说甚至更为重要，因为教师的问题意识的强弱会对学生的问题意识产生直接的影响。但是这两种问题意识的内涵又有所不同。教师在教育教学实践中、在专业成长道路上遇到一些难以解决的实际或理论问题，由此产生怀疑、困惑、焦虑、探究等心理状态，应当通过同伴互助、专业引领等方式，提出问题、分析问题，并解决问题。比如中小学语文教学衔接问题，初一新生语文学习习惯养成问题，教师阅读教学、写作教学中的问题等等，在教研活动中采用头脑风暴、思维碰撞方法，集思广益，利用集体的智慧，把问题变成课题，在课题研究中解决实践中的问题。这样的语文教育研究是生气勃勃、充满诗意的。

4.书写教师自己的教育诗

马卡连柯的《教育诗》曾激励过许多教育工作者。姜老师认为，每一位用心的教师都可以书写自己的教育诗。而借助教育（教学）叙事研究，让更多的语文教师通过交流研究自己教育教学中发生的有意义和价值的"故事"，传达出自己对教育教学的理解，使更多的同伴们分享其在教育教学过程中所产生的教育智慧，是提升语文教师专业素养、促进教师专业成长的有效途径。生动的教育叙事几乎每天和教师相生相伴，这些鲜活的材料构成教师生命中不可或缺的"养料"。语文教师通过教研活动的这个大平台、大舞台，或讲述自己的现场课堂观察所得，或联系自己的课堂教学实践，或呈现自己的教学案例，或展示自己的课堂实录，或分享自己的课堂教学艺术镜头，甚至向同伴们倒苦水、说烦恼、讲述自己的酸甜苦辣。既可以讲自己的经验积累，又可以讲自己的失败教训。总之，从反思的、研究的角度出发，达到改进、成长的目的。而这些鲜活的、生动的、个性化的、富于体验性的教育叙事，促使教师教育自我、认识自我，达到一种自我构建的状态。使我们的语文教师在自己的成长背景上，书写自己的教育诗，从而使自己的生命绽放绚丽的光彩。

（二）把教学设计变成诗意的表达

教师的专业素养包括多方面的内容，而教学设计是语文教师专业素养的最直接的体现。姜老师认为，教学设计体现出教师对教育目的认识，体现出对课程标准的执行力，体现出对学生已有知识的熟悉程度；具体体现在课堂教学目标确定是否准确，教学内容安排是否适度，教学过程安排是否优化，教学方法选用是否恰当，等等。因此她认为进行语文教学设计，要考虑以下几方面内容：

制定教学目标——确定教学内容——选择教学方法——安排教学过程——测评达标效果（反馈评价贯穿始终）。

为此，她一直在进行着教学设计的研究和探索。早在2004年她就以正确制定教学目标为课题进行研究并取得成果。当时对三维目标的重视程度很高，但仅仅是停留在口头上或者理论层面，真正从操作技术上的研究还很少，甚至不少研究者认为是雕虫小技。但对于一线的不少教师来说，还是一头雾水。于是姜老师经过深入研究，明确提出自己的观点：正确制定三维目标要做到五化，即"目标导学化，导学问题化，问题操作化，操作系列化，系列一体化"，解决了教师们在教学设计中的困惑。

1.目标导学化

教学目标是课堂教学的出发点和归宿，是课堂教学的灵魂和核心。教学目标对于教学活动具有导向性、指引性、调控性的功能。它引导着教师和学生朝着既定的方向、目标迈进，即使是遇到一些难以预测的突发性的问题，或是暂时偏离了教学目标（这都是很正常的），但是也改变不了教学目标的最终的落点。这是因为目标的导向性使然。

2.导学问题化

教学目标在实施中有一个形式转换的过程。无论是知识与技能、还是过程与方法、拟或情感态度价值观的目标，制定出来就必须要考虑如何在课堂教学中有效的实施，否则就可能是仅仅是贴标签而已。如何转换？就是要把陈述性的表述或根据文本内容、或根据学生实际、或根据教师预设等转换成问题式的表述。换言之，就是要把它分解成若干个问题。因为问题是课堂教学的助推器，是启迪学生智慧的闸门，是教师和学生交流对话的源头。语文课堂教学的核心是思维训练。设置主问题，即具有辐射性、综合性、思辨性的问题，以培养学生思维的品质，培养学生思考问题的深度、广度、幅度和角度。在问题的引导和探究中实现师生双方的共同成长。

3.问题操作化

操作就是按照一定的程序和技术要求进行活动和工作。具有操作化的问题有什么显著特征呢？简言之，用外显行为动词表述是它最显著的特征。过去的中学语文教学参考书，教师制定的教学目的，常常使用的是内隐体验性的词语，比如，让学生懂得、明白、感受、体会、理解等等。这些词语是学生内心的一种体验，是看不见，摸不着的，既不便于运作到位，也不便于评价落实，学生看到这样的词语会感到茫然不知所措。运用外显行为动词就大不一样了。比如，说出，说明，划出，分析，概括，学生看到此类动词立刻就明白做什么，如果制定目标时在外显行为动词前后加上具有质、量限制的具体要求，那就更便于教学时把握和评价时适用。

4.操作序列化

仅把教学目标转换成问题并使之具有操作性，还是不够的。这些问题与问题不应该随意地、简单地罗列，而应该具有序列性。因为文章的各要素、教材的各部分按照一定的内在逻辑组合起来就是一个有机的整体，而学生的学习也要求问题应该由易到难、由浅入深、由整体到局部，或者由局部再到整体，符合思维逻辑。如果操作问题上体现出目标的序列性，那么整个课堂流程的起点——过程——落点就会如行云流水，自然流畅。它既是严谨有序的，又是可以灵活变通的，序列性和变通性的有机统一，是教学目标操作系列化的优势所在。

5.序列一体化

所谓"一体"，即是把三维目标看做互相渗透、密不可分的一个整体，不可机械地把三者割裂开来。这如《语文课程标准》所指出的："课程标准根据知识和能力、过程和方法、情感态度价值观三个维度设计。三方面互相渗透，融为一体。"在学习知识与提高能力的同时，要力求展开过程，重视过程中的方法体现；从方法角度切入的目标也应尽可能渗透情感、态度价值观以及知识的要素；从情感态度价值观切入的目标也应注意过程和能力的提升。三维目标的序列一体化，不仅仅是目标的组合方式，它还包含着目标达成的教学策略。

这样环环紧扣、统筹兼顾、融三维目标为一体的教学设计，不是很像一首节奏鲜明、旋律优美、音韵和谐的交响乐吗？

纵观姜老师的语文教学与教研，我们会感觉到她始终充满活力，充满睿智，充满诗意。"问渠哪得清如许"，姜老师写的一则《书斋小语》就是活水源头：

"看到别人的书房，大都整洁规矩，井然有序，我常常称羡不已。相形之下，我的书房则令人汗颜，以'乱'字来形容殊不过分……在这'乱'中，我条分缕析地梳理着自己的思想；在这'乱'中，笔端流淌着我的学习、思考、研究的心得；在这'乱'中，我和作者进行着心灵的对话、思想的交锋，甚至是无声的摩擦。我会就同一问题向不同的'人'请教，也会请不同的'人'向我阐述他们相似（相近）的观点（思想），定力高的人能随时随地学习且不受外界干扰，善于'闹中取静'，而我则常常身居乱室，见乱不乱'乱中取经'。"

姜东瑞，用三十年的心血和汗水，把不少人视为畏途的语文教育变得如此诗意盎然，她不愧是学生眼里可敬可亲的老师，教师心中可信可托的朋友，语文教育工作一睿智的行者。

姜东瑞，将继续诗意地行走在语文教育之路上。

【参考文献】

1.姜东瑞.注意规律在说明文教学中的运用[J].河南师范大学学报（哲学社会科学版），1993（1）

2.甘其勋.教海无涯乐行舟——姜东瑞老师教学足迹追踪[J].语文教学通讯，1995（7）

3.姜东瑞.谈语文学习兴趣的激发、强化与巩固[J].语文教学通讯，1995（7）

4.姜东瑞.小弗朗士上课不专心[J].中学语文教学，1995（12）

5.姜东瑞等.创新素质培养的课堂教学实践.郑州：河南科学技术出版社.2004

6.姜东瑞.时代的呼唤——谈目标教学的合作达标.创新理念下的目标教学.郑州：河南人民出版社，2001

7.姜东瑞.和语文教师做朋友[J].中学语文教学参考，2002（7）

8.姜东瑞.书斋小语[J].中学语文教学参考，2002（7）

9.姜东瑞.新课程三维目标：全面认识、正确制定与有效实施[J].创新教育，2004（4）

【作者简介】

甘其勋，河南省基础教育教学研究室教研员，河南省作家协会会员，中国阅读学研究会副会长兼秘书长，中国图书馆学会科普与阅读指导委员会委员。先后发表教育教学论文500多篇，主持或合作撰写专著30多部，参加人教社初中，高教社中职《语文》教科书、教学参考书和《语文读本》的编写。有40多项研究成果获奖。

宏观规划，微观雕琢，铸就华章

——鄢秀锦作文分解训练教学模式初探

钟玉屏

【特级教师小档案】

鄢秀锦，中学语文特级教师，深圳市沙头角中学教师。曾荣获全国模范教师、广东省"南粤优秀教师"等称号。

听、说、读、写是语文教学能力培养的四要素。汉语的听、说训练多是自然开始的，学校教育中，更需提高的就是读、写能力。如何有效地培养与提高学生的书面表达能力，是需要每名语文教师认真思考、切实解决的问题。近年来，鄢秀锦老师在作文教学方面进行了深入的思考，逐步从教学实践中摸索出了一套简便易行、高效有益的方法，总体表现为详细规划、逐步落实、丰富提高三大环节。在她的指导下，许多以往作文水平处于下游的学生，很快提高了写作能力，取得了很好的成绩。在此，我们对这一教学模式进行初步探究，以便更广泛地推广。

一、理论基础

中国写作学会副会长霍唤民先生说过这样一句话："写作是最能体

现一个学生的综合素质的，要抓素质教育，写作教育就决不能忽视。"
这指出了中学语文教学的重点所在。语文课程标准提出，要使学生形成
正确的写作态度，拥有持久的写作热情，掌握科学的写作方法，养成良
好的写作习惯。其中的"态度"、"热情"与"习惯"可以是一个逐渐
培养的过程，而"掌握科学的写作方法"则需要落实到每一节语文课堂
中。从心理学角度看，写作是一种重要的心理活动，"它包含复杂的心
理过程，受到人们认识过程的影响，也受动机、情绪以及当前任务或情
境等主观因素的制约。"总体而言，写作能力可归为三类：感觉能力、思
维能力和情感能力。此三者为基础，可谓作文能力的"基本质"，写作
教学就要从这三种能力的培养、调动入手，提高学生的语言表达能力，
提高写作水平。在教学中，我们需要关注学生的接受心理，循序渐进地
进行指导，逐步培养起学生的兴趣及能力，实现既定的教学目标。

这些能力的培养与提高看似一个抽象、不可触及的过程，其实不然，
在中学阶段，尤其是高三年级年龄段的学生，他们的知识积累已经达到了
一定的程度，对很多事情，他们都有自己的看法与见解。教学中要注重发
掘这些内容。一般情况下，学生头脑中的这些理性认知处于散乱无序的状
态，这就需要教师加以点拨，"授之以渔"。当他们掌握了这些方法后，
体现其思想的文字会出现"井喷"现象，而这正是教学活动所期待的。

但这样的指导不是一蹴而就的，需要采取渐进法，逐层渗透、落
实，反复修改、润饰，这样琢磨出来的是一块块美玉，一颗颗珍珠，再
用思想的丝线将它们穿起，这将造就美丽的作品。如何琢磨出美玉、培
育出珍珠，这就是鄢老师作文教学所重点研究的内容。

二、操作方法

在写作教学过程中，鄢秀锦老师详细规划、逐步落实、丰富提高，
具体完成了以下几项工作：

（一）详细规划，循序渐进

教学是一个系统的工程，具有整体性的特点。长到高中阶段三年的教学目标，短到每一单元、每一节课的教学任务，都要有个整体的规划，只有全局了然在胸，实施起来才会有条不紊，循序渐进，提高实效。鄢老师采取了如下做法：

高一阶段，培养学生做有心人。

学生步入高中，中考的兴奋劲尚未散去，此时可结合学生的实际情况，指导他们进行零散的写作准备工作，为以后的写作积攒粮食。鄢老师的做法如下：每次课前几分钟，由指定小组推选出代表，向大家介绍本周新闻趣事，一定阶段后，大家评出最好的一件，颁发最具新闻价值奖。只要一涉及到小组的荣誉，大家都会动起来，形成一种观察生活、关注新闻的氛围，为今后的写作打下了良好的基础。

高二阶段，培养学生做思想者。

高二阶段的学生，心静了下来。不断接触的知识内容，促使他们进行一些思考，此时，应该鼓励他们发表自己的见解，对某些问题展开讨论，发展思想的深刻性。这也是学生心理成长的关键时期。对世界的变化由不关心到关注，由不在意到认真思考。学生的世界观在逐步成熟，此时重在培养学生有思考问题的意识。一个人无论做什么事情，先有一种意识，做起来方向明确，就会事半功倍。在这一阶段的作文课上，可以小组为主体，每个人都介绍自己认为最后有价值的一件事或一个新闻，同时发表自己对此事的看法。这中间，其他同学也可提出自己的看法，意见不同的就可以展开辩论。思想的火花就是在这样的辩论中迸发的，虽然有时一闪即逝，但已经留下了思想的种子，日后就会发芽、生长，一批思想者就会这样诞生。

高三阶段，培养学生做评论家。

这是备考的关键时期，经过前期的充分准备，人人都蓄势待发，他们想要成为一个表达自己思想的演说家，迫切希望有机会将自己对事物的独立看法告诉给别人。但如何才能正确无误、清晰明了地表达出自己的观点和态度呢？此时最需要的就是方法的点拨。毋庸讳言，高考的成绩影响着绝大多数学生的前途，用高分去升学，让高分体现智慧，这是教学的一个目标。为此，鄢老师主张在此阶段具体教授操作性强的写作技巧，使得学生在最短时间内把握最好的方法，更好地将自己的思想转化为文字，表达给别人看。这部分内容可以分阶段由简到繁地进行实践，或片段，或整篇文章，或随笔，或大作文，只要明确要求，持之以恒，必有成效。

高中三年如此规划，将逐步培养学生的论证意识，掌握议论文的写作方法，实现最终的教学目的。

（二）稳扎稳打，步步为营

重教轻学，是传统教学的积弊。于漪老师主张，"教师应把从教出发的立足点转换到从学出发的立足点上来"，重视对学法的研究，使教学为学生的学习服务。为此，教师必须"目中有人"，要从学生的实际出发进行教学。作文教学更是如此，要研究透学生的接受心理，给其所需，才会收到好的效果。鄢老师主张"一课一得"，即能每节课都让学生有"一得"，并将这"一得"真的落到实处，那就是教学的成功。

依照鄢老师的作文分解训练教学模式，写作能力可分解为认识分析能力、动笔书写能力、修改提高能力。教学活动主要围绕落实这几项能力的培养与提升而展开。

认识分析能力。议论文，说简单些，就是告诉别人一个道理，或者说，和别人展开辩论，用自己的理说服别人。这就意味着，你的文章中必须要有一根主脉，要有一个灵魂，要有最核心的一个东西，这就是文章的观点、主题。而这是需要学生对所给材料进行分析得出的。一切论证都是在这个大前提下进行的。所以，首先要培养学生具备这种认识分析能力。教学中，要培养学生的阅读习惯，尤其是阅读一些哲学类书籍，拓展学生的思维，加强思考的深度，看事情不浮在表面，能够透过现象看本质。这种能力是学生写作的基础。

动笔表达能力。人们常常以为，写作是一种扬个性、重感觉的技能，要让学生找感觉，分解操作的指导似乎有悖情理。理论上讲，这样说没错。但我们都听说过十九世纪俄罗斯诗人纳德松说过的这样一句话吧，"世界上没有比语言的痛苦更强烈的痛苦了"，连伟大的前苏联作家高尔基都承认这一点。难道是这些大作家的思想不够敏锐？语言不够丰富？认识不够深刻？体会不够深入？显然不是，这其实是一种最普通的现象：心中有而笔下无，"茶壶煮饺子——倒不出"。为此，我们的教学要培养学生的动笔写作能力，教给学生具体的写作方法，让学生掌握基本的文体知识与表达方式，自如表达自己的观点与想法，富有比较严密的逻辑性。让他们能把心中所有述诸笔端，甚至在写作过程中，能够展开联想和想象，伸展思想的触角，以相对严密的逻辑、深刻的语言，阐述清楚一个道理。这其实也正是中学生的必备素质。

修改提高能力。好文章都是改出来的，许多优秀的作家创作时有一个共同的特点，那就是把写好的文章放到一边，过几天读一读，修改一下；再过几天，再读一读，再修改一下。不是他们的才思不够敏捷，而是人的思维往往受客观环境的局限，不同的时空旦感觉会有不同。如同我们在外旅游时的想法与居家工作时的想法有很大差异一样，写作也存在这个问题。所以不能一写了事，而是要多修改、琢磨，方能百炼成钢。学生要是有了这种意识，具备了这种能力，写作水平会得到大幅度的提高。学校教育中，学生写，老师改，这是教学的常态。但真正好的作文还需要加多一个步骤，那就是老师改后，学生按照老师的指导进行落实，不仅仅是看了老师的评语了事，而是要动手修改自己的作文，再交上来，老师再过目。这样的环节有几方面的作用，一是督促学生认真对待每一次作文，不是一写了之；二是让学生认真玩味老师的评点内容，不是一看了之；三是使老师的批改、讲评落到实处，不是一听了之。这样的几次反复写作，有时比多做几篇作文意义都大，对学生提高写作能力大有益处。鄢老师的作文讲评常常都是连续两天上的。第一次是初评，评后要求学生修改；第二次是再评，讲评学生修改作文的情况；有时还会有三评。这样的连续作文，对提高学生的写作水平很有帮助。

这样的训练要重复进行，"万事开头难"，一旦突破了这一关，学生就好下笔了。从中可见修改、重复作文的作用。

在能力培养的前提下，还要注意方法的指导。当前，很多人主张写作是一种性灵行为，似乎只要学生感受到了，就一定能写得出。对此，鄢老师有不同的看法。她认为，"事倍功半"与"事半功倍"，一字之差，效果相距甚远，这其中就体现出了方法的重要性。古人云："先规矩而后巧。"为此，鄢老师在作文指导中，毫不避讳方法问题。具体教学中，她将议论文的写作方法分解为深入审题、编写提纲、精彩开头、透彻分析、巧妙结尾等五个基本环节，分项讲解，逐一落实。

1.深入审题

学生在写作时，常会出现这样的现象：一看到题目，大脑一片空白，不知如何下手，让时间白白过去，最后没办法，只好硬着头皮凑几百字，当然很难有好结果。所以，指导写作，先要解决学生的审题难、审题不准的问题。

所谓审题，就是深入思考和反复推敲作文题目（材料），以求理解其含义，弄清写作的具体要求，确立写作中心，确定写作范围和重点，确定下笔的角度及感情抒发的基调，明确写作方式和方法的过程。

目前学生遇到的题目多为材料作文，材料本身的意思是由阅读者本人领会出来的，所以就会造成理解上的多样性。面对材料中纷繁复杂的社会万象，如何理出头绪，从何处入手，这是作文成败的关键。审题要求学生准确分析出材料所包含的主旨、意图，要找准角度。它综合考查学生的语文素养、语文能力，尤其对学生的思辨能力提出更高的要求。只要方法得当，循序渐进，就会在短时间内，迅速抓住材料的要点，确定自己的主题。

鄢老师在教学实践中归纳出了"虚实法"，只要抓住这个"牛鼻子"，别的都好理解了。她认为，材料提供的事是幌子，是"虚"，出题人的意图不在此，而在于检验你能否看出这幌子背后所包含的理来，这"理"才是实。我们指导学生要炼就"火眼金睛"，一眼就能看出那藏在字里行间的"理"来。抓住了这个"理"，文章就有了目标，一切就水到渠成了。

作文教学中，鄢老师还针对具体情况，采取找原因、查关系、抓关键、明是非、辨异司、寻互补等多种方法，都很简便易行，只要训练到位，就能培养起一种思维意识，让学生正确判断，把握主题。

2.编写提纲

好文章一定要做到言之有序，能让人一搭眼就看得出你想写什么、如何展开论证的，要让人一下就看清你行文的脉络，能很快地随你进入文章的意境，领略作者文思的美妙。而现在学生作文普遍存在两大问题，除上文提及的审题外，还有一个就是作文结构混乱。一篇好的文章，如一支优美的乐曲，是有一主旋律的，对于文章而言，就是要有一条贯彻始终的主脉。我们读鲁迅的文章都觉得很给力，就是因为他的文章多为与人论辩的结果。与人论辩，当然要牢牢地抓住对方的漏洞，把对方打倒，让自己的说法立起来，自始至终都要如此。而我们学生写作文，则常常是想起一句写一句，独立看某一句话或某一段文字还是通的，但总体连到一起就不行了，前言不接后语，很别扭。这是因为文脉不贯通，让人读起来很难受。针对这种现象，鄢老师指导学生练习编写结构提纲。

编写提纲，最主要的一点是打开思路。有时往往知道什么主题，但就是展不开来，达不到令人信服的效果。鄢老师的教学体会是，任何一个论题，都不妨从纵向、横向两个方面入手去思考。议论文的基本结构是引论（开篇点题）——本论（分析论证）——结论（深化升华）。其中第二部分本论是重点部位，在此进行纵向、横向的分析，会使文章富有变化，更生动形象地说明道理。

纵向上可分时间上的先后（首先/然后/最后）、时代上的古今（过去/现状/将来），还可分逻辑上的深浅（举现象/析原因/提办法/展前景）与事理上的表里（是什么/为什么/怎么办/展前景）。

横向上可分类别划分、理由追溯几个角度。类别划分可从概念内涵、对象范围、施动主体（不同职业的人、不同境况的人、个人——集体——企业——国家——民族）等几个方面切入。理由追溯可从几个角度入手：①为什么会：导致原因；②为什么要：必要性；③怎样才能：条件；④怎么样：方法措施；⑤就能（才能）：作用意义。

此外，还可从正、反对比的角度上列提纲。正面（如何好、意义何在）、反面（如何不好、有何危害）。

可见，构思提纲是有章可循的，方法得当，就会事半功倍。

温馨提示：列提纲时，一要看清话题，切分论点。二要综合分论点，归纳总结中心论点。三要搜索证据，简要纪录。四要最后审查一下，防止偏离题意和思路混乱；同时拟定标题。这样效果会更好。

3.精彩开头

一篇文章的开头很重要，"良好的开端是成功的一半"。文章有了好的开头，不仅能带动全篇，使文章顺利展开，而且能抓住读者，引人入胜。好的开头被古人喻为"凤头"，一语点出其特点——简短、漂亮。

简短，其优点表现为尽快地向主题靠拢，让读者便于了解论点或论题，从而把握全文主旨。诸多名著都很巧妙地运用了这一手法。如《三国演义》开篇写道：天下大势，合久必分，分久必合。让读者一下就明白了，此书是写天下时局变幻动荡的。一开头就交代了本书的主题。《安娜·卡列妮娜》的开头其实就是一句话，"幸福的家庭都是相似的，不幸的家庭各有各的不幸"。它暗示了后面的故事的性质。如此开头语，简洁却不简单，字不多，但涵盖了一本书的内容。

漂亮，则能吸引读者的眼球。明朝人谢榛说："起句当如爆竹，骤响易彻。"爆竹一点即燃，绝不拖泥带水，好的开头就该如此先声夺人。如川端康成的《雪国》开头写道："穿过县界长长的隧道，便是雪国。夜空下一片白茫茫。"20几个字，就使全篇笼罩着一种让你放慢阅读速度的感觉，使你在一种迷幻一样的阅读氛围中开始，慢慢为你展现了一个哀怨、冷艳的世界。

简洁、漂亮的开头作用如此之大，鄢老师在教学中贯彻落实了开门见山式、名言警句式、自问自答式、铺陈排比式、比兴抒情式、叙事引旨式、对比判断式等方法，为文章成功铺垫了基石。

4.透彻分析

议论的实质，就是运用一定的论证方法说明一个道理，这是议论文写作的重点。多种论证方法交替运用，将使行文深入、灵动，富有思想的灵性，闪烁智慧的光芒。

常见的论证方法有七种：例证论证法、引证论证法、比较论证法（类比论证法、对比论证法）、喻证论证法、因果论证法、归谬论证法和反证论证法。而中学生在写作过程中使用频率较高的则有四种：例证法、对比法、喻证法、引证法。鄢老师的教学指导主要围绕着这四种论证方法展开的。

（1）例证法

指的是列举确凿、充分、有代表性的事例来阐明观点。

运用例证法需要注意：第一，所选的例子，一定要真实而有典型性，否则就无法说明问题；第二，议论文不同于记叙文，事实要写得概括简明，根据阐明观点的需要，往往只要突出事实的某一方面，不必面面俱到；第三，摆出事实后，需要讲道理。要分析出例子与论点之间的内在联系。充分的分析、说理，才能把观点阐述清楚，否则文章就会变得简单化，缺乏内在的逻辑力量。

（2）对比法

所谓对比法，就是作比较，是比较论证法中的一种（另外一种是类比论证法）。指的是拿正反两方面的论点或论据作对比，在对比中证明论点。拿正反两方面的论点或论据作对比，在对比中证明论点，可以增强论证的鲜明性，使读者清楚作者赞成什么，反对什么。这是一种求异的思维方式，它侧重于通过事物的相反或相异的属性的比较，揭示需要论证的论点的本质。

对比论证方式的运用范围很广，因为可以进行比较的事物很多，中与外、古与今、大与小、强与弱等，都适合于进行比较，在比较中分析和阐明了两者的差异可对立之后，是非昭然，自然就能够确立论点了。对比可以是两个对象之间的比较，也可以是同一对象自身前后不同阶段之间的比较。前者称为横向比较，后者称为纵向比较。运用纵向对比的论证方式，不能停留在形式逻辑的静态判断的层面上，否则，有时会显得说服力不够。

运用对比论证要注意几个问题：第一，比较的双方要具备可比性。第二，要建立合理的参照系。要进行比较，就必须具有合理的共同参照系，没有共同的参照系，两者就无法进行比较。所谓参照系指的是用来衡量和确定双方优劣长短的标准，这样的标准必须具有客观性，否则比较的结论不一定可靠。

（3）喻证法

喻证法指的是用比喻作论证，拿比喻者之理去论证被比喻者（论题）之理。在比喻论证中，比喻者往往是一组比较形象的事例，其中包含着一定的关系和道理，被比喻者则是一种抽象的道理。比喻者和被比喻者虽然是两类不同的事物，但在它们之间存在着一个共同的一般性原理，因此它们之间具有推理关系。这种方法在学生作文中非常实用。

运用比喻论证要做到三点：摆、联、析。请看下例：

按锁配钥匙，锁锈先膏油。把思想问题比做锁，是先有锁，后配钥匙。对很落后、很难办的人，转化得有个过程，得先点一点儿油，慢慢再捅。不然，不是把锁捅坏了，就是把钥匙弄断了。

在这里，"按锁配钥匙，锁锈先膏油"一句就是"摆"，先摆出"借体"；"把思想问题比做锁，是先有锁，后配钥匙"一句，就是"联"，把"思想问题"与"锁"紧紧联在一起；以下文字就是"析"，"对很落后、很难办的人，转化得有个过程，得先点一点儿油，慢慢再捅"一句是正面剖析，"不然，不是把锁捅坏了，就是把钥匙弄断了"一句是反面剖析。这样的论证，形象生动，好操作，易理解。

运用比喻论证要注意几个问题：一是用来作为喻体的事物，应当是为大家所熟悉的、具体的、浅显的，这样，才能既通俗又生动地说明另一个事物。二是比喻应当贴切、自然，比喻的双方不可缺乏本质上的内在联系，否则容易"引喻失义"。

（4）引证法

引证法也叫道理论证，是通过引用名人名言、古诗文名句、反映科学规律的俗语、谚语、警句等，来证明自己观点正确可信的一种论证方法。它的好处是丰富论正的内容，增强论证的权威性，对论点起到画龙点睛的作用。

"腹有诗书气自华"，在作文中直接引用诗文名句能增强文章的说服力和可读性，体现作者宽广的知识面和良好的语文素养，为文章平添一抹亮色，提升文章的档次。不直接引用诗文名句，而把它们拆开来，糅合到自己的语言中，即化用诗文名句，不仅具有同样的效果，而且能使语言显得更为灵动活泼。

使用引证法，要注意直接引用和间接引用的区别。直接引用是指直接摘录原材料的有关词句，务求文字、甚至标点均准确无误，引用时用引号表示；间接引用是指摘引或概述原材料中有关词句的大意，不必用引号，但要注意人称的转换。无论直接引用还是间接引用，它们都必须与所论述的中心论点相一致。对于引用的词句，一定要根据文章的观点加以分析，其方法如事例论证一样，可以先引后议，也可以先议后引，还可以边引边议。

以上四法，是在学生写作训练中比较常用也比较好用的论证方法，不妨推广。

5.巧妙结尾

如果把开头比作"爆竹"，那么结尾就有如"撞钟"，追求的是"清音有余"的效果。古人说过："好的结尾，有如咀嚼干果，品尝香茗，令人回味再三。" 可见，一个精彩得当的结尾，耐人寻味，会让读者爱不释手。

　　然而学生写作常在此处出现"短板"。他们多注意开头的精美、中间的充实，写到最后，却笔力不支，或匆匆结尾，或拖泥带水，使作文的成绩大打折扣。为此，鄢老师在写作教学中，将"巧妙结尾"单列出来，作为一个重点内容来指导，使学生的作文有一个完美的结局，为取得好成绩提供了保障。鄢老师指导学生落实以下几种方法：

　　（1）卒章显志，篇末点题

　　这是最常用的方法，对于议论文而言，突出观点、强化中心是最主要的。在文章的最后，再次用简单的富有思想质感的语言揭示文章主旨，明朗凝练。此举有"曲终收拨当心画，四弦一声如裂帛"之妙，能将一支美妙的乐曲推向高潮，更让读者对文章的主题有个深刻的印象。请看2005年全国高考湖北考生佳作《入乎其内，出乎其外》的结尾：

　　浏览几位"精彩"的人生，不觉顿悟：无论是做事、做人还是处世，都要"出乎其外，入乎其内"。只有知出知入，才能既从宏观上把握事物，分析全局，又在微观上剖析本质，融精神、情感、思想、品质为一体。这样才会使你的人生更加完美，更加精彩。

　　引文中说的"几位'精彩'的人生"，是文中已论述过的三个人物，即"情美"的庄子、"智美"的诸葛亮和"心美"的任长霞。"顿悟"的内容是对已论述过的内容的概括，也是文章的中心。这样的结尾，让读者带着有所得的心情结束了阅读，可谓心满意足啦。

　　（2）引用诗文，彰显主旨

　　用名言、警句、诗文收尾也是学生常用的方法，着意于引申文章，揭示某种人生的真谛，三言两语，表述出含意深刻的耐人寻味的哲理或警策性内容，使之深深地印在读者的心中，会起到"言已尽，意无穷"的效果。请看一位考生作文《假如生命不再拥有绿色》的结尾：

　　假如生命不再拥有绿色，依然还在求索的我们，为什么不行动起来，保护绿色，保护环境，让我们永远都拥有绿色。到那时，绿色才会高唱："我轻轻的来，正如你(沙漠)悄悄地走……"

　　在这里，作者自然地由环境想到了绿色，巧妙地引用了徐志摩的《再别康桥》中的佳句，引出对生命没有绿色的思考，给人留下了广阔的想像空间，可谓"清音有余"啦。

（3）抒情议论，引发思考

用抒情议论的方式收束，结尾发出一种呼告，能够表达作者心中的情愫，激起读者情感的波澜，引起读者的共鸣，引发读者的深入思考，有着强烈的艺术感染力。这种结尾方式主要用于写人记事的记叙文中，也可用于说明文、议论文的写作。采取这种方式结尾比较自由，好的"抒情议论"式结尾必然泪然而生真情，给读者以真实感、充足感。如《从"形象工程"说开去》的结尾：

"奉劝那些热衷于搞'形象工程'或正在搞'形象工程'的人，赶快悬崖勒马吧！请把那些搞'形象工程'的钱，用来解决老百姓的实际困难，替老百姓办点实实在在的事吧，这样才能真正树立起一个高大美好的形象！"

这个结尾的语句，情感非常充沛，带动着读者去呼告，同时又非常贴近现实生活的内容，让人容易接受并认同。

（4）首尾呼应，结构完整

一篇文章是个整体，首尾的呼应十分重要，结尾运用既呼应开头，又不简单重复的语句，这种收束方法能唤起读者心理上的美感，产生一种首尾圆合，浑然一体的感觉。让读者觉得自己的问题得到了解决，阅读的工作彻底结束了，会有一种成就感。请看下例：

2005年高考湖南考生生作《心灵奔跑》，写期待自己有一天能"悟彻禅理"。在经历了一段心灵奔跑的历程之后，他终于明白了，心灵奔跑很简单，其实就是：

平淡心看待世界　平常心过生活　喜欢心有情味　柔软心无挂碍。

这个结尾是对开头"我"期待有一天能"悟彻禅理"的最"浅显明白"的回答，给了读者一个明白的交代，效果很好，也容易操作。

古人曾云："为人重晚节，行文看结尾"。为了追求文章整体的完整性，请结尾处多留心！

301

（三）博学多览，丰富提高

"板凳要坐十年冷，文章不写一句空。"鄢秀锦老师常常以此鼓励她的学生，坐得冷板凳，不浮躁，尽心力，多读多闻，博学多览，夯实文字基础，提高文字感知力。教学过程中，鄢老师主张"三读"，即"读哲学、读美文、读新闻"，追求写作的最佳状态。

1.读哲学——增加思想的深度。

一提到哲学，很多人会觉得十分茫然，似乎无法捕捉。其实，哲学是与我们的生活息息相关的，"我们从何而来？""我们向何而去？"……一切令人感兴趣的问题都会引起心灵思辨，正是这种好奇与思辨，催促人类进行深入的思索与探求。将这种探求的过程纪录下来，就是文学。从这个角度看，哲学与文学真的就是一种母与子的关系，哲学中诞生了文学，哲学是文学的内核，读哲学，会增加思想的深度。

基于这样的想法，鄢老师根据自己的阅读经历，找机会把黑格尔、培根、里尔克、朱光潜、宗白华、季羡林、周国平、钱钟书、贾平凹等人的作品推荐给学生。鄢老师认为，中学生完全可以阅读这些富有哲学意味的书籍，不需要搞得很通，只要他去接触，那种浸淫与熏陶就会改变一个人的思维，提升一个人的思想境界。哲学思想犹如一个精灵，会引导着读者进入一个精神的世界。这种阅读或多或少对学生的思维方式产生着深刻的影响。从现实情况看，当学生站在哲学的角度去立论、分析时，其文章的中心会十分鲜明，对事物的分析会更透彻。如果再有一两句富有哲理性的语言的点染，文章就有了质的飞跃，会达到另一个高峰！

2.读美文——增加文字的张力

好文章具有一种独特的魅力，寥寥数笔给人以极大的联想，体现出一种张力。就像一首曲子，用简单的音符组合成美妙的篇章，又像一幅图画，用简单的色彩描绘出绝妙的神韵。古人云："石韫玉而山辉，水怀珠而川媚。"富有张力的句子和语段，就像"玉"和"珠"，能使整篇文章熠熠生辉。

文字的张力，表现为文章具有强大的信息量和思想深度、力度，语言文字清新，语法结构严谨，富含感人的力量。学生的作文虽然是在练习阶段，但也要向这个方向努力。为此，鄢老师指导学生阅读大家的美文，汲取文学的精华，锤炼作文的语言，力求用最形象生动的文字表现出相对抽象深刻的内涵，展示出文字的魅力，闪耀思想的光辉。

具体教学过程中，鄢老师按照阅读欣赏、模仿语段、建构成篇的顺序进行训练。阅读欣赏的过程很重要。目前中学生面临着升学的压力，读书的机会少之又少，鄢老师就每周安排一次阅读课，将学生带进阅览室，"把学生领进阅览室，犹如把羊群领进了水草最肥美的牧场"。让学生置身于书的海洋，在良好的阅读氛围中，培养其阅读习惯，使每一名学生都浸淫在文字之中。鄢老师很喜欢谢冕的《重新创造的艺术天地》那篇课文，非常认同作者的观点：学习语文一定要"泡"在文学中。是的，没有哪个人是一夜成才的，文字的涵咏功夫是点滴浸泡、逐渐感染、推敲锤炼而成的。鄢老师要求她的学生，每次阅读课关注一个主题或关注一位作家，课后记录自己的阅读感受，谈谈自己的看法与启示。这样的训练虽然用时不多，但培养了学生的一种意识：文字所追求表现的张力：鲁迅杂文的犀利、孙犁散文的优美、贾平凹乡土文化的淳厚、余秋雨历史美文的厚重都是我们的榜样。不一定学得象，但一定要学！在这种学习向往中，学生的作文会逐渐少些浮躁，多点内涵，增加文字的张力，词更达意，更趋近教学目的。

3.读新闻——增加文章的活力

中学生尤其是高中生，迫于高考的压力，常常将原本快乐、幸福的学习生活压缩成了"两点一线"，成了"两耳不闻窗外事"的书呆子，这是教育的可悲，更是语文学习的大碍。要写好文章，闭门造车是不行的，鲜活的社会生活是文章的造血细胞，有它的参与，才会有好的作品问世，只有老舍这样的"北京人"才能写出《想北平》；只有贾平凹这样的陕西汉子才能写出《秦腔》。可见生活之于写作的重要性，即使是学生的作文也不例外，只有"胸藏万汇凭吞吐"，才能"笔力千钧任歙张"。一旦与生活脱节，学生的文字也会呈现无病呻吟的病态。为此，鄢老师积极主张关注新闻。前文已经提到，她的教学活动中有一个持久的项目：新闻阅读与交流。利用课前几分钟，大家集中听取一名同学介绍新闻与评说，用这种方法拓展学生的阅读面，增加对社会的了解，这样才能保证写作中有充实的素材可用，使其具有更强的可读性。正是这样的"新闻汇"，让学生记住了平凡却善良的包工头孙东林、孙水林两兄弟，让学生知道了蔬菜价格对百姓生活的影响，写出了"价低伤农、价高伤民"这样的文字，这些都极大地提高了文字表现力，增加了文章的活力。鄢老师始终坚持这样的做法，还原学生的社会身份，让学生的写作有源可汲、有本可依，生生不息。

三、效果反馈

在鄢老师的指导下，许多学生摆脱了苦于作文的困境。运用鄢老师的方法，面对写作材料，他们能够迅速捕捉到"虚"象背后的"实"，以最快的速度建构一篇文章的框架，准确地从纷繁的材料中选出适合主题的素材，留有充足的时间对文字加工润色，打造一篇美文。2001年至现在，11年来，鄢老师所任教班级学生的高考语文成绩的提高，很好地证明了作文分解训练模式的作用与意义。

中学语文是基础课，而写作则是那块奠基的础石，任你"胸有万壑"，若不会表达也是枉然。王力先生说得好："我们中学生毕业以后，恐怕一大半的学生不是学文科，更不是将来要做文学家的。我们更要紧的是把文章写得很通顺，逻辑性强，又能深入浅出，把道理讲清楚。"鄢秀锦老师的作文教学模式就是以此为目标，一步一个脚印地落实着，她的成功经验也给了我们很多的启发！

【作者简介】

钟玉屏，深圳市沙头角中学语文教师。

整体化：语文课改的必然选择

——吴泓"高中语文专题研究性学习"实验的价值和意义

邹贤敏

【特级教师小档案】

吴泓，中学语文特级教师，深圳市新安中学教师，宝安区语文"首席教师"，宝安区教育局"吴泓工作室"主持人。人大复印资料《高中语文教与学》2011年第3期以"专题：专题研究性学习"专栏聚焦吴老师持续十年的语文专题学习实验；《人民教育》《中国教育报》等先后刊载此成果的专论。出版专著《精神和言语共生——高中语文"专题研究性学习"》等。

以"弘扬教改主旋律"为己任的《中学语文》，在2010年的7~8、9、10期最显著位置连续发表报道、访谈、评论，向广大读者"特别推荐"名为"高中语文专题研究性学习"的课改实验，使吴泓和他的学生们以异军突起的姿态走进人们的视野，引起了中语界有识之士的关注。在应试教育积弊日深，对其体制进行根本性改革呼声日高的语境下，非常适时、非常给力地推出吴泓这个典型，这本身就反映了大家对语文课改实质性突破的期待。依笔者之见，吴泓的课程改革，是实施语文素质教育以来收获的最具包容性也最具颠覆性的重大成果，是真正体现了课程改革精神、具有超越性和可操作性的语文素质教育的典型示范，是对语文应试教育的一次大胆叛离，其意义和价值不可低估。"高中语文专题研究性学习"的理论与实践中最核心、最具普适性、最富于标志性的东西是什么呢？答曰：整体化。艰难前行的语文课改，其实质正是以整体化去颠覆、取代以碎片化为本质特征的语文应试教育。吴泓的语文课程整体化改革主要表现在四个方面：

一、以"精神和言语共生"为核心的现代语文教育观指导实践

20世纪70年代末、80年代初开始的语文教改，实际上是在"三老"（叶圣陶、吕叔湘、张志公）语文教育思想的指导下进行的。以拨乱反正、清除极左思潮影响为目标的思想解放运动，使"语文是工具"、"回归语文本位"的理念成为当时语文教改最重要最有力的理论武器，而"学语文就是学做人"（叶圣陶）的理念则选择性地被忽略了。到20世纪80年代后期，由于科学主义思潮的侵蚀，逐渐上升的应试压力，语文学科的工具性被推到极端，甚至其内蕴的对人的生存的人文关怀都被阉割，语文课程逐渐向单纯的应试工具异化。20世纪90年代，计划经济向市场经济转轨，教育非但未能把握发展的机遇，反而出现方向的迷失，基础教育更是加速陷入应试的怪圈，学生的语文素质和能力普遍下降。虽有不少人呼吁加强语文教学的人文性，但语文教育基础理论研究滞后，语文教学的指导思想未能与时俱进，对问题的反思多囿于教学方法层面。那时教改局面相对沉寂，唯有洪镇涛高举语文教学本体改革的大旗，一枝独秀，产生了相当的影响。洪先生的可贵，在于他能自觉地对新时期语文教改特别是对自身的教改经验进行深刻反思，并从中总结出既有学理价值又具实践意义的"学习语言"论，使其改革有打上了鲜明洪氏印记的语文教育观作思想支撑。

进入新世纪，20世纪90年代末的"语文教育大讨论"余音未了，课

程改革的浪潮自上而下地掀起，然收效甚微，应试教育之"苛政猛于虎"愈演愈烈。这时刚到深圳执教不久的吴泓，正处在"老师讲得这么精彩，怎么就换不来学生的精彩？"的焦虑中。痛苦的反思使他穿越重重模式、技术、方法的丛林，直抵要穴："语文教学存在的问题的症结究竟在哪里呢？答案是：没有思想。"他认定"铸就思想、构筑精神"是高中语文教改走出困境的"第一要著"。在新课程标准提出的"研究性学习"、"读整本书"的启示下，他找到了改革的具体路径：进行"专题研究性学习"。经过进一步的理论学习和专题教学的初步实践，吴泓形成了"精神和言语共生"这一理念，并在后来的实践中不断丰富和深化，实现了语文教育观从传统到现代的转型，从而把自己的课改自觉地奠定在科学的理论基础之上。关于"共生"论的形成和如何转化为教学实践，吴泓在访谈中有十分到位的表述：

传统语言学、语文教学强调语言是表达思想的工具，后来又提出语言是文化的载体。其实，载体和工具没什么本质的不同。现代语言学、语文教学则认为，语言是三体进入世界的方式，也是世界向人类展示其本质的方式，所以语言是一种本体论性质的媒介。从传统到现代，人类对语言的认识在不断深化。我过去是信奉语言工具论的，搞课改以后对语言的本体性有了更多的体认。教学实践告诉我：言、意是一体的，就像一个钱币的两面，不能分离，"精神和言语共生"就是从这里来的；在不同的学段，进入"共生"的切入点不同，达到"共生"的途径和方式也相异。如果说从小学到初中阶段，是从"言语"这一面切入，从言语技能的学习去领悟作品的思想、精神、意蕴，培育学生积极健康的情感态度，即侧重于先技后道、由技悟道，更多地体现语言的工具性；那么，高中阶段的语文学习，则要从"精神"这一面切入，把价值观的锻造、精神家园的构建放在首位，必须先道（精神、思想层面）后技（技巧、技能层面），由道悟技，以道御技，即由"形而上"至"形而下"。

——《中学语文》2010年10期

从"回归语文本位"到"回归语言本体"再到"精神和言语共生"，这是近三十年语文教改所留下的几个螺旋式上升的足迹，印证着诸多教改精英探寻前路的艰辛，也彰显出教改是以思想观念的转变为前提的。为什么有的教改经验显得肤浅、苍白、缺乏生命力？原因就在没有理论根基，缺失从自己的学习和实践中形成的、既具实践意义又有学理价值的语文教育观的指导。为什么一些好的教改经验学不到手、推广不开？就学习者而言，关键就在得"形"忘"神"，即只忙于移步换形，只精于修枝葺叶，丢掉了特定的语文教育观这个根本，结局不能不是枝叶漂亮却不开花结果，或只开花不结果。所以，若要了解、学习吴泓的课改经验，首先必须把"精神和言语共生"的核心理念好好研究一番，否则"专题研究性学习"于你只不过是一片浮云。

二、自主建构专题系列教材

回顾语文教材的历史，古代的语文教育大体是要学生读整本书的，在中国，从属于"俗文化"的《三字经》、《幼学琼林》、《增广贤文》等蒙童读物，到属于"雅文化"的"四书五经"等经典都可作为教材，选择时着眼于文本的整一性，看重学生对文本整体的直观感悟，体现出古代整体思维的特质。到近代，受分析、实证思维的影响，出现了以单篇组合为内容的语文教本，强调细部分析，重在纵向深入。而语文教科书的单元划分则是现代社会的事情。单元教材是对单篇教材某种程度的突破，也是对古代教材某种程度的"复归"，它既想超越"分析"，又未能达到"现代整体"，一只脚迈上了"现代整体"的台阶，承受着思维重心的另一只脚还稳稳站在"分析"的台阶，所以它只是在一定程度上体现了现代整体思维的特征，有其进步性合理性。但它的缺陷也是带根本性的，即把整体的大千世界的生活和人的思想、精神分门别类，然后按类选文组合成单元，这个单元是反映什么生活的，那个单元是表现什么主义的……像是开中药铺，一个格子装一味药。更要命的是，当下中国单元教材的编写，由于受旧的思想灌输模式的影响，受应试教育功利化需求的导向，不得不一只眼睛盯着诸多形而上的教化功能和意识形态禁忌，矫情和虚假在所难免；另一只眼睛盯着指挥"千军万马过独木桥"的考试大纲，给文本套上评价考核标准的紧箍咒。于是，丰富复杂的思想内蕴被简化、遮蔽、肢解、扭曲，活泼泼的文化生命之流被切断、污染、改道，教材往往实际上被应试的观念、狭隘的价值观和一些空洞抽象的概念绑架。

针对单篇、单元教材的弊端，吴泓摈弃了以灌输、应试为要旨的教育思维，打破对"大一统"、"小一统"教材的迷信，把现行教材连同其伴生物——五花八门的教辅资料搁置起来，按"去功利化"原则倾心构造专题系列教材。他从高中生的精神体质强于初中生的实际出发，依据高中生的心理和认知特点，把高中生所需的"营养"原原本本、原汁原味地纳入教材，为学生打开一个与其经验迥异的、相对完整的、精神和言语共生的世界，一个与他们从常规教材中见到的那个支离破碎的世界完全不同的世界。在社会普遍丧失信仰，个人言语世界的建构被压抑被扭曲的现实环境下，为了助推学生自主构造独立和谐的精神家园和自由舒展的言语世界，专题系列教材是富有创意的选择。它虽然没有人为设定的意识形态目标，没有对应考试大纲，但其内在质素和外在形态有鲜明的价值重心和文化取向。吴泓选定的16个专题和学生自选的12个专题所"拿来"的文化（不限于文学）涵盖了古今中外，是经典的和带有经典性的，从中不仅能获取知识，还能获取智慧，不仅有利于构建文化底蕴，还有利于培养现代意识。吴泓对专题的选择没有去追随"回归传统"的潮流，企图借国学经典、儒家思想把学生"熏陶"成"纯粹"的人，而是打开胸襟，放出眼光，广采博取，使学生能吸收多元文化的营养，成为健全的人。实践证明，离开培养学生的现代意识、造就现代人这个前提，抱着"人心不古"的心态去倡导读经典弘扬人文，只能是南其辕而北其辙。吴泓专题教材的整一性，是指每个专题所选入的文本可以是整本的书（如《论语》专题），也可以是整本书中部分篇目的组合（如《诗经》专题），还可以是同一作家多篇作品的组合（如鲁迅专题），但不得有一字一句的删改，必须是整体中的有机部分，是一个适度的丰富而完整的世界，一个富有精神、言语张力的血脉贯通的生命体，能让学生从"一斑"、"数斑"窥见"全豹"。教材的开放性则是指专题的设定并非一成不变，可以在保持相对稳定的前提下为适当更换留下较大的余地，包括专题和专题内的文本。其依据只能是教师思想业务素质的提升和学生思想、学习状况的变化，而不是政治需要和流行观念。吴泓打造教材融古典整体思维和近代分析思维之优，取古代教材和近现代单篇、单元教材之长，"专题"的设置为详考个体和总览整体都提供了空间，且不把整体看成个体的机械相加，而是整体大于个体之和的系统整合，相当充分地体现了现代整体思维的特征。吴泓曾对笔者说："现行的单元式的教材给学生的只是一杯水又一杯水，最多是一桶水又一桶水，而专题性的教材给学生的是一条江、一条河，从源头到入海口。"显然，这其间的差距不止是数量上的，更是质量上的，前者是精神、思想的符号化碎片，后者是精神、思想的生命整体。这说明在教育现代化的潮流中，转换思维方式、转换价值观念是教材建设的不二法门。

三、将研究性学习贯穿于专题教学的全过程

语文教改的中心任务是要改革教学过程中"老师讲，学生听"这个千年不变的老例。为此，教改精英们作了可贵的探索，提出的理论和模式数不胜数。仅在意气风发的20世纪80年代，就有于漪的"综合效应"说、钱梦龙的"'三主''四式'语文导读法"、宁鸿彬的"思维到位"说、蔡澄清的"点拨教学法"、洪镇涛的"变讲堂为学堂"、张富的"'跳摘'教学法"等等流行语坛，领风气之先。但正如《中学语文》的报道所言："上个世纪八、九十年代我们所做过的、所想过的，到今天只不过是老问题翻新，语文课改仍然没有取得实质性的突破"

（《中学语文》2010年10期）。吴泓站在诸多前辈的肩上成功了，可是他从未刻意给自己的课改命名，有论者以"专题教学"名之，未尝不可，却总觉得有点言不尽意。不过"名副其实"的那个"实"更为重要，吴泓最有价值的"实"，就是他能完全站在学生本位的立场，把令众多教师无从下手、视为畏途的"研究性学习"转化为师生共同体的内在要求，并扎扎实实地落实到教学的全过程，效果之好令知情的师生羡慕不已。吴泓说："我的课不是'听'的，而是'看'的。""看"什么呢？"看"学生们怎样进行专题研究性学习。从"老师讲，学生听"到教师引导与启发、学生自主地研究性学习，这个学习方式的转变是革命性的，它把长期被颠倒了的教育再颠倒了过来，把尊严、权力和主体地位还给学生，让教育回归了本位。

这里面的道理并不深奥。求知是人的本性，是人性发展和文明进步的需要，求知的过程应是人性自由发展和不断丰富、升华的过程，所以教师引导学生求知必须充分尊重他们作为人的精神独立和心灵自由的天然合理的需求，热情帮助他们顺利度过人生的成长期和人性发育的黄金时段，使他们能够带着会思考的大脑和知道未来的路该怎么走的自信跨出校门，走向新的人生。然而应试教育将求知功利化，使其从精神层面下坠到技术层面，求知过程实际上异化为对学生人性的压抑和扭曲，精神、思想呈现为负增长。不久前，一位颇有忧患意识的大四女生告诉我，从功利化的应试牢笼里出来的高中毕业生，一进大学或走上社会，就很容易与更加汹涌、更加赤裸的功利化浪潮接轨，甚至很快被吞没。她不无反思地说：高中这三年太重要了，老师要对学生负责，错过了这个人生观、价值观形成的最宝贵的时机，会影响人的一生。正是出于对学生的高度责任感，吴泓构建的"专题研究性学习"反应试教育之道而行，把人文关怀渗透到教学的每个环节，滋润每个学生的心田。比如读经典，他为什么要带领学生进入人类思想的大江大河，"到中流击水，浪遏飞舟"？

真正的经典可以丰富人类的心灵，给人以灵魂。……一个经常在阅读和沉思中与古今哲人、思想家倾心对话的人，与一个只读明星轶闻和凶杀故事的人，两者思想空间和精神境界固然是两个不同的世界；而今天的学校语文教育，就应当摒弃那些非经典之作的语文学习，摒弃那些拦腰斩断、割裂经典、急功近利的"应试阅读"，还要拒绝那些快餐式的所谓的"浅阅读""悦读"对学生的侵蚀。因为"读"什么决定了你"想"什么，"想"什么决定你"说"或者"写"什么；"说""写"的质量取决于你"阅读"的质量，"说""写"的高度取决于你"思想"的深度。学校的语文教育要有档次，要雅，要培养学生有不同于流俗的贵族气。

——《中学语文》2010年10期

　　这样的洞见，只能发自用心去拥抱学生的教改的思者和行者，发自对教育本质和现状的深切理解和把握。吴泓很善于引领学生充分利用网络资源，在自主的非功利的读、问、悟、思、写的过程中建构起问题意识、研究意识、批判意识、创新意识；他很尊重学生个性化的理解和表达，把学生从言语一体化、模式化的禁锢中解放出来，鼓励他们构建自身的言语世界，以利于个性的全面发展，并沿着自我意识——公民意识——国家、民族意识——人类意识的阶梯不断攀升。他就这样以自己的勇气和智慧，实践着叶老提出的符合人的本性和教育的本性的"教是为了达到不需要教"的思想，把专题研究性学习打造成了"一段充满了挑战、包含着惊喜、令人百感交集、让人难以忘怀的人生旅程"。学生跟随他们从容不迫的"老吴"踏上这段没有开始也没有结束的人生旅程，收获了身心的健康，既有知识的积累、能力的培养，更有思想的磨砺、精神的陶冶、人格的锤炼，还有想象力、情感、态度、价值观的培育，精神上的成长和语文素养的提高同步进行，融为一体。两年间，每个学生的阅读量不少于150万字，写作量不少于2.5万字（多次的修改、重写和读书笔记不计入），他们思想鲜活语言也鲜活的习作让人惊喜，使那些患有"应试综合证"的"优秀作文"相形见绌。

如果说，应试教育给学生的可能只是一些七零八碎的知识和思想，存留于他们精神世界里的很可能是一地鸡毛——若干预设的、正确的、变幻不定的教条和一串文化符号，顶多再经过翻来覆去的"训练"，学会将这些游离于生命体验之外的概念、符号套在类似的作品上；那么学生们从吴泓的专题研究性学习中获得的则是能够净化灵魂的长流不息的江河水，是能够不断充实和提升精神境界，使知、情、意和谐发展的人类语言和思想的精粹。吴泓的一个学生主动找到我，描述了他和班上同学在专题研究性学习中的诗意状态："老吴带着我们跳进波涛起伏的大海，游啊游啊，突然发现了一些美丽的小岛，大家就上去游览、欣赏，奇花异草，风光无限，那个美哟！"说完他又补充了一句："您不是问我们精神和言语在专题学习中是怎么'共生'的吗？就是这么'共生'的。"他的话深深打动了我，而另外两个学生的话则彻底说服了我：

原先的语文学习，我们是上课听讲，下课做题，而现在的语文学习，我们是自主阅读，自己提问，自我思考，自白表达。没想到我们居然还有思想！

——《中学语文》2010年10期

……在周末的休息时间，我会去电影院或在网上看一些电影，有两部电影是我印象很深的——《花木兰》、《阿凡达》。我在看完之后，颇有些感触，脑袋也不由自主得产生很多想法，于是急忙回到家，打开电脑，写一篇观感。每一次只要坐下来一写，就是好几千字。文章涉及的范围也比较杂，例如在花木兰观感中，我写了好几个"关于"——关于战争、关于生命、关于时代……我不会去理睬它究竟像不像一篇中规中矩的文章，但都是我灵感的记录，而且我也享受思考带给我的快乐，原来思考也能成为一种习惯。

——赵敏融《我在专题学习中的收获》

恕我孤陋寡闻，这是第一次从高中生那里听到"没想到我们居然还有思想"、"原来思考也能成为一种习惯"这样令人刻骨铭心的话。这是对吴泓课改的褒扬，也是对当下教育弊端一针见血的批评。从哲学高度看，吴泓设置的专题是确证和实现学生思想与个性的对象，他力行的研究性学习是体现学生始终是教学主体的一种方式，因而专题研究性学习的过程就在相当程度上直接证实和实现了学生真正的本质，他们在自主的参与中不断地肯定自己、创造自己、发展自己、享受自己，从而逐步达到马克思青年时代向往的那个"是生命的自由表现，因此是生命的乐趣"（《巴黎手稿》）的审美与哲思的境界，实现了教育价值的高层次目标。

四、把高考复习备考纳入素质教育轨道和专题研究性学习的系统中

在20世纪80、90年代的语文教改中，高考与素质教育的关系是一道无法破解的难题。面对高考的铜墙铁壁，教改精英们除了批评其种种弊端，只能回避、绕开走，显得无可奈何，力不从心，在相当程度上影响了他们教改经验的说服力和推广度。在素质教育的空间愈益逼仄，破解难题的风险有增无减的情况下，吴泓勇敢地站了出来，以敢为天下先的精神直面现实，挑战难题，而且是越来越自觉，越来越有信心，也越来越逼近破解难题的核心。作为教育的一种检测手段和选拔机制，高考本是中性的，但甚嚣尘上的功利化倒逼使其发生异化，成为悬在人们头上的一把达摩克利斯剑，如何"化剑为犁"，使之实现异化的复归？2001年，我重申了对这个问题的看法：

一谈到高考，人们就会条件反射式地想到"应试教育"，其实这是认识上的一个误区。我一向认为，高考竞争乃客观存在，是不可能也不必取消的，只是这个竞争不能老停留在拼时间、拼汗水的低层次上，而应把复习备考与提高教师素质、培养学生能力有机地结合起来，逐步纳入素质教育的轨道，实现高层次的良性循环。因为，应试能力也是学生综合素质的

一个重要方面和体现，提高学生应试能力是素质教育必不可少的一环。

——左兵著《高考阅读解题思路》序

吴泓是认同我的观点的。但他比我看得更开阔、更真切、更深入、更长远，而且我只是粗枝大叶地提出问题，他则在实践中开始找到了行之有效的解决问题的办法。在访谈中，吴泓向家长、同行、学生敞开了自己的心扉，和盘托出了积十年之功积淀下来的感受和思考，我认为有必要全部转录如下：

既然是谈中国教育，我们就不能回避一个问题——高考。对于每一个中国孩子的父母而言，孩子的高考成绩是硬道理，但也有越来越多的家长认识到应试教育的弊端，希望自己的孩子既有好的考试成绩，又有好的综合素质。我们教师如果在这两个方面都能做到让家长比较满意的话，他们是会支持课改和创新的。高考语文考试主要考评的是学生的语文知识、能力的运用。我的课改实验既有知识的积累，又有思维、语言的训练，更有思想、精神的培育，素养和人格的培养，可以说我的课改是全方位的。有人曾问我：你让孩子把精力花到这些与高考没直接关系的地方，会不会影响高考成绩？我认为这个担心过于狭隘，过于急功近利。首先，高中阶段的语文学习任务远不只是高考，还包括对知识的热爱，对自我成长的信心、对生命的珍视以及更乐观的生活态度的树立等等。这对人一生的发展是极其重要的，如果只为了高考而偏废了这一任务，我认为是对学生的不负责，是对学生的极大的不尊重；其次，事实证明，这些"额外的东西"恰恰能够帮助学生更好地完成高考；最后，我的语文教学培养学生的独立思考能力、批判精神、创新精神和公民意识，这正符合当今世界发展的大趋势、大潮流。家长们关心孩子的高考，背后的实质是关心孩子未来生活的质量。一个拥有了独立思考能力、批判精神、创新精神的公民才更有可能在社会的竞争中立于不败之地，才更有可能为社会做出更多的贡献，成为未来社会的精英。而这不恰恰是社会主流和家长们所期望的吗？

315

当然，高三这个阶段我也会指导学生把专题研究性学习的方法迁移到复习备考中来，充分运用在专题研究性学习中储备的知识、磨练出来的能力，把复习备考纳入素质教育的轨道，纳入专题研究性学习的系统中。而往往在这个时候，我的学生的优势就体现出来了。比如对试题进行收集、整理、归类、统计、分析和比较，在这样的研究过程中发现命题的特征和规律，能收到事半功倍的效益。比如说原先阅读、思考、表达的对象是经典，现在转向关注社会、体察人生、探索人性等，学生无论在阅读还是写作上都会达到一个较高的层次。可以说，我的做法与其他的班级做法并不一样，你打你的，我打我的，我不搞"题海战术"、"疲劳战术"，考试成绩不比你差，甚至还要好一点，因为学生的心态不一样，学生的优势不一样。

——《中学语文》2010年10期

这是面向社会的"备考宣言"，也是吴泓给学生上复习备考课的"导言"，立意高远，情深理透，充满自信。这自信来自他对素质教育的坚定信仰，来自对学生的真爱。他审时度势，顺势而为，把复习备考也精心打造成温暖而充满挑战的人生旅程的又一个难以忘怀的段落，从而给力学生迈上"精神和言语共生"的新台阶，进入再一次创造、享受的新境界。据《中学语文》的报道和评论披露，吴泓所带深圳关外区级二类校四届学生，十年间参加区、市统考和全国高考的语文成绩，不但连续实现了高考低分段（90分以下）为零比率的大面积提高的目标，而且按标准分和原始分计算，在参考人数中达到高考中上等水平（600分和100分及以上）所占的比例也呈逐年上升的趋势。从2003年的27.58%到2006年的38.18%再到2008年的83.54%，文科班还高达85.71%。当然，如何缩短复习备考时间，从根本上改变流行的复习备考潜规则，真正实现专题研究性学习和高考的"无缝对接"，还需要进一步探索。但随着高考制度的改革，高考命题日益向素质教育的方向靠拢，随着二者契合度的提升，这个成绩还有很大的上升空间，吴泓学生的优势将会更加明显，这当然离不开吴泓摸索出的富于创意的"应试"方略。这其中当然有不得已而为之的对"应试"的某些妥协，但大的方面是从专题研究性学习中生发出来的，对一般的"应试"并不具普适性，而学生对这些方法的掌握只是他们两年专题研究性学习所培养的综合素质的自然延伸。没有那段"人生旅程"的经历作基础，是难以实现"最后一跃"的。我要强调的是，成绩的硬道理虽然硬，但终究不能全面反映吴泓课改的成功，不能全面反映他的学生的成长。唐建新先生说得非常中肯："对这些学生来说，现今高考语文的检测，只需他们展示出自己语文素质与能力的一个方面，犹如冰山露出海面的那一角"（《中学语文》2010年7~8期）。难怪潘纪平教授（田禾）高度评价吴泓的课改"实现了战略突围，为破解21世纪语文教育难题，交出了一份令人满意的答卷"。（《中学语文》2010年10期）诚哉斯言。

以上四个方面有一个共同的指向使之构成一个有机整体，那就是为使学生成为全面发展的完整的人打好基础。与已经出色完成自己使命的老一辈教改精英不同，吴泓是在新的历史条件下，带着新的知识结构、新的思想观念和新的思维方式走上课改的历史前台的，是从新世纪之初起步的。他面对的是世界和中国日益尖锐化的"文明悖论"，中国特色的物欲横流、道德底线失守、文化教育失范彰显着人与自然、人与社会、人与人的紧张关系。和谐社会的建构任重道远。歌德说："人是一个整体"（《歌德谈话录》）。如何重建道德，重塑人格，重铸民族精神，重识普世价值，一句话，如何重构人的整体，教育担负着不可推卸的重大历史责任。正是在这里，吴泓坚持10年之久的语文课程整体化改革，凸显出了它的价值和意义。

【作者简介】

邹贤敏，历任湖北大学（原武汉师范学院）中文系文艺理论教研室主任、系副主任、人文学院教授。湖北省美学学会副会长。著有论文集《真实性——美学的范畴》等。1992年出任《中学语文》杂志主编，主编《中学语文素质教育名家丛书》等。

阅读，为学生书香人生奠基

——刘竹茹和她的"课外阅读三部曲"

翟暾

【特级教师小档案】

刘竹茹，小学语文特级教师，宝安实验学校教师，宝安区名师工作室主持人。曾获区、市教学比赛一等奖，主编21世纪职业教育文秘专业规划系列教材《普通话》，有十多篇论文在省级以上刊物发表，有十几篇论文在省级、国家级论文比赛中获奖，先后主持两个区级课题实验，一个省级课题的子课题实验。

作为语文老师，刘竹茹深知阅读对孩子的重要性。她认为，孩子的阅读状态，代表着一种未来的可能性；只有广泛的阅读和大量的积累才能真正学好语文；课外阅读也是学生自我发展的需要。20多年来，她潜心研究课外阅读，总结出了一套富有特色的、高效的课外阅读方法，即"乐读、善读、速读"的课外阅读三部曲，为学生的书香人生打下了坚实的基础。

一、乐读：知之者不如好之者，好之者不如乐之者

刘老师认为，一个人阅读兴趣的形成，阅读能力的培养，语言的积累，离不开一定阅读量的积累。古人提倡多读多背，"书读百遍其义自现"，"读书破万卷，下笔如有神"就是这个道理。所以，她培养学生阅读，首先用古诗文来激发学生内蕴的阅读热情和兴趣，让孩子们的心魄相系古诗文的独特美质，使他们真正感受到读书的快乐。

（一）唱经典古诗

刘老师是一个对古典文化尤其是诗词曲赋情有独钟的人，在她看来，中国人本身就具有一种天然的浪漫情怀与经典风尚，正所谓"俱怀逸兴壮思飞，欲上青天揽明月"。而优秀的古诗文恰恰反映了中国人的思维方式、心性情趣和审美追求。

但小学生对古诗词所知甚少，更不要说学诗背诗的兴趣和热情了。然而，刘老师深信自己的"期待"一定可以化作美丽的现实。一个偶然的机会，她听到了由著名作曲家谷建芬作曲的古诗歌曲，心中豁然开朗。对呀，孩子们不都喜欢唱歌吗，可以把古诗唱出来呀。联想到平时听到孩子们唱的那些流行歌曲，尽管对歌词似懂非懂，但那么长的歌竟能一字不差地唱下来，全不觉他们有什么记忆之苦。流行歌曲毕竟是针对成人的，不适合孩子，何不让他们来唱古诗呢？从第二天开始，她所教的班级课堂里响起了优美的经典古诗的歌声。从此以后，每天语文课的课前五分钟孩子们自觉地跟着CD一起唱起来。

唱古诗和背古诗相结合，这是刘老师快乐阅读的第一步，那一首首优美动听的诗词歌曲，极大地调动了孩子们的学诗热情，歌会唱了，诗自然就能背诵了。

张小强是福利院的孩子，患有先天性心脏病惨遭父母遗弃，平时从不吭声，郁郁寡欢，是班上的学习"贫困户"。在学唱古诗中，他表现出了前所未有的热情，跟同学们一道唱会了《静夜思》、《江南》、《明日歌》……这太让刘老师惊喜了，平时他连课文都读不通，更别说

背诵了。没想到现在没有人特例教他读，也没有人监督他背，就是每节语文课前唱一唱，连《明日歌》这么长的一首诗他竟然能一字不差地背下来。这就是唱的魅力呀！

张小强的表现给了刘老师信心，渐渐地，她开始尝试围绕所唱的古诗进行拓展。如，在唱王维的《相思》时，要求孩子们再找王维写的其他诗。在唱杜牧的《清明》时，让孩子们再去读一读其他诗人写节日的诗。这样，有时从诗人，有时从内容，有时从情感方面去进行拓展，一首带多首，一周下来孩子们除了喔熟了一首诗外，还同时学习了好几首诗。

一学期后，刘老师的做法在全校推广，学校还将每天上课、下课的铃声都改为优美的古诗旋律。当校园里你唱、我唱、大家唱，歌声成为欢乐的海洋时，这些经典诗词也就化为了涓涓细流，滋润着孩子们的心田，滋养着他们的生命。她还把唱背古诗的做法和体会撰写成教学论文《经典古诗唱起来》在《小学教学》杂志发表。

（二）诵蒙学读物

唱读古诗让孩子们收获了知识和快乐，可是，刘老师并不满足眼前的成绩，她开始实施快乐阅读的深度计划，带领孩子们诵读"四书五经"，去亲近那些精辟、洗练、生动、优美的中国传统文化，让经典文化伴随师生们一同成长。

其实，诵读经典由来已久，早在内地工作的时候，刘老师就负责一个全省"十五"规划教育科研课题"儿童中西文化经典导读实验"的子课题"儿童经典文化诵读与小学生的文化功底培养"的课题实验，开始了有计划、有系统地经典诵读实验。

她带领孩子们诵读一些经典的儿童启蒙读物，如《弟子规》、《三字经》等。这些经典三个字三个字一句，读起来朗朗上口，好读好记。为了调动学生诵读的积极性，她采用各种各样的形式诵读，如：带读、齐读、接力读、分组读、赛读、拍手读、打擂台等。开始的时候，不急于求成，每天读的量不多，不硬性规定背诵，这样孩子们就不会有压力。读的过程中也不做解释，刘老师说不想用她的理解来代替孩子们的感悟。只是让他们反复读，花样百出地读。她相信熟读成诵，"书读百遍，其义自见"。这些文字本就不难懂，现在不懂也没关系，随着孩子们的年龄增长，理解力的发展，自然就会知其义。孩子们轻松愉悦地读书，读得多了，读得顺了，自然就能脱口而出了。通过诵读，孩子们不但积累了知识，还懂得了许多做人的道理，同时还培养了他们良好的生活习惯和行为习惯。

经过几年的诵读，收到了明显的效果。大部分学生能背诵《弟子规》、《笠翁对韵》、《三字经》、《大学》和部分唐诗宋词等，有些学生还能背诵《论语》、《老子》、《孟子》部分篇章。读经，使孩子们识字量显著增加。在反复诵读经典读物中孩子们不知不觉就认识了很多字。读经，使孩子们语言表达能力明显提高。孩子们在平常的说话和写作中，常常会引经据典。如有个孩子爸爸喝醉酒了，她批评爸爸说："年方少，勿饮酒。饮酒醉，最为丑。"有个孩子表哥从北京回来，他在日记中写道："有朋自远方来，不亦乐乎？"读经有助于孩子的人格成长。有一次，有个孩子看见同学拿人家的东西，马上对他说："用人物，须明求；倘不问，即为偷。"

（三）读成语、歇后语

当孩子们进入中年级后，刘老师的快乐阅读又在深度的基础上进一步拓展它的广度，带领孩子们读成语和歇后语。她认为，学生大量积累成语，不但可以提高口才，对写作的表达也很有帮助。

在背诵成语这一环节，刘老师可谓是花样百出。有时给成语归类读，如数字成语、动物名成语、写景成语等等。有时趣味填空成语，如按要求填出带有一对近义词或反义词的成语，填出成语中表示颜色的词，由人名填成语等。孩子们最喜欢的是猜成语，这既需要有丰富的成语积累，又需要他们有灵活的思维和丰富的联想能力。

在读了一段时间，学生掌握了大量的成语后，刘老师就带领孩子们进行最富有挑战性的成语接龙游戏了。为了降低难度，接龙中允许说同音的字。刚开始，接不了几个学生，"龙"就断了。刘老师不断地鼓励学生挑战自我，慢慢地这条龙越接越长。越往后的学生越充满期待，往往一个人在接，全班都跟着在想。随着孩子们成语的积累越来越多，在他们的发言中，习作里，都能经常使用成语了。

一段时间后，刘老师又开始培养孩子们对歇后语的兴趣了。歇后语是一种短小、风趣、形象的语句，类似于谜语，历来为广大人民群众所喜爱。猜谜本就是孩子们所喜爱的，所以一接触到这种语言形式，他们立刻就喜欢上了。

为了掌握更多的歇后语，孩子们人人都买了歇后语的书。刚开始，由刘老师给学生出示歇后语。一段时间后，就让学生来挑战了，老师说前一部分，让学生接后一部分。随着积累的歇后语越来越多，孩子们争强好胜的天性也激发出来了。于是各种各样的挑战随之而来，如：个人与个人之间，小组与小组之间，男生与女生之间，甚至老师与学生之间。他们常常拿一些歇后语来为难刘老师，每每老师接不上来，就看到他们脸上得意的笑，而刘老师也乐意成就孩子们的"虚荣心"。最让孩子们喜闻乐见的是用歇后语说话，由说一句到能说几句甚至一段话，由开始的生搬硬套到后来的运用自如，孩子们驾驭语言的能力越来越强，写作中运用歇后语的能力也越来越强。

（四）吟优美宋词

宋词是中国古代文学的一颗耀眼的明珠，在古代文学的阆苑里，她是一座芬芳绚丽的园圃。小学语文课本里宋词出现并不多，但如此美丽的宋词怎能不让学生多接触一些呢？因此，到了高年级，刘老师班上的孩子们又读起了宋词。无论是苏轼、岳飞的豪放，还是李清照、柳永的婉约，在孩子们的口中吟诵出来都别有一番风味。有了百余首诗词的积淀和经典文化的熏陶，孩子们出口成章不再是奢望，流淌于他们笔下的经典诗文呈现出了别样的美丽。

（五）讲有趣故事

为了激发孩子们课外阅读的愿望，在语文课上，刘老师常常会结合教学内容补充一些资料给学生听，在讲述的过程中尽量做到绘声绘色，但讲到关键处会卖一个关子，告诉孩子们这是老师从哪本书上看到的，如果你想知道更多，可以买或借来这本书阅读。如：刘老师在教五年级上册第三单元的四篇说明文时，每天都会抽出十来分钟给学生讲法布尔的《昆虫记》里的精彩片段。在法布尔的笔下，昆虫是那样可爱，昆虫的世界是那样奇妙，孩子们听得津津有味。在他们兴趣正浓时，刘老师"见好就收"，以没有时间为由不再讲述，而孩子们却欲罢不能，因此他们纷纷买来《昆虫记》自己阅读。

（六）倡亲子阅读

儿童课外阅读的主阵地在家庭，因此一定要争取家长的支持。刘老师总是以她的身体力行，用她的热心与诚心去打动家长，从而让他们与老师结成统一战线，这样就能收到事半功倍的效果。她特别提倡亲子阅读，它能使孩子得到童年快乐的体验，这对他们健全人格的形成也起到了重要作用。亲子阅读也成了她班学生家庭的共识，每天那段亲子阅读的时光是家庭里最美好、温馨的时光，有趣的是她的很多学生家长成为了她的书友。

二、善读：工欲善其事，必先利其器

中华民族自古以来就崇尚读书，提倡"善读"。西汉学者刘向说："书犹药也，善读之可以医愚。"那么，怎样才能做到"善读"呢？刘老师根据自己多年的实践和孩子们的阅读习惯，总结出适合学生个性的阅读欣赏方法。诸如好书共赏、自问自答、画思维导图、师生检测评价等。

（一）好书共赏，拓展阅读范围

刘老师常说，善读的第一要义是要读好书。学生受年龄和经验限制，在阅读书籍的选择上需要老师的及时指导。

1.老师推荐

每学期开学的第一天，刘老师都会给学生一张推荐书目。她结合教材和学生年龄特点及学生关注的热点精心推荐必读和选读两部分书目，力求做到下要保底（必读），上不封顶（选读）。同时，她还时刻关注孩子们的阅读情况，如询问他们阅读的进展，跟他们聊书，举行读书交流会等。

老师的知识广博与否都直接影响学生，她说老师走得有多远，学生就能走多远。倘若老师博览群书，满腹经纶，而且在课堂上能恰到好处地博古论今，出口成章，那么老师就会成为学生们效法的对象，从而带动学生主动地进行课外阅读。刘老师酷爱读书，在她身上散发出浓浓的书卷气息。每天，刘老师都会早早地来到教室，在讲台前坐下来，伏案读书。有的学生感到好奇，老师在读什么书？有的孩子还跑到讲台来看，刘老师就乘机向学生推荐这本书。她会有意把要推荐给学生阅读的书带来教室看，一方面要求学生阅读的书她会自己先看，另一方面也想借此来培养学生对此书的兴趣。

2.学生互荐

不仅老师做出榜样，刘老师还会在班上树立典型，让班上读书多的、读得好的学生给同学讲书中故事，介绍自己读过的书，向同学们推荐自己喜欢的书。每周刘老师会用一节语文课的时间举行"好书推荐会"，让孩子们互相推荐自己最近读过的有趣的书。为了让自己推荐的书得到大家的认可，孩子们会使出浑身解数，推荐什么、怎么推荐，怎样推荐才能吸引大家都要认真考虑，因此这也是对孩子们语言表达能力和沟通能力的一种极佳的锻炼。

榜样的力量是无穷的，孩子们都憋着一股劲，要成为班上读书最多的人。天长日久，阅读已融入他们的生活，成了他们的一种生活习惯。就像一位学生在读书笔记中写的："我不把看书当作业，我当它是我生命中不可缺少的一部分，它已融入我的灵魂。"

（二）自问自答，理解阅读内容

每读完一篇文章或一本书，刘老师告诉学生要问自己四个问题：写了什么，怎么写的，作者要告诉我们什么，自己还读出了什么问题。她鼓励学生"不动笔墨不读书"，积累好词佳句，写写随笔。

1.写了什么

无论读什么书，都要能抓住阅读的主要内容，从中获取对自己有用的信息。刘竹茹老师结合平时的语文教学，针对不同的文章体裁教给了学生许多概括文章主要内容的方法，如：从题目入手，从文章的关键词或重点句入手，再适当补充，就能概括出文章的主要内容。

2.怎么写的

刘老师告诉学生读书不仅要知道作者写了什么，更重要的是要知道作者是怎么写的，因此读书时要理清作者的写作思路，找到文章的写作顺序和写作方法。读文章还要有意识地去发现、学习作者的写作方法，并用于自己的写作实践。刘竹茹老师鼓励学生大胆模仿文章值得学习的写法。学生的作文往往从模仿开始，慢慢地，融会贯通就能变成自己的东西。刘老师常常教育学生"不动笔墨不读书"，"好记性不如烂笔头"。在课外阅读中，遇到自己特别喜欢的精彩词句要及时摘抄下来。她让每个学生准备一本摘抄本，自己取一个好听的名字，然后随时摘抄。抄下来后，还鼓励学生经常去阅读，把这些经典词句由摘抄本移植到自己的头脑里，并运用到日常的说话和写作中。

3.作者要告诉我们什么

刘老师教育学生读书不能读过就算了，当读完一篇文章或一本书后，要静静地想一想：作者写这些要告诉我们什么，你从中读懂了什么，体会到了什么。对于感受特别深的，鼓励学生写读后感或随笔。学会反思，学生的阅读就不会停留在表面，会更深入。

4.大胆质疑

发现问题比解决问题更重要。每读完一篇文章或一本书，刘老师还鼓励学生大胆质疑，提出问题并去思考这些问题，还可就这些问题与同学、老师进行沟通交流。

这样几步下来，孩子们就知道书该怎么读了。渐渐地，他们能从书中读出更多的东西：读出问题，读出个性，读出思想，无论是在阅读的广度还是深度上都得到了提升。

（三）画思维导图，形象记忆阅读内容

思维导图是英国学者东尼·博赞发明的一种学习方法，刘老师把这一方法运用到阅读上来，其目的就是要学生简单而又形象地做阅读笔记，以提高阅读效果。

刘老师认为，好的笔记方法不是无创造性地追随所说的或所写的东西，而是要有所选择，它既要能使所记的字数最少，又能使可回忆的信息量最大，而思维导图正符合这些要求。

在"思维导图"笔记中，不是用平常的句子或以列表的方式，而是在一页的中间放一个关键词或一个主题图像（帮助集中注意力和记忆），然后以有组织的方式围绕这个关键词或图像扩展，放射出很多分支联想，形成一幅美丽的图画。当你不断构建"思维导图"时，大脑就会创建一幅你正在探索的知识的综合图像。

用思维导图做笔记，核心是寻找或提炼书中的关键词。关键词要以尽量少的字数囊括尽量多的意思。当关键词被触发时，它所包含的意思就会喷射出来。刘老师在教孩子们找关键词时，先教孩子们删除所有不必要的外围语言，找准文章的核心；她还告诉孩子们关键词可以是文中现成的，也可以是自己加工提炼的，但字数不能过多。无论怎样都应该是自己认为合适的词，而不应该是别人认为不错的字，要有自己的个性。平时的语文教学，她也在训练学生抓课文的关键词。学生掌握了这种方法，读完一本书后，选择关键词的过程就是对阅读材料中心的提炼

过程。在画思维导图时，顺着关键词再一步一步"顺藤摸瓜"，不但理清了文章的脉络，整理了文章的内容，也明晓了作者的写法。

在经过一段时间的训练后，孩子们惊讶地发现，思维导图就像一颗神奇的知识树，在给定的空间里可以放入无限多的信息。通过画思维导图，学生的概括能力、理解能力、逻辑思维能力和表达能力都得到了培养，色彩丰富的思维导图更有利于学生回忆起阅读材料，培养他们的记忆能力。学生的一篇篇笔记变成了一张张色彩鲜艳的思维导图，变成了"大脑的笔记"，节省了大量地做笔记的时间，从而提高了整体的阅读效率。

（四）师生检测评价，巩固阅读效果

学生养成了良好的阅读习惯，有了一定的阅读方法，他们的阅读能力怎么样，这就需要老师及时进行阅读检测与评价，以便发现问题，有的放矢地去解决问题。

1.老师检测

刘老师认为，课外阅读的习惯不是一朝一夕就能养成的，如果不及时检查督促，容易自流。为了激发学生持久的兴趣，提高阅读质量，把课外阅读引向深入，每学期都进行若干次定期和不定期的阅读检查、评比。其形式或是举行读书报告会、经验交流会，或是展览优秀的读书笔记、经验，评比表彰课外阅读积极分子等。对课外阅读取得一定成绩的学生，教师要及时地鼓励，让他们体验成功的喜悦。当学生在获得成功后，会更坚持大量的广泛的阅读，良好的读书习惯也就随之形成。同时个人的进步往往又是同学们效仿的范例，这样班里就会形成浓厚的课外阅读氛围，其意义也就更加深远了。

2009年，刘老师负责一个区级课题——《中小学生课外阅读的检测与评价探索》的实验，积极推动在全校各年级全面推行阅读考级制。

在这次检测与评价过程中，她多方论证，反复酝酿，制定了《小学课外阅读考级实施细则》，制定了阅读评价的标准并印制了精美的阅读等级证书。她根据学生的年龄和认知水平，把考核内容分为七个级别，一级为基本级，七级为最高级。各级别均以规定的阅读量、应完成的读书笔记、阅读检测成绩及平时表现等为主要考级依据（一级不设读书笔记）。原则上1～6级分别为一至六年级学生所设，但考虑到学生程度的参差不齐，允许学生降级别或超级别，鼓励那些降级别的学生好好努力，最终达到相应级别。对超级别的学生，给予特别奖励。经考核合格后颁布等级证书，证书的颜色为：赤、橙、黄、绿、青、蓝、紫，并在证书上，根据学生的年龄特点，设计学生喜欢的图案，激发学生的兴趣。学生毕业时应达到阅读六级水平。七级是为高于毕业水平的学生而设的特别级。考过七级的学生可获得"阅读小博士"称号。此考级方案既可保证各年级学生达到真相应的能力水平，体现各年级间的衔接与递进，又可打破年级界限报考，从而鼓励学生多读书，读好书。通过考级制，保证了课题实验的延续性，使学生读有目标，赶有方向。当学生考级成功后，老师会在班上当着全班同学的面授予他等级证书。

2.学生自我检测

在平时的阅读中，学生还可以通过自我检测来不断调整、提高自己的阅读能力。此外，学生之间也可以互相帮助，相互检测。

通过上述一系列的措施，孩子们良好的阅读习惯形成了，他们爱读书、会读书了，综合素质明显提高，每年在各级各类的比赛中，刘老师班有几十人次的学生获奖。特别突出的是2009年5月，刘老师作为"中华人民共和国教育部'农村中小学现代远程教育工程'教育资源开发项目"小学社会主题活动实践课的主讲教师，参与了由人民教育电子音像出版社承担的主题探究性学习资源的录像课拍摄工作。在录像课的拍摄中，她班学生表现出来的良好的合作能力、沟通能力和语言表达能力，得到了专家的高度评价。

三、速读：五更三点待漏，一目十行读书

刘老师认为，一个人学会快速阅读的时间越早，受益的年限越长，对成长越有利。小学生进行快速阅读训练优势在于：好奇心强，求知欲旺盛；认识1000多个汉字后，自主阅读的愿望相当强烈；想象力丰富，善于模仿；对速读训练兴趣浓厚，对速读所获得的成功充满自豪感。那么，如何速读呢？刘老师首先从视觉训练开始。

（一）训练视觉，开发潜力

所谓速读，就是将被阅读的文字以组或行、块为单位进行大小不一的整体阅读，而"组"或"块"内所包含的往往可能是词组、半行、一行、多行甚至整页内容，它是一种让我们能够从文字材料中迅速接收信息的阅读法。刘老师深知，要让孩子们这样快速阅读，不是提倡和鼓励就能做得到的，而是要有意识地进行一些专门的视觉训练，开发视觉潜力，掌握快速阅读方法。

刘老师将视觉训练项目分为：黄卡训练、扩大视幅训练、视点移动训练、一点凝视训练等。通过一段时间的训练，孩子们的眼睛更灵活了，视幅扩大了，注意力集中了，阅读的速度明显加快。

（二）训练思维，眼脑直映

经过视觉训练后，接下来便进行思维训练。刘老师认为，要使学生读得快，就必须消除音读，而眼脑直映就是要训练学生用眼睛读，不用声音读，在阅读文章时，将所看到的文字直接在大脑中唤起意识。这样，脑的视觉性语言中枢功能就在彻底解放中获得明显的发展，也唤醒了大脑卓越的潜在功能。

孩子们在经过一段时间的训练后，消除了潜读，真正做到了无声阅读，此时，视觉不受逐字换音的牵制，因而视觉广度大，可以以句、以行甚至以段为阅读单位进行阅读，还可以根据阅读的目的进行浏览，跳读，阅读速度大大提升，比训练前平均快了三倍以上。

（三）综合运用，全脑速读

学生在阅读时能做到眼脑直映后，刘老师就开始借助全脑速读软件系统对学生进行全脑速读训练。通过左脑线性扫描速读、右脑图形取像速读和潜意识数据速录三大类快速阅读训练法及相应的眼、脑训练方法，帮助学生达到快速阅读的目的。在电脑上训练学生快速阅读时，刘老师遵循由快到慢的原则，先设置非常高的速度，如每分钟30000字让学生看，让学生有紧迫感，强制眼睛\大脑系统适应这种非常高的新标准。刚开始，学生感觉看不清，不知道写了什么，但这种训练形式使学生能通过建立新的高标准的方式来"自我提高"。然后，再逐步降速，如降到每分钟20000字、10000字、5000字等。学生感觉速度越来越慢，越来越看得清，感觉很舒适，其实这一速度已经比原来的速度快了十几倍甚至几十倍。就这样，不知不觉中，学生的阅读速度大大提升，而且看得越来越好。掌握了全脑速读的方法后，学生在电脑上看书快了，阅读纸质书本时，速度也跟着快了。

经过一学期科学、系统的训练后，学生的阅读速度明显提升。学生的平均阅读速度由初期的每分钟337个字提高到期末的每分钟2173个字，提高了5.45倍；平均理解率也由44.7%提高到了60%，提高了15个百分点。全班有一半以上的学生每分钟的阅读速度在3000字以上，理解率在80%以上。孩子们的思维能力和记忆能力也相应地得到了提升，更主要的是他们感觉到阅读是一作轻松愉快的事情，而乐意阅读，享受阅读。班上一位孩子在日记中写道："我现在每分钟能读3000多字了，大概一两个小时就能读完一本小说，而且读得懂，记得牢，真爽！我现在天天与书为伴，天天享受着这快乐时光。"

【参考文献】

1.刘竹茹.新学期第一堂语文课：小学语文教师，2000（2）

2.刘竹茹.语文备课中渗透训练意识例说：中国素质教育研究文集，2002（2）

3.刘竹茹.带领孩子亲近经典："创造杯"全国小学教育教学论文大赛，2006

4.刘竹茹.怎样指导中年级学生写观察日记：当代小学教育改革优秀论文选，2004（12）

5.刘竹茹.经典古诗唱起来：小学教学，2008（10）

6.刘竹茹.发人深省的"悲叹"：小学教学参考，2011（6）

7.东尼·博赞（英）.快速阅读.北京：中信出版社，2009

8.东尼·博赞（英）.超级记忆.北京：中信出版社，2009

【作者简介】

翟暾，文学硕士，大学客座教授，作家，北京大学附属中小学远程教育教研院作文教学专家，中国教育学会中学语文教学专业委员会《新课标中小学"简快作文"课堂教学研究与实践》总课题组组长，中国教育发展战略学会《钱学森大成智慧教育思想研究与实践》课题组核心成员，原清华大学附属中学高级教师，"简快作文"创始人，《简快作文》系列书刊主编，出版"简快作文"类专著20部，公开发表教育教学论文50多万字。

左香华和他的多元课堂教学模式

钱扬义

【特级教师小档案】

左香华，中学化学特级教师，深圳市宝安区教科培中心教研员，深圳市化学学科带头人。1987年以来，在省级、国家级刊物上发表教育、教学论文90篇，获市级以上奖励论文18篇，参编化学书籍25册，其中主编11册，个人专著有《草根化研究与创新》。主持的课题有广东省课题"课堂教学评价"和市级课题"探索优质课堂教学模式，培养创新型人才"。有多篇论文被中国人民大学报刊复印中心《中学化学教与学》转载。

高中新课程改革于2004年9月在广东、山东、海南、青海四省区正式启动。这一轮课程改革有别于以往任何一次改革，首先是教师的教学观念要发生根本性的变化——教师要从以教师为中心、教材为中心和社会问题为中心转变到以学生发展为中心上来，培养学生的科学素养；其次是教材发生了根本性的变化，这是以往任何一次课程改革均没有办到的事情，在以前的7次课程改革中，往往只是教材内容在前后位置上的调整、必修和选修内容的调整，其教育目标定位主要放在"知识与技能"上，对"过程与方法"、"情感态势与价值观"关注较少；其三是改变

教师的教学方式和学生的学习方式。教师要实施以科学探究为主体的多元化的教学方式，学生则要学会科学探究的一般方法，掌握其终身受用的知识与方法。多年来，为了使学生在课堂学习中习得终身受用的知识和方法，使教师在课堂教学中规范其行为，提高课堂教学效率，左香华老师对课堂教学模式进行了独到的研究，并取得了明显的成效。

一、左香华和他的三种教学模式

（一）科学探究式

科学从其过程来说，是一种以自然界为研究对象的探究活动，即科学的本质就是探究。科学探究是促进教师的教学方式和学生的学习方式发生根本性变化的有效途径，是人类认识自然界客观规律的有效途径。在化学教学中，引入科学探究这一有效方式，不仅可以培养学生进行科学研究的习惯，而且更重要的是培养学生的科学素养，使学生终身受益。

1.课堂教学中的科学探究

新课程背景下，课堂教学中的科学探究就是在教师的指导和启发下，以学生自主学习、合作、讨论为前提，以化学教材中的某些内容为基本探究内容，以学生周围的世界和生活实际为参照对象，为学生提供充分表达、质疑、探究、讨论问题的机会，让学生通过独立思考、小组合作探究、集体讨论等多种解难释疑尝试活动，将自己所学知识应用于解决实际问题的一种科学的教与学的组织形式。科学探究活动注重培养学生的自学能力，力图通过自主探究来引导学生学会学习和掌握科学方法。

2.科学探究式教学模式的理论依据

布鲁纳说："知识的获得是一个主动的过程，学习者不应是语言信息的被动接受者，而应该是知识获得过程的积极参与者。" 应当看到，在教学活动中，如果没有对问题的探究，就不可能有学生主动积极地参与，不可能有学生的独立思考与相互之间思维的激烈碰撞而迸发出智慧的火花，学生的思维能力也就得不到真正的磨砺与提高。叶圣陶先生说："教师教各种学科，其最终目的在于达到不复需教，而学生能自为研索，自求解决。故教师之教，不在全盘授予，而在相机诱导。"他认为，真正的学校应该是积极思考的王国。而课堂教学中的"问题教学"就是使学生在自行的探究过程中，在积极的思维中，进入思考和创造的王国。因此，探究性教学鼓励学生独立思考、积极探索，提出独到的见解，不唯书、不唯师，只唯实，敢于大胆质疑，敢于向权威挑战。同时，注重让学生在探究的过程中，不仅扩充个人的知识视野，而且形成探究的兴趣、创新性思考和自主探究学习的良好习惯。美国华盛顿大学有这样一个条幅："我听见了，就忘记了；我看见了，就领会了；我做过了，就理解了。"在课堂中引入探究式教学，其根本目的就是通过教师设计课堂教学活动，营造学习情境，让学生主动参与，无论是获取知识，还是掌握技能，都亲自尝试，亲历亲为，真正把课堂上所学知识内化为自己形成的能力。

3."科学探究式教学模式"的结构

"提出问题→猜想假设→科学探究→得出结论→表达交流"。

（1）提出问题：其主体可以是教材、教师和学生。例如，初中科学教材对质量守恒定律的研究就是教材提出问题，并做出假设，然后由教师引导学生进行研究。对高中化学"原电池"的研究，可以由教师从不同的角度进行设问，引发学生的好奇心和学习的内驱力。学生根据自己对客观事物的观察和研究，也能提出一些有价值的问题，教师要及时鼓励和引导，组织学生开展科学研究，使学生在完成知识再发现的基础上，有所发明创造。

（2）猜想假设：一般采用穷举法，列出所有可能的情况。猜想假设要正确处理定向探究的有限性与思维的广阔性，保护学生的创造性与预防建立假设失控可能性间的矛盾。针对背景材料提出的问题是定向的、有限的、明确的，具有定句性；但学生思考这个问题的思维活动却是自由的、开放的，具有广阔性。猜想和假设不能漫无边际地乱想，猜想假设要有一定的科学根据，这种依据就是学生已经具备的知识和经验。教师在指导学生进行猜想与思辨时，要根据学生在探究过程中的各种表现进行暗示或提示，确保正确的探究方向。

（3）科学探究：主要有两种方式，一是实验探究，二是阅读探究。对于以探究物质性质、鉴定物质成分、总结和归纳化学理论为内容的科学探究，可采取实验探究的方法，即由学生设计实验方案，进行实验操作，根据实验现象对提出的猜想和假设进行证实或证伪。对于以物质结构和基本概念为内容的科学探究，则一般采用阅读探究的方式。在提出猜想假设后，根据已经学过的化学知识对假设进行思辨证实或证伪。

（4）得出结论：由探究得相应的结论。

（5）表达交流：这是探究式教学的重要一环。他能培养学生直面科学、敢于表达、合作学习的精神，无论探究结果如何，他（她）们都经历了科学探究之旅，经历了方法的使用过程。在交流中可以提升学生的科学素养和表达能力。

4.探究式学习和接受式学习之间的关系

科学探究没有排他性，探究式学习和接受式学习之间应保持一定的张力。如苯分子结构的学习对于优秀学生可以采用探究的方式进行教学，而对于基础较差的学困生来说，则可以采用讲解式的方式进行教学；根据教学内容来选择教学方法，如有机物的命名则只能采用讲解式的方式进行教学，无法也没有必要进行探究学习。因此，教学方法的选择有赖于学生学情和教学内容，不可一刀切。

（二）学案导学式

1."自主探究，学案导学"课堂教学模式的理论依据

所谓学案就是教师依据大纲(或课程标准)和学生的认知水平，为指导学生进行主动的知识建构而编制的学习方案。是引导学生一步步认识知

识、理解知识、感悟知识、运用知识的学习提纲，而学案教学就是学生利用教师提供的学案主动地融入到学习知识过程中去的一种课堂活动组织方式。在化学课堂中引入学案教学，其根本目的就是通过我们教师设计课堂教学活动，营造学习情境，让学生主动参与，无论是获取知识，还是重难点的突破，都亲自尝试，亲力亲为，真正把课堂上所学知识内化为自己掌握的能力。

现代教育理论认为，学习的实质是学生自主建构与知识结构相对应的认知结构的过程，教学过程就是把知识结构转化为学生的认知结构，进而培养学生的能力，并促进学生良好的非智力因素的形成。"学案导学"就是为了有效地完成此三项任务，其主要理论依据有：

（1）辩证唯物主义认为：内因是根本，外因是条件。外因只有通过内因才能起作用。这说明在教学过程中，老师起着引导作用。如何进行引导？学案正是一种很好的载体，是一种引导学生进行学习的"路线图"。学生整个人（包括情感和理智）的自我发起的学习，是最持久、最深刻的个体行为，而学生的主动学习、自主探究是主体参与的最重要行为。老师要充分发挥学生的主体地位，提供适合学生积极主动、自主探究的学习条件，营造民主、和谐的学习氛围，并注重挖掘学生自身对学习的渴望和潜能，建立起一套"学案导学"的导学机制，体现主体参与意识，落实主体地位。

（2）著名教育心理学家布鲁纳的"发现学习"理论强调：学生的学习应是主动发现的过程，而不是被动地接受知识。创设问题情景，引发学生对知识本身产生兴趣，产生认知需要，产生一种需要学习的心理倾向，激发自主探究的学习动机。在教学过程中，学生是学习的积极探究者，教师的作用是创设适合学生学习探究的情境，组织和引导学生主动构建知识，而不是提供现成的知识。这就要求我们不仅要让学生"知其然(know-what)"，"知其所以然(know-why)"，而且要让学生"知其所用(know-how)"，"知其谁用(know-who)"。

（3）美国心理学家奥苏伯尔（D.P.Ausubel）在其"有意义学习理

论"（thetheory of meaningful learning）的框架下深入研究了教材的意义性及其学习条件问题，并提出了著名的处理教材内容的先行组织者策略。他进而认为，学生接受学习的过程不应是一个被动的过程，而应是一个新旧知识相互作用的过程。学生对学习新知识有三分生、七分熟的基础，学生既有原有的知识结构，又有对新知识的同化和顺应的思维属性，所以学生能自主探究、自主学习。这一自主探究并不是盲目的随意学习，而是在教师指导下，有意义、有目的的自主探究学习。教师的"导"是前提，学生的"学"才是关键。

2. "自主探究 学案导学"的创新课堂教学模式结构

"学案导学"的教学精髓是学生在老师指导下进行自主学习，不仅着眼于当前知识掌握和技能的训练，而且注重于能力的开发和未来的发展，其教学策略主要包括：和谐的师生关系是学习的基础；培养创新思维是学习的核心；教师的导学是学习的前提；讨论质疑是学习的方法；更新教学手段，开展多媒体教学是学习的有力保证。学案的组成部分应包括学习目标、学习重点难点疑点、读书思考题、疑难信息反馈、学习活动的设计、梯度导学导练、知识拓展等部分。

"自主探究 学案导学"的5环节课堂教学模式结构为：

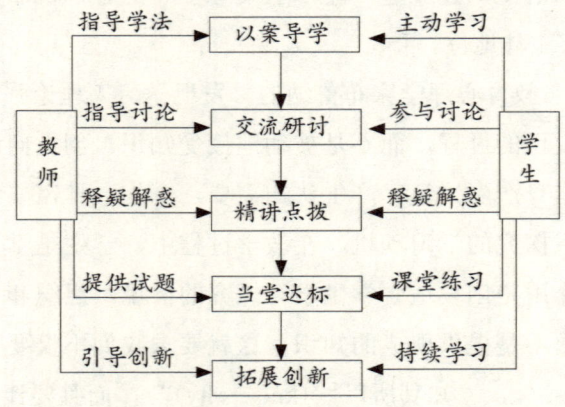

（1）以案导学：学生以"导学学案"为依据，以学习目标、学习重点难点为主攻方向，主动查阅教材、工具书，分析问题和解决问题，在

尝试中获取知识，发展能力。填写学案可在课堂上的初期进行或边上课边进行，不允许占用学生的课外时间。

（2）交流研讨：对于学生不能解决的问题，教师引导学生通过学生个体发言、同位探讨、小组讨论、全班辩证等多种讨论方式，并充分发挥优秀学生的带动作用，多角度、多层次地辨析，尽可能互相启发，消化个体疑点。引导学生讨论时，教师要创设民主、和谐、平等、自由的情境和氛围，要求学生大胆质疑、敢于争论、各抒己见。在这一过程中，教师要迅速准确地捕捉到具有普遍意义的疑点和难点，并适时解惑。

（3）精讲点拨：提倡学生自学为教师的精讲提出了更高的要求，尤其是在课堂中解决学生反馈的疑难信息时，教师在有限的时间和有限的备课条件下进行随机备课，它需要教师有更丰富的知识，更高超的教学机智，更精湛的业务技能。教师可采用两种方式处理学生的具有普遍意义的疑点。一是精讲，对于难度较大的倾向性问题，在学生渴望释疑的心理状态下，教师针对其疑点，快速确定讲的内容，抓住要害，讲清思路，明晰事理，并以问题为案例，由个别问题上升到一般规律，以产生触类旁通的教学效果，使学生在教师指导下归纳出新旧知识点之间的内在联系，构建知识网络，从而培养学生的分析能力和综合能力。 二是点拨：在学生相互讨论解决疑点的过程中教师参与其中，适时点拨；或是某个问题，某个组已经解决，其它组仍是疑点，教师可让已解决问题的小组做一次"小教师"，面向全体学生讲解，教师补充点拨，这也可以说是交流研讨的继续。

（4）当堂达标：紧扣目标，当堂训练，限时限量，学生独立完成。教师巡视，搜集答题信息，出示参考答案，小组讨论，教师讲评，重点展示解题的思维过程。 针对学生达标训练中出现的问题，待教师及时矫正之后，可即时补充补偿练习题，给学生内化整理的机会，挖掘每个学生的最大潜能，立足教材，超越教材，以开放的学习思路拓展知识，培养学生良好的思维品质，从而把新知识纳入到个体的认知结构，进而形成个体的创新能力。

（5）拓展创新：根据教学内容和学生的学习情况，教师提出一些前瞻性的创新性问题，使学生的学习留有余地，并产生创造性的思维火花。如学生在《化学2》中学习了苯的分子结构以后，教师可提出："苯除了具备凯库勒的六元环结构外，你仅根据苯的分子式及不饱和的程度，它存在的同分异构体有哪些？书写的异构体越多，说明你的创造性思维越强。"结果优秀的学生将C_6H_6异构体写出了15种之多（二维平面内链状5种，环状8种，三维空间内立体结构2种）。

在学案导学教学过程中力求做到"四让"：问题让学生解决，结论让学生概括，知识与方法体系让学生构建，笔记内容让学生自己整理。由于学生在课堂上全员参与、全程参与，其学习效率大大提高。

好的"导学学案"，实际上就是教学内容的深化与延伸，它源于教材，又不拘泥于教材，并可超越教材构成知识网络，使知识的网络构成体系，它体现的是师生共同探索知识、方法、规律和被优化了的过程。

（三）试卷评讲式

长期以来，相当一部分高中化学教师在试卷评讲中习惯于从第一题讲到最后一题，对答案，老师讲、学生听，学生的自主学习能力得不到培养，自我矫正的能动性得不到发挥。为此，左香华老师和他的研究团队对传统的化学试卷评讲课进行了颠覆性的改革。

1. 高中化学试卷评讲课的"四环节"新模式的理论依据

以混沌理论为指导，帮助学生在混沌中寻找新的秩序。混沌的本义是混乱，但又包含了在混乱中可以再生秩序、在进化中重现混乱的多重含义，体现了界限的模糊与清晰的对立。另一方面，混沌又有进化发展方向的不确定性的含义。创造型人物喜欢无秩序是因为这种无秩序给了他们以自己独特的方式从混沌中寻找秩序的机会。另外，值得注意的是，学生们自己发现秩序的乐趣在于发现自己的秩序而非外部强加的秩序。

2.高中化学试卷评讲课的"四环节"新模式的结构

"任务分工→自我矫正→交流矫正→检测点拨"

（1）自主学习中有明确的任务分工。在课堂教学中老师利用3分钟左右的时间进行任务分工，各学习小组（不是自然的4小组，而是以6人为单元的异质学习小组）的重点纠错任务是不同的，因而学生参与课堂学习的目标明确、任务指向明确。美国著名教育家鲍里奇教授认为，有效教学包括至关重要的五种关键行为（清晰授课；多样化教学；任务导向；引导学生投入学习过程；确保学生成功率。），其中任务导向是重要一环。教师授课应有明确的任务目标，让学生在迫切要求下学习。"缺乏学习者的动机、兴趣和追求的教学活动，一定是低效的甚至是无效的。"

（2）自我矫正中教师引导学生找出思维的障碍点（或发展点）。教学设计按如下图思路进行编制：

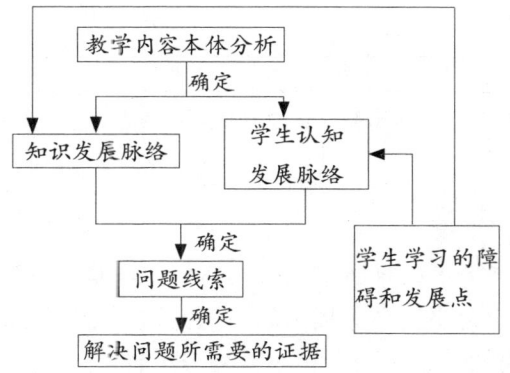

课堂学习中首先让学生根据自身所做试题的错答情况探寻思维的障碍点，回归当时做题时的错误思路，在自我矫正中进行第一轮主动重构。由于是习题评讲，课堂学习中重在寻找思维的障碍点。只有找到思维的障碍点，才能找出解决问题的方法进而解决问题。在自我矫正中学生主动纠错，改变了过去被动纠错的局面，且学生全员参与，全程参与，其学习的主动性得到提升。另外，突破了课内和课外的界限，不少学生改变了过去那种等着老师在课堂上讲评纠错的局面，学生在课外实施自我纠错，因此，学习的积极性和主动性得到发挥。

（3）交流矫正表现为第二轮碰撞重构。在交流过程中，教师以题长（相当于学习小组长）为代表，进行典型引路。在交流之前，教师对题长进行培训，让这些"小老师"既具备一定的专业知识，又具备较强的表达能力。

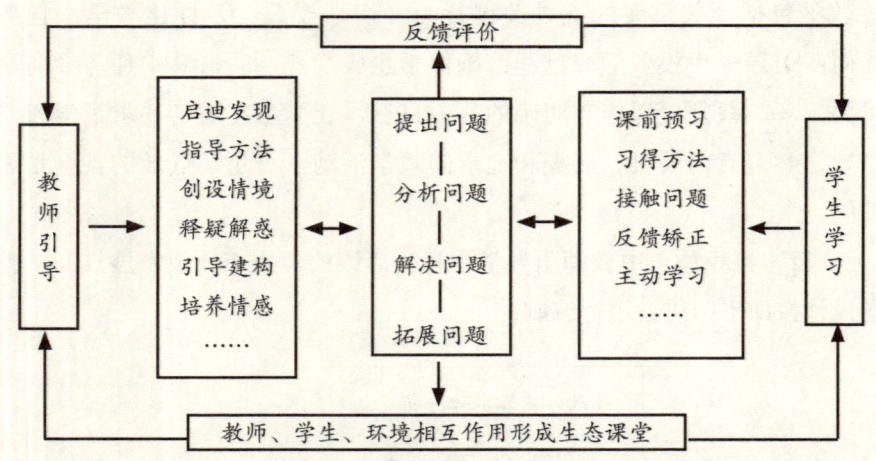

老师和学生在课堂纠错过程中发挥各自的主观能动性图

交流的途径有：

①题长——学生。有问题的学生向相应的题长发问，题长则根据教师的培训回答学习小组学员提出的问题，这一过程中既解决个体存在的主要问题，又培养了题长及小组学员的表达能力。

调查表明：题长制辅导矫错的效果、矫错主动性、矫错记录情况、担当题长的感受、对题长制辅导的态度均在85%以上，表明题长制辅导矫错产生了显著的效果，值得推广和借鉴。

②学生——学生。对某问题尚未理解的学生向理解成熟的学生发问，进行生生之间的交流。这一过程中，学生做到了全员参与。

③教师——学生。学生经过两轮重构后还未解决的问题则由学生向

教师发问，寻求教师的帮助，进行第三轮重构。事实上，教师和学生拥有的信息是不对称的，那么，教师在引导学生进行第三轮重构中，教师的主导作用或权威作用得到发挥，但绝不是一种绝对权威。教师会根据学生的提问，选择最具有典型性和代表性的问题进行师生之间的双向交流。这种交流使学生的文字表达能力和口头表达能力得到培养，从而使课堂学习达到一个较高的境界。

（4）检测点拨重在教师画龙点睛，即时检测。在这一过程中，教师要了解学生对前3轮主动重构过程中是否真正解决问题。检测点拨的方法主要有纸笔测验（3至5分钟）、即兴提问两种。教师只有针对学生在前三轮过程中可能反复出现的问题设置一定量的习题对学生进行即时检测，方能做到心中有数，帮助学生进行意义建构。而即兴提问是教师根据学生在课堂交流中反映出来的典型性问题进行提问，他要求教师具备一定的教学机智和较为敏捷的思维能力。

此外，教师还要求学生在错题自矫中建立错题自矫附页。每个学生根据所做错题的错误情况，在错题自矫附页中写明错误的原因，这是在混沌中找到秩序的一种重要方法。学生不仅能发现和记录显性错误（教师已阅试卷中的明显错误）的原因，还能记录和发现隐性错误（如有些选择题做对是凭直觉或猜想得出的结果，实际并未真正理解知识或原理）的原因。做题不在多，而在于理解和精通，而应用错题本纠错是一种重要的理解和精通方法。

为了增强试卷讲评的效率，在试卷评讲课中教师针对试卷中的难点、易错点等补充必要的演示实验，一方面，实验可以激发学生的兴趣；另一方面，通过增补实验突破难点，使试卷评讲课的教学方式更加多样化，教学效益高效化。苏霍姆林斯基说过："才能增长才智，学生的能力和才干来自于他们的指尖，手指那些细小的溪流在不断地补充创新思维的源泉。"

二、使用多元课堂教学模式产生的显著效果

（一）显性的高考化学成绩

十多年来，宝安区高考成绩连年攀升。2001、2003、2004、2005年宝安区高考化学科平均分居六区第二，但全市前50名人数宝安区总是排列第一。2006年高考，宝安区创造了"三个第一"的好成绩，即高考化学成绩平均分名列六区第一、市前50名人数（16人）名列六区第一、市800分以上人数（9人）名列六区第一；2007年高考，宝安区化学学科有17人进入深圳市前50名，2010年宝安中学的黄小锐同学以299分的成绩获广东省理科综合状元。这是他和他的研究团队所取得的丰硕成果。取得这些成绩的直接原因是宝安区大力推进"科学探究模式"、"学案导学"模式以及新的试卷评讲模式，使学生主动参与课堂学习，学生先学（主动、积极）、会学（有方法）、乐学（有兴趣）、持续学（意志品质优化），学习的主动性大大提高。

（二）隐性的学习能力与兴趣

在宝安区，学生学习化学的兴趣很浓，他们在课堂上不仅能主动学习化学知识，而且还善于总结学习方法。他们的小脑袋在知识与方法之间来回调整。他们不满足于课堂学习的主阵地，还主动开辟第二课堂。有的主动走进学校实验室，进行实验探究（宝安区很多化学实验室是开放的）；还有的学生在家庭的厨房中做起了家庭小实验。如有的学生在研究双氧水分解的催化剂时，通过阅读知道过渡元素的氧化物多数均可作为双氧水分解的催化剂，因而他们在家里找来铁锈作为双氧水分解的催化剂，实验效果很好。

左香华老师在课堂教学模式的研究中始终保持清醒的头脑，他认为，任何模式都不是僵死的教条，一方面一种教学模式是在一定的师资、学生、教学资源等背景下形成的，它既有普遍意义，又有个性差

异；另一方面，一个好的模式应是开放的、发展的、进化的，它需要不断发展，不断完善。作为青年教师有一个"临帖"的过程，而作为中年或成熟教师就有一个不断"破帖"的过程。不断"破帖"将会使课堂教学模式充满生命力。"李小龙传奇"中截拳道的产生就是源于以"咏春拳"为基础进行训练。作为课堂教学模式同样需要有一个从基础到高端的发展过程。高效课堂不应被模式所困，关键在于夯实基础、激活思维、有效突破、适度拓展。其发展过程——应是从无到有、再从有到无的过程，最终将是一种"无为而治"的境界。

【参考文献】

1.左香华，张云生.高中化学试卷评讲的"四环节"新模式[J]：化学教学，2010（8）：38-40

2.左香华，程国良."自主探究 学案导学"高中化学教学新模式[J]：化学教学，2011（7）：43-44

3.郭子亮."学案导学"教学模式在化学教学中的应用[J]：化学教学，2011（8）：34

4.崔广杰.从一堂公开课看"活动单导学模式"[J]：中学化学教学参考，2011（7）：27

5.唐云波.初中化学"探究—创新"教学模式的构建[J]：中学化学教学参考，2007（12）（20）

6.熊士荣，肖小明.化学探究性学习教学实施的研究[J]：化学教学，2010（11）：29

7.白建娥."问题解决"模式在概念理论教学中的实践[J]：化学教学，2010（12）：30

【作者简介】

钱扬义，华南师范大学化学教学与资源研究所所长，教授，博士，教育部中学化学课程标准研制组核心成员，教科书评价组核心成员，教育部"国培计划"专家库首批入选专家，中国教育学会化学教学专业委员会委员，中国化学会化学教育专业委员会委员。

走在情感德育教学实验研究的路上

姜凤华

【特级教师小档案】

王国玲，中学政治特级教师，深圳市海湾中学教师。调入深圳前，曾任青海省教研室政治教研员。曾主持或参与各级各类课题研究15项，参与编著专著、教材4部，在《思想政治课教学》、《政治教育》等刊物发表论文20余篇。论文、科研成果曾获省级哲学社会科学优秀成果二等奖、三等奖；中国教育学会中学德育研究会优秀论文评比二等奖、三等奖；青海省教育系统论文评比一等奖；深圳市思想品德、思想政治优秀教学论文评比二等奖等。申报的"教学反思——教师专业成长的催化剂"被批准为深圳市教师继续教育课程。

第一次见到王国玲老师是2004年9月，在华南师范大学的校园里，那时她还是青海省教育厅中小学教学研究室的一名教研员，来我们华南师范大学做访问学者。作为她导师的我，当时正好承担一个广东省的课题研究项目，她全程参与了我的课题研究工作。那时的王老师已是一名拥有多年一线教学经验和成熟理论思考的中小学思想政治教研实践者，在与她的深入交流中，其潜心研究的"情感德育教学理念"，给我留下了深刻的印象。

一、情感德育教学的内涵与外延

作为一名政治教师，王老师深深体会到道德教育的艰辛。"教书容易，育人难"，特别是在社会转型期，面对复杂的社会大环境，要使德育教学有声有色，入心、入脑，更是难中之难。而传统德育教学之所以高耗低效，原因之一就在于过于注重认知，忽略情感，把知识、认知作为道德发展的唯一基础，推行工具化、理性化、知识化的教育。这种狭隘性、封闭性的道德教育，必然导致学生道德情感缺失，知、情、意、行链条断裂，道德认知不能有效转化为道德行为，从而影响学生道德素质的全面提高，这一倾向不仅使教学中"明理"难以深化、"导行"难以落实，更不利于德育整体教学目标的达成和教学特点及规律的充分体现。

正因如此，王老师很早就萌发了探索以情促知，以情促行的德育模式，以此来改变德育教学现状的念头。她在《高中生学习个性心理品质与德育研究报告》中阐述了自己对德育教学的初步认识，提出：对学生进行道德教育不能只靠"填鸭式"的道德灌输，道德说教，应借助心理教育的原则、方法，开启心智，动之以情，晓之以理；思想政治课堂不仅是"传业、授道"的渠道，更是师生交流情感、陶冶情操、净化心灵的舞台，"春风化雨"、"润物细无声"式的德育教学境界应成为所有德育教师的专业追求。这为她以后深入开展"情感德育教学实验研究"奠定了基础。

2001年新课程改革实验启动以来，王老师积极参与其中，在北京、南京、上海等地参加了教育部主办的课改培训，先后通过三个科研课题从三个不同维度对情感德育教学进行了专题研究。在她的研究报告中是这样描述情感德育教学的内涵、特点、原则与策略的：

所谓情感德育教学是指教师有目的、有计划地对学生施加一定的教育影响，促其在情感领域发生特定方向上的变化，表现出新的品质，导致新的道德情感的形成和原有不健康情感的消除，从而培养起相应的道德情感与品质的过程。

情感德育是"人性"教育，它坚持"以人为本"的教育理念，把"为了学生的一切"和"一切为了学生"作为总的指导思想和原则。实施情感德育教学的要义就是尊重学生的人格，激发学生的情感，关注学生的道德体验，倡导学生的道德自悟，最终达到以情促知，以情促行的德育目的。情感德育教学要求教育工作者把教育教学看做是师生互动、生生互动的过程，把学生看做是有思想、有感情的活生生的主体，把教师看做是学生的良师益友。

实施情感德育教学要辩证地认识以下四个关系原则：第一，情感发展与认知能力的关系原则。情感教育一旦离开了正确的认知，就会成为一个模糊的概念，只有使学生的认知系统、情感系统和行为系统在相互影响、相互作用中取得和谐发展，形成积极的品格，情感才有充分的教育意义。

第二，"激情"与"明理"的关系原则。"理"是思想品德的核心和目的，没有"理"的支撑，"情"就会成为盲目的激情。正如杜勃罗留波夫所说"情感的善良与高尚只有建筑在坚固的信念基础之上并经过慎重的思考，才完全可靠，才真正有益。否则，对一个心地善良的人的道德无法做出任何担保，从而对他给其他人带来什么益处也无法做出担保。"以情感人是手段，以理服人才是目的。只有情中有理，理中蕴情，情真理切，德育才能收到好的效果。

第三，全体与个别的关系原则。一方面，情感德育要面向全体学生，通过师生互动、生生互动使全体学生形成积极的情感体验，主动全面地发展；另一方面也要因材施教，针对学生在学习状态、学习情绪和情感发展水平方面存在的个性差异，确立不同的学习目标、情感目标。

第四，引导与自悟的关系原则。"以导引悟，以悟促导"，情感德育在强调学生自身的道德体验和感悟的基础上，对教师的引导提出了更高的要求。教师不仅要做到像在认知领域那样对学生耐心点拨、引领和指导，还要在情感方面狠下功夫，学会"育情"和"激情"，这无疑对教师的师德水平、人文素养、人格魅力以及专业素质是一个更大的挑战。

实施情感德育教学的策略有五个：

一是以情育情，以情激情。教师要树立"情感教学"意识，要培养高尚的道德感、理智感和审美感，以良好的师表形象感染学生；要热爱学生，尊重、理解学生的感情，多与学生交往、沟通；要信任学生，做学生的良师益友；在教学时还要保持良好的情绪状态，使语言风趣幽默，富有感染力。只有这样，师生之间才会产生情感上的共鸣，才能激发学生对科学、道德等人类精神文明成果的兴趣与热爱，潜移默化地培植学生内心的学习愿望和道德需求，塑造学生良好的道德情操。

二是知情互动，情理交融。首先应将教材变活，通过一定的教学艺术手段和技巧，将融入自己情感体验的知识授予学生；教师要学会不断调适、正确表达自己的情感，用积极的情感去感染学生，使之产生共鸣；教师要善于挖掘教材中的情感因素，通过渲染意境、突出片断、创设情境、设置悬念等切合实际的育情、激趣方法开展教学活动；教师要善于运用幻灯、投影、录像、录音等现代化的教学手段，调动学生学习的兴趣，增强学生的情感体验。

三是优化需要，正确引导。首先，要发展学生正当的需要，确保其情感的需要是正当合理的。其次，要帮助学生适时地、恰当地调整期望值。如教师在对学生进行理想教育时，就要针对不同学生在不同时间内的实际情况，引导学生确立适当的期望值，使学生不至于因期望值太低而不思进取，失去情感动力；也不会因期望值过高而情绪低落，失去信心。

四是深化体验、以境育情。教师要有计划地选取那些最易引起认知兴趣，易于调动学生情感的内容设置教育情境，使学生触"境"生情。如在教学《与人为善》等课时，可以采用角色扮演法，使学生在情境中感受他人的痛苦与无助，激发学生对弱势群体的关爱之情；或让学生讲讲自己遇到困难时别人是怎样提供帮助的？在设计和开展情境教育活动时，教师要根据实际需要选用不同的体验方法使学生真正领悟到教室和书本以外的鲜活的世间乐趣，在体验中激活道德情感，升华道德境界。

五是循序渐进，反复强化。学生的道德情感是循着由简单到复杂，从具体到抽象的轨迹发展的。教师对学生进行情感教育，就是要促使学生从情感发展的第一个层次逐渐上升到最后一个层次，达到情感教育的最终目的。如进行保护人类生存环境的情感教育时，可多找些环境保护方面的生动素材，配以灵活多样的教学形式，学生通过对这些材料的认识，进行内心体验，逐步对环境保护的内涵、价值观作出全面而系统的理解，从而形成性格化的道德情操。

二、情感德育教学目标的定位

任何一项教学活动得以顺利实施的前提和保障当属教学目标的正确与否，而新课程实施后，教育部制定颁发的《思想品德》课程标准，也把"情感、态度与价值观"课程目标列在三维目标的首位，充分说明其目标在思品课程中的地位和作用。因此，王老师她们的研究首先着眼于发挥教育目标的导向、激励和反馈作用，研究的第一个专题就是关于情感教育教学目标的内容。2004年，她在人教社课程教材研究所申请立项了"思想品德课情感教育目标的实施与研究"课题，在青海省选择了十多所实验学校，着力研究情感德育教学目标的制定与落实。

她们在设计情感德育教学目标时，依据布卢姆教育目标分类学理论，《思想品德》课程标准以及思品学科教学现状和特点。主要步骤为：首先充分挖掘每课的情感教育因素。其次，研究每课的知识目标和过程与方法目标，在整体感知三维目标的基础上对情感目标实施初步定位，确立每课具体的情感目标，并确立本课达到的水平层次。第三，用可操作性的语言对具体情感目标及层次加以描述，并形成与"三维目标"相互对应的整体教学目标。具体而言，将其理解为四个由低到高的水平层次，即"感觉——感染——感悟——感化"。感觉即学生开始察觉到某种刺激或现象，并表现出留心、关注它的意愿。一般用了解、知道、感觉、认为、有意、想做、希望、发现等行为动词表述；感染即在关注的基础上，开始对某种刺激或现象做出反应，并形成情感体验。一般用遵守、做到、体验、体现、欣赏、克制、喜欢、热爱、联想等行为动词表述；感悟即经过不断的情感体验，对某种刺激或现象逐渐有所领悟，并形成情感共鸣。一般用理解、习惯、稳定、经常、总是、坚持、长期、果断、敏感、熟练等行为动词表述；感化即在感悟的基础上形成了较为巩固、长久的情感体验，并形成某一种价值倾向观点或态度。一般用愿意、自觉、奉献、追求、崇高、主动、卷入、迷恋、顽强、陶醉等行为动词表述。

与上述四个水平层次要求相适应，她们认为落实情感德育教学目标应抓住几个关键点：一是教材的重难点。教材的重难点是学生情感激发的"敏感区"，在教学中一定要善于利用教材的重难点来激发学生的情感。二是情境的渲染点。情境教学最为关键的是要使创设的情境与学生内心的情境相互碰撞、相互融汇，从而激发起学生学习情感的火花。教师在创设情境时，要善于渲染意境、突出片断、设置悬念；善于运用幻灯、投影、录像、录音等多媒体、现代化的教学手段，丰富学生的感性认识，增强学生的情感体验。三是言行的共鸣点。教师要以深情感人的语言和真情实感向学生传情，感染和激起他们情感的共鸣，从而使学生的道德情感从外部的、被动的、未被意识到的情绪表现，逐渐转化为内部的、主动的、自觉意识的道德情感体验。四是生活的交汇点。学习就是生活，生活就是学习，教师要通过教材与生活的交汇点去激活课堂教学氛围，调动学生热爱学习、热爱生活的情感，这也是提高思品课针对性和实效性的关键所在。

三、情感德育教学活动的设计与实施

调入深圳海湾中学后，王老师以一个一线教师的视角进一步审视了情感德育教学的理论和实践操作模式，着重从实践角度验证情感德育教学理念，探索情感德育教学模式的实施途径与方法。当时恰逢学校申报立项了深圳市"十一五"课题"初中教学活动设计研究"，王老师主持了其子课题"情感教学活动设计研究"的任务，她以思想政治课堂为主阵地，开始了情感德育教学活动的设计与实施实践研究。

以学生为主体，开展形式多样的自主、合作、探究式学习活动是新课程理念的要求。学习活动是教和学共同的中介，是促进师生同生共长的桥梁，"洋思"和"杜郎口"的成功经验已经验证了这一点。新课程理念下的"学习活动"有利于传统的"传授式"课堂教学活动，就教师对学生的指导而言，它不仅仅是指导学生进入教材，破译难点，领悟重点，而是要"指导儿童的活动"。对学生而言，不是依赖教师，仅仅靠听课来学习，而"更多的是通过实际参与活动，动手动脑"从中积累直接经验，获得对自我、对世界、对生命、对生活的认识和理解，提高认知水平，激发情感，增长才干。

王老师的情感教学活动的设计实施其要义也就是要让学生充分地动起来，通过"生生互动"、"师生互动"，在教与学实践中落实美国教育家倡导的"听来的容易忘，看到的记不住，做的才学得会"的教育理念以及"动用的感官越多，学习和记忆越好"的"学习金字塔"理论，形成学习活动化的新的教学模式。

在上述理念指导下，她们遵循情感教育规律，以《思想品德课程标准》为准绳确定教学活动的内容和流程模式。教学活动内容包括教学目标、教学重难点、教学组织形式、学法指导、教师活动、学生活动、课程资源开发利用、教学评价建议等板块。教学活动的流程模式不拘一格、种类繁多，她们的研究主要参照了"明理——激情——导行"模式，"情境——陶冶"模式，"角色模拟"模式以及"实践——探究"等模式。当然，在她们看来，这些模式仅仅只为情感教学活动的设计提供了可资借鉴的思路，并不是固化、僵死的教条，也不是至善至美的典范，需要在教学实践中不断生成、创新与完善，形成具有校本特色的流程。

为了摸索具有"海湾特色"的情感德育教学活动流程，王老师带领所在学校思品科组进行了坚持不懈的实践探索，她们围绕情感德育教学这一核心理念，先后进行了"创设情境，激趣求效"、"整合资源、激趣求效"以及"时事进课堂，激趣求效"等系列主题教研活动。首先，在备课组内开展同课异构集体备课、说课、听课、评课活动。选题后由主讲人说课，理清思路，明确目标，确定方法；其次，备课组同伴互助，制作出讲学稿、课件；进入课堂施教，全体科组成员跟踪听课、评课；最后，在参照上述几种流程模式的基础上总结、提炼、梳理出大家认同的、具有校本特色的情感德育教学活动模式："引发—体验——激情——陶冶——导行"模式，简称"体验、陶冶"式。引发即借助开课的第一刺激，激发学生学习的兴趣，激起他们学习的主动性；体验是指在学生积极参与的教学活动中，教师有意识地引导学生产生与教育要求相适应的多种内心体验；激情是通过有效手段渲染、突出情感教育主题，激发学生情感，使学生的情绪达到一个高潮，真正触动学生的心灵；陶冶是在学生产生情感体验的基础上，引导学生对某一具体人和事进行抽象、概括和升华，使学生对道德现象产生较为稳定的态度；导行是集中发挥情感功能的环节，即教师进一步引导学生将自身积极的情感倾注、投射到一定的客体上，达到巩固学生情感的目的。这一模式操作的基本程序为："调查、搜集、整理信息资源——创设情境——情感体验——小组讨论——集体交流——总结升华——实践指导"。

实践证明，"体验、陶冶"模式通过拓展、整合多种课程资源，丰富课堂教学内容，变革教学方式，使课堂真正成为了师生交流情感、陶冶情操、净化心灵的舞台，更好地解决了思品课教学中"课本内容浅显易懂，学生学得乏味、无趣，学生对道德说教逆反心理很重"等问题，落实了思品课教学的三维目标。概括而言，这一模式有三个特点：第一、课程资源多元化。由于粤教版《思想品德》教材课程资源比较匮乏，仅仅依靠课本资源上课，困难重重。因此，这一模式注重开发、拓展、整合课本以外的多种资源，使教学内容鲜活多彩，呈现形式丰富多元，如游戏、歌曲、故事、时事新闻、图片资料、名人名言、小品表演以及教师和学生自身在课堂讨论中生成性的资源等，从而更好地激发了学生的学习热情与兴趣。第二，教学活动自主化。这一模式的教学设计充分体现学生的主体地位，把课堂还给学生，以自主、探究、合作学习为主要方式，开展系列符合学生年龄、心理、学习特征的教学活动，呈现方式就是活动一、活动二、活动三等等。如热身游戏活动、小小调查、小品表演、心理体验、小组讨论、小组竞赛、小组学习成果展示、交流等。第三，教学形式特色化。鉴于学校的心理教师都兼职思品课，为发挥这一优势资源，也为凸显情感德育教学目标，思品课尽可能借鉴心理辅导原理与方法设计游戏、体验等活动，教师根据不同需要选用创境体验、心理换位体验、联想体验、在评价中体验等不同的体验方法，使学生身临其境，既领悟了在书本上难以感受到的鲜活的乐趣，更使心灵受到震撼，道德情感在体验中激活，道德境界在体验中得以升化，最终达到"春风化雨"、"润物细无声"式的德育教学目的。由于教学活动设计新颖、活泼、有趣，符合学生的心理特点，学生越来越喜欢思品课了，特别是两位兼职心理辅导的思品老师，得心应手地运用心理学技能技巧组织教学活动，更加得到学生的青睐，多次被学生评为课堂教学最有魅力的老师。

四、情感德育教学评价的研究

在我国，学业成就评价主要以考试分数来衡量，忽视学生实践能力、创新精神、心理素质、个性情感的考查。而情感教育测评的过程，既是对课堂教学质量的评价过程，更是对学生进行道德情感的熏陶、感染和教育的过程。通过情感教育测评可以提高学生自我情感的评价能力，促使学生树立正确的世界观、人生观和价值观，从而促使其道德认知实现内化，增强德育的主动性、针对性和实效性。同时，实施情感评价还有利于学生学业成就评价观念的更新和体系的创新。

　　基于以上目的，王老师在参与深圳市宝安区承担的国家级课题"学生学业评价案例研究"课题中，又借船出海，开展了"促进学生品德发展的评价案例研究"，主要对情感德育教学中如何进行情感目标的测评进行专题研究，并撰写了"思想品德课情感测评的案例研究报告"。研究是以两届八年级学生为样本，坚持定量与定性相结合、形成性评价与终结性评价相结合的原则制定情感测评方案，印发《思品课情感测评指南》，编制研究测评方案和试卷，主要做了以下几种尝试：第一、观察测试。教师系统地记录学生的可观察行为和其发生的特定环境，但只适用于重点观察的少数学生。第二、报告测试。通过问卷让学生把自己的情感行为作自我报告。分隐名式报告和署名式报告两种。隐名式允许学生不论采用何种测量手段，都可以不署名，这种形式可以准确测出那些带普遍性、倾向性的问题。署名式报告，是让学生在确信测量的结果是保密的、不受威胁的情况下署名，它可以准确辨认个别学生，掌握特殊情况。第三、会谈测试。分个别会谈和群体会谈，教师向学生询问精心准备好的一系列问题。会谈时，教师注意观察学生答话的神情、姿态，记录学生答话的内容。第四、书面考试测试。分诊断性测验和形成性测验两种。诊断性测验是教学前对学情的"诊断"，它帮助教师掌握学生已有道德情感的原状，便于把学生分置在最有益的情感教育序列中。形成性测验，是教学后对情感教育目标达成度的检测。情感水平测试题主要包括是非题、选择题、情境题、教学评价记录卡测试等题型，其中情境题是研究的重点题型。

　　情感目标测评是品德评价中的难点。与道德认知测评相对而言，道德情感的测评因受到情感因素的复杂性、不稳定等特点的限制，还很不成熟，不系统。当年布卢姆虽然对情感领域目标进行了有效的分类研究，但对于如何针对不同内化水平进行评判，特别是如何进行数量化的评定，也未有明确的评定标准和评定方法，因而研究多限于理论，缺乏可操作性。王老师她们的研究虽然只是在情感目标的书面测评、量表测评、情境测评、移情测评等方面做了一些初步尝试，但毕竟是在这一领域的实践探索中迈出了具有意义的一步。

多年来，王老师以及她的团队在情感德育教学实验研究的路上不断跋涉，付出了艰辛和努力，也取得了初步成效。三老师指导、推荐的研讨、交流课在全国思想政治优质课竞赛中获一等奖、二等奖；指导、推荐的教学设计在深圳市教学评比中获二等奖、三等奖；撰写的研究论文《浅议情感德育教学》发表在《思想政治课教学》杂志上，并在全国教育学会德育研究会评比中获奖；《思想品德课情感教育目标的探索与研究》刊登在《宝安教育实践与探索》上；《思想品德课"情感教学活动"设计初探》在深圳市思想品德、思想政治教师优秀论文评比中获奖。王国玲老师情感德育教学的研究实践，让我们在回归"教育核心"的探索之路上，又多了一丝坚实的脚印。

【参考文献】

1.布卢姆.教育目标分类学[M].上海：华东师大出版社，1990

2.张志勇.情感教育论[M].北京：北京师范大学出版社，1993

3.联合国教科文组织.学会生存——教育世界的今天和明天[M].北京：教育科学出版社，1999

4.卢家楣.情感教学心理学[M].上海：上海教育出版社，2000

5.朱小蔓.关于建立情感性道德教育范式的若干思考[M].道德教育论丛：第1卷[C].南京：南京师范大学出版社，2000

6.刘晓伟.情感教育—塑造更完整的人生[M].上海：华东师范大学出版社，2007

7.朱小蔓著.情感教育论纲[M].北京：人民出版社，2008

【作者简介】

姜凤华，华南师范大学教授、硕士研究生导师。曾任华南师范大学教育科学研究所书记、教育学系主任。独立或合作出版著作10余部，主持、承担多项省级和国家部委级科研项目，其中"中小学素质教育研究"获国家教委颁发的优秀成果一等奖。

为了人的心灵解放

——张云鹰与她的"开放式语文教学"

崔峦

【特级教师小档案】

张云鹰，小学语文特级教师，深圳市宝安区坪洲小学校长。全国优秀校长、深圳市名校长、深圳市"教书育人模范"、深圳市首批"名校长工作室"主持人。曾列为《人民教育》、《小学德育》、《小学语文教学》等杂志封面人物；著有《教育智慧与学校创新》（列入教育部中国特级教师文库）、《开放式习作教学》、《开放式活动课程》等专著；在《中国教育报》、《人民教育》等报刊公开发表论文百余篇；主持和参与多项国家级、省级、市级科研课题；应邀到全国各地作学术专题报告。

开放式语文教学，是张云鹰老师长期以来躬身实践、执著探索的一个教育命题。

开放式语文教学，是对教育本源的追寻。

"开放"，是教育回归终极目标的必然路径，也是当下语文教育重新获得生命活力的关键路径。

"开放"的内涵是丰富的。它的本质是人的心灵的解放。它不但把人看做活生生的生命体，还把课程、教材和每一节课都看做鲜活的生命。以此观之，教育与教学的通道是开放的。教学既是增长学生知识、发展学生智力的过程，更是引领学生精神成长的过程。课内与课外也是开放的。"下课铃响了"，它不是结束，也许正是开始，是求知长智的开始。这是"月月清、日日清、堂堂清"无法想象的教学境界。学科之间的边界更是开放的，因为人的生活本来就是一个综合体……

开放，是一种行动，一个过程，同样也是一种理念。在20多年的语文教学研究与实践中，张云鹰始终坚持构建以"写"为核心的语文课堂，给学生提供一个激发灵性的开放的环境。下面就以开放式习作教学为例，对张云鹰的开放式语文教学观作些介绍，以飨读者。

一、语文应使学生自由地有创意地表达

习作，是语文的重要内容，也是最能体现生命活力的内容。

但近30年来，习作教学问题不少，主要有四：一是习作教学相对阅读教学而言不被重视，成为语文教学的附庸和孤岛；二是受考试指挥棒制约，教师教的和学生写的都是考试作文；三是学生多了虚拟世界和网上空间，少了自然、人文生活；四是教学无序，教不得法。习作教学要革新，必须挣脱传统的束缚，以尊重生命和现实为前提，构建独树一帜的理论体系和独立可行的操作策略，从注重传统教学中所谓"技巧"、"经验"的"形而下"的东西，转变到关注习作者情感、思维和状态的"形而上"的需要上来，力求让学生用眼睛去发现，用心灵去体验，用语言去表达。而这种转变，需要从思想到行为上的全面"开放"。

针对以上问题，张云鹰提出了开放式习作教学。这里的"开放"，是指从学生习作的接受体系、组织体系、表达体系、评价体系等方面减少束缚，促进学生自由地有创意地表达，促进学生语文素养的全面提升。开放，对于教师而言就是批判、超越、开发、探索、创新，对于学生而言就是解放。

开放式习作过程是个性学习和创造活动的过程。教师的责任是创设一种有助于学生主动参与的学习环境，发挥每位学生的特长，使其在原有基础上获得全面而富有个性的发展。

开放式习作教学的直接目的是提高学生的习作能力。但一个人的习作水平又会受到自身思想水平、文化修养、观察能力、思维能力的影响和制约，因此我们通过开放的习作教学，着眼于师生的共同发展，逐步达成以下目标：第一，突破传统习作教学的局限，拓展教与学的范围，丰富学生的个体体验，培养学生对日常生活的敏感性。第二，通过习作训练使学生掌握交流讨论的方法，生生、师生之间养成交流探讨、互助合作的习惯。第三，建立"阅读是基础，兴趣是动力，思维是关键，表达是难点"的有效融合的习作教学新体系。第四，培养学生勤于观察、善于思考、勇于创新、乐于表达的习惯和品质，使习作成为学生张扬个性、挥洒生命活力、抒发真我情感的内在需要。

二、需要开放的七大领域

张云鹰带领她的科研团队，在"正本清源"的基础上，从关注学生生命成长出发，对开放的习作教学的思维、情感、内容、文体、表达、范式、评价等要素进行了卓有成效的探索，努力使习作教学有本可依，有章可循，真正让教师乐教，学生乐写。

一是开放思维。习作教学不局限于课堂，不局限于语文学科。他们将习作教学向生活开放，向阅读教学开放，构建以"写"为核心的语文课堂，充分凸显学生的创新精神和综合实践能力。解放学生身心，是开放思维的先决条件。充分地尊重、信任、肯定学生，让他们用自己的心灵去感悟人生，用自己的眼睛去看待事物；让他们在交流碰撞中变得成熟，敢于大胆创新；让他们自主学习，自主思考，自主参与，创造一个平等、和谐、自主、自立的习作氛围；让他们说真话，吐真情，表真心。培养创新思维，是开放思维的核心内容。一切创造性活动都源于创造性思维。创造性思维虽然是一种复杂的、高级的心智活动，但绝不是神秘莫测、高不可攀、仅属少数天才人物的"专利"。通过锻炼学生敏锐的感受力、深刻的观察力、丰富的想象力，完全可以提升学生的思维水平和思维能力。

二是开放情感。学生并不缺少对生活的体验，而是缺少对生活的情感。丰富而细腻的情感是文字倾泻的原浆，是文章的根和魂。在习作教学中，开放与激发学生的情感比向学生传授习作技巧更为重要。具体办法是：一，亲近习作。要想让学生写好作文，首先要消除学生对习作的畏惧心理。教师应减少束缚，让真实的生活、真挚的情感、真切的思想在学生的心灵里"安营扎寨"，让学生找到感觉，品尝甜头。教师要善于捕捉能激起学生内心涟漪的场景和时刻，引导学生随时随地开展句子、片段的练习，由易到难，由简到详，层层递进，步步深入，逐渐把学生领入习作的佳境。二，培植情感。情感丰富而高尚的人对真、善、美有着特有的敏感。要让小学生写出有血有肉的文章，首先就要让他们有丰富的情感。情感是可以培植的。接触自然、进书籍、用好媒体，都能使学生的情感和思想受到洗礼、感染和熏陶，从"复制"他人情感变成丰盈自身的内心世界，从而成为一个情感丰富而有思想的人。三，释放心灵。习作是倾吐内心的过程，是和另一个自我交流的过程。释放了心灵，学生定会少几分寂寞，多几分快乐；少几分浮躁，多几分平和，更加懂得感恩，化解烦恼，正视挫折，"享受"苦难。学生只有内心积淀了丰富的情感，才能"厚积薄发"。

三是开放内容。一篇好的习作应表达儿童的真情实感，反映儿童的内心世界，彰显儿童的个性，生发儿童的智慧。因此，首先把选材的自由还给学生。当学生"奉命"去写一些单调、乏味、过时的内容时，习作所反映的内容其实并非其生活的外延。生活中最生动、最形象、最有活力的素材都是习作课程的极好资源。应当引导学生敏锐地将其把握住，根据需求进行筛选，为积累鲜活的习作素材打下良好的基础。其次把想象的自由让给学生。"人是一根能思想的芦苇。"想象习作的训练能培养学生的创新思维。如果让学生拟一个自己最喜爱的习作题，大多数学生可能拟想象习作题。所以，教师应为学生提供想象的情境，让学生多写一些来自内心想象的东西，最后把表达的自由交给学生。新课程里的习作教学以学生为学习主体，承认个体差异，重视个体体验，不同的学生有着不同的兴趣点，写出来的文章自然多姿多彩。因此，要努力打破传统习作教学的模式，开放课堂教学内容，把习作的权利还给学生，鼓励他们树立信心，放下包袱，大胆写作，用自己的语言写自己的生活。

四是开放表达。即鼓励和引导学生自主真实地描绘真人真事，无所顾忌地抒发真情实感。其一，由重形式改为重内容指导。开放式习作教学尽可能地淡化审题、立意、结构等方面的指导，把重点放在内容上，即指导学生观察社会生活，关注喜怒哀乐，撷取真情实感，真正让学生从繁杂的、受束缚的条条框框中解脱出来，写亲眼所见、亲耳所闻、真心所感。其二，由重课堂改为重课前指导。传统的习作教学特别重视在课堂上滔滔不绝，"精心"指导。如果将这份"辛劳"放在课前，学生收获的就不只是一些纯技巧性的东西，而是生活的积累、真实的体验。其三，由重套路改为重思路开拓。重套路必将带来僵化与封闭。开放的习作教学不再要求有明确的中心和完整的结构，不再要求怎样开头、怎样结尾、怎样过渡，只要求学生写真话、实话，把真情实感写具体。开放的表达，能激发思维，拓宽思路，真实展示学生的个性。

五是开放文体。即引导学生根据同一题材写出不同文体的文章。这包括淡化只写记叙文的要求和淡化文体意识。单一而封闭的文体训练，导致学生习作文体的畸形发展，也束缚了他们的创造力。教师不必拘泥于记叙文与教材规定的几种应用文的写作模式，可以结合阅读教学开展随机的习作训练，将广告词、儿童诗、童话、寓言、笑话、课本剧、小说等引入学生的习作训练，这样既活跃学生的思维，又增强他们的创新能力。文体是为内容服务的。淡化文体，突破文体的界限，就能激发学生的创意，诱发学生"思绪飞扬"，使学生无拘无束地表达，毫无顾忌地写作。

六是开放范式。低年级学生具有童话般的想象，思维具有模仿并简单再现的特点，可以采用剪贴画式、情境式和活动式等几种范式。中年级学生知识面逐渐变得开阔，生活经验也更加丰富，创造性思维也得到了发展，对生活中的人、事、物比较敏感，可以采用日记式、话题式和读写结合的方式。高年级学生认知水平显著提高，获得信息多渠道化，可以采用网络式、推理式和下水文等方式。多种范式的交替使用，也增加了习作教学的生动性和丰富性。

例如，"剪贴画"展示的是一个"瞬间"的情景，学生根据图中的形象，通过想象和思维加工，然后经过内部语言到外部语言的转化，最终把图画内容和思想感情表达出来。"一剪一贴一画一写"之间，学生从静态引出动态，从"瞬间"写出过程，让画面活动起来，让画中的人活动起来，让画中的物也活动起来。学生借助完成贴画的过程，联系自己的生活实际进行合理想象，画中的形象越丰富，事物发展的过程越清楚、越具体，写起文章来就越容易做到言之有物、言之有序。一位喜欢《猫和老鼠》这部动画片的二年级学生剪贴了一幅画，构图简单，但他写的故事却是趣味横生，让人忍俊不禁。他通过"剪一剪——贴一贴——说一说——写一写"描述故事，语言活泼，字里行间又充满了童趣，把猫与老鼠刻画得栩栩如生，读来仿佛在看《猫和老鼠》的动画片！可以想象这个孩子在拟题目时，嘴角肯定是情不自禁地露出笑意。试问，如此惬意的写作过程，哪个孩子会不愿写、不想写呢？

再如，下水文式。事实上，习作低效的重要原因，就是教师自己不会写作。小学生先天有着很强的"尚师性"。张云鹰教学生习作，一般要求学生40分钟完成一篇习作，她自己也在规定的时间内完成作文。著名作家沈从文在这方面也是一个很好的榜样。他每布置一个题目，就亲自从各个角度先写几篇"下水文"，给学生以潜移默化的示范和影响。教师要教会学生写文章，自己必须先乐于和善于写文章。事实上，老一辈语文教育家，无一不是文章能手，他们的教学艺术和文章艺术是相辅相成、水乳交融的。但是，目前在运用"下水文"上还存在一些问题。有的教师将"下水文"当范文让学生盲目仿写，结果是严重地束缚学生思维的发展，不但没开放，反而将学生引入"死胡同"；有些教师自身习作能力有限，下水文粗制滥造，对学生不仅起不到示范作用，反而在某种程度上影响了学生的习作兴趣和习作能力的提高；还有的老师自己写不出来，从网络上下载，同样收不到好的效果。因此，要正确认识下水文的作用和意义，不能追求形式的为开放而开放，而是要苦练写作基本功，给学生树立一个儒雅、学识渊博的教师形象，激发学生强烈的求知欲、创作欲。

　　七是开放评价。"开放式习作教学"遵循及时性、激励性、发展性、启发性、多样性原则，通过自我评价、小组评价、家长评价、教师评价，实现了评价的多元与开放。在评价内容上注重情感与态度、知识与能力、习作过程和方法相结合；在评价标准上重在"写真话，抒真情，做真人"，充分考虑学生的个体差异；在评价手段上实施纵向比较，通过个体的前后参照评价，发现和挖掘每个学生的潜能，促进其逐级发展，不断超越自我。

　　在张云鹰的引领下，经过十几年的实践与研究，开放式习作教学不但改变了学校教师的教学观、教师观、学生观、教学过程观，还促使其创造性地使用教材，变革教学方法，教学能力和科研能力大幅提升。学生的学习由消极被动变为主动参与，学会独立思考，学会与人沟通，竞争、合作与创新意识逐步增强，主动获取知识、收集资料的能力明显提升。

　　吕达教授曾这样评价开放式习作教学：它促使师生关系、学生观、学习观发生变化，也促使思维方式、表达方式、评价方式乃至习作内容发生变革。这种变革必将进一步对整个语文教学及学校其他领域带来深远的影响。我以为，"开放式习作教学"实验所取得的成功经验，不管是城市学校还是农村学校，不管是沿海的学校还是内地的学校，都可以来借鉴。它有普遍的适应性，有很大的推广价值。

三、真正的开放蕴藏在对引导的深刻理解之中

　　张云鹰认为，"开放"的核心追求是自由。自由不是教师的馈赠，也不是教学的恩赐，而是必须实现的一种教育状态。自由，是教育所追求、所实现的每个人的发展状态；自由，是一种教育价值，也是一种教学方式。这种自由的状态，排除了依附、支配与控制的关系。

　　但在保障自由发展的同时，必须思考开放的度与序。泛泛的开放，信马由缰、天马行空，不深读文本，不重视基本知识的理解、掌握，不注重语文基本素养的培养，一味地超越教材做引申和发挥，那必然是语文教学的另一种悲哀。因此，开放一定要有相应的规则，要有共同遵守

的规定性，知道开放的悬崖在哪里。

开放式语文教学还是一个根据学生年龄特点和教材特点逐步展开、由浅入深、从扶到放的过程。它实践着从内容到形式，从课内到课外，从仿到创，从学习走向生活的有序过程。

能否处理好开放与引导的关系，决定着开放式语文教学的成败。

引导不是管束，不是压抑，不是游离于学生之外的限制，更不是处置知识从而处置人的过程。引导是对困惑的等待，是"疑无路"时的点化，是枝蔓旁逸时的提醒，是思维平静时投入的一粒石子。开放与引导不是彼此排斥、彼此对立的概念。开放是本质，引导是手段，是追寻开放的一个过程。

当然，在具体的教学中，开放的因子和程度是不同的，教师首先要有强烈的开放意识，面对每堂课反躬自问：我今天开放了吗？我开放了什么？教学目标开放了吗？我的开放是漫无目的的，还是有方向的？这个方向是窄了还是宽了？教学内容开放了吗？教学方式是否多样化？如果多样化了，是否符合我们的学习内容？教学过程开放了吗？学生的真实个性有没有展现？如果展现了，有没有得到健康的生长？等等。

下面是张云鹰徒弟的一堂习作评赏课片段：

（出示学生习作《胜似亲人》）

师：这是你昨天写的文章，今天你读它，有什么感觉？

生：我还是挺满意的。

师：你最满意哪些地方？

生：我觉得我给小姑娘取名叫"艳艳"很好听。

师：哦，名字好听，心灵也美。还有吗？

生：写艳艳洗衣服的这一段，先打水，再放衣服，再搓，而且天很冷，她仍然坚持了下去。

师：真好！我也特别喜欢这一段。一连串的动作，多麻利，不过好像忘了搓点儿肥皂，对吧？

生（笑）：恩。

师：这一连串的动作描写，倒让我想起了我们学过的《爬山虎里的脚》里的一段话：爬山虎的脚触着墙的时候……（学生很自然地背诵）

......

师：大家来评一评她的文章。

生：我觉得她写的内容太少了。我觉得还可以写一写人物心里的感受，这样就更丰富了。

师（问作者）：你接受这位同学的建议吗？

生：不接受。我觉得写清楚了就可以，不一定要多，多了一堆废话。再说，从奶奶说的话里就可以看出她的感受了。

师：大家觉得呢？

生：对！

师：有时候，简单就是美，有时候，丰富细腻也是美。要看表达的需要，该要的坚决要，不该要的，打死我也不要，是吧？

生（大笑）：是。

这节习作评赏课完全基于学生习作，教学向学生的问题开放，学生不断发表自己的见解，也不断地暴露问题，教师组织讨论，如穿针引线，可谓"择其善者而从之，择其不善者而改之"，一切水到渠成。学生则如鱼得水，热情高涨，如何赏析文章的学习就在自然而然的呼吸中完成了。

真正的开放，就蕴藏在对引导的深刻理解与把握之中。说到底，它是一种境界，是一个语文教师综合素养的体现。

四、语文教师的开放性人格

张云鹰把语文教学开放的关键归于语文教师的人格开放。开放性人格说到底就是"爱"的人格。当前人们的目光过于执著于世俗事物了，人的精神已显现出极度的贫乏。现代教育是否从根本上就缺乏一种对神圣、高贵、伟大事物的热爱？这种缺失是否也导致了教育者对于孩子这种鲜活的、具有无限发展可能性的人的爱的缺失呢？没有博大的爱作底色，教师就不可能有包容之心，同情之心，理解之心，也就不可能有开放的胸怀、开放的思维、开放的精神世界。

饱含"爱"的开放性人格来自三个方面：其一，爱语文。爱语文不是狭隘的爱，是对语文生活的爱。它不能为爱语文而爱语文，它应体现在追求美好的有情趣的生活方式，对精神的守望、爱恋和提升。在现实的大地上为精神的成长筑起希望之路，使之在广袤的大地诗意地栖居。其二，爱儿童。对儿童的爱不仅仅是一种给予，它彰显的是一种有智慧的爱，有能力的爱，它不是占有，不是另有所图，而是对真理、美善的共同追求；它不是追求更多的福利，而是精神的守望，精神的超越；它不是一种外在的行为，而是内心自发涌现的追求。当爱的雨露从行动中流出，滋润着每一颗心灵的时候，教师自己也获得了爱意的眷顾，实现了生命的卓越，构建起与儿童一起学习的生命共同体。其三，爱读书。读书是人生最合算的投资，是教师不可或缺的生活方式。张云鹰经常教导老师们："在这个物欲横流的时代，其他人可以不读书，但教师不能不读书。每年精读几本一流的书，汇总、消化、整合一些一流的思想，在其间寻找精神特区，构建精神高地，应当成为一位语文教师的习惯。"

综上所述，开放式语文教学有助于尊重差异，使人变得宽容；开放式语文教学使人消除偏见，学会鉴别；开放式语文教学使教育在景仰、吸纳人类共同文化、科技与物质财富的基础上，给无助的心灵带来希望，给幼稚的双手带来力量，给孱弱的身躯带来强健。没有教学的开放，就没有孩子自由、自信、自省、自察的精神世界。

【作者简介】

崔峦，人民教育出版社编审、教育部课程教材研究所研究员、教育部语文课程标准专家组核心成员、教育部中小学继续教育教材评审委员、中国教育学会小学语文教学专业委员会理事长。参加编写或主持编写多套人教版小学语文教科书，任义务教育小学语文教科书及课程标准实验小学语文教科书主编，供海外留学生子女使用的《标准中文》教材主编。此外，主持编写《小学语文教材教法》《小学语文教学论》等教材及若干教育图书，在国家级、省级教育报刊上发表论文、文章数百篇。

"综合式语文教学"的探索者

——特级教师邓蝴梅语文教学思想研究

冯增俊

【特级教师小档案】

邓蝴梅，小学语文特级教师，深圳市龙岗区凤凰山小学校长。教育部跨世纪"国家级骨干教师培养对象"，全国课改优秀教师，广东省基础教育名师，广东省"南粤优秀教师"，广东省"名教师工作室主持人"，深圳市语文学科带头人，深圳市先进教育工作者，龙岗区"优秀专家"。

先后荣获市以上各类教学大赛一等奖多次；先后出版《美国基础教育采撷》等专著；主编《新课标小学语文课内课外》（一年级）和《科技小品文100篇》；发表《小学语文"泛读"的研究》等学术专业论文10余万字。先后主持省级重点课题《小学语文专项素质检测的研究》和《龙岗区地域文化的现代价值的开发与利用的研究》，市级重点课题《九年一贯制学校语文'泛读'的研究》和《小学语文学习兴趣的激发与维持的策略研究》，参与教育部"小学语文主题探究性学习资源"项目策划与校审。

邓蝴梅三十年来孜孜以求地探索和不断自我否定与超越，厚实了其教育功底，形成其独特的语文教学风格。邓蝴梅老师用三十年语文教育的执著敲开了"综合式语文教学"的宫殿。

三十年的语文教学教研经历，邓蝴梅不断感受领会并深信"语文是多方位、多角度、多层面、立体式的综合性学科"。她认为，语文教学应当遵循着这一"综合性"特点，以语文的整体性为依据，把语文的内部结构和外部联系有机统一起来，形成综合式的教学结构。这种"综合式语文教学"的基本结构包括：一、教学目标综合；二、教学与生活综合；三、文本资源综合；四、学习活动综合；五、教学媒介综合。"综合"不仅使语文听说读写融为一体，也使语文超越学科融合社会，铺展出一条从童稚梦想到天地灵精的金光通道。

一、聚千岩以摩云天：综合式语文教学模式

邓蝴梅认为，"综合"是指语文教学要走出自画的圈子，打破学科的界限，建立学科之间的交流与联系，努力拓展学科领域。"综合"是一个思想与认识的制高点，它扬弃了那些经不起实践检验的东西，保留并接受了那些合理的、有价值的东西。

（一）确立"为什么教"，有效整合学生思想、知识、能力、智力等教学目标，使之符合学情

确立语文教学的育人目标下，整合"三维目标"于各个年段及具体教与学的过程中，使语文教学纲目联动，育人功能彰显。邓蝴梅老师认为，有效整合目标要突出三大因素：一是文本认知，教师对文本的理解程度。二是课标的要求，特别是课标规定的年段目标，不可越位，也不可不到位。三是学生的水平，学生已有的知识、认识和学习能力。她认为，教师要做到有智慧地解读文本，也要有解读文本的智慧，这是有效整合目标的前提。

1.文本读"厚"，读出其妙处

教学活动是依托在教师读教材的水平，对文本的理解和对文本的欣赏上，语文教师要在充分理解教材的内力基础上寺意地阅读教材，即使没有任何参考书在面前，也能感受文本的意境美、情趣美、形象美、语言美……这就是我们说的"薄书厚读"，教师研读教材就是要读出自己丰富的理解和感悟来支撑课堂。这方面，邓蝴梅老师就是一个典范。即使身担区教研员、学校教学副校长以及一个班的语文教学工作，日常教研教学工作的琐碎繁杂也没能影响她用较长时间静下心来阅读教材。如上《桂林山水》一课，她认为"'桂林的山真奇啊，一座座拔地而起，各不相连，像老人，像巨象，像骆驼，奇峰罗列，形态万千；桂林的山真秀啊，像翠绿的屏障，象新生的竹笋，色彩明丽，倒映水中；桂林的山真险啊，危峰兀立，怪石嶙峋，好像一不小心就会栽倒下来。'这样一段描写的文字，教师要能凭借自己的语感，体味到它给予我们的画面感、动静感、色彩感、语言变化感，还有朗读时的生动感、音乐感、诗意美。"正是因为对《桂林山水》一文有了如此丰富地理解感悟欣赏，使得整堂课很有厚度。

2.长文短读，读出最核心的内容

邓蝴梅认为，教师还要能把长文读短，读得出文章最核心的内容，如《雪地里的小画家》、《荷叶圆圆》等课文中的"打比方"；《可爱的草塘》、《富饶的西沙群岛》、《美丽的小兴安岭》一类的课文的"抓住特征描述"。

她认为教师只有认真研读课标、研读教材、研读学生，方能依据课标的要求，特别是课标规定的年段目标，同时兼顾学生的水平和能力，选择最佳结合点，使学生思想、知识、能力、智力等教学目标得到有效整合。

（二）确立"教什么"，综合读写教学的内容，使之激发学生学习

邓蝴梅认为，"以往语文教学改革大多侧重于教学方法的修改，基本属于形式的范畴，教学内容并没有突破性的进展。而未来社会需要培养具有独立性、科学性、开放性和创造性的中华一代新人，比其他学科肩负更加特殊重任的语文教学改革必须走出方法和技艺手段的圈子，早日结束外围战，立足于教学内容的改革。"她认为，在当下，教什么与怎么教同样重要，所以要综合读写教学内容，使语文课堂形成一个综合化的语言实践活动。

1.从文章主题的角度来精选教学内容

邓蝴梅认为教师要敢于取舍，"精选与教学目标、文章主题相契合的本质内容，重点品读；与教学目标、文章主题相去甚远的非本质的内容，大可不必过多纠缠"。也就是说教师能够"创造性地使用教材，准确地取舍教材内容，精选出最精彩的内容与学生分享"。 比如，邓老师上《鼎湖山听泉》一课，就确定了以下教学重点目标：通过多种形式的朗读，体会泉声的美妙与神奇。并根据这一目标确定以下学习内容：品味课文第四自然段的表达特色。课堂上她抓住白天听泉和入夜听泉两部分，注重引导学生聆听、辨识和品味，而对一、三、五自然段则是一语带过。

2.从弥补教材不足的角度综合教学内容

"人类积累的文化财富浩如烟海，教科书的知识信息不过是沧海一粟，教材、教室、学校不是知识的唯一源泉，大自然、人类社会、丰富多彩的世界都是人生的教科书。如果我们跳出学科看教学，课堂则只是学生学习的一隅，是学生学习的起点而非终点。学生的学习应该向课堂以外的广阔空间拓展、延伸。所以，教师要艺术地、科学地运用与开发课内外的教学资源，特别是语言教学资源。"邓老师认为，教师可以大胆综合一些有益学生的新思潮、新作品、新成果于课堂，让新精神激起

课堂的生命浪花。比如邓老师在教学《长征》一文时向学生介绍了《中共党史》，讲《电脑的奥秘》一文时推荐人物传记《比尔·盖茨》，教《我的伯父鲁迅先生》引用鲁迅评传《无法直面的人生》，教《赤壁之战》引导学生阅读《三国演义》；上《观潮》让学生收集钱塘江大潮形成的地理原因的文字与图片资料；学《只有一个地球》带领学生走出课堂，考察生活小区的环境状况，撰写调查报告，如此使学生在课内外沟通、校内外沟通、学科间沟通的广阔学习空间畅游，在"有字之书"和"无字之书"中，真正享受到遨游古今中外知识宝库的乐趣，体味作者笔下的喜怒哀乐，领略自然世界的博大精深，体验社会生活的多姿多彩。——这样，"学生见识的文化品种越多，接受的文化因子越多，他们的视野越开阔，思维品质越科学。"（邓蝴梅 2001《小语教学与引进意识》）

（三）确立"怎么教"，综合读写教学的形式，形成一个综合化的语言实践活动

邓老师认为，教学中教师要智慧地综合读写训练的形式，使语文课堂学习成为一个综合化的语言实践活动，让学生动脑、动口、动手，引导学生主动地探索，积极地参与读、写、听、说活动，在语文实践中增长才干，形成实实在在的语文能力。

1.诵读式：这是以"读"为主的综合语文教学模式

邓老师在教学《山中访友》一文时，就采用这种综合语文教学模式，在饱含诗意的"读"中孕育着语文的智慧。

《山中访友》

活动一：字正腔圆跟读 读正确

活动二：一气呵成快读 读流畅

活动三：身临其境选读 读出味

整堂课，她和学生共同沉浸在这一种以读为主的学习活动中，以读载道，以读传情，以读启能。读，延伸着学生的视野，延续着孩子们的想象，燃烧着童心的激情，在文字与音符的心境场中潜移默化地凝练、滋长、提升着学生的语文智慧：知识与技能、思想与观念、审美与评价。复杂立体的语文智慧就这样被融溶于一个简单的"读"中，这就是邓老师的教育智慧！

2.拓展式：这是"读说为主"的综合语文教学模式

邓老师在教学《鲁宾逊漂流记》一文时曾采用拓展式教学模式。

《鲁宾逊漂流记》

活动一：比读一节

活动二：评读原著

她将课堂教学从课文内拓展到课文外，从课堂内延伸到课堂外。让学生自主将文本与原著的某一节对比阅读，交流看法；再阅读原著，选出一处，让学生自由交流发表自己的阅读心得，思维相互启迪，智力相互激荡，形成一种宽辐射高层次的场效应。整个学习过程邓老师引导学生在有趣的情境中生自读、自悟、交流，让学生直接与文本对话，与作者对话，让学生直接感悟教材，探究新知，获得独到的、富有创造性的发现。从师生互动中、从新颖情动的语言中获得能力提高，智慧发展。

3.创编式：这是以"读写"为主的综合语文教学模式

邓老师在教学《卖火柴的小女孩》一文时采用。在这里，读，把学生带到冷寂的冬夜；读，把学生送到凄寒的街头。

《卖火柴的小女孩》

活动一：阅读

活动二：改编

活动三：交流

活动四：展演

她采用改编课本剧的方式——改编、交流、展演。将课堂变成"梦幻剧场"，集文学、表演、音乐、舞蹈于一体，用"读"为衬托，既给了学生足够感悟、思辩的场，又给了学生艺术、文学才能的场，这样的教学又如何不令学生顿悟倍生，课堂精彩连连呢？

4.主题辩论式：这是以"听说读"为主的综合语文教学模式

邓老师在教学《"精彩极了"和"糟糕透了"》一文时采用。

《"精彩极了"和"糟糕透了"》

活动一：研读，围绕"母亲和父亲谁更爱巴迪"，在文本中寻找论据。

活动二：辩论，"母亲和父亲谁更爱巴迪"？

她让学习主体先进行个性化研读，获得个性化的体验与感悟，再组织学习主体自由辩论，进行个性化观点表达。这样的学习活动，尊重学生个性差异、个人兴趣品质，尊重学生富有灵性表达的需求，进而让学生获得差异发展。整堂课，邓老师充分尊重学生在学习过程中的独特体验，及时捕捉学生思维的闪光点，敏锐发现稍纵即逝的智慧火花，哪怕是一丁半点的新见解都给予鼓励。要求学生不随声附和、不人云亦云、不亦步亦趋，要敢于与众不同、标新立异，敢于力排众议、独树一帜。如此，学生不仅进一步积累阅读经验、增长阅读技能、构建阅读知识，还获得了个性的差异发展和得到灵性表达需求的满足，从而增强语文学习的后劲，形成语文学习可持续发展的良好态势。

5.赏读式：这是"听说读写"综合运用的语文教学模式

《丑小鸭》

活动一：轮读全文，比朗读流利
活动二：精读一段，比感受独特
活动三：编读一处，比想象丰富

　　本课的教学将原著与卡通画、动画和原著有机地整合在了一起。整堂课完全是由学生的一个又一个学习活动整合而成的：轮读全篇——比朗读流利；欣赏一段——比感受独特；编读一处——比想象丰富。而所有的学习活动又以生动有趣的"学习擂台赛"一线串珠，融合成了一个有机的整体。让学生能自主流利、有感情地朗读课文，积累词句，并根据情境，结合关键词语表达自己的独特感受。这就将知识（积累词句，认识原著）、能力（结合关键词表达独特感受）、情感态度（爱上童话、爱上丑小鸭）、思想（独特感受）有机地结合起来，使得这一二年级的孩子看似不可能达成的目标水到渠成，智慧就是这样生存的。

（四）综合运用多种教学方法、教学环境

1.综合艺术美的形象、情感、愉悦特点，发挥其最具活力的作用

　　邓蝴梅老师认为，语文教学可以综合艺术的因素（如绘画、歌舞），运用图画、音乐、语言描绘、动作演示、表情朗读和表演等艺术活动方式，结合课文的重难点，设计组织各种实际性强而又有情趣的学习活动，如"说话、游戏、表演、比赛"等，让学生在丰富多彩的活动中学习，在轻松愉快的气氛中学习，比较符合小学生的心理特点。另外把过去统一的规定教学过程变为学生自由选择的体验性学习生活，为学生的个人爱好、特长及其他潜力的表现提供了展示聪明才智的舞台，从而促进了语文兴趣的发展。

　　（1）综合美术元素。以此扩展语文观感作用，深化想象空间。如邓老师教学《麻雀》一文，就综合绘画艺术，让学生熟读课文后，要求他们用绘画表现出课文主要内容，画出四幅连环画。结果，学生兴趣极浓，画意高涨，充分发挥聪明才智，展开丰富的想象，完成了图画，把课文内容形象地再现出来。原本机械的程式化的教学操作和压抑、沉闷、单调的课堂氛围不在，取而代之的是充满灵性、情感与创造的课堂。同时由于艺术活动中的直觉能力和空间想象能力对逻辑思维能力起

互补作用，有助于创造力的发展；而学生参与艺术活动体验，真正成为学习的主人，可以自由地表达自己的意见和愿望，这也培养了他们的观察力，发展了他们的想象力，增强了他们的创造力。

（2）综合戏剧元素。以此演绎语文内在思想，深化情感体验。《将相和》属历史故事，通俗易懂，邓老师教学此文时，让学生在预习了解了有关人物、背景、历史以后，让学生自己组成一个个剧组，自编自导自演课本剧《将相和》，她则在每一个剧组的表演中，与学生共同欣赏、共同评价，学生兴趣极浓，他们认真理解课文，深入挖掘人物情感，力求表演准确，掀起了一浪又一浪的高潮。

2. 综合运用媒介元素，发挥现代媒体的多维表现方法

邓老师非常善于将动画、音效、游戏、竞赛以及传统的课堂教学手段完美地结合一体，使压抑、沉闷、单调的课堂教学变得充满灵性、情感与创造。

二、开千叶以成林海：综合化语文学科课程

（一）基于"综合"的语文课程观

语文学科的综合性表现在功能上，承载着大量的信息和文化内涵，担负着传承人类科学和文化的重任。呈现在文本上，它包罗万象，涵盖了文、史、哲、数、理、化等社会科学和自然科学各个方面的知识，整合了语言、文字、逻辑、修辞、文学等多种内容。落实在教学的三维目标上，既要培养学生正确地理解和运用祖国语文，丰富语文的积累，发展学生的思维，培养学生的识字与写字能力、阅读能力、写作能力、口语交际能力；也要培养学生在语文学习过程中的方法、策略，以及学生语文学习过程中的体验与反思；还要培养学生学习语文的兴趣和习惯、热爱祖国语文的思想感情，提高学生的品德修养和审美情趣，培养学生良好的个性和健全的人格。基于语文学科的综合性，邓蝴梅认为：

"语文教学要突破语文课堂的时空，破除以教师为中心、以教材为中心的教育观念，打破语文书本学习与不同学科、生活世界之间的界限，充分挖掘本地区蕴藏着的自然、社会、人文等多种资源，引领学生走向自然、社会。让学生在老师指导下根据自己的兴趣和需求自主选择与语文相沟通的学习内容，通过自身努力，主动参与学习的全过程，自由地将书本、生活中一系列鲜活的事实、生动的直观感受和大量的信息建构起来，使生活中教育资源与书本知识两相融通，在生活中学语文、用语文，接受生活的淬炼，感受书本知识学习的意义与作用。构建更有利于提升学生学习生命，使学生主动发展的课程世界。"

（二）综合语文学科课程设计及思路

邓蝴梅认为母语渗透于生活的每一个角落，生活处处皆语文。"教材不是学生学习的全部世界，带孩子只读一本语文书的老师不是好老师。"邓老师用了近10年的时间进行了反复的探索与实践、总结与反思。在执行国家课程的基础上，拓展语文课程资源，丰富语文课程内容，建构以"发展智慧"为特色的语文课程体系。

1.设计思路

该课程体系是依据语文学科自身体系知识的开发和语文学科与其他学科的融合互动；以及语文学科与社会生活的结合设计的。

2.课程设计

该课程体系开发了学科拓展课程、跨学科主题活动课程等两大类精品课程。

学科拓展课程包括：《雏凤清韵》、《经典阅读》、《我爱写字》《我与龙岗》、《人文讲堂》、《电影赏析与配音》等。

跨学科主题活动课程包括："读书季"、"演出季"和课程超市。

十年耕耘，十年收获。邓蝴梅老师和她的团队坚持将课程纳入课表，落实课程时间。如每周一的《雏凤清韵》；每周二的《经典阅读》；每周三的《我爱写字》；每周四的《人文讲堂》；每周五的《电影赏析与配音》和"校本课程超市"以及每年9～10月的读书季，4～6月的演出季。带领学生开展丰富多彩的学习活动：泛读实践课；SSR阅读；班级读书会；快速阅读；制订"师生读书计划"，开设"读书讲堂"，开展"读书沙龙"，撰写一篇"读书报告"，评比"阅读之星"；每学期一次"诗歌诵读会"，每学年一次"演出季"是师生展示读书收获的季节，包括话剧表演、诗歌诵读、读书报告评比、读书作品制作、阅读之星事迹展……为学生设置好各种展示的舞台。

综合式语文教学为邓蝴梅老师所任教过的学校带来前所未有的景象：激发了学生语文的积极性和主动性，使学生的学习兴趣更加浓厚；解决了儿童阅读障碍的问题，为孩子终生学习打下坚实基础；使每一个八岁的孩子能读会写；学生的知识面变得宽广无比，除了故事书、作文书和童话，他们也爱上了科普书、历史书、小说和散文等；逐渐掌握了独立阅读的本领，锻炼了思维，陶冶了情操；学生的知识面变广了，他们爱上了图书馆，爱上了搜集资料，爱上了展示读书收获……

三、辟千径以达通途：综合式语文学业评价

（一）综合的评价理念

首先是综合的评价观。在邓蝴梅看来，语文学科的综合性决定语文学业评价也要走向综合评价的道路。语文学业评价要成为展示学生多方面才能的舞台，而不是单求书本知识的掌握度；应充分考虑到学科之间的通融，考虑到学习与生活的联系，考虑到非智力因素发展等方面。她认为，做人比成绩更重要，兴趣、意志和情感比知识本身更重要。"语文教学质量的评价必须以人为本，致力于学生语文素养的形成和发展的综合素质考核。一张试卷根本无法评价学生一学期来学习活动的参与度、能力的提高度以及智慧的发展度。"

在邓蝴梅的语文教学思维中，语文能力是多元且综合的。"只有从不同的角度评价学生的语文能力，给予学生多角度成功的机会，他们才能有被成功推向成功的机会、有抬起头来走路的机会。"评价要反映学生整个学习的全过程的综合表现，包括每一堂课、每一次活动。不仅要关注期末，更要关注平时，仅以一张试卷评定学生成绩是不科学的，也是不全面的。

（二）综合的评价方式

自2008年起，邓蝴梅老师带领她的团队，将笔试与口试结合，将平时与期末测试结合，将个人单独测试与小组合作测试结合，将综合测试与专项测试结合，并以此专项素质评价作为彰显学生智慧的平台，以促进学生学习的主动性和积极性。

（三）综合的评价内容

邓老师将小学语文评价分为两大类八个方面：口语类（口语交际、朗读、古诗文）；笔试类（写字、作文、课外阅读、阅读理解、文本知识积累）。为每位同学建立一个综合评价档案。每项以一百分为基础分，如果表现优异，可以在一百分的基础上加分。将平时评价与期末评价相结合，使评价贯穿整个语文学习过程。期末将评价档案的记录进行综合评价。这种评价更偏向于学生语文能力倾向的测评而不仅仅是停留在知识层面。也就是说，语文评价是学生语文智慧成长的历程，是他们飞过智慧的语文天空的羽痕。

以"口语交际能力评价"、"经典阅读能力评价"为例可以品味到邓蝴梅老师创建的"小学语文专项素质评价体系"。

口语交际能力评价：每次课堂上进行口语交际时，以小组为单位进行，口语交际结束时组员间互相评价，如果得到A等记5分，B等4分，C等3分。所有的得分都记入学生评价档案里。在日常校园生活中，如果在口语交际中有了出色表现，随时都可以由任何老师在《学生成长记录卡》上记录（其他所有评价都有相似记录方法），科任老师根据记录给予该生奖励分。如果能在学校及以上口语类大赛中取得好成绩的，也有奖励分。期末进行全校性口语交际专项测试，定时、定点，全体语文老师作评委，学生分小组进行抽签定题，然后分组开展口语交际活动，评委老师只作为旁观者，根据学生说与听两方面的表现进行评价。最后，对学生全学期以来的口语交际类的评价进行汇总，得出总评。过程看似复杂，操作却是很贴近学生，能最真实、最全面地反映学生的口语交际能力，从而促进学生时时处处注重口语能力的锻炼与提升，使口语交际真正成为学生成长生活的一部分。

课外阅读能力评价：学生每天的读书活动情况都记录进入《学生课外阅读量表》，由家长、老师以及学生导读员进行检查统计，并给出相应评价。学生每读完一本书都要从导读员处抽取一组本书的测试题进行检测，测试合格，由导读员在课外阅读记录报告《书香化翼》上进行记录并评价。学生每月完成一篇"读书报告"，科任老师按时给予评价。期末，学生还将接受课外阅读期末专项评价，将对整个学期来的"师生共读书"进行卷面测试。最后，由科任老师根据学生一个学期来的课上阅读评价记录进行综合评价。同样，这种看似繁杂的评价方式成为了促进学生课外阅读的最有效的动力机制，也让最难以评价的课外阅读触手可及，落到了实处。

总之，小学语文评价改革是一项任重而道远的工作，它的深远意义将对小学语文的方向起到重要的作用。邓老师说："我们迈出了坚实的第一步，我们必将沿着这条路走向康庄大道，无论有多么艰辛，也不可能阻挡我们前进的脚步！"

【作者简介】

冯增俊，中山大学教育现代化研究中心主任、教育学院教授、博士生导师；享受国务院政府特殊津贴专家；广东省人民政府督学及教育政策咨询专家；中国教育学会比较教育分会副理事长，教育人类学学术委员会理事长；全国学位与研究生教育发展中心学术委员及兼职研究员；广东省比较教育研究会理事长，广东教育学会教育现代化专业委员会理事长，广东省中小学德育指导委员会副主任委员，为珠三角及东西两翼发展规划专家组专家和联合国教科文组织国际农村教育研究与培训中心专家组成员。

智慧人生，智慧课堂

—— 陈行森老师地理教学思想解读

周顺彬

【特级教师小档案】

陈行森，中学地理特级教师，深圳市龙岗区平冈中学教师，曾在各级刊物上发表了40多篇论文，主持的两项教育教学课题，分别获省级和市级成果奖。编写了两本教育教学书籍。先后获得"广铁集团优秀教育工作者"、"衡阳市人民满意教师"、"湖南省优秀地理教师"、"全国优秀地理教育工作者"、"龙岗区优秀教育专家"等荣誉。

陈行森老师的教育教学理念是"智慧课堂需要智慧，智慧课堂培育智慧"。他认为，对教师而言，要有教育智慧；对于教育研究者而言，在对学科的认识、思想方法、方法论和实践等各个方面，也需要有大智慧，它体现为对事理、世态的一种洞察力、穿透力和透视力，以及善于融会贯通，进而实现原创的能力。

一、智慧课堂需要智慧

（一）开启智慧课堂的目标智慧

凡事预则立，不预则废。陈行森老师认为，教学首先要确定教学目标，只有确定合适的目标，才能事半功倍。

曾听陈老师讲过一个心理学的实验。组织3组人，让他们分别向着10公里以外的3个村子进发。第一组的人既不知道村庄的名字，也不知道路程有多远，只被告之跟着向导走就行了。刚走出两三公里，就开始有人叫苦；走到一半的时候，有人几乎愤怒了，他们抱怨为什么要走这么远，何时才能走到头，有人甚至坐在路边不愿走了；越往后，他们的情绪就越低落。第二组的人知道村庄的名字和路程有多远，但路边没有里程碑，只能凭经验来估计行程的时间和距离。走到一半的时候，大多数人想知道已经走了多远，比较有经验的人说："大概走了一半的路程。"于是，大家又簇拥着继续往前走。当走到全程的3/4的时候，大家的情绪开始低落，觉得疲惫不堪，而路程似乎还有很长。当有人说："快到了！快到了！"大家又振作起来，加快了行进的步伐。第三组的人不仅知道村子的名字、路程，而且公路旁每一公里都有一块里程碑，人们边走边看里程碑，每缩短一公里大家便有一小阵的快乐。行进中他们用歌声和笑声来消除疲劳，情绪一直很高涨，所以很快就到达了目的地。

这个实验说明当人们的行动有了明确目标的时候，并能把行动与目标不断加以对照，进而清楚地知道自己的行进速度与目标之间的距离时，人们行动的动机就会得到维持和加强，就会自觉地克服一切困难，努力到达目标。

在陈老师的智慧课堂教学理念中，地理智慧课堂的目标是多维的，但最主要的还是依据课标和考纲、学生的年龄心理特征等设计出符合学生发展需要的地理教学设计。这种设计既能激发学生主动探索地理的欲望，形成良好的地理发现方法和思维策略，也符合培育"现代公民必备地理素养"的要求，并能在课堂上通过"过程生成"、"动态生成" 等进行有效的实施。

在确定智慧课堂目标时，陈行森老师指出三个设计原则：以课标定内容、以学生定标高、三要素定方法。

1.以课标定内容

新课程强调"不教教材，用教材教"。陈行森老师的以课标定内容就是授课内容按课标确定，不是简单的教授教材。以课标规定的内容进行教学，教学的内容和组织形式等均通过研究课标统筹确定，在宏观把握下，对教材进行实实在在的二次开发，对课标规定的学生活动、实践实验，都进行精心的策划和组织；同时，还要依据"学习身边的地理"、"学习生活中的地理"、"学习有用的地理"，针对具体的教学内容，联系时政，联系本地的地理现象、地理事物，补充和完善教学内容，从而培育学生关心国家、关注社会、留意身边的人和事，发展学生的智商，培育学生的情商，让学生具有"未来公民必备的地理素养"和"普通国民必备的地理素养"。

智慧课堂以课标定内容，教材的二次开发时，是因地制宜的丰富、充实教材，使课堂通过"资源生成"，培育学生的地理素养。

2.以学生定标高

基于多年的教学实战经验，陈行森老师认为课堂教学的标高必须按照学情来确定。也只有依据学生现有的知识能力和水平来确定的地理课堂，才能让学生喜欢学习地理，热爱地理课堂，逐渐形成良好的地理素养。按照学情确定的地理课堂符合学生的认知规律，能让学生更多的获得学习地理成功的喜悦和快乐，能让学生更加积极主动的参与地理的学习，也有利于学生形成良好的地理素养。有了地理素养就会有地理能力，当然也就有较强的应试能力，考试也就自然不会差。不然，在培养地理知识、地理能力上过分地做文章，拔苗助长，会适得其反。

陈行森老师带了12届高三毕业班，学生在高考中年年都取得好成绩。以2010届学生来说，学校预期陈老师的学生高考本科预期目标22人，实际高考上线39人，大幅度超额完成高考预期目标。成绩的取得与陈老师的课堂以学生定标高，步步为营，以及指导学生怎样依据各自的情况确定恰当的考前复习方针、策略密不可分。有好的定位，就有好的结局。

3.三要素定方法

陈老师嘴里的三要素就是内容、学生、老师。他认为，不同的教学内容要求用不同的教学方法；不同的学生适应用不同的教学方法；不同的教师有自己各自擅长的教学方法。因此，一堂课的教学方法没有什么最好，在陈老师眼里，最适合的，就是最好的。

对地理学科稔熟异常的陈行森，认为地理学科综合性强，就内容来说有自然地理、人文地理、区域地理，不同的内容培育学生不同的地理素养，课堂上采取的方式方法自然必须有所差异。自然地理逻辑性强，在课堂设计上，陈老师注重突出培育学生严谨的思维和逻辑推理能力。如陈老师设计的"大气"这节课，问题设计指向明确，利用自然地理知识的内在联系性满足高中理性逻辑思维的需求，使课堂有非常良好的开头和引入。后面又结合古诗词，进行课堂的推进，实施"跨领域学习"。一节课下来，老师轻松，学生愉悦。学生的逻辑思维得到了锻炼，增强了地理情怀，也增加了师生情感。人文地理逻辑性没有自然地理强，在课堂设计上陈老师着意培养学生的发散思维，如陈老师设计的"人口迁移"，"准备在家乡发展的同学，谈谈你留在家乡的理由？""打算到外地发展的同学，请你：　A.告诉大家你选择迁移到哪里？B.此地吸引你去发展的最主要的因素是什么？　C.有哪些因素会制约你的迁移？　D.从现在开始你要做好哪些准备？"。这样的问题设计，从学生的角度出发，把情境创设在想解决的问题中，把情境创设在学生的心坎上，学生有话可说，有话想说，打开了思维，展开了想象的翅膀。通过讨论获取结论，实现课堂的"过程生成"、"动态生成"，有利于学生发散思维和人文地理素养的培养，提高学生的地理素养。

（二）创设智慧课堂的组织智慧

课堂承载着教师和学生思想和智慧的碰撞之光。陈行森老师将地理课堂组织看做是一项大剧的创设工程，大开大合，尽显课堂组织的智慧之光。

1."勤"字上面下工夫

"要给学生一碗水，自己必须要有长流水"，陈行森老师深知冰冻三尺非一日之寒，他夜以继日的去钻研教材、精心备课、广泛研究练习题，从不停歇。陈老师身边的同事、亲友皆知，他的"宝库"里，保留着"价值不菲"的资料。可甚少人知，那一叠叠的纸质资料，那海量的电子资料等，倾注了多少心血！日积月累，方有此功。即使在暑假，亦风雨无阻的进行地理教学及研究工作，其中的艰辛、坚韧，可想而知。大师之成，勤不可没！在翔实的资料支持下，让陈老师的课堂组织"手有粮，心不慌"，信手拈来。

2.星星之火总燎原

一堂课中偶然的灵光乍现和独具个性的细节处理，造就了课堂的一个个亮点。一个亮点可能就是一个火花，点燃的是一堂课，也会点燃同行的顿悟。陈行森老师的课堂教学，总是丰富多彩，能够真实反映学生情况。对教学中出现的一些意想不到的"高见"和"高潮"，发挥教学机智，善于捕捉课堂教学中生成和变动着的各种有价值的信息，作为活的教育资源，努力创造条件去扶植它、栽培它，在恰到好处时，让擦出的火花燃烧起来，迸发出闪闪星光，发人深省。虽是课堂小智慧，可往往是一个安放到众人心中的火种，那虽不求辉煌的系统"宏光"，却已点燃双双渴求的眼睛。

3.个人绝技聚目光

听过陈老师课的人都深深为其"绝技"叹服，一手好板书，一手好板图。那大臂一抡的浑圆，那蜿蜒曲折的地理板图……让教师们叹服，也深深地吸引了学生的目光，整个课堂立即欢跃，那种崇敬之意油然而生。试问，有绝技傍身，安愁不处处叫彩？

4.弹指轻松传知识

教学艺术是为了达到课堂教学优化，达到最佳教学效果的各种手段和方法的协调和运用。在新课程的实施中，课堂的"活"，学生的"活"，需要教学掌握并能运用一定的教学艺术来进行课堂组织教学。陈老师的教学艺术，便是在那弹指一挥间，学生的学习积极性便得以充分调动起来，时而夸张有度的肢体动作，时而准确而又引人入胜的语言，丰富多变的面部表情，让整个课堂气氛生动活泼，每每取得很好的教学效果。

（三）承载智慧课堂的人文智慧

1.兴趣导向，彰显和谐教法人文

孔子云："知之者不如好之者，好之者不如乐之者"。现代教育者认为："兴趣是最好的老师"，所以，陈行森老师智慧课堂的实施策略首先是要提升学生学习地理的兴趣，提高学生的地理情怀。在教学上，陈行森老师始终坚信"兴趣"是最好的老师，注重根据教学内容增强课堂教学的趣味性，提高学生学习兴趣，先后探究过"成功教学法"、"目标教学法"和"碰壁点拨式教学法"；另外，陈老师还尝试过联系生活、结合时政、编制地理打油诗、整合相关知识实施跨领域学习、知识运用的创新设计等方法提高学生地理课堂兴趣。

在《锋面系统与天气》某一课中，陈老师首先展示视频，然后介绍冷锋等天气系统，最后，学生运用所学知识，模拟播音员预报一次寒潮天气。有了兴趣，便有了自主自发学习的动力。再如必修三《区域与区域差异》，以《中国的区域差异》为例一课的教学设计中，陈老师做了这样的尝试，要求学生听歌曲，分辩歌词中的南北地理信息(如河流、民居、交通工具、植被、粮食作物、经济作物等)，进行大比拼，学生兴趣陡然提升。

在诸如以上的兴趣导向教学中，彰显出师生和谐的人文教法，也使得陈老师处处时时受到学生的爱戴。

2.过程为重，诉诸熏陶素养人文

"素质靠培养，素养靠熏陶"是陈老师的教育教学理论之一。地理课堂实现"智慧课堂"，着意熏陶学生的地理素养，好的素质是长期培养的结果，好的素养是点点滴滴熏陶的结果。他认为，学生通过学习，通过训练和实践，获得的地理知识、地理技能、地理能力、地理意识、地理情感等，使隐性的素质和外显的行为等渐渐地提高，地理素质和地理素养能渐渐地提升，使地理课堂有效促进学生地理思维的成长和发展。在此理念支撑下，陈老师因材施教，因时制宜，让学生在地理特有的内在的知识结构、地理知识创生和发展的过程中，激发学生主动探索的欲望，提供学生发现的方法和思维的策略。

3.以生为本，体现机智教学人文

在陈老师生成性的课堂教学中，创造出绚丽多彩的课堂景观，是新课标下教师所追求的理想的教学境界。然而在动态生成的难控性的课堂上，常常会出现与课前预设不一致的情况，而这些情况的出现，往往正是陈老师新的课堂生成的契机，是课堂智慧的生长点。他充分利用了课堂生成的即时资源，倾注真情，让孩子们感受到陈老师的爱与关怀。只有深层关注课堂中人文素养的陈老师，才体会到孩子们不是要东西，而是需要老师的喜爱和鼓励。

4.落实技能，不失教育教本人文

素质教育不是喊口号，哄孩子不是老师的职责，陈行森老师认为地理能力是多维的。众多的地理能力之中，应试能力是最重要的地理能力之一，它能从一方面体现人的地理素养。在陈老师眼里，技能和技巧对能力的发挥有直接的影响。利用图表获取地理信息；利用规律解决地理问题；利用地理专业语言恰当地描述地理事物和地理现象等，都是地理学习和解决地理问题的主要技能。地理技能掌握得好，有利于地理能力的发挥和提升。

二、智慧课堂培育智慧

陈行森老师的"智慧课堂需要智慧"意在阐明，一堂好课的设计和实施非一日一时之功，需要下足功夫，需要方方面面的准备和投入，这对教师本身提出了要求。而智慧课堂培育智慧，我认为有两种解释，一种是智慧课堂培育了学生的一系列能力，满足了现代教育的诉求；一种是这种智慧课堂的教学理念可以促进教师专业更快的发展，实现由"教书匠"到"学者型教师"、"研究型教师"的快速转变，提升教师的教育智慧。

（一）智慧课堂引领教师智慧

1.校本教研融智慧

陈行森老师深知融汇集体智慧的重要性，在他的备课组中，校本教研工作做得很实在，很厚道。陈老师所主推的集体备课为教师的交流、互动、共同提高、共同发展提供了舞台。教师在集体备课中，可以凭借自己的经验和各自独特的表现形式，通过心灵的对接、意见的交换、思想的碰撞、合作的探讨，实现知识的共同拥有与个性的全面发展。在这样的教研中，别人的信息为自己所吸收，自己的经验被别人所学习，不同的意识在研讨中相互同化，对每个人的看法都进行了改造和重组，每个人都成为了新意义的"学习共同体"的一员。

陈行森老师作为骨干教师主备的课往往谦逊地称之为抛砖引玉，但实际起的却是促进垂范的作用，他时常强调讨论时重在交流，才入门的青年教师需要更多的关心和锻炼，他始终如一地认为，个性化的教师必然有个性化的教学设计和个性化的课堂教学，不需要刻意模仿，集体的备课教师可以要根据自己的特色和实际进行修改；在进行集体听课反馈时，陈行森老师不断提点，使每位教师感受集体的作用和效果，增强集体备课意识，提高自身课堂教学实践的个体水平；他主张老师们将瞬间的灵感、困惑、反思等记下来，因为这些正是教师业务能力前进的每一个阶梯。

2.网络教研通智慧

"与时俱进"是陈行森老师在教学中一贯坚持的态度，他不断追求提高教学实效，从不放弃任何教研交流机会。随着新课程改革的不断深入和信息技术教育应用的不断深化，陈老师不断尝试新型的教研模式，利用微博、交流群等手段突破时空地域的限制，开阔教师的眼界，实现资源的共享以及教师间的合作与交流，为教师的专业成长提供了新的发展模式。随着陈行森特级工作室网络教研的运行，参与教师的专业知识和科研能力得以不断提高，新的教育模式、技术、方法也不断地丰富着龙岗区地理教师的课堂教学，教学资源也得到了最广泛的共享。

3.善于引领导智慧

在生活中遇到困难需要有人帮助和指导，同样，教师在专业成长过程中也需要模范引路人。一位优秀的名师意味着一支优秀的教学队伍。陈行森老师特别重视青年教师个人的专业发展，协助青年教师不断提升自己的实践和理论水平，成为教师专业成长的"加油站"，无私奉献，做教师专业成长的铺路石。在陈行森老师的指导帮助下，仅平冈中学就有两位教龄不足三年的年轻教师在全国地理教学比赛中两次获得第一名的好成绩。

陈行森老师在专业教学中，严谨严格，在评课过程中，有一说一，或直言解惑，或曲径纠错，让陈老师的同事、弟子更加感受这智慧人生的魅力。陈行森老师的一名徒弟曾说，其实在陈老师那里，听到的是自己的不足，感受最多的是鼓励，鼓励并不是错误本身，而是其背后的独立思考以及不人云亦云的睿智。对错误宽容而不纵容的态度，开放而又严谨的治学精神也让众多亲友同事感同身受。

4.敏于实践真智慧

实践是检验真理的唯一标准。陈行森老师的实际教学教研工作，重视调查研究，注重一切从实际出发，充分掌握第一手材料，杜绝急功近利、好大喜功地搞一些中看不中用的花架子。陈老师带的徒弟都记得他的谆谆告诫：不仅要学，还要多想，多实践，敢于尝试，敢于创新。

实践得有平台，得有核心。陈行森老师时常组织教师采用灵活多样的方式进行有计划的系列专题研讨活动，召开专题研讨会，用课例说话，让思维碰撞。每次研讨会，陈老师首先提供一节或两节专题研讨课，然后让教师们针对课例进行互动式的评议交流。教师们结合课的特点和优缺点，争着畅谈自己对专题研究的所思、所感、所悟。有时还会自然形成不同的观点与思路，这样的创新才更科学、更有效、更有生命力。

（二）智慧课堂培育学生智慧

1.五多教学铺智慧

学生之所以为学生，因为他们尚处在待培育的花苞阶段，陈行森老师在不断的教学实践中，不断探寻能铺就学生智慧成长的教学方式。通过"多联系"来充实教学内容，激发学生的学习兴趣；运用"多变化"的方法，提高学生学习的积极性；利用"多概括"使学生教学内容整体认知；利用"多思考"的方法，激发学生的思维积极性；利用"多应用"的方法，使所学知识得以应用，激发学生的求知欲望。

陈行森老师所施行的五多教学，更多的是对学生能力的培养，对学生素养的熏陶，使他所铺就的智慧之路，显得格外深远……

2.投圈设套造智慧

在陈行森老师的课堂上，投圈设套是必做功课，那就是一步步的设下引路标，不断引领学生深入学习课堂知识，拓展思维，虽然看似天马行空，却无半点矫揉造作，带给人们全新的课堂气息。在课堂上，学生讨论激烈，踊跃发言，参与意识特强，老师只需作简单的引导和总结，虽然讲的比学生少，学生却愈走愈远……

3.曲径通幽达智慧

延长和曲化教学结论的获得过程，有利于学生地理素养和地理情感的提升。陈行森老师的地理教学并不是头痛医头脚痛医脚的灌输修理式，而是通过大量的信息铺垫，震撼学生的心灵，拓展学生的思维，打开学生的视野。在上必修一的《自然条件对交通线路的影响》时陈行森老师讲的很少，主要是通过景观图片的展示，图片资料的引导，让学生去感悟去思考。山重水复疑无路，柳暗花明又一村！

这堂课的内容简单，结论明了，也许有人觉得没有必要这样。但是，陈老师坚信，人的经历是宝贵的，学生没有经历。我们给学生丰富的材料，通过视觉冲突，让学生去模拟体验和感悟，最后让学生总结归纳。

陈行森老师28载岁月，照亮他人，也将自己的人生之路，描绘出别样的智慧。有了智慧，就会使人永远站在不一样的高度。

【作者简介】

周顺彬，广东省教育厅教研室地理教研员，正高级教师，社会科副主任。中国地理学会理事、中国地理教学研究会常务理事、广东省地理学会副理事长、广东教育学会常务理事兼地理专委会理事长、广东省环境学会常务理事。中学地理教材编审专家，主编了国家义务教育《地理》教科书（7～8年级）和教师用书、地图册（粤人版）、广东省地方教材（广东地理）、《地图、版图、主权》、《初中新课程地理优秀教学设计与案例》、《高中新课程地理优秀教学设计与案例》、《高中地理新课程案例与评析（必修）》等。